叢書・ウニベルシタス　738

# 個人の時代

## 主観性の歴史

アラン・ルノー
水野浩二 訳

法政大学出版局

Alain Renaut
L'ÈRE DE L'INDIVIDU
Contribution à une histoire
de la subjectivité

我が父の思い出に

# 目次

# 凡例

一　『　』は書名・誌名を表し、「　」は引用文等を表す（原文では《　》）。

一　〈　〉で括った語は原文では大文字ではじまる語である。また言葉のまとまりをわかりやすくするために、訳者の判断で適宜使用した場合もある。さらには原文中の〝　〟も〈　〉で表した。

一　［　］は著者ルノーが補足・説明のために原文中で使用しているものである。

一　〔　〕は訳者による補足・説明である。

一　（　）は原文のままである。

一　傍点は原文のイタリック体の箇所を表す。また、原文中のラテン語にも傍点を付けた（片仮名で表した場合もある）。

一　ダッシュは原文のままである。

一　原注は章ごとに行間に(1)、(2)……で示し、巻末に一括して示した。

一　巻末に原書にはない「人名索引」を付した。

# 序文

主体の問題の重要性や困難性を全面的に踏まえたうえで、主体の問題を論じるために時間を割き、そのための方法を見出さなければならないときがついにきた。そのことを私は主体の歴史に問いかけるという仕方で行おうとした。それは、近代性の哲学史、そして何にもまして近代哲学の哲学史という形をとることになった。

大学における伝統は、哲学史を、尊敬には値するがほとんど創造性がない学問分野、すなわち文献学的に誠実であることにのみ関心をもつことによって、偉大な諸思想に近づき、それらを保持することができるような学問分野と見なすことに（そのようなものとして哲学史を書くことに）、われわれをなじませすぎた。そのため、教授の地位に格下げされた（概しておのずと）哲学史家の哲学と、思想家という最高の地位に上げられた（この場合でも、概しておのずと）哲学者の哲学とのあいだには、深い溝ができている。[1]それは、『第一批判』の掉尾を飾る「純粋理性の歴史」が証明しているように、少なくともカント以降、哲学史が一つの哲学的問題になった、ということを無視することであり、またそのとき以来、ヘーゲルそしてとりわけハイデガーが、それぞれ独自のスタイルで、哲学史に真の哲学的な次元を与えるための努力を引き続き行った、ということを無視することである。哲学的哲学史についての彼らの試みは、確かにたいていの場合、時間の試練に耐えられないように見えるし、また、「歴史学的哲学史」からの攻撃に無傷で耐え忍ぶことはできないように見える。「歴史学的哲学史」は、比較にならないほど巧みに武装しており、ある種の科学性〔学問的妥当性〕の要求に応えることができるからである。したがって今後、哲学的であると同時に今まで以上に「歴史学的」な哲学史を書かなければならない。本書における主観性の哲学史に関する試論が大胆にも掲げる課題は、そのようなものである。

　そのような大胆さは、私の考えでは次のような仕方で理解されなければならない。私は十五年前から、私の哲学的活動の大半を「哲学史」と呼ばれているものに属する仕事にあててきたとはいえ、私の関心は哲学史それ自体にはまったくない、という偽らざる気持ちを常にはっきりともっていた。つまりこういうことである。すなわち、単なる歴史学的あるいは歴史主義的哲学史は、過去の哲学をできるかぎり忠実に再現して、それの途方もない大きさやそれがもつ感化力をつぶさに見て回るというそれ自体としてはまったく賞賛に値する目標をおのれに課す。そのような仕方で哲学史を書くことを私が常に思いとどまってきたのは、実のところ、そのようなパースペクティヴにおいては、真理の問題がいったん脇に置かれるからである。すなわちそこでは、学説に理論的発展性があるか否かを精査してみることが問題であるのではなく、学説の成立過程を再構成してみたり、学説に内的一貫性があるか否かを吟味してみたりすることだけが問題であるからである。そのような課題に直面して認めなければならないことは、すべての思想が一様に哲学史家の関心を引くことができる、ということである。マルブランシュの渦動説を問題にする場合でも、ニーチェの〈永劫回帰〉説を問題にする場合でも、〔哲学史家によって〕企てられる仕事は過去を果てしなく再現することに寄与するであろう。どの対象〔思想〕を選択するかはいわば審美的な問題となる。つまり好みの問題となる。例えば『パンセ』の断片的で象徴的な文体よりも、『エチカ』のいかめしい構成の方を好む、ということがありうる。同様に、ヘーゲルの体系性の論証力よりもニーチェのアフォリズムの示唆に富んだ力に対して、より多くの価値を認める、ということもありうる。そのような仕方で哲学史を書くかなり支配的な傾向が、今なおしかるべき権威をもつ大家たちの名前によって知られた立派な研究を生み出すきっかけとなったことを、私は否定しない。しかしながら、そのような仕方で哲学史を書くということは、主として〔以下の〕三つの難点に遭遇するように思われる。

1　そのような仕方で哲学史を書くということは、哲学という仕事を、過去に考えられたことの単なる再現という方向へと転換させることである。その際、哲学者は他の人に（それは誰なのか）現状認識の仕事を委ねてしまう。そのような方向転換を確認することは月並みなことであるが、それでもなおそのような方向転換は強調されるに値する。というのも、そのような方向転換によって、歴史主義の立場に立つ哲学史家が多かれ少なかれ意識的に抱くようになった、次のような確信が存在するからである。その確信とは、以下のようなものである。すなわち、哲学はその行程を終えた、哲学の運命は閉じられた、そしてこれから先考えられうる唯一の哲学の務めは、哲学の歴史を新たに見て回ることによって、それをよりいっそう我が物にすることである、という確信である。歴史学的哲学史は、哲学の終焉ないしは哲学の死というテーマを承認し、あるいはそのようなテーマを結論としてもたらす。哲学は一種の無人の宮殿になってしまい、そこに財宝を見物しに訪れる人はいるが、そこに何か新しい財宝を期待する人はもはやいない。哲学の終焉というテーマは、さまざまな仕方で哲学的に正当化されうるがゆえに、そこには真理が含まれている、ということに疑いをさしはさもうとする気持ちなど私には少しもないし、また哲学が終焉を迎えたか否かが、今日、哲学が自分自身に立てなければならない忌むべき問いであるにちがいない、ということに疑いをさしはさもうとする気持ちなど私には少しもない。それでも相変わらずそのことが問題になっていることに変わりはない。そのような問題は、まさにあらかじめ立てられ展開されなければ十分に解決されえない。その意味で哲学者は、哲学史を書くとき、あたかもそのような問題は決着がついているかのごとく振る舞おうとする必要はないし、また歴史へと後退することが実際には哲学を閉じた営みにしてしまうことを意味している、ということにさえ気づかないふりをしようとする必要はない。要するに、新たな形をとって哲学は相変わらず生きている、と考えることが不可能であるとは決して思えないので[2]、哲学は死んだという想定を信用しないことは、私には首尾一貫したことに思える。

2　歴史学的哲学史が過去を再構成しようとする関心によってのみ鼓舞されているかぎり、歴史学的哲学史は、哲学の展開を驚くほど平板なものに、すなわち偉大な著作の回廊にしてしまう。そこでは、偉大な著作は一様に高い評価を受けており、違いが出てくるとすれば、哲学史家がそれらの著作を愛読する際に感じる喜びの程度の違いによるだけである。われわれと哲学との関係をこのように審美的に論じることは、哲学とわれわれの関心事との関係、すなわち哲学とわれわれの問題設定との関係という問題を脇に置いてしまいかねない。われわれの問題設定から見れば、体系化された哲学はわれわれにとって有用であると同時に、歴史的に体系化された哲学のすべてが、等しく有用であるということはありえないであろう。哲学の真理値を中立化することによって、歴史学的哲学史が捉え損なっていることがある。すなわちいくつかの思想（すべての思想ではない、必ずしも同類の思想ではない）は、われわれがそれらをその数に見合う人間的知性の証言と見なすことで満足しているときとは違った形で示唆に富んだものである、ということが明らかになるわけを、捉え損なっているのである——ということは、間違いなくいくつかの思想はすべて人間的知性の証言以上のものか、以下のものであり、しかも以下のものというよりはむしろ以上のものなのである。したがってもし、哲学史によって哲学的にも、さらには知的にもわれわれにもたらされうるものを取り逃がしたくなければ、今日のわれわれの問題設定にもとづいて、哲学史に問いかけなければならない――したがって現代の問題設定は、ある特定の哲学に、よりいっそう関心を払うことを求めるのであり、その結果その作業から得られる利益は、歴史主義的再構成から得られる利益とはまったく異なったものとなる。そうだとすれば、目下われわれの考察を駆り立てているものにもとづいて哲学を眺め渡すことにより、ほとんど疑いの余地がない仕方で、哲学史が単に歴史学的な哲学史から区別されるとき――私はもちろん、大いに予想できる――哲学史に向けられるであろう次のようなタイプの反論を、承知している。すなわち、われわれの関心事から出発して過去の著作へと向かうとき、われわれの取り組み方は物事を歪曲するものではない、と言えるだろうか、また思想を「活用する」といっても、思想を、その思想が備えている知的関心とはまったく異なる知的関心の道具にしてはいない、と言えるだろうか、という反論があるであろう。さらに歴史的誠実さの条件そのものは、哲学史家が自分に固有の関心からいったん中立になって、いわば哲学的に公平な立場に立てるかどうか、結局のところ、できるだけ哲学者にはならず、できるだけ個人的な哲学的問題にとらわれずにいられるかどうか、という点にかかっているのではないのか、という反論があるであろう。これは哲学史の逆説である。そこには、哲学史という領域における歴史的客観性の条件そのものとして、単なる哲学史家と、厳密な意味での哲学者とのあいだの仕事上の区分が見られ、しかもその分裂が大いにゆがんだ結果をもたらしている。哲学史家は、哲学的創造からも、時代の哲学的要求からも切り離されている。「哲学者」は、〔過去の〕主要な〔哲学的〕体系を理解するということから超然としており、あるいは、いずれにせよそのようなことにかかわっていない。というのも、そのようなことを、思想家としての自らの活動からは外れたものと見なしているからである。そのゆがんだだ結果のせいで、二つの専門家集団がともに概して信用されなくなる、ということはあるであろうが、私としてはその結果を度外視して、哲学的中立性や哲学的公平性を求める姿勢のなかに、実際には、別の不備が、すなわち認識論上の不備が見て取れる、ということを強調したい。その不備は、もっぱら歴史学的な使命をもったどの哲学史にも見られる。

3　実際、哲学的な前提なしに過去の著作に取り組もうとすることは、まったく無邪気なことである。すべては、あたかも哲学史が、さまざまな歴史学の分野のなかで最も認識論上の革新がいまだなされていない分野であるかのように運んでいる。すなわち哲学史は、認識活動についての実証主義的考え方に驚くほど執着したままである。その考え方は、哲学史家は諸事実（ここでは著作という知性の諸事実）を「それが起こった通りに」再現することができ、哲学史家の証言はそれら諸事実と完全に符合することができる、というものである。歴史の認識論一般には、まさに錯覚が存在する。ディルタイからR・アロンまでの批判的歴史哲学は、その錯覚には根拠がないことを明らかにした。すなわち、今や周知のように、哲学史家は自身が一つの歴史的存在であるがゆえに、自らの過去を研究する際、自らの過去を、自らの現在である歴史的に決定された現在から出発して眺めるのである。そのようにして過去を眺めることが、対象にとって受け入れがたい歪曲を必然的に生み出すものとして拒否され、否定されなければならないどころか、いずれにせよそのことがまさに歴史研究の条件を構成しているのである。歴史研究の客観性の問題は、非常に複雑な言葉によって提起されるが、とはいえ言葉の複雑さのせいで、客観性の問題がないがしろにされていいわけではない。哲学史家もまた、実証主義的錯覚の蜃気楼にいつまでもとらわれていることはできない。哲学史家は以下のことを認めなければならない。すなわち、自らが哲学史のなかの特定の時代へと気持ちが傾いていることの理由の一部は、少なくとも哲学の現在が置かれている現状にある、それどころかもっと正確に言えば、哲学の現在が哲学史家によって了解される仕方にある、と。しかも、そのことによって説明されていることは、哲学の現在が次々と新しくなっていくにつれて、優先的に研究されることを要求しているように見える過去の時代は、必ずしも同じものではない、ということであり、また過去の時代が再投資〔再探究〕される仕方は、関心事や問題設定の変化発展に応じて根本的に変わっていき、その関心事や問題設定にもとづいて過去の時代に新たな関心が払われる、ということである。まさにそれゆえ、哲学史の非常におもしろい歴史が、単にその方法においてばかりでなくその対象やその内容においても、存在するのである。例えば、もし相変わらずヘーゲルに関して注目すべき著作が書かれているとするなら、ある世代を特徴づけるヘーゲルの体系に関する重要な論文が出されていた時代は、今や過ぎ去ったものに見えてくる。それと相関的に、もしフィヒテが少し前から、フランスにおいて重要な著作家となっているとするなら、おそらく哲学的な問題設定のなかに突如変化が生じたことにより、〔フィヒテの〕著作を愛読する必要性はいっそう高まり、今後は、以前のフィヒテ・ブームを支配していた観点とはまったく異なる観点において、フィヒテの著作が読まれるようになる。このように、たゆまぬ研究により対象や解釈は次々と新しくなっていくのであるが、それでもやはり哲学史家によって行われた研究の重要性や発展性を疑ってかかる必要はない。すなわち、歴史研究一般における〔個人的〕観点の役割の〔重要性を〕認知することが、客観性という問題設定を解体させることにはならないのと同様に、哲学史が書き直しを受けるということは、それらの著作はどれも優劣をつけがたい、ということの証拠ではない。私はそのことに、哲学はまだ生きているという先行きに希望をもたせる徴候を喜んで認める。哲学がまだ生きていることによって、哲学とそれ自身の歴史との関係は絶えず変化していく。そのように歴史研究が哲学の現在の方に向かうことに反対しようとするよりも、しかも勝算なしに反対しようとするよりもむしろ、哲学がまだ生きているという徴候を受け入れる方がよい。反対に、まったく歴史主義的な理想は〔哲学の〕生命を奪うことになる。

したがってすべては、哲学的な哲学史という考え方を受け入れることへと至らしめる。そのような考え方は、「歴史学的」要求に一切譲歩しないようにするために、そのような考え方を駆り立てている視点、ならびに、そのような視点に結びついている問題点を、十分にわきまえている。したがって私が、私の関心は哲学史それ自体にはない、と言うときの意味は、私が、V・クーザンやスピノザに関する（さらにはフィヒテに関する）著作〔研究書〕に予備知識なしに取り組む場合、そこにおいて表明されている知的関心に気づく必要がある、ということであり、また、そこにおける観点がいかなる点で私が哲学的問題設定の現状として理解しているものと一致しているのかを知る必要がある、ということである（軽率もしくは気取りでないとすれば、どうして「私」の役割を消し去ることなどできよう）。本書のなかで近代性の哲学史の論理を考察する際、私としてはその考察から、現代の主要な知的論争における主観性の問題設定の位置、私から見れば中心を占めているように思える位置に関するいくつかの確信を、少しも切り離すことはできない。そのような問題設定の重要さ、ならびにそのような問題設定をめぐる今日の状況は、歴史的投資〔歴史的探究〕を必要としているように私には見える。その理由を私は読者にも共有してもらいたい。

*

現代の反人間主義の何人かの立役者についての研究〔『68年の思想』〕の末尾で、リュック・フェリーと私とが提示したことは、少なくともニーチェやハイデガー以来起こされた、もっと最近では「六八年の思想」〔一九六〇年代のフランスの思想家たち〕によって起こされた、主体の観念に対する訴訟は極端な単純化を事とする原理にもとづいて展開されている、ということである——あたかも主観性の観念が問題になるときはいつでも、自己自身に対してまったく透明で、主権をもち、自己や世界を支配しているものとしての主体というテーマが必然的にともなわれているかのようであり、したがって、あたかも主体のそのようなイメージが明らかに崩れてしまえば、主観性へのどんな準拠もまったく放棄されてしまうかのようである。いわばエピナル版画〔通俗的な伝説や歴史を題材にした大衆向き彩色版画〕がいまだ残っていること、すなわち「形而上学的主体」を、きまって「デカルトのコギト」と同一視することがいまだ続いていることを目の当たりにして、近代の主観性像の新たな歴史の地平を開くことは、実りの多いことであるようにわれわれには思えた。要するに、主体のさまざまな顔を均質のものと見るという前提は、そこでは棚上げされた。〔その前提によれば、〕主体のさまざまな顔は、それらが合わさって唯一の概念の下に包摂されるのであり、またデカルトからはじまって、諸段階を通過してヘーゲルの〈絶対的主体〉において頂点に達するのである。反対に、主体を複数の顔をもったものとして仮定してみる方法は、何よりもまず、それらのあいだの隔たりや分裂をひたすら指摘するものであり、したがって近代性をより立ち入って理解することに寄与するものである。しかしながら、とりわけあまりにもしばしば単純化されすぎた主観性の歴史をその多様性や複雑さにおいて再現することは、主体の観念に固有の可能性を明るみに出すことに役立つにちがいないようにわれわれには思えた。その可能性は、近代形而上学の発展の根底にある可能性には還元されないものである、——主体の観念に固有の可能性は、近代形而上学の発展に含まれていなかったがゆえに、したがって近代形而上学の発展からの批判〔正当なものでさえある〕にさらされることもなかったがゆえに、今日、もしかしたら復活させられるかもしれない。もちろん、〔主観性を〕古い図式に再びあてはめることが、主体の思想にとって新たな情勢における必然的な振る舞い方となるからではなく、少なくとも、歴史的に見て特権的に扱われてきた可能性を優先するあまり打ち捨てられ、覆い隠されてきた〔主体の観念に固有の〕可能性のなかに、新たな主観性の哲学のための一段と実りの多い道〔手がかり〕があるかもしれないからである。もっとも、そのような道を程よくたどることは、その道を改めて明確にし徹底的にその道を整備し直さなければ、もはや不可能であろう。

『68年の思想』が出版されたことによって起こった論争は、上記の計画が必ずうまく成し遂げられるということを確認したにすぎない。要するに、その一冊の書物が、ある世代の知識人のア・プリオリな諸原理を疑問視したのであり、また非形而上学的人間主義の輪郭を素描することによって、多くの人々にとっては自分たちの価値観を全面的に転換することに匹敵することになるような再考を求めたのであるが、その一冊の書物に対して至極もっともな不信感が生じ、その不信感に加え多数の誤解が生じたことも、記憶にとどめておかなければならない。ここで簡単にその誤解の主たる内容が何であったのかを述べることは、無駄であるとは思えない。また主体に関する論争は今後はもはやあまり広まらないであろうが、私がその計画の輪郭を示したばかりの歴史的投資〔歴史的探究〕を行えば、論争がいつまで続くかがはっきりする、という〔われわれの〕確信が、上記の誤解によってなぜよりいっそう強められたのかを説明することは、無駄であるとは思えない。

したがって、『68年の思想』ならびにそれに先立ついくつかの著作においてわれわれが擁護した主要命題を、改めて正当化しようとは思わないが、私としてはその命題を今一度提示しておきたい、——すなわち、現代思想の大部分の流れに最もはっきりしたラ゛イ゛ト゛モ゛チ゛ー゛フ゛を与えた主体の観念〔およびそれにともなう諸価値〕に対する有罪判決を再考してみなければならない、という緊急の課題に、今日われわれは哲学的に見ても、そればかりか文化的に見ても直面させられている。主体を転覆させようとする態度を反-人間主義と呼ぶことは、それ自体ほとんど意表を突くものではなかった。それほど、実は近代という時代が出現して以来、人間主義とはまさに、自己自身を意識し（自己-反省）、自分自身の運命を決定する（自己-創設〔決定〕としての自由）、といった人間がもつ二つの能力に、より高い価値を与えるものであった。すなわち、その二つの次元は主観性についての古典的観念を規定しているものであり、その観念は人間の人間たる所以である、自らの思考と自らの行為を意識し、それらに責任を負う張本人となる能力を指し示しているものとして、要するに、思考と行為の根拠となり、それらの下に-置かれたもの（subjectum）となる能力を指し示しているものとして、理解されていた。そのうえ、ときにははっきりと反-人間主義へと向かう主体の観念の破壊が、なぜ〔以下のような〕現代思想の二つの中心的テーマ体系をとおして表明されたのかを、誰もが苦もなく理解することができるであろう。

——一方で、無意識のテーマ体系は、さまざまな形をとって表明された。すなわちわれわれの精神活動のある水準は、意識に解消することのできない外部をもっている、ということが断言される（心的無意識）。われわれの意識が、意識の支配を逃れる集団の力によって操作されている、ないしは条件づけられている、ということが強調される（社会的無意識）。あるいはまた、同一性を標榜する意識の表象によっては捉えることができない現実的なものの次元が、還元不可能な「差異」（あるいは「差延」）として示される（存在論的無意識）。いずれの場合においても、意識としての近代的主体の定義である自己透明性という想定が、本質的に素朴なものとして告発されている。主体の裂け目が強調され、主体が自己自身とは決して一致することができない、ということが強調されることによって、自己-反省を鼓舞している自己同一性への意志は、単なる形而上学的錯覚に還元されてしまったのであり、そうした錯覚は無意識の発見によって暴かれたのである。

――他方で、有限性のテーマ体系は、ヘーゲル以後の哲学に特有のものであるが、それはまた主観性の観念や価値を大いに揺るがすものでもある。すなわち、人間主体を「自然の支配者にして所有者」にするデカルトの野望に反して、〈絶対知〉に到達できると考えるヘーゲル的理性の思い上がりに反して、現代思想の起源は、フーコーが他の多くの哲学者たちにならって（とりわけハイデガーにならって）強調しているように、(3) 現実的なものに対するわれわれの知やわれわれの能力の、根源的で乗り越えがたい有限性を、本質的に反‐形而上学的なものとして認める態度にある。その意味で、もし人間主義という言葉によって、例えばハイデガーがそうであるように、自己自身に対してまた世界に対して、自らの主権（人間を「存在者の主人」にする主権）を主張する能力に価値を認める、という人間観が意味されるなら、ヘーゲル以降、哲学が継続的に遂行してきたであろう有限性への喚起は、人間主義や主体としての人間描写に対する揺さぶりとしても現れうる。誰にもまして（しかも、より巧みに）、有限性の承認を哲学の出発点にしているハイデガーは、したがって有限性を断固として容認することは、「形而上学の乗り越え」の企てを要求することになると同時に、「人間主義に抗して」、「主観性に抗して」考えるという計画を要求することになる、と見なすことができると思った。

　無意識のテーマ体系、有限性のテーマ体系(4)といったものは、おそらく主体の観念に対する批判の主要な二つの理論的土台であろう。自己自身および現実的なものの根拠であろうと欲していたもの〔主体〕は、自己自身に関して不透明になり、自らが構成したものではない世界に投げ入れられることによって、打ち砕かれる。そして、それ〔主体〕といっしょに、人間主義の諸価値（意識、自制、意志、自己‐創設〔決定〕、自律、等々）も打ち砕かれるであろう。要するにそれらの諸価値は、無意識のテーマ体系と有限性のテーマ体系とが、政治哲学の領域において、主観性の思想に対する疑念を増大させることに寄与する豊かで精密な分析に材料を提供してきただけに、いっそう容易に批判された。

ハイデガーにはじまって、アーレントおよびルフォールへと至る伝統のすべてにおいて、全体主義的現象は、主観性の王国との関係をとおして大いに魅力を備えた論証に従って解釈されてきた。すなわち、全体主義は明白に全体的統治という政策の試みとして規定される。ところでそのような企ては、社会‐歴史的分野が、ある力によって全面的に支配されうるものとして描写されるような場面においてのみ理解されうる。その力とは、社会‐歴史的分野を透明なものにしてしまうもの、その分野のあらゆる側面にもっともらしい説明を与えるもの、要するにその分野の「支配者にして所有者」となるものである。その意味で、全体的統治の幻想は、主観性の近代的（「デカルト的」）地位向上の最終的な、最もおぞましい様相にすぎないであろう。そして、現実に対する人間の主権を主張することによって、また無‐知の闇を一掃することによって、人間を解放したと思っていた人間主義や〈啓蒙主義〉(Lumières) の卓越した理想は、それとは反対のものになってしまったであろう。すなわち、人間主義の真相は非人間的なものの猛威であろうし、また〈啓蒙主義〉(Aufklärung) は、理性に照らしてまったく透明な、まったく「解明された」社会を目指したのに、まったく管理された社会としての全体主義的世界において実現されるであろう。(5)

以上の論法はとても単純なものであるので、民主主義は、反対に「確実性の指標の消滅において成立し、維持される」という確信へとわれわれを導く、——つまり反全体主義の社会は、支配の企てから逃れる社会である、ということである。支配の企ての理論的起源は、現実的なものの全体性をそれについての知の確実性に従属させようとするデカルトにおける主体の出現にまで遡る。確実性への意志のずっとあとの後継者である権力への意志の猛威の彼方で、民主主義の時代がはじまるのは、「〈権力〉、〈法〉、〈知〉の根拠に関しては、極端な未決定状態であることを、人間が体験するような歴史がはじまる」[6]ときであろう――人間は、自らの有限性を身をもって知って、もはや今後は、おそらくそのような「根拠」を体現しようとは思わないにちがいない。それらの観念を政治思想の分野へ移し替えることは、概して画期的であり暗示的であるので、哲学的な主観性批判の説得力を強化することに大いに寄与したし、またそのことによって、哲学的な主観性批判は自明のことになった。

しかしながら、このような月並みな話になっているものを揺るがそうとするなら、われわれ〔リュック・フェリーとアラン・ルノー〕としては、少し努力を傾けて、少なくとも、主体の裁判があまりにも早く閉廷を宣言されないようにすることが必要であるように思えた。なぜ事件の調査が再開されなければならなかったのか。われわれはある人から非難を受けたのであるが[7]、われわれは「主体を再び即位させなければならない」ということを、自明の理として受け取ったのか。また「主体の神々しさを信じることの方が、……主体を、出現の場所と時間が特定できる形式と見なすことよりは、正当であることの理由を述べる労」をとることをせずに、われわれは「反‐人間主義の危険性に関するとても月並みな余談」で満足していたのか。おそらく一冊の本を初めて受け取ったとき、人々は走り読みをするし、またしばしば不当な読み方もする、ということを考慮に入れなければならないであろう。そしていずれにせよ、そこですぐに異議を唱えようとすることは、無益なことであろうし、それはまた臆病というものであろう。せいぜいできることはと言えば、われわれの戦略を説明することぐらいであろう。

われわれが、多くの場合、人間の諸権利に関して提起された諸問題にもとづいて、主体の問題を厳密な形で提起し直す必要性を明らかにすることを選択したのは、われわれが、考えられるすべての思想を、一七八九年の〈フランス人権宣言〉の内容と両立しうるかどうかを測る「テスト〔リトマス・テスト〕」によって判定しようとしたからではない。そのテストは、いくつかの政治的に正しい試みには同意証書を与え、他の試みには同意証書を拒否する一種の治安判事のようなものである。すなわちもっとまじめに、もっと系統立てて言えば、次のような領域では主観性批判に疑問をさしはさむべき論理的必然性が存在していた。その領域においては、たった今私が言及しておいたように、主観性批判がその最も大きな魅力の一つを獲得した。すなわち、それは全体主義の理論的条件の分析の領域であり、それと相関的に自己矛盾をきたさない反全体主義的言説の領域である。われわれの上述の選択は、主体のさまざまな破壊によって提起された究極的な問題が、それの政治的「影響」に還元される、ということを少しも意味していなかった。というのも、そのような「影響」をとおして、ただ単に、はるかに根源的な理論上の諸問題が指摘されるにすぎないからであり、しかもその諸問題を実際に表現すると、感覚的説明のようなものになってしまうからである。したがって、人間の諸権利を擁護するという差し迫った必要性の名の下に、ニーチェからフーコーまでの、ハイデガーからデリダまでの、マルクスからブルデューまでの、あるいはフロイトからラカンまでの、主体の観念を論破するのに寄与した大小さまざまな著作全体に異議を唱える必要はまったくなかった。そんなことをすればおかしなことになったであろう。それはちょうど、例えばバシュラール、カヴァイエス、カンギレム、ブローデル、レヴィ゠ストロースあるいはデュメジルといった、同じく主体の哲学の「論破」において役割を演じたその他の人たちのなかで、何人かの人たちが、現実には、人間の自由や責任を掲げる多くの思想家よりも、より真剣にときとしてよりはっきりと民主主義の諸価値を擁護した、ということをわれわれに思い出させてくれないことはおかしなことであるのと、同じである。

われわれが指摘しようとした問題は、実際には次のようなものであった。すなわち、われわれの理論的領域においては、創設者としての主観性が全体主義やテクノクラート支配体制による隷属状態の遠いルーツとして非難される、ということがあるということをいかに理解すべきか、同時にその隷属状態を描写し告発するために、人間存在のある種の観念を援用することをいかに理解すべきか、という問題である。全面的に管理された世界のなかの人間存在には、自分自身の思考や自分自身の行為の根拠となるどんな可能性も（したがって、どんな権利も）、すなわち、無限の操作の物化された支えである客体ではなく主体となるどんな可能性も（したがって、どんな権利も）認められていない。とりわけ、ただしもっぱらというわけではないが、人間の諸権利の言説が、混乱した形ではあれ人間のある種の観念の援用を象徴している[8]、ということは、無視できない特徴である。少なくともそのような特徴が、例の頑なな非難を不服として控訴するように促し、またいつまでも引き延ばすことのできない次のような問いかけを発するように促した。すなわち、どうして主体の観念は、場合によっては危険なものにもなる錯覚の潜在的温床のように見えると同時に、乗り越えがたい価値のようにも見えるのか、と、――主観性についてのそのようなふた通りの理解の仕方は、おそらくそれぞれの仕方で、またそれぞれのレヴェルで、まったく正しい、とわれわれが考えるや否や、問題の深刻さがすべて明らかとなる。

そのような表明〔問いかけ〕を真剣に受け止めようとするなら[9]、苦もなく以下のことに同意することになろう。全体主義的体制下では思想が弾圧され収容所が存在している、ということにつけ込もうとする、とても素朴なそれどころか大雑把な計画をわれわれがもっている、と安易に見なしてしまうことは誤解であり、したがってまた不当なことである、と。〔われわれの計画は、〕「われわれの誰もが有している、思考する、責任がある、意志をもつ、道徳的で、自由な主体」の哲学的な復活、要するに「主権をもっている意識」としての「デカルトのコギト」、――「復権した主体、洗練されたコギト」、われわれが「試練によって磨かれ円熟した」[10]ものとして奇跡的に取り戻すコギトの、哲学的な復活を訴えるものでは決してない。誤解は、今から顧みると明らかである。とりわけ六〇年代のフランス哲学によって展開された主観性批判の妥当性を問い直すことによって、われわれとしては、表面的にはわれわれに先行する世代によって揺さぶられた思想形態を再び取り上げ、よみがえらせようとしただけであり、またわれわれは、その揺さぶりについて何も知らなかっただけであり、例えば、無意識の発見が主体の哲学全体に提起している問題を、少しも考慮しなかったのである。誤解は何人かの人々にとっては受け入れがたいものであるが、にもかかわらず誤解が不合理なものと感じられるのは、誤解の理由がわからないからにすぎない。ところがここでは理由は明らかである。たとえ主観性についての錯覚がいったん非難されたとしても、主観性は相変わらず一つの価値であり一つの基準語である、ということが確認されるがゆえに、本書の課題は、〔『68年の思想』と〕同様に、主体への準拠という問題設定を行い、それを考察することであった。その際、主体への準拠は無意識がさまざまな形で発見され、また有限性の試練を何度も受けたあとで主張されたのであって、それらのことに対抗して主張されたのではない。それにもかかわらずそのような課題は、しっかりと根づいている確信と衝突するほかなかった。その確信によれば、主体の哲学は、実のところ「形而上学」でしかなく、現代思想や現代の人間諸科学によって明らかにされた錯覚のとりこになっている、という。さらにその確信によれば、主体についてのありうべきさまざまな表現は、差異を帯びたものであるにもかかわらず、それでもやはりたった一つの命題の変種なのであり、そのたった一つの命題とは人間存在の主権というものであり、その場合人間存在はおのれの行為や表象の議論の余地のない源泉である、歴史を越え出た自律的自由として理解されている。その本〔『68年の思想』〕の末尾でその動機が明確に示された「主体への回帰」(retour au sujet) は、したがって主観性の新たなイメージを形作ることができるか否かにかかっている、ということをわれわれは示すことができた[11]。だが、それが何だというのか。というのも、主体にかかわる問題の場合、われわれは常に、多かれ少なかれデカルトのコギトの遺産管理をしているにすぎないからであり、したがって現代思想の決定的前進の手前にとどまっているにすぎないからである。もしそうであるなら、「主体への回帰」は、主体がたどってきた過程を解明するための研究テーマではなく、「主体の再来」(retour du sujet)、つまりは再出現や反復という不毛な現象でしかないであろう。

その意味では、いとも簡単に均質のものと見なされすぎている主観性への準拠を、主観性の歴史にもとづいて検討することがかつてないほど必要であるように私には思われる。すなわち、おそらく主観性の観念自体が、必然的に同一の知的装置に組み込まれているものと無前提に見なされうるどころか（〔「知的」という形容詞は、〕「形而上学的」という形容詞によって表現される、そのような形容詞については、あとで解明される）、たぶん主観性の歴史それ自体のなかで、主観性のいくつかのイメージを識別する仕方を学ぶべきであろう。主観性のイメージのすべてが、同じ意味において、同じ資格において、あるいは同じ程度において、「形而上学的」なものであるのではない。換言すれば、ハイデガーによって作り上げられ、近代性の主要な知的装置を指し示すためにハイデガーの後継者たちによって継承された「主観性の形而上学」という観念は、今日、主体という問題設定に対して真の認識論的障害となり、結果として次のような安易な定見をもたらす。すなわち「形而上学的」な主観性しか存在しない、主体の観念が解消してしまうことによってしか「形而上学」の外に飛び出すことはできない、という定見、あるいはまた人間主義のゆがんだ結果からの逃げ道は、「ポスト‐近代性」に決然として近づくことにのみある、という定見をもたらす。その障害により、主体に関する論議は、論争や訴訟の泥沼からもはや抜け出すことができないのであるが、近代哲学の歴史において主観性がとりえたさまざまな全体化不可能な形態を、入念に分析する努力がなされ、その結果、近代哲学の歴史の意味が改めて問われさえすれば、その障害は取り除かれるであろう。おそらく近代哲学の歴史の意味は、デカルトからヘーゲル、ニーチェに至るまで一貫してなされてきた、人間性を同一のイメージに固定することとして、あまりにも性急に解釈されすぎているであろう。その観点からすれば、そのような調査〔分析〕によって、われわれが主体の観念が複雑であることを認めるようになり、主体の観念に対する無差別の非難を困難なものにするようになるばかりか、主観性の歴史と緊密に結びついた近代性の歴史の論理というものがあるとするなら、その論理を新たに検討するようになる、ということは大いにありうることである。

*

私は調査〔分析〕を、近代性の論理についての二つの主要な再構成、すなわちハイデガーの再構成とL・デュモンの再構成に関する批判的考察からはじめることを選んだ。近代性についてその他の多くの解釈を取り上げることができたのに、なぜそのような選択を行ったのだろうか。『68年の思想』においてわれわれは、主体の理論的破壊と哲学の領域をはるかに越え出てしまうような、個人性の諸価値の強化とを、関係づけようとした。すなわち個人が出現すると主体は死ぬ、ということをわれわれは暗示した。もちろん、たとえ六八年五月〔五月革命〕が比類のない規模で個人性の賞揚を後押ししたかもしれないとしても、個人を利する形で主体が消え、それと相関的に、個人主義の諸価値を利する形で人間主義の諸価値が消えた時代が六〇年代であるとは、われわれは推定しなかった。多くの点で近代性は、少なくとも〈フランス革命〉以来、個人のさまざまなイメージの変遷を導きの糸とする一つの読解のきっかけとなりうるのであり、われわれ自身そのような読解を試みてきた。[12] したがって、主体の問題に関して近代性の哲学史によって提起された主要な問題は、主観性の諸価値と個人性の諸価値がいかにして主体において結びついているか、ということを理解しなければならない、という点に存する。すなわち近代性は、主体をますます勝ち誇ったように「存在者の主人」の地位に就けることで、端から端まで貫かれているのか――、これはハイデガーによる解釈である。というのも、ハイデガーにとって個人主義は、人間が絶えず存在し、また「どこまでも主体である」という運命の、「非本質的」側面しか表していないからである。[13] あるいはまた、主体（したがって人間主義）と個人（したがって、個人主義）との関係は、より微妙なものであるのか、したがって個人は、確かに「人間が本質的にすでに主体である場合」にのみようやく自己主張するようになるのであるが、だがしかし、個人は主体に由来しているにもかかわらず、主体の立場をむしばみ、最後には破壊してしまうのか。そうであるなら、近代性の歴史を主観性という観点から読むことを断念し、近代性の歴史のなかに個人主義の前進的展開のすべてを見なければならないのか。おそらくそうであろう。そのような近代性の個人主義的読解の試みを最も先まで押し進めたのは、『ホモ・エクアリス〔平等的人間〕』ならびに『個人主義論考』におけるL・デュモンである。今日、主体が個人の時代に解消されることもあるという問題と出会うことなしに主体の問題を提起することは、ほとんど不可能であるように見えるので、[14] 本書では、近代性の本質に関して、もっぱら主観性の観点からなされる解釈（ハイデガー）と、個人性の躍進を唯一の導きの糸とする解釈（デュモン）とのあいだの比較からはじめる方がよいと私には思われた、ということがおわかりであろう。そのような比較から、またそのような二つの「一元論的」読解に固有の諸問題を明るみに出すことから、より複雑な仮説が引き出され、次いでその仮説が、近代における哲学の発展の論理に照らして主観性の歴史として妥当か否かということが検討されなければならないであろう。

# 第一部　近代性についての読解

# 第一章　ハイデガー——主体の王国

今日、近代性の歴史がたいていの場合、絶えず強固になっていく主観性の王国の歴史として了解されているということが、ハイデガーによる近代哲学史の脱構築、もっと一般的に言うなら、ハイデガーによる近代文化の脱構築によって大いに強調されている。すなわち、そのことの直接的ないしは間接的な影響の痕跡を、例えばハンナ・アーレント、レオ・シュトラスス、ミシェル・フーコー、クロード・ルフォールのような多様な思想家たちのなかに見つけることは、容易なことであろう。ところでわれわれは、ハイデガーのおかげで、主観性の歴史を読解することには慣れているが、主観性の歴史自体は多くの問題を提起しており、そこには多くの曖昧さがともなっている。その曖昧さは、主体の問題が新たに展開する可能性を大いに危うくする。したがって本章では、近代性の論理を説明する際に付きまとっているように私には見える主要な諸問題を引き出すことに努めたい——諸問題は、主として、均質化というはっきりした偏見に由来している。すなわち、ハイデガーの近代性解釈に大いに特徴的なその均質化がぶつかる障害を明るみに出すことは、主観性の歴史についての別な読解のための導きの糸となりうるものを引き出すのに、最も手っ取り早い方法であり、願いを込めて言うなら、最も説得力のある方法であるように、私には思えた。

## 均質の近代性

誰もが知っているように、近代性に対する〔ハイデガーの〕取り組み方は、次のような考え方を、解釈の包括的（しかも唯一の）原則だと思っている。それは、近代とは世界との関係のことであり、その関係において、人間は自らを創設の能力（自らの行為の創設、自らの表象の創設、歴史の創設、真理の創設、法の創設）として立てている、という考え方である。そのような創設の能力こそが主観性を規定しているのであり、そのことの意味は、主体としての人間の出現は、下に－投げられたもの（sub-jectum）、「下に－横たわるもの」（sous-jacent）としての人間の地位を示している、ということであり、その下に－投げられたものに、それ以後すべてがもとづかなければならないのである。ところで、〈近代人〉の主観性とともに出現するものをそのようにして特徴づけることが、要するにかなりありきたりであり、たぶん原理そのものとしては、ほとんど異論の余地がないとしても、それでもやはり、その原理のハイデガーによる活用の仕方は、驚くべき均質化の試みという点で注目される、ということに変わりはない。

実際、近代性は主観性の時代と一致するものとして読解され、その結果ハイデガーは、その近代性の相貌のすべてが、実際には主体の立場へ人間が到来することの「帰結」（Folgen）である、ということを明らかにしようとする。私は、近代世界の様相の全体を主観性の出現へと収斂しようとする、均質化という第一の偏見にこだわるつもりはない[1]。芸術が美学の領域に入ったときからディーゼルエンジンの登場まで、消費社会の出現から戦争の世界的規模での拡大の過程および全体主義まで、すべては主観性の王国に関係している、あるいは同じことになるが、人間主義の登場に関係している。なにしろここでは、人間主義は、主体としての人間の哲学的定着の文化的表現でしかないから[2]。私としては一つの例だけ挙げておく。すなわち、近代性の主たる文化的特徴の一つを、ハイデガーは、彼が神性の剥奪（Entgötterung）と呼んでいるもの[3]、つまり非神格化、あるいはこう言ってよければ、神の死ないしは世界の脱魔術化、といったもののなかに位置づけている（もちろん、ハイデガーだけがそうしているのではない）。したがって、この現象を人間主義を媒介にして、主体としての人間の出現に結びつけることが、当然のことのようになされる[4]。すなわち、〈古代〉において、それ以上に中世において、「神の場」であったものが、近代においては、「人間の場」となり、「人間の場」においては、人間が自分のために伝統的な神の二つの属性を要求する（その二重の要求は近代性の諸価値を規定している）。その二つの属性とは、全知（そこから、近代文化が科学万能主義的なものとして説明されることとなる。すなわち原理的には、何ものも科学による把握からもはや逃れられない[5]）と全能（そこから、われわれの文化の技術的な次元が強調されることとなる）とである。

このような分析のスタイルは、今日ではよく知られている。それにもかかわらず、誤解を招くかもしれないいくつかの表現を修正する必要がある。すなわち、ハイデガーが哲学史とそれ以外の〔歴史の〕展開の水準とのあいだに、原因と結果という単なる機械論的な関係を打ち立てたのではなかった、ということは明らかである。簡潔に言えば、ある時代の形而上学が、「存在者全体との特定の関係」を主題化し、そして、その関係によって世界‐内‐存在の様態が規定されるがゆえに、「どの時代、どの人類も、一つの形而上学によって担われている」[6]。その形而上学が、「存在者そのものの全体に関して述べられた真理のなかに人類を据えるかぎり、そして、そんなふうに人類をそのような真理のなかで保持するかぎり、形而上学が時代を根拠づける」[7]と言われうる。要するに現実的なものの全体に対する人間のどんな態度も、そのような現実的なものの現実性を了解するある種の仕方によって支えられているかぎり、また次々に出てくるそのような了解を言説へともたらすことが、ギリシア以来の哲学の仕事であったかぎり、哲学は、「その根底においてわれわれの歴史のなかで最も本質的な流れを規定する[8]」、それは、哲学がそのような流れを生じさせているからではなく、哲学において、「あとに来るべきもの[9]」の最も深い意味が表現され、把握されるからである。このようなパースペクティヴにおいては、まったく均質の近代性の顕現全体の背後に、主観性の形而上学の展開を見なければならないばかりか、「人間を存在者の中心に置く[10]」人間主義を規定していく過程の展開をも、見なければならない。

## ライプニッツと近代の形而上学

このような均質化は、ハイデガーによる分析に沿って、第二の均質化によっていっそう強められるであろう。第二の均質化は、直接的に主観性の歴史に関係するものであるがゆえに、ここではより注意深い検討に値するもののように、私には思える。すなわち、「〈近代〉の形而上学は、人間的〈主体〉と人間の主観性への準拠とがそのなかで演じる特殊な役割によって特徴づけられる」と、『ニーチェ[11]』から読み取ることができる。ということは、ある意味では、主観性のどんなイメージも実のところ主体の典型的なイメージに還元される、ということであり、そのような主体の典型的イメージの哲学的正体は、実際には、ライプニッツにまで遡る。もっと正確に言えば、デカルトによる主体の出現が、ライプニッツにおいて初めて、その真の影響力を見出したその仕方にまで遡る。その証拠に、「デカルトとライプニッツは、近代史の最初の明確な形而上学的基礎づけの大部分を行った[12]」。つまりは、デカルトが発見したものをライプニッツが説明することによって、まさに近代性の本質的根拠としての主観性が確立される、ということである。その意味で、「ライプニッツの思想は、ごく一般的には現代の形而上学と呼ばれうるもの〔テクノロジー〕の、主たる傾向を擁護し、そしてそのような傾向に自らの影響を与えている」。その結果、ハイデガーの主張によれば、「ライプニッツの名がわれわれの考察のなかに現れてくるのは、一つの過去の哲学体系を喚起するためではない」。すなわち、「その名〔ライプニッツ〕は、われわれがいまだその説得力を身をもって体験していないある思想が存在していることを示すのに役立つ。今も存在しているその思想は、われわれとめぐり合うことを、依然として待っている」[13]。したがって、もしどんな近代性の顕現も主観性の到来から「演繹される」ならば、今度は主観性の歴史の契機のすべてが、ライプニッツの契機に還元されるであろう。ライプニッツの契機は、「ドイツ観念論の哲学やその後枝分かれした諸派の哲学において現れる、主体の主観性についてのよりラディカルな解釈」を規定した。その結果、「過去を振り返ることによってのみ、すなわちライプニッツが考えていたことを考慮することによってのみ、われわれは現代を特徴づけることが（できるであろう）」、たとえ現代が原子力の時代として特徴づけられようとも、あるいは、近代性の技術的本質を表すその他のどんな名づけ方によって特徴づけられようとも[14]。

　そうした論点は重要であり、それだけいっそう注意深く吟味されなければならない。というのも、たいていの場合、主観性の歴史についてのハイデガーの解釈は、主観性の歴史の契機のすべてをデカルトのコギトに還元してしまうものとして読解されるからである、――しかもそのように言えるのは、実際には、デカルト的主体の真理は、ハイデガーにとって、ライプニッツ的主体のなかにある、ということを付言するという条件においてのことにすぎない。その通りである。というのもライプニッツの本領は、主観性をモナドとして、すなわち理性主義的コギトの真理としてのモナドロジー的コギトとして、解釈し直すことであるからである。そのことについては、きわめて明瞭に、『ニーチェ』の第二巻が証言しているのであるが、その際の説明は、モナドロジーのパースペクティヴに従って、「現実性の新しい本質が、存在者全体において、全面的に、公然と浸透しはじめる」というものであり、また、「そうして、その後も〈近代〉

の歴史的背景であり続けることになる形而上学がはじまる」(15)というものである。したがって、主観性の歴史についての読解において、すべてが実際に還元される先である契機、最初の決定的な真なる契機が、ライプニッツのモナドロジーのなかにある、ということははっきりしている、――そのような主観性の歴史の均質化は、まったくライプニッツを利することになる。

読解の原則が確定されるや否や、それを評価し、ときにはそれについて議論するために、まずそれを理解しなければならない。なぜそのような驚くべき特権がライプニッツに与えられたのか。ハイデガーのテクストに慣れ親しんでいる読者なら、(16)いくつかのありうべき説明を思い浮かべることなどわけないであろう。すなわち、何よりもまず――ハイデガーはそのことのためにまるごと一冊を費やしたのであるが――、ライプニッツは、「根拠律を原理として発見した思想家である(17)」。ライプニッツは、「根拠への呼びかけ」を、「根拠を示すこと〔返し与えられるべき根拠〕への呼びかけ(18)」と理解することができた。根拠律がもつ威力は、「近代の精神」に「それの音調性やそれの固有のモチーフ(19)」を与える。そのうえ一六九五年の『実体の本性および実体の交通についての新説』は、そのタイトルのなかに、ライプニッツ哲学固有の理由によって、「体系の必然性」が現れている最初の哲学書である。ハイデガーは、「体系の必然性」に、「〈近代〉形而上学の本質的完成の標識(20)」の一つを見ている。結局、実体を力として定義し直すことによって、ライプニッツは、近代哲学全体を特徴づけている、本質の活性化の糸口をつかむ。そのことにより、「〈存在〉の近代的本質を権力への〔力への〕意志として完成するにまで至った(21)」。この観点に立てば、そのような観念のなかに「〈存在〉の歴史の転換点(22)」を見ることもまた可能である。

それらのモチーフ全体は一致して、ハイデガーに対して、彼による主観性の歴史の説明の仕方を、ライプニッツへと差し戻すよう促す。それにしても、にもかかわらず、もしライプニッツに与えられた優越性の最も深い意味を理解しようとするなら、その一致の原則そのものを捉えなければならないであろう。ということは、ハイデガーから見れば、主観性の構造は、デカルトとともに出現するや否や（自己意識として、ならびに対象についての意識として）、もはや二つの本質的変様しか知ることができなかった、ということを理解しなければいけないのである。この二つの変様が実現されるたびに、ライプニッツの貢献は決定的なものであるようにハイデガーには見えた。[23]

——一方で、その後の主観性の形而上学が、思考（cogitatio）に潜在的に含まれている活動の次元を明らかにするという意味で、主観性の構造は深められるであろう。すなわち、思考すること（cogitare）は、それだけでもうデカルトにとっては、共に‐活動すること（co-agere）である。すなわち、現実的なものを自分に引き寄せることによって、現実的なものに理性にもとづいた試験（検査）を受けさせ、そしてそのときにのみ、現実的なものの真理（確実性としての）を引き立たせることである。[24] ところでハイデガーによれば、主観性を活動として捉えることを徹底するのは、ライプニッツの義務である。その際、表象（perceptio）は、本質的にはモナド、すなわち力（vis）を規定しているものの二つの様相のうちの一つとされ、もう一つの様相は、欲求（appetitus）である。[25] そのことによって、近代的な意味での表象が活動の展開を基本にしているということが明るみに出される。すなわち、表象の本質についてのライプニッツによる説明をとおして、主観性が本質的に活動的な審級として実際に配置される。その審級を規定しているのは、現実的なものを自らの支配や所有の企てに完全に従わせようとする企図である。そのようなパースペクティヴにおいて、ハイデガーは、カント的契機やフィヒテ的契機やニーチェ的契機を、ライプニッツによる主観性の力動的・意志的本質の深化の単なる延長とすることができる、と考えるであろう。すなわちカントは、主観性の概念を、もはや集積所としてではなく総合の活動として定義し直すことによって、ライプニッツを延長することになり、[26]フィヒテは、自己性を自発性として捉えることによって[27]ライプニッツを延長することになり、ニーチェは、生を権力への〔力への〕意志として解釈することによって、ライプニッツを延長することになろう。

——主観性の構造に関する第二の変様、しかもハイデガーから見れば、よりいっそう決定的な変様は、デカルト以降に現れてくる。そしてそこにおいてもまた、ライプニッツの役割が、形而上学の未来全体を方向づけるものとして描かれている。というのもライプニッツは、人間主体を規定している構造をあらゆる現実性に転移することによって、形而上学の精神を十分に実現した最初の人であったからである。ハイデガーが擬人性と呼んでいるその機構、[28]また実体自体を主体として解釈する(ライプニッツにおける実体のモナドロジー的発想に相当する)その機構は、デカルト以来、形而上学的近代性の精神であったのだが不完全な仕方でしか表現されていなかったものを、徹底化するものである。というのも、主観性の(あるいは、文化の面で言うと、人間主義の)形而上学の精神とは、あらゆる現実性を根拠として(主体として)立てられた人間に準拠して考えようとする試みだとすれば、そのような精神はすでにデカルトにおいて、ハイデガーが擬人化と呼んでいる方法で実現されていたからである。その際、あらゆる存在者が、もはや主体にとって、また主体によって表象可能な(やがて、「機械化可能な」)対象でしかない、という事態を引き起こす当のものとして人間が定着することをとおして、形而上学の精神は実現される。だがその主観性の形而上学の精神が、さらにもっと十分に実現される(すなわち、存在者が主体との関係でさらにもっと本質的に考えられる)のは、存在者自体が主体として解釈されるとき、つまり主観性が現実的なものの構造そのものを規定するとき(擬人性)である。したがって、ライプニッツにおいて表象と欲求としての力(vis)、すなわち活動としての(自己‐創設としての)人間的主観性の本質的特性は、モナドとして考えられたあらゆる存在者の本質となる。「ライプニッツによって生じてくる考え方とは、存在者一般としてのかぎり、ある意味では自立しているあらゆる存在者が、固有の存在性格を有しているにちがいない、という考え方であり、存在性格は、デカルトによれば、我思う‐我在り（ego cogito-sum）として、つまり、主体として、〈私は考える〉かぎりで、〈私は表象する〉かぎりで、人間が自分自身についてもつ経験においてのみあらわになる[29]」。そして、まさにライプニッツが表象を活動や意志ないしは力の意味において解釈し直したかぎりにおいて、「力の本質は（それ以後）、存在者の存在性の根源的本質である[30]」。その意味で、「あらゆる存在者は〈主体的形相〉となる、つまり、それ自体として表象することを欲する、したがって、有効なものとなる」がゆえに、「各存在者は主体であり、モナドである」がゆえに、「ライプニッツから出発してのみ、主観性の形而上学は自らの決定的な始まりを知る[31]」。その始まりにおいて、はやくも、ヘーゲルおよびニーチェにおいて、主観性の形而上学が、ライプニッツ的擬人性の二重の活用という形で完成することになる、という事実が浮かび上がってくる。

――ヘーゲルにおいて、『精神現象学』の「序論」における、「〈真なるもの〉を実体としてばかりでなく、まさに主体として把握しかつ表現」しなければならない、という宣言によって、〔主観性の形而上学が〕完成する――したがって、「真なるもの」、換言すれば「全体」は、同一性と差異による同一性の自己‐展開としての主観性の構造そのものを獲得する。

――ニーチェにおいて、二重の擬人化的等価によって、〔主観性の形而上学が〕完成する。すなわち、1　存在＝生（「存在について、われわれは、生きるということ以外の表現をもたない」）、2　生＝権力への〔力への〕意志（「私が生き物と出会った所でならどこでも、私は権力への〔力への〕意志と出会うことができた」）。

主観性の歴史についてのハイデガーの主要なテーゼは、したがって、主観性の歴史全体を（それとともに、近代性の歴史全体を）、思考作用の活動主義的再解釈の方向と同時に、実体のモナドロジー的再解釈（擬人化的として理解された）の方向という、デカルト的主体の二重の深化としてのモナドロジー的コギトをめぐって考察しようという決心からなっている。「すべての基体〔主体〕は、その存在を、力（表象、欲求）によって規定されている。すべての実体はモナドである。したがって、確実なものとなった真理の光のなかに展開される、思惟するものの現実性の本質は、それが一切の現実的なものを介して支配を及ぼすだけの広がりを獲得する」[32]、——このようにして、主体の王国をその絶頂へともたらす原理が獲得されたがゆえに、「そのような理解の仕方においてのみ、〈近代〉の形而上学の最初の態度が達成される」[33]。

## ライプニッツから主観性の形而上学の完成へ

以上の前提から、ハイデガーは、主観性の歴史についての講義においていくつかの考察の結果を引き出し、その結果をとおしてハイデガーは、ライプニッツによる主観性の歴史の始まりとの関係で、主観性の歴史の論理が再構成されなければならない、ということを明らかにしている。その点に関して、とても明瞭な三つの考察を確認することができる。

（1）ライプニッツから、はやくも現実的なものを理性的なものに還元したヘーゲルが浮かび上がる。そのような還元は、デカルトにおいては、永遠真理の創造というテーマのゆえに、まだまったく構想されていなかった（したがって、ハイデガーの後継者によるそのテーマの活用は、納得できる）。永遠真理の創造というテーマは、神はわれわれの理性の原理と一致しない世界を造ることができたはずである、という考え方を導入することによって、現実的なものと理性的なものとを同一視することを大いに相対化した[34]。反対にライプニッツは、それ自体よく知られた論証に従って[35]、現実的なものを可能的なものに還元する。しかも、その論証の射程は、ハイデガーによって大いに強調されている[36]。すなわち、もし現実的なものが、（それが他の可能的なものと両立するという条件でのみ）実現される可能的なもの（＝無矛盾的なもの、したがって、理性的なもの）でしかないならば、はやくも理性的なものと現実的なものとの絶対的同一視が垣間見られる。その同一視の頂点をなすものは、ヘーゲルにおける、主観性の肯定であろう。その際主観性は、おのれの法則を現実的なものに押しつけ、また文字通りにも比喩的にも、現実的なものを理性に置く。

（2）同様に、ハイデガーの読解に従ったライプニッツから、ドイツ観念論による主観性の形而上学の完成の主たる要因の一つとして、体系の地平が浮かび上がる[37]。デカルトによってではなく、ライプニッツによって、体系への要求が哲学のなかに登場してくるのは、何よりも今や実質的に理性的なものに還元されている現実的なものが、まさに存在者全体を全体性にするような、したがって体系にするような秩序の原理によって、全面的に支配されているものとして表現されがちであるからである[38]。だが体系という問題設定の出現もまた、しかもおそらくより深く、実体を力としてモナドロジー的に解釈することをとおして要求されるであろう。「体系の必然性は、このようにして理解された、意志の本質的要素のなかに存する」[39]。私は次のような暗示を説明する。すなわち、あらゆる存在者の基礎が主体としての実体、つまりライプニッツにあっては、おのれに突発するものすべて（お望みなら、おのれの歴史）の内容を生み出す力をもっているモナドとしての実体であるなら、まったく混沌とした世界の偶発性（神によって無数の可能的世界のなかからこの世界が選択されたということと、ほとんど両立しない仮説）を受け入れないかぎり、予定調和が存在しているということ、モナドのなかのモナドとしての神による諸モナドのア・プリオリな調整が存在しているということを前提にすることが、ぜひとも必要になる――予定調和の観念は、したがって体系という命題を先取りしており、ドイツ観念論により体系という命題が展開されることは、それが主体としての実体というダイナミックな発想に立っていることにもとづいている。

（3）　主観性の歴史についてのハイデガーの読解は、結局、ヘーゲルの体系やドイツ観念論を越えて、ライプニッツのモナドロジーの延長線上に、ニーチェが〈近代〉の形而上学の運命を完成させる仕方を置くことを可能にする。というのもライプニッツとニーチェとのあいだの連続性は、モナドロジー的観念に含まれているような認識の遠近法主義のテーマをめぐって確立されるからである。すなわち、ニーチェの遠近法主義に言及することによって、ハイデガーはそれをライプニッツの「観点[40]」という観念に近づける。その際、クラークとの書簡が、各実体を「それの（モナド的）本性によって」、「実体の観点からする宇宙全体を集中しているものであり〔生ける〕鏡であるもの[41]」として、すなわち表象を介して宇宙を眺めることとして説明していることを、思い起こさせてくれる。実際、ニーチェをライプニッツに近づけることは不合理であるどころではない。というのもライプニッツは、モナドがその遠近法によって異なっており、したがってモナドが世界を多様な観点から表現していることを強調することによって、モナドと同じだけの世界の表象が、主観性と同じだけの遠近法が存在していることをついに定立するに至ったからである、――『モナドロジー』の第五七節の有名な断章によれば、「同一の都市でもさまざまな方面から眺められると、まったく別のものに見え、眺望としては幾重にもなっているようになるが、同様に単純な実体が無限に多くあることによって、それと同数のさまざまな宇宙があることになる。しかしながらそのような宇宙は、各モナドのさまざまな観点から見た唯一の宇宙のいくつかの眺望でしかない」。そこから、「事実は存在しない、解釈しか存在しない」（あるいは、『悦ばしき知識』の表現によれば、「世界はわれわれにとって再び無限なものとなった、世界が無限の〔無数の〕解釈を招くという可能性を、われわれとしては拒むことはできないのだから」というニーチェの確信へと至る〔ライプニッツとニーチェとのあいだの〕連続性が実現されるのは、確かに、ほとんど異論の余地のないいくつかの変更をとおしてのことにすぎない。例えば「モナドのなかのモナド」としての神の死をはじめとする、それゆえ予定調和（したがって、体系）から混沌への、また「すべての体系〔独断論〕は悄然たる意気阻喪の様で立ちつくしている〔破産している〕[42]」という宣言への移行をはじめとする、いくつかの変更をとおしてのことにすぎない。それでもやはりここでは、主観性の歴史の始まりと終わりとのあいだに、深い「真に歴史的な内的連関[43]」を見つけることができることに変わりはないであろう。その結びつきは、デカルトのコギトについてのライプニッツによる説明と、デカルトのコギトのなかに厳しいコギト批判を含めようとするよく知られたニーチェ的契機とのあいだにある、逆説的な結びつきである。したがって厳しいコギト批判は、結局のところ、まさに主観性を揺さぶっているようでいて、主観性の至上権を強化している主観性の策略でしかなかったであろう[44]。

私としては、ここでは、ハイデガーによる主観性の歴史についていくつか所見を述べておくだけにしておこう。ハイデガーによる主観性の歴史は、主観性の歴史が有する多様な契機を支配している論理を再現する力をもっている、という点で、また主観性の歴史が有する多様な一連の契機を、「絶対的〔無条件的〕主観性[45]」の勝利へと間断なく方向づけられたものとして説明することによって、その契機の意味を見つけることができる例外的な能力をもっている、という点で、今日、相変わらず衝撃的なものである。〔ハイデガーの〕『ニーチェ』を読むことが、とりわけそれの第二巻を読むことが、六〇年代の終わりにあって[46]真の啓示であった哲学的世代に私は属している。すなわち大学における注解の伝統は、近代哲学史を理解することではなく、それを知ることを（曲がりなりにも）われわれに教えてくれたのだが、その近代哲学史が、突然、意味をもちはじめた。すなわちモナドロジー的な実体解釈や、ヘーゲルによる論理の弁証法化〔現実的なものは理性的である〕には、近代性の同じ運命がかかわっていたがゆえに、しかも現実的なものがテクノロジーとなり、「アメリカかぶれ」が急激に広がった結果として、われわれはそのような近代性の運命の最終的な変化を経験したがゆえに、われわれが訪れた記念建造物〔ハイデガーの『ニーチェ』〕は息を吹き返し、またその記念建造物をよく知ろうとするわれわれの努力は、もはや不合理なものではなくなった。そのような経験の思い出は忘れがたいものであった。すなわちハイデガーが再建したもののなかに、徹底的な再改造を必要とする困難な問題があることが、少しずつ明らかとなった。それでもやはり、哲学史に対する「歴史学的」アプローチときわめてはっきりと、きわめて謎めいた形で対照をなしていた、ハイデガーが試みた〔アプローチの〕スタイルが、今やもはや無視できない要求〔哲学的方法の新たな基準〕となっている、ということに変わりはない。

しかしながら、ハイデガーのスタイルの利点は認められるとはいえ、今日、ハイデガーによる主観性の歴史の弱点にも注意する必要があるように私には思われる。というのもその壮大な再建は、歴史家や哲学者に対して、避けて通ることが困難ないくつかの問題を提起しているからである。

### 経験主義および批判主義の身分規定

第一の問題は最も知られたものであり、したがって差し当たり目星をつけるだけにしておく。それはまさにハイデガーの仕事を魅力的なものにしている事柄から生じたもの、すなわち、ハイデガーが主観性の歴史に（あるいは同じことだが、人間主義としての近代性の歴史に）与えている一次元性から生じたものである。その一次元性は、ハイデガーの著作が近代性の哲学史のいくつかの重要な段階に関して、読者にもたらす並外れた「意味の影響」を説明する際、重要なものである。ただしデカルトからニーチェまでのあいだに哲学的に遂行された事柄のすべてを、一つの歴史において、すなわちデカルトのコギトの真理〔追認〕として、またヘーゲルの絶対的主体の前兆として理解された、モナドロジーのコギトを中心にして展開されている歴史において記述しようとすれば、実際、多くの困難な問題にぶつかる。私としてはそのうちの二つの最も特徴的な問題だけを指摘しておこう。

——まず第一に、その流れのなかに、ロックからバークリーおよびヒュームに至る経験主義的コギトを位置づけることは難しいように思える。実際、経験主義的主観性の形態は、ハイデガーによってほとんど説明されなかった。概してバークリーについてのいくつかの短い言及は、〈存在するとは知覚されることである〉(esse est percipi) という表現によって、存在者の存在(「存在性」)を表象可能性に還元する、近代形而上学全体を規定している還元のきわめて明確な兆しを指し示すだけで満足している。(47) 経験主義に対するアプローチが、きわめて不十分で、さらには一面的でさえある、ということが苦もなく認められるであろう。なぜならデカルトのコギト(もっと一般的に言えば、理性主義的コギト)と経験主義的コギトとのあいだに、何と言っても本質的なものに見える差異が、すなわちデカルトのコギトは自己のうえに閉じられていることによって規定され構成されているのに対して、経験主義的コギトは印象へと開かれていることによってのみ意味をもつ、という差異が現れるからである。デカルトの主観性の形態が、「感覚から精神を切り離し」、その結果、自己のうちに生得観念を発見し、また生得観念についての反省をとおして最初に疑われていたものを再構成する、という決心をとおして確立される場合に、外部性に対するその閉鎖(『省察』の主観は、自己自身にもとづいてのみ、しかも主観の自己性を構成することなしに外部性を再び見出す）は、定義上、経験主義の主観性の形態（あるいは、諸形態）とは異質である。というのも経験主義においては、単純観念は「それに対応しかつそれによって正確に再現される単純印象からくるのである」[48]から。したがって経験主義を、有無を言わせず絶対的主観性の構成の流れへと差し向けることは、大胆なことであるように思える。すなわちたとえ経験主義的主観も、主観性の歴史のなかに見出される論理に組み込まれなければならないとしても、いずれにせよそのことが、主観性の歴史と、近代的主体による近代的主体ではあらぬものに対する全面的な至上権の肯定の過程とを、単純に同一視するという枠組みのなかで、首尾よくなされるとは思えない。その点に関して、ロックとライプニッツとのあいだの議論を分析し直してみることは、とりわけ興味深いことであろう。というのもライプニッツは、『人間知性新論』において、生まれたばかりの経験主義のコギトの形態とモナドロジーのコギトとを戦わせているのであるから。モナドロジーのコギトは、自足的で「扉も窓もなく」、経験主義に抗して外部性に対するデカルト的閉鎖性を説明し、またそれを徹底化している。近代的主体の歴史の二つの契機のあいだには、したがってとても大きな隔たりが現れる[49]。もしそれにもかかわらず連続性を示すために、その隔たりを縮めようとするなら、少なくともまさにそれを考慮に入れなければならず、それに気づかないふりをしてはいけない。

――ハイデガーによる主観性の歴史についての論法のなかの、経験主義の身分規定にかかわる困難な問題は、カントやフィヒテの契機との関係で、言ってみれば批判主義のコギトとの関係で出てくるのであり、たぶんそのような関係において強調されるであろうと思われる[50]。なぜなら『純粋理性批判』において、おそらく初めてかの明敏さでもって、表象というもの、意識というものは謎である、という考え方が現れるからである。カントは、意識の可能性の諸条件について問いかける。その意味で、その当時までいずれにせよデカルト派において自明なものであった主観性を、問題視する。ところで周知のように、そのような主観性に対する問題提起が、有限性の次元を前面に出すことになる。すなわち表象をもつためには、主体は有限であらねばならない。そこで主観性への問いかけは、有限性の構造への問いかけとして展開される。したがって、批判主義とともに（フィヒテはその点でカントの延長である）、一つの主観性の形態が出現し、それはラディカルな有限性によって規定されているかぎり、主体についての形而上学的錯覚に対する批判となっている、ということになる。その場合の主体は、理性主義（デカルト、ライプニッツ、あるいはまたフィヒテにとっては、スピノザ）の側の主体であると同時に、経験主義（バークリー、ヒューム）の側の主体でもある。すなわち「純粋理性の誤謬推理」にあてられた『第一批判』の章において、さらにもっと体系的には『自然科学の形而上学的原理』において、批判主義のコギトがはっきりと構築される、しかもそれは理性主義の閉鎖性と自足性に抗してと同様に、経験主義がその閉鎖性を問い直したその仕方に抗して、構築されるのである。したがってカントにおいても、またフィヒテにおいても、主観性の形而上学に対する批判が展開され、しかもそれはある哲学的な枠組みのなかで展開された、ということに注意せざるをえない。そのような枠組みについて少なくとも言えることは、それは相変わらず主体の哲学の枠組みである、ということである。というのも、「コペルニクス的転回」を規定し批判主義を性格づけているものは何かといえば、それはまさに、客観性の問題が主体にもとづいて、また主体の内部で立てられている、ということであるからである[51]。

したがって、主観性の歴史についてのあらゆる考察に、次のような重い曲げることのできない事実を組み入れざるをえない。すなわち、主体が自己の有限性を忘れるとき、あるいはこう言ってよければ、自己の世界-内-存在を忘れるとき、主体は自己自身について錯覚を抱くのであるが、主観性の歴史において、批判主義のコギトが、そのような錯覚から逃れ出ることによって主観性が展開されるときの最初の契機である、という事実があるのである。その結果、主観性の形而上学が、そのような忘却の徹底化を通過して、ドイツ観念論によって行われたあらゆる現実性の主観性への還元において、頂点に達するということを、ハイデガーとともに認めるなら、同様に、主観性の歴史において、批判主義の契機（とりわけ、理性心理学の批判）は、あらゆる現実性を主体に解消することに対してストッパーを取りつけることであったと、ハイデガーに抗して、考えなければならないのではないのか。

　ハイデガーに抗して、――この言い回しは唐突な感じを与えるので、誤解されるおそれがある。すなわち初期のハイデガー、いわばとりわけ『カントと形而上学の問題』のハイデガーが、カント主義を主観性の形而上学の論理に対する抵抗の原点と見なし、その点でカントのラディカルな有限性の思想に大いなる重要性を認めていた、ということを、私としては無視するつもりはもちろんない。その意味でハイデガーは、まさにカントを「近代人」と見なすのではなく、「あらゆる差異や歴史的な隔たりの大きさにもかかわらず、カントはギリシアの偉大な端緒とある共通性を有しており、そのことによって、同時にカントは、彼以前もしくは以後の他のすべての思想家から区別される[52]」ということを強調することさえできるであろう。それでもやはり、一九二九年以来[53]、ハイデガーは、カントの抵抗が結局のところ急に方向を変えたことを強調し、また、『批判』の第二版が再び形而上学の旧習に陥っていることを明らかにしようとした、ということは相変わらず確かである。そもそも形而上学の宿命は、批判主義を通過するまでは逃れえぬものであり続けた。要するに――ここでは、相変わらず『ニーチェ』がハイデガーの立場を最もよく表している――、たとえ「カントの形而上学がなおもこの〈存在〉の本質促迫に抵抗するとしても」（その促迫によって、「主観性の本質はおのずと必然的に無制約的主観性となる」）、しかしながら、それは「同時に、この促迫の成就のために根拠を築くことなしに[54]」ではない、――その結果、結局のところ、またそれはギリシア人たちに近づくことができるようになるにもかかわらず、「カントの哲学は、近代の思考と〈生存〉(Dasein)の全体を、初めて基礎づけの明るみと透視性へと導く[55]」。そのことから、一九六三年の「存在に関するカントのテーゼ」を検討するための小論文は、カント主義を完全に理論的枠組み――主観性の形而上学の枠組み――のなかに再び据えることとなった。その枠組みにおいて、思考と存在との関係は、「その根を思考にもっており、つまり人間主体の行為にもっている[56]」。

『カントと形而上学の問題』の大胆不敵さがいかなるものであったとしても、ハイデガーのカント読解は、したがって結局のところ、批判主義的契機の特性を大いに相対化し、批判主義的契機を主観性批判が出てくる場とするものである。ところで、〔ハイデガーの〕フィヒテ読解については、確かにその概略が〔ルノーの他の著作によって〕示されたばかりであるが、ここでは何も触れないことにする[57]。さて、その主観性批判は、ハイデガー自身の試みとは違って、決して主観性を一掃することではなく、単に主体が自己自身について抱く錯覚を脱構築することでしかない、というものである。そのような相対化によってもたらされるものを私が強調することは、必要であろうか。カント的契機の特性を子細に検討してみるならば、少なくともその錯覚は、理性の構造そのもののなかに含まれている論理に従うなら、まさしく主体の観念に固有のものではない、という可能性がはっきりしてくるであろう。それもそのはず、もし批判主義が主体に関する形而上学的錯覚の諸形態を告発するなら、批判主義自身の主観性への準拠は、形而上学的錯覚から免れることができる、と想定することが許されるからである。要するに、カント的契機の独創性を作り上げているものをぼかすことは、そこにおいて兆しが見えてくるかもしれない主体の肯定と、その肯定にともないうる錯覚を抱きかねない危険とを切り離すことのできる可能性を、受け入れないことであった。したがって、ハイデガーが「主観性の形而上学」の名のもとに告発しているものに代わるべきものとは、主観性とそれの価値に抗して、つまりまた「人間主義に抗して」立てられる思想にほかならない、と考えざるをえなかった。今日、主観性の現代的な一掃が袋小路に陥っていることを考えると、カントやフィヒテのときと同様に、まさに形而上学的主体に対する批判が展開されているにもかかわらず、主観性の歴史を形而上学的主体の勝利へと不可避的に行き着くものとして読解しようとしたハイデガーの執拗さは、それ以降、重い責任を背負うことになった、と見なされなければならない。その責任とは、主体に関する現代的考察に対して、最も実りの多い道の一つをずっと先までたどることを思いとどまらせることによって、その考察にとってまれな好機の一つを台無しにした、という責任である。(58)

したがって、経験主義的契機といずれにせよ批判主義的な契機とを、モナドロジーのコギトに収斂する直線的な主観性の歴史へと統合する際に生じる困難な諸問題を考慮に入れるならば、今日、異質なコギトにこだわることによって、主観性の歴史を複数のものとして読解し直すべきだ、という確信が得られるように私には思われる。異質なコギトとは、例えば理性主義のコギトや経験主義のコギトである、――しかもとりわけ、形而上学的コギトや批判主義的コギトである。複数の主観性の歴史、したがって諸主観性の歴史、そればかりか不連続な歴史。なぜなら主体の歴史によって提起された最も手に負えない問題の一つ、たぶん今日、現代思想が最も避けて通ることのできない問題は、まさに主体の歴史が『純粋理性批判』によって（あるいは、『自然科学の形而上学的原理』によって）打ち砕かれ、次いで逆説的に主体の歴史が形而上学的過去との関係を修復した、という問題であるからである。すなわちカントやフィヒテのあと、ドイツ観念論が、いかにしてライプニッツへの大規模な回帰の形をとって〈絶対的主体〉への前進を再開し――私としては、あたかも何事もなかったかのように、と言いたい気持ちになる――、それをやり遂げることができたのか、したがって、ニーチェやハイデガーの側で試みられたばかりか、同様に一八五〇年以降哲学によって引き受けられたさまざまな「カントへの回帰」〔「カント復興＝カントへ帰れ」〕をとおして試みられた新たな断絶を、いかにして必然的なものとすることができたのか、という問題である。こうして、主観性の歴史が複数で不連続なものであるということがいっそう素直に再現されるなら、主観性の歴史は、ハイデガーによる再構成においても提起されることさえなかったさまざまな問題を提起する。したがって、主体の歴史についてハイデガーによって提起された解釈の仕方の魅力の大部分は、一次元性〔主体の歴史を一次元的なものと見る見方〕にあるのであるが、それゆえハイデガーの解釈は、ある種の反論との対決を迫られる。その種の反論はそれだけでも、近代的主観性の異なったいくつかの形態に対する強い関心によって鼓舞された、大規模な再検討の必要性を教えてくれるであろう。

**主観性の形而上学か、それとも個体主義の哲学的基礎づけか**

第二の問題は、そのような再検討を完全に必要不可欠のものにする。というのも、ハイデガーがライプニッツのモナドロジーを近代性の真の哲学的始まりとして示し、また近代哲学全体の発展をモナドロジー的観念をめぐって回転させるとき、主観性の歴史において、ハイデガーが何を目指したかではなく、実際に彼が何に到達したかを問うことが可能であるからである。もっとも、ライプニッツに認められたその重要性が、私には法外なものに見えるというわけではない。反対に、ハイデガーがライプニッツの体系を、近代の主体の歴史において非常に重要なことが演じられた場所として示すとき、ハイデガーは正しく理解していたように私には見える。その代わり、ライプニッツ的起点に執着するとき、ないしはそれを攻撃するとき、ライプニッツの体系において決定されたことが何であるのかを明確にすると同時に、何が問題になっているのかを明らかにすることが、喫緊の課題となる。

ところで、すべては以下のことを暗示している。すなわち、ライプニッツにおいて現実的なものの理解に与えている近代的な形での主体の影響が、恐ろしく強くなっている、ということを攻撃しているつもりでいたハイデガーは、とりわけ主体の特殊な形態の出現に手が届いたことがよくわかっていなかったのである。つまりハイデガーは、そのような主体の形態の特性を検討したことは一度もなく、ただ単にそのような主体の形態を主体それ自体の真理と同一視しただけである。すなわち、ハイデガーによる〔ライプニッツについての〕読解は、デカルトとともに出現した事柄の説明と補強しか見ていないのに対して、〔われわれは〕むしろ根本的変化を見なければならないであろう。その変化とは、主体の歴史において主体から個体〔個人〕(individu)へと行き着く変化であり、その結果、ライプニッツにもとづいて、主観性の歴史よりも個体性〔個人性〕(individualité)の歴史が問題となっていた、と考えたくなるような変化である。

ライプニッツの主体は個体としてのモナドである、というありきたりの確認にもとづいて説明しよう。すなわち、あとで戻ることにして、ここでは参考までによく知られたテーマにもう一度触れておくだけにしておく。そのテーマによれば、現実的なものの構造を構成しているモナドは、本質的に唯一のものであり、どの存在も本質的に他のどんな存在とも全面的に異なっているのである、――すなわち、ライプニッツは、現実性(ハイデガーなら、存在者性(étantité)と言うであろう)を個体性(individualité)として捉えた。それは二つの意味において捉えられている。(1)不可分性ないしは単一性の意味で。(2)還元不可能性の意味で。ある意味では個体しか存在しない、という主張のなかに、はやくも「人間本性」という概念が被るはずの揺さぶりの兆しがある。その結果、近代的人間主義の決定的契機が問題になっている、というよりもむしろ、モナドロジー的パースペクティヴの出現にともなって、ずっと先の「人間の死」の最初の予示の一つが問題になっているのである。

個体化についての論文以来、ライプニッツは、存在論的個体主義を表明している。その論文において彼は、スコラ学の支配的な方向に抗して、物質による個体化の原理を拒絶し[59]、したがって個体性を本質〔存在〕に外的な次元と見なす思考方法を非難している。だがもちろん、不可識別者同一の原理についての考察をとおして、ライプニッツによる存在論的個体主義の基礎づけは、最大の広がりを見せるであろう。なぜなら、「自然のなかには、不可識別の二つの現実的な絶対的存在は決してない[60]」という原理は、バートランド・ラッセルが指摘しているように[61]、ただ単に哲学的言説の前提として立てられるだけではない。それは実際には、充足理由律と矛盾律という二つの原理から演繹される。

——どんなものもそれぞれ存在理由を有しているがゆえに、自然のなかに二つの類似した（不可識別の）ものは存在しえない。というのも、自然において、そうしたものは二つとも存在するための理由を少しも有していないからである。

——二つの現実性が類似しているためには、それらは同じ規定を有している必要があるばかりか、空間的にも時間的にも同じ場所を占めている必要があるであろう、——そうしたことは明らかに、それらのものは二つである、という主張と矛盾するであろう。

不可識別者同一の原理のそうした二重の演繹の重要性は、その形式的構造以外の点で過大評価されることはありえないであろう。しかし実際には、ライプニッツは、理性性についての真の個体主義的再解釈を、不可識別者同一の原理を構成している二大原理の、存在論的に言えば個体主義的な射程を明示することによって行うのである。したがって、現実的なものの現実性をモナド的個体性のなかに根づいているものとして理解するように理性は人に強いている、という説明は、まさにライプニッツ思想の全体構造にとってとても重要なものであるので、その説明は、かなりの部分、少なくとも二つの本質的な方向において、体系全体の論理を導いている。

――一方において、不可識別者同一の原理が要求しているように、もし実体の特性が還元不可能性、不可分性ないしは単一性の意味での個体性であるならば（モナドは部分をもたない）[62]、その結果、実体は外部から変様されることはない、ということになる。というのも、そのような変様は、外的影響が実体の一部を変様し、そのときその部分はそれ自身に由来するものと、それ自身とは別物によってそれのうちに生み出された偶有性とに分けられる、ということを前提にしているからである。その結果、『モナドロジー』は、第七節以降、いかなるモナドも「その内部を何か他の創造物によって変質もしくは変化させられる」ことができないので、「モナドには窓がない」とついに説明するに至ることとなる。したがって、個体性は、他のモナドの活動に対するモナドの独立によって説明される[63]。しかしながら、あるモナドの他のモナドに対するどんな影響も、他のモナドにおけるいかなる変化をも説明できないのであるが、われわれは、現象としてのモナドの集合体のレヴェルにおいて変様を確認するのであり、また変様を単純実体において生み出されうる変化にもとづいて説明しなければならないのである。したがって、絶対的に単一な現実性において、その単一性に影響を与えることのない変様を認めることが必要とされる。ところが、われわれは皆、われわれがわれわれ自身についてもつ意識において、そのような変様の体験をもっている、ということが起こる。というのも、われわれの表象は次々と生じるのに、幸いにも意識は自らの多様な表象によって分割されることはなく、常に絶対的に単一なままであるからである。したがって、主観性が生み出すモデルは、基体の単一性に影響を与えない変様を想像することを可能にしてくれる。それゆえ、モナドは主体のモデルにもとづいて理解されなければならないのであり、そのモデルは、モナドの変化全体を生み出しつつ、モナド自体と同一のものであり続ける。したがって、モナド的現実性は、大部分、精神という観点から記述されうるであろう。同様に、モナドは表象や欲求の能力によって規定されるのであり、そのような能力は、主体に固有の意識や意志のモデルにもとづいて理解される。そこにある意味では、ハイデガーが主観性の諸価値が現実的なものを理解することに対して影響力を増大していく兆しとして解釈した、擬人論的態度が見られる、──〔ハイデガーによって〕糾弾されたそのような態度は、今や、実体性を個体性と見る先行する解釈にもとづいて要求されたものにすぎないように見える（そのことは、主観性の歴史において、かなり重要なことになりうるであろう）、ということを別にすれば。

──他方において、存在論的個体主義の出現は、それの最も特徴的な側面の一つにおいて、ライプニッツの思索およびライプニッツ以降の思索の論理を規定している。というのも、現実性を分化した互いに他から独立した実体の総体として表現することは、現実的なものは可知的であるという考え方（現実的なものには秩序があるという考え方）に意味を与え続けようとする思想に挑戦することであるからである。すなわち、もし互いのあいだにある種の合意を確立することができるようなどんな影響力も互いに他に対して及ぼすことのない独立した実体の競合関係から、単なる混沌が生じないならば、もし世界が意味の場として現れうるならば、現実的なもののその驚くべき理性性を説明するためには、その多様な個体的実体を調和させるモナド同士の一種の事前の調整を想定しなければならない。もちろんここでは、〈予定調和〉の理論のことを言っているのであり、それによれば、現実的なものの秩序は諸モナドの特殊な意志の産物と見なされうるのであり、諸モナドはそれぞれが、おのれの存在の遂行を追求し、そうすることで、「可能的世界のなかで最高のもの」の内的一貫性を示すことに寄与する。したがって、まさにモナドロジー的（個体主義的）存在論の論理のなかに、「理性の狡智」の観念のさまざまな二番煎じを明らかにライプニッツの系統を継ぐ観念と見なすような、ある思考の図式が含まれている。[64] 存在論的個体主義と「予定調和」

ないしは「理性の狡智」とのあいだの内在的関係についてのこのような指摘は、たとえいかにありふれたものであるとしても、それでもやはり重要な結果をはらんでいる。というのもそのような指摘は、次のような可能性に気づかせてくれるからである。すなわち、完成した形而上学の明白な特徴であり[65]、またそのようなものとして、ハイデガーによれば、主体の王国の究極の表現である「理性の狡智」の構造は、主体を個体主義的に再解釈することによりいっそう緊密に結びついているはずである、という可能性に気づかせてくれるからである。ところが実際には、「理性の狡智」の構造が前提にしていることは、現実的なものが、あらかじめの調整や内在的論理なしには自分のなかに秩序を組み立てることができない個体性によって、すなわち秩序を自己‐確立できない個体性によって構成されているにすぎない、ということである。個体的投企のあいだの真の独立の原理を現実的なものの究極的な法則として定着させることと不可分の、そのようなパースペクティヴからすれば、無秩序からの秩序の出現、混沌からの意味の出現、悪からの善の出現を想像することがまだ残っている——そのような弁証法的転倒はどれも、〈予定調和〉の理論が発端となっているタイプの理論的投資〔探究〕によって可能となったのであり、またそのような転倒は、「理性の狡智」の諸理論によってその理論的投資を体系化することをとおして引き継がれる。

いかなる執拗さでもって近代人間主義について批判がなされ、主観性の諸価値に対して異議が唱えられてきたかが細かく検討され、「理性の狡智」[66]の観念によって象徴される知的布置に特有の多様な誤った理論的、実践的諸結果が指摘されるならば、非常にうまく定着している現代思想の決まり文句のうちのいくつかのものが、いかなる思い違いに由来しているのかがおそらく漠然と理解されはじめるであろう。デカルトからライプニッツまでのなかに、次いでライプニッツからヘーゲルまでのなかに（さらにはニーチェまでのなかに）、根本的に一義的な仕方で理解された主観性の漸進的な勝利しか見ないならば、近代の形而上学の歴史の終盤を特徴づけているいくつかの思考の図式を結びつけている緊密な関連性を、取り逃がすおそれがある。また主観性の歴史において主体の個体主義的偏流がもたらした影響力の大きさを、取り逃がすおそれがある。その深い句切り〔分水嶺〕に関心を向けないならば、またその句切りが立てる多様な哲学的問題に関心を向けないならば、標的を大きく間違え、主体を追い詰め、主体を邪悪なものとして告発するおそれがある。本当は久しい以前から、もはや主観性の諸価値が問題ではなかったのである。

## 人間主義と個体主義

それにしてもこの問題に関しては、ハイデガーによる近代性についての読解によってもたらされた誤りを、もっと正確に理解しなければならないし、また主観性の歴史をまったく新たに把握するためにも、そのような誤りを強調することから何が結果として出てくるはずかを、明らかにしなければならない。そのためには、主体と個体（人間主義と個体主義）とを区別することによって、たった今私が行ったように、近代人間主義の個体主義的偏流について語ることを可能にしてくれるものは何かを正確に示す必要がある。というのもその解明の成否は、決定的なことであるかもしれないからである。したがって、ハイデガーおよびフランスにおける彼のエピゴーネンが思っていたのとは違って、人間主義の到来（哲学における主観性の出現）と体系による理性性の完成とのあいだに、単一の窮屈な結びつきはいささかも存在しない、ということが明らかになるであろう。すなわち、理性以外のものを抑圧する理性という主題に関するよく知られたヴァリエーションのすべてを経て、科学技術の王国から境界領域の否定へと直接的に行き着くような結びつきは、ライプニッツからヘーゲルまでのあいだには存在しないのである。換言すれば、近代性についての現代のさまざまな批判に大いに共通している「啓蒙の弁証法」の観念（それといっしょに、いきなり主観性と近代性の両方に対する有罪判決が導き出され、〈古代人〉への回帰というパースペクティヴ、ないしは「ポスト‐近代性」への接近というパースペクティヴが登場してくる）は、実際には人間主義と個体主義とを切り離すことによって近代性にひびを入れる句切り〔分水嶺〕を認識し、考察することができないことに由来しているのかもしれない。すなわち、たとえライプニッツにもとづいて、主観性を背景として主体の哲学の一つの可能性、すなわち個体主義が確立されるとしても、しかも一つの不可避性ではなく、数ある可能性のうちの一つの可能性が確立されるとしても、そのような可能性が理論的、実践的に行き着く展開の結果として（しかしながら、そのことを見積もることがまだ残っている）、近代哲学および近代性の諸価値の考えられうる運命全体がそれといっしょに巻き込まれることはないであろう。

いったいライプニッツの可能性（つまり近代個体主義、すなわちモナドの哲学によって基礎づけられているそうした近代個体主義は、主体の思想の始まりとは混同されない）が、それが人間主義に由来していながら人間主義から分裂している、という二重の意味で人間主義から逸脱している、と見なされなければならないのはどうしてか。それは実を言えば、とても複雑な問いかけであり、そしてその問いかけは、私から見れば、近代性の哲学的論理を見極めるための試みに対して導きとなる問いを示してくれるにちがいない。ここでの考察は、図式的に見えるかもしれない危険を冒して、事柄を大いに単純化して言わなければならないので、たとえいまだ不完全な仕方によってでもそれらの観念〔人間主義と個体主義〕が考察の道具としてふさわしいものとなるように、それらの観念を規定するだけにとどめる。

――人間主義は、結局、人間性を自律の能力として理解し価値付与したものである、――もちろんその点で根源性を決して持ち出すことなしに私が言っているのは、近代性を構成しているものとは、人間が自らを、自らの表象や行為の源泉として、表象や行為の根拠（主体）として、あるいはまた表象や行為の作者として見なすことである、ということである。しかもその結果、六〇年代のさまざまな系譜学的実践に共通の反人間主義的執拗さは、しばしば作者という観念を批判するようになる。[67] 人間主義における人間とは、自らの規範や法則をもはや物の自然〔本性〕（アリストテレス）からも、神からも受け取ろうとはせずに、それらを自らの理性や意志にもとづいて自分自身で基礎づける人間のことである。したがって、近代の自然法は、人間的理性（法的理性主義）によって、あるいは人間的意志（法的主意主義）によって定立され、規定された、主体的法であろう。[68] したがってまた、近代社会は政治的には自己‐確立されたものとして、契約主義的図式をとおして理解されるものであり、根本的に反近代的な「特権」観念という間接的な方法によって伝統が権威を基礎づけているような社会とは、まったく違っているであろう。[69]

――一方、個体〔個人〕主義についてはどうであろうか。トクヴィルが見事に理解したところによれば、社会‐政治的現象の場面において、個人〔個体〕主義は、近代性における危険だが乗り越え可能な傾向を示している。[70] 個人主義の最も的確な定義は、おそらく見たところ簡単な記述にもとづいて立てられるであろう。その記述は『近代人の自由』のB・コンスタンによって差し出されたものである。『近代人の自由』においてコンスタンが強調しているのは、自律への価値付与よりも、独立への価値付与である。すなわち、一八一九年の有名な講演によれば、[71]〈古代人〉において自由は政権への参加と直接的な主権の行使によって規定されていたが、そのような「集団的自由」は、「個人が全体の自由に完璧に従属していることと両立しうる」と見なされていた。その結果、「世論の点でも、産業の点でも、宗教の点でも、個人の独立には何の重要性も与えられなかった」。[72] 一方、〈近代人〉にとって個人の主権は、もはや「決まってはいるがめったにない日取りに」しか行使されず、しかもその結果〔個人の主権は〕放棄されるがゆえに根本的に制限されてきたのだが、そのような〈近代人〉において、「私生活において独立している」かぎり、個人は自分を自由と考える[73]。すなわち、「われわれの自由は、われわれにとって、私的独立の静かな享受によって構成されているにちがいない[74]」。そして、「群衆のなかに紛れ込んだ個人が、決して自らが行使している影響力に気づかない」時代において、「われわれは〈古代人〉よりもいっそう、われわれの個人的独立に結びついているにちがいない[75]」。

このあともしばしば引用されるそれらのよく知られた断章は、実際には複雑である。すなわち、コンスタンが使用する古代／近代という対（都市国家に対する服従／「集合体」に対する個人の独立）が、独立を近代個人主義の主要な価値として浮上させるとき、必ずそれとは別の近代的価値を隠蔽する。逆説的に言えば（そして、近代の主体の歴史に特有の困難はどれも、その逆説に起因している）、個人主義という価値はそれとは別の価値を消し去ることに寄与しながらも、それとは別の価値を前提にしている。別の価値とは自律の価値であり、その価値のせいで、自由に対して課せられた制限は、その制限の必然性についての意識およびその制限を自分自身に課する意志以外の根拠をもつことはできないであろう。要するに、規範と法則の源泉および原理としての主観性以外の根拠をもつことはできないであろう。独立に対する価値付与は、自律に対する価値付与にもとづいてのみ現れ、展開されうる。すなわち、まったくの独立状態において独自の実存の仕方を選ぶ能力が、個人にとって、自由の絶頂として現れうるためには、——コンスタンが指摘しているように、しかしながらその際コンスタンは、近代的自由の二つの契機を必ずしも明瞭に区別していない——「各人にとって法則だけに従う必要があり、逮捕されることも、拘留されることも、死刑になることも、虐待されることも決してありえない、という権利が、ひとりの個人ないしは複数の個人の自由意志の結果によって[76]」承認されていなければならない——すなわち、自律の価値が獲得され、また原理上、人間が従う権力の、人間による自己‐確立がなされていなければならない。したがって、

〈古代人〉にとって、まさに自律の観念が意味をもっていなかったのであるが（権力は、もろもろの意志の衝突において確立されたのではなく、事物の自然（本性）ないしは世界の秩序において確立されたからである[77]）、その〈古代人〉がどうして、個人の独立に価値付与することも、個人の独立の必要を感じることさえもできなかったのかが理解できる。

したがって、コンスタンが示唆していることを明らかにしなければならない。また独立（近代）と従属（古代）との二項対立によって誤解が生じないように、その対立が包み隠しつつも前提にしている第三の項を再現しなければならない。すなわち、独立への価値付与が結びつくにちがいない自律の項を再現しなければならない。つまり同様に、〈古代人〉の自由に対する共通の対立において、自律と独立とを結びつけなければならないばかりか、もし三つの項が存在するのであれば（個人の従属、自律、個人の独立）、自律の契機と独立の契機とを差別化しなければならない、と言ってよい。法則や規範が自由に受諾されるかぎり（自分自身に与えた法則に従うことをまさに表現している契約主義的図式）、自律の観念が法則や規範の遵守という観念をまったく受け入れているのに対して、独立の理想は、もはやそのような〈自我〉の限定に甘んじることができず、反対に、〈自我〉を不可侵の価値としてひたすら肯定しようとする傾向を示す。そのとき、単なる「自己への配慮」が、自-律の自己-決定的規範性に取って代わる傾向がある。それと相関的に、公的なものと私的なものとの分裂が、共有している規範をめぐる意志の疎通ないしは意見の一致に取って代わる傾向がある。その際、私的な幸福への価値付与と、それによく似たトクヴィルがとても巧みに描写した公的空間からの逃走とがともなう。

以上のようにしてなされてきた人間主義（自律への価値付与）と個人主義（独立への価値付与）とのあいだの区別は、したがって、主観性の歴史について新しい仮説を表明することを可能にしてくれる。

## 人間主義の個人主義的偏流——個人の時代

近代性は、文化的に見れば、人間主義の出現とともに現れ、哲学的に見れば、主観性の到来とともに現れた。このハイデガー的読解の次元を再検討する必要はない。しかしながら、それは近代性についての考察としては、言葉の本来の意味における紛れもない決まり文句である。というのも、そのような決まり文句が、例えばハイデガーやカッシーラーと同じぐらい多様な方向性をもった解釈者たちを結束させるからである。確かに、『ルネサンスの哲学における個体と宇宙』(78)という見事な著作全体をとおして、カッシーラーは、「近代哲学の始まりをデカルトのコギトと見なす習慣」によって承認されているデカルト的革命が、ルネサンス哲学のさまざまな人間主義的潮流によって準備された、ということを明らかにしようとしている。すなわち、ジョルダーノ・ブルーノ、ピコ・デラ・ミランドラにおいて、あるいはまたかの驚嘆すべきシャルル・ド・ボヴェルにおいて——ボヴェルの『賢者について(De Sapiente)』(一五〇九年)は、カッシーラーにより翻訳され、注釈が加えられている——、「主観と客観の関係についての近世特有の新しい見方」(79)が姿を現す。そのような見方にとって、〈自我〉の尊厳は宇宙という建造物のただなかで決定的に自我に割り当てられた客観的状況のなかにはもはや存在せず(80)、おのれの「固有の価値」(81)を客観的宇宙に対立させる能力のなかに存在する。そしてその「固有の価値」の規定を明るみに出すことは、人間を〈全体〉の単なる部分という古代的なその地位から引き離し、主観と客観という両極端のもの(主観性と実体性との対立)を初めて根本的に出現させることであるが(82)、その「固有の価値」の規定は、あらかじめ定められていない未来を自ら根拠づけることができる創造性としての自由の次元を前面に出すことである(83)。すなわち、「人間の創造性に対するまさに人間主義的信仰」によって、「人間性の理想は、それ自体のなかに自律の理想を含んでいる」(84)。その証拠に、とりわけカッシーラーが引用している文章は次のようになっている。[85]それは、ピコ・デラ・ミランドラがその演説『人間の尊厳について』を開始して間もなく、〈造物主〉に人間の唯一の条件を描写させている場面である。「アダムよ、われわれは、おまえに定まった席も、固有の相貌も、いかなる特有な贈り物も与えなかったが、それは、おまえが望んだ席、相貌、贈り物を、おまえの望み通りに、おまえの意志に従って、おまえがそれを手に入れ、所有するためである。他のものどもについて、それらの限定された本性は、われわれがあらかじめ定めた法によって規定される。おまえは、いかなる障害によっても制限されず、私がおまえの権限に委ねたおまえ自身の意志によって、おまえの本性を決定すべきである。」人間の固有の価値を人間主義的に肯定することと、その価値をおのれの存在の主体になれるということと[86]、さらにはその主観性を自律という観点から明白にすることとが、これ以上率直に関連づけられることはありえず、その結果、宇宙についての古代的表現を打ち砕くことになった近代的なものの出現が、明らかとなるであろう。

ただし、主観性と自律という新しい価値の出現によって規定された枠組みのなかにおいて、近代性の論理は、そういったものが存在するとして、主観性の代わりに個人性が徐々にそして違うものとして立てられていく論理として、その必然的帰結として、自律の倫理から独立の倫理へと移行していく論理として描かれうるであろう。確かに相変わらず、個人は主体の一つの形態のままである。その意味で、個人主義が展開されるためには、まさに近代性の条件が要求される、すなわち「固有の価値」としての人間を、本質的に階層化されてはいない世界のなかに住まわせることが要求される、ということが強調されなければならない。したがって、個人主義はまた間違いなく、近代人間主義の一つの形態ないしは一つの契機を構成している。しかしながら同時に、ハイデガーによる読解やそこから霊感を受けた考察においてまったく注目されない特性が存在する。すなわち、個人は主体の一時的な一つの形態であるにすぎず、また個人主義は人間主義の一時的な一つの契機であるにすぎず、そのような個人主義がまさに人間主義の実質を消し去るかもしれない、という特性が存在する。人間主義が人間主義から現れ出たものによって脅かされている、というそうしたダイナミックスが目立つように見えるのは、以下のようなときである。すなわち、個人主義の論理が、自律の原理から独立の原理へと微妙に移行していくことによって、ルネサンス以来人間主義の本質をなす価値付与を、すなわち超‐個人的規範性の領域への価値付与を解消する方向へと導く、と考えられるときである。そもそも、そのような規範性の領域をめぐって、人間性は人間性として（相互主観性として）構成され、承認されるのである。もっと正確に言えば、まさに規範性の観念や相互主観性の観念（共通の規範をめぐる一致としての、こう言ってよければ、文化としての）を仮定すると、個人主義が、〈自我〉を肯定する価値とはまったく別の価値を消滅させることによって、根底から覆すものは、基本的には、また逆説的には、自律の観念である（というのも、個人主義は自律の観念に由来するからである）。というのも、私が私自身に与えた法則を遵守するというパースペクティヴは、私のなかでその法則に従うこととは別のこととして立てられた私自身の自己性に準拠できるかもしれない、ということを前提にしているからである。したがって、人間主義を規定している自律の理想は、共通の人間性の分け前を私のなかで規定することを要求する。その共通の人間性は、私の単独性のみを肯定することには還元されない、――共通の人間性は、まさに定義上、個人主義が還元不可能な差異しか存在しないということを立てることによって否定しているものである。したがって、ライプニッツのモナドロジーが、個人〔個体〕主義の真の哲学的（存在論的）基礎づけを行ったということに関心を払うならば、近代の主体の歴史に断絶が生じることになる、という仮説が立てられることになろう。その断絶は、ライプニッツのモナドロジーのコギトを超えて延長され、しかもたぶん徹底化されることになる。その意味で、何よりも、近代哲学の発展のなかに、ライプニッツによってはじめられたあと少なくとも三つの大きな段階によって行方が定められた個人主義的偏流の諸契機を、読み込む必要があるであろう（本書の第二部は、その試みに費やされるであろう）。

――まず第一に、モナドロジー的観念の経験主義的解釈からなる段階がある。その場合には、バークリーからヒュームまで、経験主義は、その特性にもかかわらず、個人主義を介して近代哲学の運動の流れを汲むものとなる。

――ヘーゲルの歴史主義によって特徴づけられた段階がある。実のところ、「理性の狡智」の理論は、私がすでに暗示したように、ライプニッツの〈予定調和〉を歴史主義的に踏襲したものであるばかりか、哲学的には経験主義的伝統から生じた「見えざる手」についての自由主義的テーマを、歴史主義的に踏襲したものでもあるという、二重の踏襲となっている。

――最後に、ニーチェ的パースペクティヴが手に入れている現代個人主義についての、真の哲学的表現の到来がある。そこにおいて、個人性の無限の多様性は、発展に内在的なあらゆる論理を抑圧することによって、もはや混乱した形でしか主張されない。すなわち、主体を欠いた個人主義は、コギトの錯覚に対するニーチェ的批判をほのめかすと同時に、ある〈神的主体〉によって現実的なものを内密に組織化し／調和させることを否定することに準拠している、と言うことができよう。

もしデカルトからニーチェまで、主体の歴史が以上のように見えるにちがいないなら、複数の非直線的な仕方でその歴史において展開されてきたことは、主観性の連続的な安定化ということよりはむしろ、主観性が消え去り、あるいは主観性が姿を消し、個人性が登場するということであろう。したがって、主観性の歴史に向けられたハイデガーの診断におけるはなはだ誤った解釈を明るみに出すことは、主観性の歴史において第一義的に何が問題にされるべきか、ということに大いに影響を及ぼす、ということは自明のことである。理の当然として、主観性の歴史において問いかけなければならないのは、主観性そのものについてというよりはむしろ、主観性の個人主義的偏流についてであろう。それはもちろん次のような場合にかぎってのことである。すなわち偏流をとおして、理論的次元では、知的構造が確立され、その構造が引き起こすかもしれない逆効果を分析しなければならない場合にかぎってのことであり（私はとりわけ、「理性の狡智」の理論によって引き起こされた諸問題のことを考えている）、また偏流をとおして、実践的次元では、社会体の細分化や公共的空間の破壊と同じぐらい恐ろしい現象の輪郭が浮かび上がってくる場合にかぎってのことである。要するに、主観性に対する批判が相変わらず存在しているにちがいないなら、それはとりわけ主観性と人間主義とが、個人主義的偏流を受け入れてきたかぎりにおいてのことであろう。

付け加えるなら、主観性についての批判的歴史は、もはや必ずしも主観性に抗して、しかも反近代的な仕方で（前近代的な様式に従って、あるいはポスト近代的な様式に従って）考えることを人に強いることはないであろう、もっともあとで、主観性の個人主義的偏流は避けられず、また抑えきれないものであった、ということ、また人間主義はすでにそのなかにそれの個人的偏流の必然性を含んでいた、ということを明らかにする必要がある、――そのことは少なくとも、今後証明すべきことである。

### 内在的超越、ポスト‐近代性の哲学的問題

結局、そのような仮説の最終的な問題点を明らかにするために、そのような見地に立てばハイデガーによる読解がもたらした問題設定とはまったく異なる問題設定が、哲学的に見て中心的で決定的な問題設定となる、ということを強調しなければならない（仮説の値踏みをするためにも）。ハイデガーによる読解

がもたらした問題設定の方は、主観性の外へ（いったい、どこへ?）行き着くことができる「跳躍」のための間断なく繰り返される試みへと解消されてしまう。

近代性が超個人主義的に〔過度に個人主義的に〕完成された時代にあって、現代の哲学的問題設定を構成していると思われるもの、したがって真のポスト‐近代性という問題を構成していると思われるものはむしろ、次のような言葉によって表現される。すなわち、主観性を規定している自己への内在において、個人性を制限しかねない規範の超越をどのように考えるべきか、と。言い換えれば、近代社会の本質的問題は、実のところ、主体の行為を規定しているラディカルな他性ないしは外部性からの独立としての近代的な自律の観念のなかにいずれにせよ組み込まれている、独立性への要求という意味での「近代人の自由」と、相互主観性への不可避の要求としての規範の必然的存在とを、いかにして両立させるか、という問題である。ところで、規範の必然的存在は、モナドロジー的個人主義に課せられた制限、[87]したがって個人性の制限を前提にしている。フッサールから借りてきた言い回しを使って言われうることは、内在における超越をどのように考えるべきか、ということである。私としては、そのような言い回しを利用して、実は、いずれも欠かせない二つの必要条件を示す。

――個人主義に抗して守らねばならないのは、共通の規範がなければ理解可能な「共和制」も相互主観性も存在せず、存在するのはただ「（おのれの）欲望に関して譲歩する」ことを拒む「自己への配慮」の馬鹿げたプログラムだけである、という考え方である。すなわち、そのような文化の発展、あるいはむしろそのような儀式の発展に抗して、改めて、諸価値の超越、つまりは個人性に対する諸価値の超越を考えなければならない。

――にもかかわらず、「古代人への回帰」の試みのすべてに抗して、同様に断固として次のように強調しなければならない。すなわち、そのような超越について考えることは、主観性から脱し内在性の環を断ち切ることによって、古代的、前‐近代的仕方で理解された〈神の掟〉の他性や〈伝統〉の外部性のある種の規範性を復活させることではない、と。そのような超越の諸形態へと回帰するというパースペクティヴは、文化的、イデオロギー的コンテクストに対する反発のすべてがもつ弱さをもっている。われわれは、望もうと望むまいと、そのようなコンテクストのなかで考え、行動している。それは無限の、開かれた世界のコンテクストであり、そこにおいて、意味、諸価値、諸規範が存在しなければならないとしたなら、それは主体をとおして、そして主体に対して、でしかない。マルセル・ゴーシェによって、世界の脱魔術化が、近代社会の民主主義の過程のなかに、いかに組み込まれているかが明らかにされたのであるが、そのような世界の脱魔術化の時代にあって、神学的、宗教的問題設定を完全に再現することはできない。そのような問題設定が知的舞台に戻ってくることは、たぶんありえないことであろうし、自己‐確立された秩序についての民主主義的観念との両立不可能性のゆえに、望ましいことでさえないであろう。

諸主観性の歴史とは何であったのかについてより詳しく知ったうえで、「内在的超越」の問題を引き継がなければならないのなら、〔以下の〕三つの詳しい説明を読むことによって、近代性についてのハイデガーによる読解に関する自由な議論から出てくる問いかけは、さらに明確なものになるであろう。

### 非形而上学的人間主義、非個人主義的人間主義

そのような問いかけは、非形而上学的人間主義とはどのようなものでありうるか、というすでに他の著作において提起された問題を改めて表明するもう一つの仕方となっている[88]。ハイデガーによる形而上学〈主観性〉と人間主義との同一視に抗して、非形而上学的人間主義の問題が鮮明になってくるのは、形而

上学の人間主義が、実はたいていの場合、ライプニッツ、経験主義、ヘーゲルあるいはニーチェによって展開された多様な個人主義にすぎなかったのかもしれない、ということに気づくときである。

形而上学の歴史は、モナドロジーの時代として示されるとき、一番的確に捉えられるのであるが、そのような形而上学と相対したとき、非形而上学的人間主義の問題は、実際には、主体に関する形而上学的（理性心理学的）錯覚に対する批判のあと主体の観念の意味をいかに保つべきか、ということだけでなく、今後、主体の内部で（つまり、自律の枠組みのなかで）、意志の疎通と相互主観性を根拠づけることができるものとしての〈個人性の制限〉を、いかに考えるべきかを決定することでもあるであろう。その意味で、非形而上学的人間主義は、非個人主義的人間主義としても（としてのみ、ではなく）、理解されなければならない。

## 主観性、客観性、相互主観性

内在における超越の問題（今後、主観性の問題設定は、その問題をめぐって必然的に進行する）は、客観性の問題設定とも重なり合うことは明らかであり、しかもいかなる点で重なり合うかを見抜くことは別に困難ではない。というのも、主体の自己への内在の枠組みのなかで、私が立てているにもかかわらず私の個人性を制限する規範が、（個人としての）私に適用されうるばかりか、すべての人にも適用されうることをいかに理解すべきか、という問題であるからである。確かに規範は、私が立てるかぎり主観的なものであるが、同時に、相互主観的なもの（個人横断的なもの）でもある。その意味で、主体がいかにして客観的なものを立てることができるのかを、理解しなければならない。ここでは、客観性とは、少なくとも権利上すべての人に適用されるところのものが有する、超‐個人的妥当性の領域を示している（例えば、青ないしは赤を色のなかで最も美しいものと見なすもっぱら主観的な主張と対照的な、反ユダヤ主義的であってはならない、という言明)。

したがって、提起された問題は、主観性の内部に客観性を構成するという問題と、そして何よりもまず理論的客観性の問題と、緊密に重なり合う。理論的客観性の問題においては、〔古典的な〕真理の問題の特殊な定式化が見られ、その定式化とは、主観性の枠組みのなかでわれわれに適用される(相対主義はそう考える)ばかりか、すべての人にも適用されることを認識に関して要求する言明は、いかにして立てられるべきか、というものである。だが、客観性の構成の問題は、まったく同様に実践的対象の構成に関して、つまり絶対的に適用され、したがって客観的に(主観的にではなく)実践的なものである善なる目的の規定に関して立てられる、——そこには、今度は、古典的な善の問題の定式化が見られる。最後に、まさにそのような客観性の問題が美的客観性に関して立てられうるのは、趣味判断が快適なものについての判断と異なるのは、趣味判断もまた少なくとも普遍性を要求する客観性の領域を描いている、という点においてである、ということを認めるかぎりにおいてのことである(ブルデューの熱心な読者だけが、そのことに異議を唱えるであろう)。今やここに、同様に古典的な美の問題が見られる。

このように、内在的超越の三つの形態は、個人性の反‐近代的制限という問題設定と切り離すことのできない客観性の三つの問題を浮き立たせることによって、確認される。したがって、現代個人主義が客観性を単なる相対主義へ、さらに単なるニヒリズムへ解消する傾向にあることに、誰もが気づく。単なるニヒリズムとは、人それぞれに、それぞれの意見、それぞれの目的、それぞれの趣味がある、という簡潔な言い回しによって要約されることができるもののことである。

批判主義について――不可能な「カントへの回帰」

たとえ内在における超越の可能性について問いかけることが、古典的な真、善、美の問題と重なり合うとしても、それがそうなるのは、その古典的問題が哲学に特有の方法で、すなわち批判的方法で定式化されるかぎりにおいてのことにすぎない、ということを明らかにしなければならない。というのも、表象と即‐自とのあいだの関係によって理解される真理についての独断論的問いかけに代わって、すべての人に適用されうる真理についてのさまざまな主体どうしの一致（相互主観的）は、いかなる条件において理解可能か、という問題が登場してくるのは、カントが提起した客観性の問題についての批判主義的定式化に固有のものであるからである。したがって、客観性の問題についての批判主義的再定式化が内在的超越の問題設定の先触れとなっていることは、すでに明らかである。すなわち、主体はいかにしておのれのうちにおいて客観的なものを立てるのか、つまり主体の個人性に還元できない表象（理論的、実践的、あるいは美的）を立てるのか、という問題設定の先触れとなっていることは、明らかである。その意味で、煎じ詰めれば主体の形而上学的歴史はモナドロジーの時代となるのであるが、そのような時代に直面して、カント的契機が、部分的にはフィヒテ的契機が、個人主義的偏流の論理からどうやって逃れたのかを、新たに検討しなければならないであろう。したがって、モナドロジーの時代を解体〔脱構築〕することと、カント的契機を構築することとは、主観性の歴史に複数の様相を取り戻させるための、同一の探究が有する二つの側面であろう。

私がそのようなパースペクティヴを否定しないことは明らかである。そして本書の第三部を読めばおわかりになるように、ハイデガー的主観性の歴史が遭遇したさまざまな問題が、批判主義的契機をめぐるラディカルな議論へと〔われわれを〕連れ戻す、ということは疑いないように私には見える。しかしながら、ここでの試みの前段階を風刺的に描いた際、ときとして暗示しておいたように、単なる「カントへの回帰」のことを思い浮かべなければならないのだろうか。というのも、「カントへの回帰」は、二世紀この方、哲学的考察がたどってきた道の否定として理解されるからであり、また『三批判書』という資本からなる乗り越え不可能な遺産を、われわれの謎のすべてを解消するために、管理することとして理解されるからである。そのようなアプローチの仕方は、さまざまな理由で不合理である。カント以来、主観性の（ないしは非形而上学的人間主義の）問題の複雑さは大いに増大した――、つまり、その問題は歴史全体をとおして内容豊富になったので、歴史を巻き戻すということは、今日、単なる文字通りの繰り返しという形式をとることにはならない。

――一方で、カント以降の哲学の歴史は、批判主義的主体観の解体の過程を表している。ドイツ観念論がそれにあてはまる。というのも、ドイツ観念論において、ある意味ではシェリングやヘーゲルは、カントに抗して理性心理学を復活させたからである。ニーチェもまたそれにあてはまる。彼のカント的主体についての痛烈な批判は、絶対的個人主義に道を開いた。今日、そのような解体の過程を無視することはできない。そして、批判主義的主体を再構築しなければならないなら、批判主義的主体がかくも早々と、かくもやすやすと解体された理由を考慮に入れることによって、それの再構築を行わざるをえない。

――他方で、しかもとりわけ単なる「カントへの回帰」が問題ではありえないとすれば、それは今日、主体の問題がラディカルに異なる文脈においてわれわれに立てられるかぎりにおいてのことである。まず第一に、哲学的文脈の違い。すなわち、カントにおいて、批判主義的主体は、ライプニッツの独断論と経験主義とに対する二重の批判をとおして確立される。それに反して、今日、批判主義的主体が再構築されなければならないとするなら、それは「形而上学の頂点」としてのヘーゲル主義と、その形而上学に対する容赦のない批判としてのハイデガーの非理性主義の袋小路とに対する、二重の批判にもとづいている。(89)いずれの場合においても、批判主義の言説が、哲学的に優位に立っている二つの言説のあいだの二律背反を解決するために介入してくる、――ただし、その二律背反は方向転換した。すなわち、その二律背反は、もはや主観性の形而上学の二つの形態を対立させるのではなく、主観性の形而上学の頂点に立つものと、主観性の形而上学を最もラディカルに否定するものとを対立させるのである。哲学的議論のそのような方向転換は、すでにまさに問題の陳述に多くの混乱を持ち込んでいる。混乱の規模については、これから見積もる必要がある。だが、主体についての考察の文脈は、単に哲学的に変化しただけではない。それはまた、文化的にもあるいは知的にも、変化している。というのも、今日、主体の問題は社会科学の要請にもとづいて立てられてもいるからである。したがって、理由は言わずと知れたことであるが、本来のカント的契機の内部で提起されてこなかった問題をとおして立てられているからである。なぜなら、次のことを認めなければならないからである。すなわち、主体の問題の大部分は、社会科学によって、さらには社会科学が表明することを迫られた社会科学自体に関する問いかけによって、哲学者であるわれわれに再び現れた、と。したがって、主体の問題は、今後、社会科学が提起する問題によって根本的に規定された仕方で立てられる。

以下の二つの例は、主体に関する考察において新たなカント的契機が介入しなければならないとしても、批判哲学の教科書的な繰り返しの形をとることはありえない、ということを明らかにしている。

――〔一方で、〕社会科学は、言説の無意識を明るみに出すことによって、また系譜学の多様な実践を生み出すことによって、科学的客観性の問題を先鋭な言葉で提起した。例えば、もし歴史認識の主体がそれ自体歴史的存在であり、その存在の言説をとおして、何よりもまず時代が表現されるなら、そのようにして生み出された言説の客観性について事情はどうであろうか、と。そこに、ディルタイからウェーバーおよびレイモン・アロンまでの批判的歴史哲学が立ち向かおうとした、歴史主義の問題が見られる。その際、批判的歴史哲学は、確かに、カントの貢献に言及することによって歴史主義の問題に立ち向かおうとしたのだが（ディルタイによる「歴史的理性批判」の企てが証明しているように）、同様に、批判的歴史哲学は、カントと比べて間違いなく独創的な探究によって歴史主義の問題に立ち向かおうとした。というのも、実際、歴史の客観性の問題については、『批判書』のどこにおいても取り組まれていなかったからである。(90) 批判的歴史哲学の伝統が歴史の客観性の問題を十分解決した、と主張するつもりは少しもない。私はただ、新たな批判的な投資〔努力の傾注〕の必要性が批判的歴史哲学の試みによって明らかとなった、ということをほのめかすだけである。その新たな批判的な投資は、確かに、一つの伝統のなかに組み込まれているけれども、だからといって「回帰」の形をとるわけではない。

——他方で、社会科学は、精神分析の側からにせよ、ある種の機能主義的社会学をとおしてにせよ、「理性の狡智」の図式を大いに利用した。というのも、機能主義的社会学は、社会体を合理的に説明するからである、また、自分の行為についてまったく無意識的であると見なされている社会的行為者、自分たちがいなくなったあとで起こる将来の出来事については責任がないと見なされている社会的行為者が、因果関係を有しているということを、否定するからである。責任の観念なしで済ませることが容易だとも、望ましいとも思えないかぎり、社会科学のそうしたやり口が、たとえ倫理的あるいは法的‐政治的観点からにすぎないとはいえ、多様な問題を提起しているということに疑いをさしはさむ者は、もはや誰も（ほとんど誰も）いない。だがとりわけ、そのような図式は、たとえその有効性についての疑念にかぎったとしても、社会科学それ自体にとって難題となりはじめる。その結果、フランスにおいてR・ブドンによって明瞭に定式化された問題、すなわち自らの行為を意識し、自分の行為に責任を感じている社会的行為者を想定することによって、社会的諸事実をよりよく説明することができるのではないのか、という問題が、執拗に、そして結局、首尾よく、再び突然生じた。そのような作業仮説のなかに、「方法論的個人主義」と呼ばれてきたものの原理が見られる。このような表現（シュンペーターに由来する）は、しかしながら、かなり不適切である。というのも、意識し責任を感じている社会的行為者を想定し、そのような社会的行為者をその行為の作者、あるいは行為の主体と見なすことは、実際には、そのような社会的行為者を、方法論的「主観主義」、ないしは方法論的「人間主義」の方向において考えることであるからである。だが、いずれにせよ慣用的な〔シュンペーターによって〕採用されたタイトルはどうでもよい。とにかく、社会科学のそのような問いかけは、社会科学が、方法上の導きの糸として、社会的行為者の主観性ないしは自律という観念（〈規制的理念〉の謂）を再び導入することによって、もっと実り多いものになりはしないのか否かを自問するきっかけを、社会科学に与えることとなる。

その結果、哲学者たちに非常に重要な要求が向けられる。すなわち、われわれに主体の死や人間の終焉について話すのをやめたまえ、われわれが必要としているのはむしろ、少なくとも主体についての方法的な考察可能性――そこから出てくる多様な問題――である、と。すなわち、いかなる場合に社会的諸事実を、「理性の狡智」といった種類の説明的な図式に従って解釈しなければならないのか（そのことは、しばしば正当なことであり、また必要なことでさえある、ということは明らかである）、いかなる場合にそれとは別様に対処し、そして社会的行為者の責任性を想定することが許されるのか。有効性について考えてみても、十分な指標をもたらすことができないであろう。したがって、ここで必要とされるのは、正当化の企てである。哲学者たちが、社会科学というものはしばしば哲学を占領しているがゆえに、それは根本的悪の権化である、と考えることをやめた暁には（それははるか先のことであろうが）、哲学者たちはおそらく、規制的原理としての主観性の観念の身分規定や働きに関する社会科学から発した真の哲学的問題が存在していることに、気づくことができるであろう。確かに、その問題もまた伝統に組み込まれている、ということを認めなければならないであろう。というのも、その問題は明らかに超越論的演繹の一般的問題設定に属する、つまり諸概念を経験に適用するための条件の探究に属する、批判的な投資〔アプローチ〕を要求するからである。だが、にもかかわらず、その演繹において、問いかけは範疇から〈理念〉へと方向転換する。そして、そのような〈理念〉の超越論的演繹において、この場合、主体という〈理念〉の超越論的演繹において、『純粋理性批判』の字面〔形式〕はもはや大した助けにはならない、ということを認めていただけると思う。

今日、哲学者たちに対して、社会科学の側から、伝統についての既存の知識を新しい哲学的活動のなかで再投資することを促すことになる問いが突きつけられている、ということは、伝統への準拠がなんらかの実り豊かさを要求しているかぎり、後退や反復といった怠惰な形態をとることはできない、ということの証拠である。そうであるならば、今や、近代性をめぐるいくつかの哲学的可能性の構築に再び取りかかるための新しい領域が開かれているように見える。しかしながら、その点に関して言えば、新たな潜在的に実り豊かな哲学的可能性が、均質化につながる読解によって前もって覆い隠されてしまわないようにする必要がある。というのも、その読解は、哲学的可能性を、主観性の歴史の他のすべての契機と同様に、唯一のテーマの単なるヴァリエーションに還元してしまうからである。その観点に立てば、人間主義と個人主義とを分離することが、ハイデガーおよび彼の後継者たちによって行われた均質化の妨げになっている、という事態を強調することは、主体の歴史のそれぞれの契機を差別化しているものに対して、よりいっそう注意を払い続ける機会を与えることになるがゆえに、適切なことであろう。

しかしながら、近代性を読解するためのもう一つの導きの糸となる個人主義の論理の身分規定や扱い方を入念に示す必要がある。そのために、次の章では、ルイ・デュモンの取り組み方の利点と、私から見た限界とが分析されるであろう。

# 第二章　ルイ・デュモン――個人の勝利

近代性の哲学史に個人主義によるアプローチを加えるための試みは、一見、重大な方法論上の問題に遭遇するように思える。

――まずはじめに、誰でも、「個人主義」という言葉そのものが曖昧である、ということを知っている。また、マックス・ウェーバーが、個人主義という言葉は「恐ろしく異なった意味をそのなかに包含している」[1]ということを強調したことは、間違ってはいなかった。試しに、またその言葉についてなんらかの観念を得るために、例えば対になっている種々の用語を思い浮かべてみよう。すなわち、個人主義（individualisme）は、普遍主義（universalisme）の反対、ないしは全体主義（totalisme）、全体論（holisme）、利他主義（altruisme）、伝統主義（traditionalisme）、社会主義（socialisme）の反対、さらに最近の新語によれば、全体社会主義（sociétalisme）の反対であるのか。さまざまな理由で、これらの観念はすべて、しかもその他の観念も、個人主義の反意語として機能するであろう。したがって、個人主義がそのような種々さまざまな反意語との対立によってはぐくまれている一方で、個人主義それ自体が、固有の決定的な意味をもっているか否かを問うことができる。おそらく、問題が必ずしも解決できないのは、事実上のことでしかなく、権利上のことではないであろう。少なくとも、ウェーバーといっしょに以下のことを認めなければならない。すなわち、〔個人主義という〕用語によって示された概念のスペクトルの幅を考えるなら、「現在この概念の根本的な、〔歴史に則した〕分析が今一度なされるならば、学問的にきわめて価値の高いものになるだろう」ということ、また個人主義のテーマ体系が近代性の理解にとって導きの糸として役立つのは、われわれが問題にしているもの〔個人主義〕についての明晰判明な観念を構築するために、真剣に努力を払う、ということと引き換えにそうなるにすぎない、ということを認めなければならない。

――第二の問題は、今度は原理上の問題であるが、それはより厄介なものに見えるであろう。すなわち、ことさら個人主義について語ることは、政治的調子を帯びることである。というのも、マルセル・ゴーシェ(2)によるまさに〔個人主義という〕用語の歴史についての価値ある再構成をとおして、その用語が間違いなく初めて公に使用されたのは、一八二六年、サン゠シモン派の機関誌『生産者』の匿名の執筆者が、経済を「最も狭い個人主義へ」還元していることを告発するために使ったときである、ということをわれわれは知る。その用語は、一八二九年に、プロスペール・アンファンタンによって、『サン゠シモンの学説』のなかで、ラディカルに改革されなければならない社会の退廃の状態を指し示すために、再び使われた。次いでその用語は、一八三〇年以降は、ブルジョア社会を糾弾する社会主義の著作家たちにおいて見られる経過をたどることになる。すなわち、社会主義の著作家たちは、ブルジョア社会を、できるだけ早く社会全体の利益の幸運な支配によって克服されなければならぬもの、と考えたのである。

私は、歴史学的ではあるがそれにもかかわらず複雑であるそれらのデータにこだわるつもりはない(3)。トクヴィルやシュティルナーの用法によって裏づけられているように、〔個人主義という用語の〕本来の意味論的領域においては、少なくとも曖昧さはない。すなわち、その語は、軽蔑的な意味においてであろうとなかろうと、近代に特有のものとして理解されているいくつかの社会政治的現象を示すために、使われているように見える。したがって、用語の本来の意味が、どの程度、用語のその後の用法全体を明確に示しているのかどうか、したがって、結果的にその適用範囲を制限しているのかどうか、問うことができる。わかりやすく言えば、用語の用法〔の問題〕を哲学的哲学史の領域に移すことは可能か、しかもいかなる条件で可能か、ということである。哲学的哲学史は、主に、例えば存在論のような、政治的領域と無関係でそこに還元できないような問題設定の行く末に、関係している。ここで再び、私は、問題が克服しがたいものであると一目で見なす必要がある、と主張するのではなく、少なくとも、そのような〔哲学的哲学史の領域への〕移行を自覚し、またそのような移行が何をもたらすかについて自覚しなければならないであろう。すなわち、ある見方からすれば、政治的地平は、近代形而上学の運命の意味と、あるいは近代形而上学の運命のありうべき意味の一つと、まったく無関係であるわけではない、ということを自覚しなければならないであろう。なるほど、われわれとしては、政治史を主観性の哲学史の真理とする、すなわち要するに、政治史を主観性の哲学史の「下部構造」とするつもりはないが、しかしながら、詳しく説明しなければいけないこととして、結局のところ、近代において政治的に実現されたことと、近代において哲学的に演じられたこととを関係づける必要があるであろう。したがって、おそらく、その意味で、互いに他を説明することができる二つのレヴェルのどちらに依拠するにしても、同じ一つの歴史の流れの読解の仕方を学ばなければならないであろう。

以上の二つの問題および、その問題についてあらかじめ払うべき用心についての明瞭な見解が、ルイ・デュモンによる、彼が「近代イデオロギー」と名づけたものについての研究を特徴づけている。そして、彼が「近代イデオロギー」と名づけているものを解く鍵は、彼の目から見れば個人主義である。ルイ・デュモンにおけるそのような形での近代性の読解は、否応なく人々の注意を引きつけるものであり、また──近代の主体の歴史の核心において、ハイデガーが取り逃がした、個人主義的転回が決定された、という仮定が表明されたがゆえに――ここで討議されるに値するものである。

## 全体論、個人主義

ルイ・デュモンの著作の内容は非常に豊かである。また、その内容は驚くほど多岐にわたっており、『ラ・タラスク〔タラスコン地方の祭礼〕』のような具体的な個別研究から、インドの社会的、精神的構造について『ホモ・ヒエラルシクス〔位階的人間〕』が提出する膨大な社会‐民族学的記述までを、さらには、『ホモ・エクアリス〔平等的人間〕』や『個人主義論考』において展開される近代思想史に関する深い考察までを含んでいる。私がこれからはじめる議論は、言うまでもないことであるが、デュモンという比較研究の大家の〔研究生活の〕最後の時期を対象にしているにすぎない。その時期のデュモンは、インド社会からフランス社会に戻ってきて、伝統的思考の諸価値との対決をとおして、われわれ自身の諸価値、もっと一般的に言えば、近代性の諸価値が、いかに独創的であると同時に問題をはらんでいるかということを、われわれに自覚させようとしていた。驚くべき精神のオデュッセイア〔冒険旅行〕の終わりである〈イタカへの帰還〉について、その独特の内容を的確に捉えるために、私としては、近代個人主義についての理解に対する〔デュモンの〕貢献が引き起こすにちがいないと思われる問いかけを定式化してみたい。何よりも誠実であろうとすれば必ず従わなければならないように思われる方法に忠実である私にとって意味があると思われるのは、読者に本書で問題になっている事柄がルイ・デュモンのテーゼから派生していることを理解してもらうために、まず第一に、気がつくかぎりで、近代性の精神的制度についての個人主義的解釈に一貫性を与えることである。

インドのヒエラルキー社会についての研究に、対照的に平等と見なされている近代社会についての考察を結びつけることによって、デュモンは、その二種類の社会に対応しているように見える二つの大きなイデオロギー[4]を比較する。

――全体論的イデオロギーは、「社会全体に価値を付与し、人間的個人を軽視するあるいは従属的なものと捉える」。そのようなイデオロギーに、ヒエラルキー社会が対応する。ヒエラルキー社会では、インドのカースト制度がそうであるように、秩序は「価値（すなわち、全体の価値）の介在」から生じる、したがって、諸部分すなわち諸要素（とりわけ、諸個人）は、定義上、全体に、すなわち、全体を体現／表現／象徴しているものに、従属しているように見える。

――反対に、個人主義的イデオロギーは、個人に価値を付与し、つまりは（あとで以下の定義を検討し直してみることになるであろう）、「独立した、自律的な」、「本質的に非社会的な存在」〔に価値を付与し〕、それと相関的に「社会全体を軽視するもしくは従属的な位置に置く」。そのようなイデオロギーに適合するのが論理的には平等な社会である、というのも、個人それ自体が最高の価値であるなら、個人はそれ自体以外のいかなるものにも従属することができないからである、――したがって、ヒエラルキーの原理はどれも認められず、平等性の原理が認められる。このような個人主義は、とりわけ平等の原理の適用が「自由主義」の形態をとっている政治‐経済的領域において、「近代社会の基本的な価値[5]」となっている。

以上のように定義された二つのイデオロギーは、その原理においては矛盾しているがゆえに、根本的に互いに他を排除するものである、ということ、またかくも両立しがたい原理のあいだには折衷は存在しえない、ということを付け加えなければならない。その結果、デュモンは、その最も有名なテーゼの一つを作り上げる際に、近代社会の枠組みのなかでいわば全体論に回帰するなどということは、あくまで想像上のしかも危険なことにちがいない、ということを強調することができた。すなわち、ヒエラルキー社会により形成された壮大な全体性が打ち砕かれるや否や、統一性への意志は、個人主義的基盤に立って、社会体の分割ないしは分裂をやめさせようとする激しい意志の形をとってのみ、再び導入されるであろう、したがって――社会体の分裂については、もはや共通に受け入れられるような、拠り所となるようないかなる同意も得られないがゆえに――全体主義的ないしはテロリズム的になることによってのみ、再び導入されうるであろう、と(6)。

## 近代個人主義の発生

これらの概念が提示されるや否や、ルイ・デュモンの努力（少なくとも、ここで私を引きつけて離さないもの）のすべては、個人主義的イデオロギーの形成を、近代性の興味津々たる発生を引き起こす方法に従って再構成することに向けられている。近代性の発生が遭遇する問題は、結局のところ、デュモンがその問題を提起するときの言葉づかいからすれば、とりわけ複雑なものである。というのも、実のところ、いかにして「全体論的社会の一般的類型のなかから、共通な考え方と根本的に矛盾する新しい類型が発生しえた」のか、要するに、「この対極的な二つの宇宙である和解不可能な二つのイデオロギーのあいだでの移行」を、どのように「考える」ことができるのかを(7)、理解しなければならないからである。このようにして、単に文化的方向転換を理解するだけでなく、同じような〔社会〕がまったく相反する〔社会〕へ実際に反転するさまも理解しなければならないものとして提起された近代性の発生が遭遇する問題は、将来もたらされる可能性のあるような解決策をあらかじめ決定する。すなわち、相反する〔社会〕のあいだでの「直接的移行」は、「確率が低い」ばかりか、「ありえない(8)」ことでもあるとしても、それでも相変わらず、「仲介者」を見出すこと、すなわち伝統的社会の相貌すなわち形態を見出すことが残っている。伝統的社会は、本質的に直接的移行に属していながらも、一種の個人主義的再解釈を引き起こすことができたし、したがって、いわば二つの体系のあいだで回転軸として役立つことができた、――その意味は、伝統的文化のその要素についての個人主義的再解釈は、回転軸であり、それの周りを文化的宇宙が回転しながら、ヒエラルキー社会から近代の平等な社会へと傾いていく、ということである。デュモンが、伝統的なインド社会の制度、すなわち「現世放棄」(9)の制度を、その回転軸のモデルとして示している。この点に関して、私は簡単に解釈の原則をまとめておく。というのは、そうすることによって、デュモンの解釈が何を近代性の台頭の条件と見なしているのかが明らかになる、と思われるからである。

インド社会は、根本的に全体論的なものであるかぎり、その成員のあいだに、カースト制度によって具体化された非常に緊密な相互依存関係を生み出している。カースト制度は、どの成員に対しても集団的義務(例えば、結婚に関する)を課し、世襲的な仕方で成員を同じカーストの他の成員に結びつける。したがって、拘束力の強い集団的人間関係は、われわれの個人主義的社会において、われわれが自由な個人的自発性に対して与えている地位〔と同じ地位〕を占めている。にもかかわらず、まさに「個人が存在しない」カースト制度の内部において、現世放棄の制度は、何人かの個人が「完全な独立」に到達する可能性を生み出す。その結果、「現世放棄者」の相貌をとおして、すでに潜在的に「個人が存在するという観念」(10)が現れていた。それは、そのような相貌が、全体論的社会のただなかにおける緊張関係ないしは矛盾の現場であるということではなく、そのような相貌は、全体論的社会の不可欠の要素でありながら、そのような相貌に別の意味が与えられる、したがって、そのような相貌により個人主義が入り込んでくるようなパースペクティヴが開かれる、という意味においてのことである。要するに、信者が自然のヒエラルキー的秩序を象徴している拘束力の強い人間関係のネットワークに従うことによって、世俗のなかで信仰を生きる宗教であるヒンドゥー教は、同時に、超世俗性への傾向をあらわにし、また世俗や世俗の重荷から禁欲的に離れることに範をとって信仰を理解する傾向をあらわにする。苦行者になる者にとって、ヒンドゥー教はもはや、自己（個人としての）を放棄する宗教、世俗の秩序に解消される宗教ではない。反対に、現世放棄者は、「自己自身の解放に身を捧げるために」、現世放棄するのである。

ここでルイ・デュモンが、どの程度、この段階で、彼によればまったく別の「心性」が影響を及ぼしているのかを記述している言葉に、耳を傾けてみよう。「彼は自らが選んだ師に従っている。おそらく彼は、修道者の共同体に加入してさえいるであろう。だが、本質的な点において、彼は自己自身にしか依存していない。彼は孤独である。世俗から離れることによって、彼は、突然、個人性を付与されたのである。その個人性は、たぶん心地よいものではないので、彼は、それに背き、それを消滅させなければならない。彼の考えは個人の考えである。それは、彼を世俗－内－人間と対立させている重要な特徴であり、また彼を世俗－内－人間と区別しながらも、彼を西洋の思想家に近づけている重要な特徴である。それもそのはず、われわれにおいて、個人は世俗のなかに存在しているが、ここでは少なくとも原理上は、世俗の外に存在しているにすぎないからである……」[11]。

したがって、デュモンにとって何が近代性の発生を決定しているのかが、容易に理解できる。伝統的な社会のただなかにおいて、「集団の宗教に、選択にもとづく個人の宗教が重なり合う。個人の宗教は、そのような道を選択した人の完全な独立[12]」を許している。だがその点で、たとえ現世放棄者の考えが「近代的個人の考えに似ている[13]」としても、両者の差異は、そのような類似に制限を加える。そのような制限は、近代性が生まれるためには、廃止されなければならないものである。

――近代的個人が「世俗社会のなかで生きる」のに対して、現世放棄者は、「世俗の外で生きる」。したがって、個人的心性がその根底にある集団の心性に単に重なり合うこと以外に、個人主義の諸価値が本当に浸透した文化が現れるためには、とにかく、「世俗‐内‐個人」という形態が「世俗‐外‐個人」といった形態に取って代わらなければならないであろう。

——全体論的世界において、現世放棄は、「狭い意味での社会の埒外にある社会的状態[14]」に相当するにすぎない。というのも、法に照らしてみても、すべての人が現世放棄者になって、したがっておのれのカーストのまま死ぬ、ということはありえないからである。選択は集団的要因によって制限される。他のカーストではなくむしろこちらのカーストに属している、という事実が、選択の不可欠な条件を構成しているからである。その意味で、選択はまた、集団的秩序およびそれによる強制に左右される。近代個人主義の誕生は、いわばそのような選択の可能性をどんな人間にも拡張することをとおして実現されるであろう。したがって、それぞれの人間は、自分を独立した個人と考え、何よりもまず自分自身の運命を気にし、自足している。

個人主義への潜在的移行のための回転軸が確認され、またその移行を現実のものにする条件が突き止められるや否や、(1)前‐近代の西洋において、「世俗‐外‐個人」〔インド社会における〕になぞらえることができる形態を抽出しなければならない。そのような個人は、全体論的社会のただなかで、「社会を補うもの」として、その意味で社会の「崩壊の原理[15]」として、自らを立てる、——また、(2)インド社会において、実のところ、未開発の可能性のままであったものが、ここでは反対に、その帰結のすべてを十分にもたらすことができたのはどうしてなのかを、明らかにしなければならない。

ルイ・デュモンは、現世放棄者に対応するものを、西洋においては初期キリスト教に見出す。初期キリスト教においては、キリスト教文化の「歴史全体を貫く」「二元論」ないしは「緊張関係」が、はっきり現れている。[16]というのも、キリストやパウロの教えもまた、ある面において、すなわち神との関係において、キリスト教徒を「世俗‐外‐個人」にしているからである。そのような面は、「人間世界や社会的諸制度を超越している」。その結果、「個人の無限の価値」がはっきりするそのような関係〔神との関係〕によって、ヒエラルキー化された「全体論的」世界はおとしめられ、価値を低下させられる。にもかかわらず、最初から、「世俗‐外‐個人」についてのキリスト教的解釈に特有のものは、神との超世俗的関係が明らかになる普遍救済論的パースペクティヴである。子である個人的魂が親である神との父子関係によって担う絶対的価値は、全人類によって共有されており、したがってその絶対的価値が、全人類の友愛を根拠づけている。[17]そこから、「キリスト教に本来的に備わっていた」ある原理が帰結する。その原理は、インドの宗教が到達できなかったものである。すなわち、神の前では「すべて平等」という原理である。したがって、近代性は何を実現するのか、またデュモンによれば、まさに近代個人主義の発生の萌芽はどこにあるのか、ということが容易に理解される。すなわち、キリスト教の平等の原理は、当初、神との関係において〔世俗の外で〕のみ立てられていたがゆえに、その原理は、世俗を支配するヒエラルキーの原理と共存しえたのであり、その結果、中世キリスト教史全体が、平等の超世俗的価値を、社会的領野全体を構造化するヒエラルキーの世俗的、全体論的価値に重ね合わせ続けた。近代個人主義が生まれるためには、キリスト教の個人主義的、普遍救済論的要素が、いわば世俗的生活を「侵食」[18]しなければならないであろう。その結果、徐々に表現は統一され、最初の二元論は消え、「現世における生活は至上の価値にまったく順応するものとして理解されるであろう」。その過程の最後に至り、「世俗‐外‐個人は、近代の‐世俗‐内‐個人となるであろう」。

『ホモ・エクアリス〔平等的人間〕』においても、『個人主義論考』においても、ルイ・デュモンは、その

「侵食」のなかで最も重要な契機に見えるものを検討した。すなわち、四世紀初めのコンスタンティヌス帝の改宗〔キリスト教への〕によって、「キリスト教国家」への展望が開けたことにより、初めて、平等の価値（超世俗的）とヒエラルキーの価値との両立可能性の問題に直面することとなった。宗教改革は、とりわけその最終段階の、カルヴァンにおける改革に至り、「全体論的制度」としての〈教会〉が消滅し、同時に、教会が「個人によって構成される一つの連合体」[19]に変化した。十三世紀以降、そして近代の自然法の歴史全体において、政治や国家の概念構成が経験した変化の結果として、政治的個人主義が誕生した[20]。一七八九年の〈人権宣言〉における「個人の勝利」は、旧来の「ヒエラルキー的なキリスト教共同体」を個人主義によって崩壊させ、自由と平等という「個人主義の含意」を、最上の価値へと引き上げる。平等は、全体論的宇宙のかなめであるヒエラルキーに対立するものである。自由は市民権を構成しているものと見なされた独立を意味する。人間はもはや全体のなかの成員ではなく、単に細分化された社会の要素にすぎないからである[21]。というのも、どの分析も暗示的であるが、ここでは詳細に言及するつもりはない。それほど今日では、誰でも、これらの分析がわれわれの心的宇宙の考古学にとっていかに正確な調査となっているのかが、よくわかっている。その一方で、ルイ・デュモンのこのような探究によってもたらされた近代性についての包括的表現の次元において、議論は導かれうるし、また導かれねばならない、と私には思われる。

## 近代性についての一方的な読解

議論の中心に次のようなことが見て取れる。すなわち、デュモンのパースペクティヴが「近代イデオロギー」にもたらす疑いえない「意味の効果」に加えて（デュモンのパースペクティヴが、われわれの運命となんらかの接点をもっているにちがいない、という確かな証拠）、そのように〔デュモンによって〕提起された再構成は、ハイデガーの再構成と対をなす、それとは反対の難点を示す。ハイデガーは、近代性の歴史を、ますます完全に現実的なものを支配する主観性の歴史として、一方的に読解していた。デュモンも一方的に、近代性を、個人性の歴史として読解している。個人性の歴史においては、個人主義の価値が、より全面的に絶えず繰り広げられる。いずれの場合も――主体の王国〔ハイデガー〕、個人の勝利〔デュモン〕――、解釈者は、近代性は均質である、ということ、また流れに逆らうアプローチの仕方が出はじめているように見えるにもかかわらず、それでも全体的な流れとしては同じ方向に向かっている、ということを、前もって確信していたように見える。

その点で、両者のあいだには類似以上のものがある。すなわち、ハイデガーにおいて、主観性の形而上学の完成に対する抵抗の諸契機（カント、ニーチェ、あるいはまた初期フッサール）が、結局のところ、それらがおそらく阻もうとしたものが抑えがたく前進することに一役買うことしかできなかった、と解釈される仕方と、デュモンにおいて、「ウニヴェルシタスの再生」を目指して行われた近代内部における反―個人主義的反動の試み（ヘルダーとフィヒテ、あるいはヘーゲルとマルクス）が、結局は、個人主義の土壌のうえにとどまっているものとして、また個人主義が究極的なよりゆがんだ結果に至ることに一役買いさえするものとして開示される仕方とのあいだには、類似以上のものがある。[22] この種の解釈は、近代性についての一方的な読解に大いに特徴的なものであるので、その解釈は、しばし立ち止まって、その仕組みを引き出し、そのうえその射程を確定してみるに値する。

しかしながら、自然法的伝統について分析した際、デュモンは、政治的個人主義の擁護者たちのすべてにおいて（アルトゥシウスからルソーまで）、全体論的見方が保証している単一性〔統一性〕に対する一種の郷愁が残っていた、ということを強調している。というのも、ソキエタスがウニヴェルシタスに取って代わるや否や、近代の政治哲学の問題はすべて、それでもやはり秩序を構築し、個人的原子から作られている人間性にもとづいて社会的統一性の可能性を維持することに尽きるからである。したがって、個人主義によって近代性がさらされる困難および危険の典型は、ルソーの『社会契約論』であろう。そこでは、特殊〔個別〕意志による個人の諸権利のすべてが、常に正しいものと想定されている一つの一般意志へと譲渡されることは、まさしく「ジャコバン的独裁の前兆、モスクワ裁判の前兆、さらにまたナチスの民族の魂の前兆[23]」となるだけであろう。より一般的に言えば、近代の独裁政治や全体主義は、伝統が保証してきた社会の自発的まとまりがなくなってしまったのに、社会‐政治的組織を強制的に作り直そうとする、絶望的な意志の結果にすぎないであろう。したがって、全体主義が個人主義の論理を破綻させるのは、うわべだけであろう。実は、ヒトラーも、「他の何人とも同じく」、そのような「近代社会の基本的な価値」から逃れることはできないであろう。事実、「一つの個人主義」が、「ヒトラーの反ユダヤ主義の人種差別主義的合理化[24]」の底深く伏在している。したがって、ハイデガーにおいてと同様に、しかも内容を異にする形で、そこには次のような確信、すなわち近代性の論理に対抗して仕掛けられたいわゆる安全装置は、結局のところ近代性の論理の計略にすぎない、という確信が見られる。

そのような確信の射程は明らかである。すなわち、近代性は均質ではないのかもしれない、という可能性、したがっていわば最初からすべてが近代性において演じられていたわけではないかもしれない、という可能性、実際に何かが近代性において起こっていたかもしれない、という可能性が、定義上、ア・プリオリに排除されている。近代性をまったく均質化することにより、実のところ、近代性の歴史は現実的出来事を欠くことになってしまうのだが、近代性を均質化しようとするそのような偏見〔ハイデガーにおける〕は、デュモンにおいては、全体論と個人主義を中間にいかなる第三の概念を入れない二つの反対概念〔矛盾概念〕と見なす断固とした決めつけ方と、直接的に結びつく。すなわち、もし全体への価値付与と個人への価値付与とのあいだに、何も予想されうるものがないのであれば、伝統的社会の全体論とわれわれが知っている個人主義とのあいだに、何も起こりえなかったであろうし、新たな価値付与の拠点が形成されうる契機は何もなかったであろう。歴史の理解は、ここでは明らかに、歴史へのアプローチの助けとなる概念を構築することに由来する。

ハイデガーは、個人主義のなかに、とりわけ「人間主義」という類概念〔上位概念〕の種概念〔下位概念〕(集団主義、国家主義、国際主義、等々)しか見なかったので、ギリシア的宇宙の崩壊の彼方に主体の王国しか見ることができなかったし、また主体の個人‐化によって立てられた問題を取り逃がした。デュモンは、個人主義を全体論の反対概念としてのみ理解しているので、伝統的諸価値の崩壊のあとで、個人の勝利に立ち会っているにすぎない。また彼はいかなる根拠にもとづいてのみ、個人主義が一つの可能性(たぶん、もっと正確に言えば、単なる可能性)となったのか、という問題を、すなわち主体としての人間への人間主義的な価値付与という問題を、まったく脇に置いてしまっている。これと相関的に、デュモンはハイデガーに劣らず、主体の個人‐化に関するどんな問いかけもないがしろにしている。そのような問いかけは、近代性の論理の探究に対して、本質的な可知性の原理を大いに与えるかもしれないのに。全体論と個人主義とのあいだに人間主義が置かれなければならないであろうし、全体と個人とのあいだに主体が置かれなければならないであろう。しかもそのことは、ある複雑な筋立てに従ってなされなければならない。その筋立てはたぶん人間主義を、他の二つの項のあいだの中間にするのでも、また、他の二つの項から等距離に置かれた第三の項にするのでもなく、まだ練り上げなければならないものにする。ルイ・デュモンの仕事は、その関心事がいかなるものであれ、そのパースペクティヴを掘り下げようとすることさえなかった。それほど「近代イデオロギー」についての彼の考察は、近代性がそれ自身にとって内在的な対立によって貫通されているかもしれない、という可能性に思い至ることは決してなかったように見える。あたかも伝統やヒエラルキーの全体論的宇宙が崩壊するや否や、個人の全面的な勝利という選択肢以外の選択肢はもはや存在していないかのように考えていた。あたかもそのような個人の王国のただなかで、少なくとも今後個人の王国にとって障害となるように見えるものはすべて、全体論への不可能な回帰として、結局、利益をもたらすというよりは破局をもたらす回帰として、解釈されなければならないかのように考えていた。

### 近代的諸価値のあいだの気づかれない対立——自律と独立

主体と個人との混同は、ルイ・デュモンの著作において見事に一貫している。私としては、両者を区別しなければならないという問題に〔デュモンが〕気づいていなかった、ということを明示するいくつかの証拠を提出するだけにしたい。

デュモンが個人を近代世界の価値とするとき、われわれが見たように、個人を「独立した自律的な、その結果本質的に非社会的な[25]」存在として示している。ところで、このように独立の価値と自律の価値とを同一視することは可能か。そのことに同意がなされるのは、まったく不正確な自律の概念を持ち出すときに限られる。そのような不正確な自律の概念は、いずれにせよ、自律の観念というものが近代哲学によって、個人主義の論理のなかに組み込むことが難しい表現を使って主題化されてきた、という事態からは、まったくかけ離れたものである。

個人主義の論理は独立の論理、「足枷からの自由」の論理である、とする点で、デュモンは正しい。そこから開けてくる展望は、近代的個人が、それを予示しているヒンドゥー教の現世放棄者がすでにそうであるように、「自己のみに専念している」[26]、といったものである。独立ないしは「自己充足」[27]への価値付与は、それが極端な形をとったとき、「自らの向上と宿命に身を捧げるため」、「社会生活を放棄してその束縛を断つ」[28]者（そのような者は、いずれにせよ社会生活やその束縛に自己実現の場所を見ない）の態度に――否定しがたく――似てくる。近代イデオロギーのそのような次元を掘り下げ、近代イデオロギーのゆがんだ結果を探るデュモンは、自らの考察を、コンスタンとトクヴィルが開いた大いなる伝統のなかに組み入れる。すなわち、〔トクヴィルの〕『アメリカの民主政治』が、人間が「休みなく自分自身を軸にして回転し、小さな通俗的な快楽を手に入れ、そのような快楽で自分の心を満たす」ような社会、「それぞれの人間が、皆から離れて引きこもってしまい、すべての他人と無関係であるかのような」社会が招く危険について言及したとき、〔デュモンは、〕コンスタンがはっきりと「独立」という言い回しで定義していた「近代人の自由」の帰結を、チェックしなければならなかった。一方デュモンが、自らの理論上のモデルのいくつかの曖昧さをエスカレートさせることによって、自律と独立を乱暴に同一視するとき、個人主義についての彼の定義（したがって、近代性についての彼の解釈）は、突然、大いにぼやけたものになる。

したがって、『個人主義論考』の説明によれば、法と政治の近代的概念構成において、「国家および社会の創立の根本的な原理が抽象あるいは演繹されなければならない」ところの至上の価値とは、「社会的、政治的絆から自由な自律的存在としての人間」[29]である。そのことにより、自律はしたがって絶対的独立を意味することになる、すなわちデカルトにおける実体のごとく、存在するために自分自身しか必要としない人間の能力を意味することになる。その結果、デュモンは、たびたび、独立としての自律を自己充足と同一視することとなる。例えば近代社会を、「道徳的、政治的面においては、各個別の人間を、独立した、また理念的には自己充足した存在として認め[30]」ている社会として、提示している。その結果また、もし自律が独立に等しく、独立が自己充足に等しいならば、近代社会には、「規制なしの自由」という意味で自由を理解する際立った傾向が認められる、ということとなる。ルソーは、「規制なしの自由」を、自然状態の特徴としていた[31]。実際、絶対的独立、まったくの自己充足は、「自発的な意志と選択的意志[32]」を制限するあらゆる規制を拒否することと一致するのではなかろうか。なぜなら、規制を受け入れるということは、例えば他人との人間関係の問題や、共存に必要な条件の問題を考慮に入れることであろうから。そのような問題を考慮するということは、それだけで個人は自己充足できず、また個人は、生きていくために単に自分だけが必要なのではないと思っている、ということを意味するであろう。したがって、自明なものとされる一連の等値関係〔自律が独立に等しく、独立が自己充足に等しい〕を媒介にして、独立としての自律から、自己陶酔的で快楽主義的である純粋で偏狭的な自己配慮へと、移行していく。

独立、自己充足、規制なしの自由のあいだのそのようなつながりが、十分に特定の傾向をもって近代個人主義を、さらには現代の個人主義を特徴づけることができる、ということを、私は喜んで認める。だが同時に、そして原則的に、自律を個人主義の諸価値のつながりのなかに組み入れることは、正当なことであろうか。近代イデオロギーは、デュモンがわれわれに語るところによれば、「自律的な独立した存在」への価値付与であり、また独立は自己充足であり、したがって規制なしの自由である。だが、規制なしの自由は自律なのだろうか。あるいは逆に、自律は規制なしの自由なのだろうか。もし答えが否定的なものであるとしても（その答え方が当を得たものであるように私に見える理由について、あとで立ち返ることにする）、デュモンによる近代イデオロギーの特徴づけに同意することに、大いに含みをもたせなければならない。というのも、近代性が実際に自律と独立に高い価値を与えてきた（近代性はそのような二重の価値付与の場であった）、ということが認められるとしても、一方で、そのような二重の価値付与は一体である、ということを認める必要はないからである。換言すれば、近代性がその個人主義的論理において、何よりも規制なしの自由としての独立に高い価値を与えるに至ったとしても、近代性は同時に、その一方で、規制なしの自由と、したがって独立とまさに何の関係もない自律とに、高い価値を与えてきた。近代性は均質ではなく、近代的諸価値の歴史というものが存在していた。そしてその歴史は、おそらく何よりもまず、自律の価値と独立の価値との対立の場でさえあったであろう。その意味で、近代性が自律の価値とは識別不可能な独立に、一貫して個人主義的な仕方で高い価値を与えてきた、と読解することは、決定的な問題、たぶん近代性の解釈にまつわる決定的な問題、すなわち自律への価値付与はいかにして、近代性において、独立への価値付与によって影が薄くなってしまったのか、という問題を立てないようにすることである。

いかなる識別の原則に立てば、デュモンに抗して、自律の価値を独立の価値に還元することは不可能であるとそれほどまでに主張することができるであろうか。デュモンが自由の個人主義的概念を構築するために間違って言及しているルソーのことを考えさえすれば、不可能であることは容易に理解される、と私には思われる。というのも、『社会契約論』が自然的自由を規制なしの自由（完全な独立）として描写しているとき、自然的自由はルソーにとって本当の自由ではない、ということは誰でも知っているからである。ルソーは本当の自由を、むしろ「市民的自由」として、自由に受け入れられた諸規制への従属のなかに置く。換言すれば、カントはその点に関して、彼から見てルソーが「道徳界のニュートン」であり、自分はその道徳界のニュートンの後継者である、と思っているのであるが、そのカントが、まさに意志の自律と呼ぶこととなるもののなかに、ルソーは本当の自由を置く。したがって、とりわけルソー、カント、あるいはフィヒテの著作によって表現されている近代性の次元のすべてに関して、最高の価値とは少しも規制なしの自由としての独立の価値のことではない。すなわち、最高の価値とは自-律の価値のことであり、それは依存と（規制への従属と）対立するのではなく、他-律と対立するのである。

なぜなら、自律はある意味で独立であるからである、ただしそれは、自律への価値付与が人間自体を人間の規範や法則の根拠や源泉とすることのうちに存する、という意味においてのことである。というのも、人間は規範や法則を、〈古代人〉においてそうであったように、物の本性から受け取るのではなく、ユダヤ-キリスト教の伝統においてそうであったように、神から受け取るのでもないからである。それでもやはり、自己-決定〔創設〕的な人間の法則に対する依存としての自律は、同時に、ある意味で一種の独立でもあるが（そこからたぶん、取り違えて、自律を独立と混同してしまうのであろう）、とはいえ、自律は、私に〈法則〉を告げる根本的〈他性〉に対してのみ独立である、ということは本当である。要するに、一種の独立としての自律（まさに法則の自己-制定を意味する）が、考えられる独立の全形態と混同されることはまったくない。すなわち、自律の理想において、私は、規範や法則を自由に受け入れるという条件で、それらに相変わらず依存している。したがって、自律への価値付与が、法則や規制の観念を受け入れる際、〈自我〉の制限の原則を共通の法則に従うことによって正しいと認めることができる、ということになる。したがってまた、自律の価値は民主主義的観念を構成している、ということになる。一方、独立への価値付与――それはまさに個人主義によって育成された「完全な独立」である――は、絶対不可侵で本質上無制限で、本質上どんな規範性からも逃れている価値としての自我中心主義に対する純然たる肯定にまで行き着く可能性がある。したがって、デュモンと同様に、たぶん正当にも、近代個人主義（個人主義的なものとしてのかぎりでの近代性）が独立それ自体に価値付与することへと行き着いた、と考えるとするならば、同時に、そのような価値付与は、自律としての独立の、制限された一定の形態からの価値の切り下げないしはその形態の分解をとおして初めて可能となる、ということも考えねばならない。そこに価値の二つの領域があるが、その領域は、近代性についての包括的解釈を、不正確であることや表面的であることの証拠となるおそれがある曖昧なものにしてしまわないかぎり、重ね合わせることはできない。それは二つの価値論的領域であり、その領域が保っている関係の問題は、近代性の解釈の主要な問題となりうるであろう。

したがってルイ・デュモンが取り逃がしたかもしれないことは、実のところ、近代性は議論の余地なく個人主義（個人としての人間への価値付与）が展開された場所であるが、同時に、人間が自らをおのれの法則と規範の根拠、すなわち自－律的主体、と見なす、という見方が現れた場所でもある、ということであり、また自－律的主体の出現を個人主義の展開における一つの契機とすることは、少なくとも困難である、ということである。それほどまでに、デュモンは主観性と個人性とを混同していた。彼は主観性の出現を個人性の論理へ解消するあまり、近代的主体の本質をなしている支配の企図を、個人の到来にはっきりと結びつけてしまう。したがって、自然の支配と所有についてのデカルト的テーマは、デュモンによって、「われわれの意志と神の意志の同一化」に由来するものとして読解される[33]。彼はそのような同一化のなかに、個人の自由が最高の価値として肯定されている証拠を見る。そのうえ、人間がそれ以後、自らを自然（対象）と対比させて自由な行為者（主体）と見なすのは、個人主義にとって、人間と世界（自然）との関係は、人間と人間との関係に先んじているからであり、また自然は、個人が自らの独立を保証するために支配しなければならないものであるからであろう[34]。したがって、主体の到来は、全面的に主体を理解する糸口となる個人主義の論理のなかに組み込まれるであろう。すなわち、個人性の歴史は主観性の歴史の真理となるであろう——もしそうであるならば、私の考えでは、自律の価値の独立の価値への還元不可能性は、考えられないものとなる。

近代性についての以上のような〔デュモンの〕読解に見られる混同が、あくまでも強調されるに値するとしても、しかしながら、それは単に概念を明瞭にしようという配慮によるのではない。この場合の明瞭化の焦点は、単に定義づけすることにあるのではまったくなく、私が強調しておきたいことは、焦点は、実際には、近代性および近代性の最も不合理な顕現のいくつかに関して、近代性の陣地のうえに立ったままで、反近代的賛歌の音頭を取ることなどない批判的分析を展開する可能性を残しておく、ということにある。

## 「近代」と「反近代」

確かに、近代社会の運命をもっぱら個人主義の展開に還元してしまい、近代社会の運命が人間主義の価値と個人主義の価値との対立によって貫通されてきたことを見ないなら、対をなす共に恐ろしい二つの誘惑に身をさらすことになる。すなわち、近代性に無条件に賛同したいという誘惑と、近代性を全面的に弾劾したいという誘惑とに、身をさらすことになる。両者は結局のところ互いに他を生じさせる。

もし、個人主義の論理がヒエラルキーの原則と伝統の原則の代わりに自由の原則と平等の原則を用いている、ということが重視されるならば、とりわけそのような論理の展開から、民主主義の時代の到来が引き出されることになろう。その場合には、全体論的文化から個人主義的文化への移行に内在している進歩の次元が、強調されうるであろう。その際、確かに、個人主義の台頭が、それ以上に個人主義の現代的先鋭化が、否定的現象（社会の細分化、政治への無関心、消費についての強迫観念、等々）をともないうるとしても、それでもなおこの件に関しては、「民主主義的個人主義」の発展、したがって総体的に肯定的な過程が問題になっている、ということが明らかにされるであろう。

この点に関して、流行に関するジル・リポヴェツキーの注目すべき著作[35]は、その中心的主張だけを取り上げるなら、いくつか誤解を引き起こしかねない。すなわち、今日その論理がくまなくわれわれの社会に浸透している流行というものを、とりわけ「個人主義へと向かう螺旋運動」や「民主主義的世界の強化」の典型的な要因とすることは[36]、宣伝が侵入することから、生活に娯楽性を与えることや文化的活動そのものが消費の要請に従うことへと、「流行の形態」を社会的領域全体に拡大するときにともなう事柄を、そのままそっくり嬉しがって受け入れることではないのか。明らかにしてみよう。すなわちそのような非難は、ジル・リポヴェツキーの著作に照らしてみて正しくない。というのも、彼の著作は、同時に、「個人主義的な生活および要求の途方もない高まり」の結果のなかで、「人間関係の行き詰まり、比類のないコミュニケーションの危機」を強調し、「ますます拡大していく共同体の亀裂」や「相互主観的コミュニケーションの不足」についても言及し、「社会関係の白血病化」についても述べているからである。結論はこうである

「教訓は厳しいものである。すなわち、〈啓蒙〉の前進と幸福の前進とは同じ歩調で進まない、流行の幸福感は、対をなすものとして、孤独感、抑うつ状態、実存的不安をもつ。ありとあらゆるより多くの激励があるばかりか、より多くの生きる不安がある。より多くの個人の自律があるばかりか、より多くの内心の危機がある。以上が、ますます個人を個人自身に差し向ける流行の偉大さであり、以上が、ますますわれわれを、われわれ自身および他人に対して疑わしいものとする、流行の悲惨さである。」[37]

このような状況では、本試論において、時代への全面的な賛同を告発したり、思考の働きを特徴づけている批判的次元をまったく欠いた、素朴な楽観主義を告発することは、困難である。[38]

それでもやはり、そのようにしてなされた近代性についての読解が、たとえ、事実、特殊な読解であるとしても、誤解を避けるために、近代性についてのそのような特殊なアプローチを正当に、つまり概念的に根拠づけなければならない、ということに変わりはない。「近代の文化的価値の論理」を自らの主導原理とするとき、リポヴェツキーは、自分がきわめて明瞭に確認していること、すなわちそのような込み入った多値的な論理が、全体論的価値との断絶の結果として、相反する原理を対立させている、ということを、おそらく十分に強調していないであろう。その証拠に、すでにルイ・デュモンの仕事を特徴づけていた自律と独立との混同を再び犯す、という際立った傾向がある。[39] すなわち、流行によって絶えず促される選択権の行使および「過剰な選択権」の行使は、確かに、伝統によって受け継がれた古くからの慣行を単に継続する代わりに、自由な空間が開かれたことの証拠であるが、だからといって、流行のために「意識の自律」を発展させ、「個人の自律」の拡大を話題にしなければいけないのか。[40] この現象を自律の領域のなかに全面的に位置づけるならば、伝統の権威に相対するそのような解放は、それがいかに現実的なものであれ、それにもかかわらず本来の自由からは遠い、ということの理由のすべてをもはや説明できないおそれがある。本来の自由においては、主体は自己自身に行動の原理を与えるからである。確かに、伝統的社会においてあらかじめ集団的秩序に従うことによって決定されていた幅広い分野の行動が、選択の及ぶ範囲に入ってきた、という意味で、個人的独立の方向での前進が見られることは疑いえない。しかしながら、「意見の及ぶ範囲における主体的自律の理想」[41] への前進は、はるかに疑わしいし、リポヴェツキーもそのことはよく知っている。というのも、彼は、「意識の生活が気まぐれな流行の気分のリズムに合わせて振動している」ときに、「どうして個人的自由について語ることができるだろうか」と自問せざるをえないからである。「思考の秩序における個人的主権ないしは自己決定」である、このうえなく民主主義的な究極的目的(私はまさにそれに自律という言葉をあてがうつもりである)が実際どうなるか、という問題に直面するとき、その〔リポヴェツキーの〕著作は、トクヴィルに言及することを余儀なくされるし、また、民主主義の時代において、「世論の力」と世論が意識に与える圧力とが強まっていることについてのトクヴィルの分析に、言及することを余儀なくされる。したがって、「完璧な流行は、意識の自律を妨げない」、ということ、また「模倣による流行の王国」は、「個人の自律」の展開を「大多数の人間の水準において」可能にする、ということを再び確認するというよりもむしろ、トクヴィルの分析が、もし近代性の二つの可能性として、あるいは伝統的社会との完全な断絶の二つの可能な地平として、超個人的支配の強化との共存が可能な個人主義的な独立の文化と、人間主義的な自律の文化とを区別するならば、彼の分析は、ますます説得力や明晰さを増すのではないだろうか。全体論的世界の解体もまた以上の二つの文化のうちのいずれか一方へと至り着く、と見なすことを受け入れるときに、流行の現象のような一つの現象をよく調べることが可能となるのは、二つの近代性の次元のうちのいずれに対して、その現象がより大きな貢献をしたのかを問うことによってであろう。ということは、『束の間のものの帝国』によって見事に再現された歴史の流れに沿って、〔流行という〕現象が、その二つの文化のそれぞれを、次々と、それにばかりかおそらく同時に豊かにする、ということも大いにありうる、ということである。そうすることにより、多くの無理解が避けられるであろう。その結果、微妙な分析が明瞭に説明され、正当化されるであろう。事実、その分析は、流行と宣伝の世界に、「この世で最良のものも最悪のものも」見ないが、しかし、その分析には、必要とされる、また当然備わっているべき概念装置が欠けているので、単純化を事と

(42) (43)

する読解に抗して、おのれ自身の複雑さを根拠づけそれを守るには至らない。

　自律と独立のあいだのよく考え抜かれた区別の問題は、近代性の悪行についてのいくつかの大げさな告発をバランスよく考察するなら、さらにもっとはっきりと現れる。ジル・リポヴェツキーは、「近代性の大きな悲惨さ」について過度に厳しく批判する言説が、今日、再び現れているのが見られる、という事態を、才能豊かに皮肉っている。「近代性の大きな悲惨さ」とは、近代的「野蛮」を非難するために、また「民主主義のなかに据えられた」「柔らかい全体主義」を告発するために、「黙示録的な戦争」を新たにはじめる「気高い知的な精神」の十字軍〔聖戦〕のことである[44]。さまざまな理由で、このような記述のなかに、アラン・ブルーム、アラン・フィンケルクロート、ミシェル・アンリの最近の著作が苦もなく確認できるであろう[45]。しかしながら、近代性についての評価をし直すなかで、現代文化に対する賛同を修正していくということは、大変難しいことのように思われるだけに——それはある種の誤解である、とも言われている——、反近代的哀歌がなおいっそう断続的に活力を取り戻す、ということを、リポヴェツキーがおそらく見過ごした。近代性に内在している独立の価値と自律の価値とのあいだの対立、それは伝統との断絶へと通じているのだが、その対立についての明確な見通しがないので、ラディカルな非難がもつあやしげな魅力に身を任せること以外に、近代性についてのあらゆる面にわたる過度の評価し直しのための選択肢はない。

　その証拠として、ルイ・デュモンの仕事全体が、近代性について評価を下す際、自律と独立とを混同したために、個人性と平等性という近代的原理に抗して、ヒエラルキーという伝統的な原理を再評価し、その原理に対する自らの信念をためらうことなく告白するに至った、という事実を挙げたい[46]。奇妙なことに、そこで展開されている読解は、ハイデガーにおいてと同様に、ただし理由は異なるが、実際には近代性の諸悪のなかでも最悪のもの、とりわけ全体主義[47]、さらには人種差別主義[48]をも、近代性の論理のなかに、すなわち近代性の本質のなかにまで組み入れるようになる。ルイ・デュモンは、近代的諸価値を使って（何よりも、自律の価値を使って）、近代性を近代性自身の偏流に抗して（とりわけ、独立を称賛するゆがんだ結果に抗して）擁護することができないがゆえに、デュモンの仕事は、近代性についての黙示録的見方に近い。すなわち、近代的出来事において、何が全体主義的人種差別主義的妄想を生じさせることに寄与したのかを問うという、なるほど悲壮感はないが、微妙な問いかけを現代思想はしばしば好んだ、という見方に近い[49]。したがって、ときには否定することもあるが、それは別として[50]、デュモンはほとんどためらうことなく自らの選択を明らかにし、自分の視点が、「その視点に従えば、社会は［……］社会学的に見れば、個別の構成員に先行する第一義的な存在である[51]」といった、全体論的視点に立っていることを明言している。それゆえ、彼にとっては、例えばホッブズは、「主権と服従の必要性」を主張しているがゆえに、「平等主義者たちの主張こそ誤りで、〔ホッブズの主張の方が〕正しい[52]」ように見える。

　全体論の価値に反近代的な仕方で同意しているルイ・デュモンは、結局、その同意を、彼が個人主義のとりわけ否定的な次元と見なしていること、すなわち「本質的に非社会的な[53]」存在としての人間を重視していることを強調することによって、根拠づけている。独立への反ヒエラルキー的称賛に関連づけられたその「非‐社会性」は、人間‐対‐物の関係（支配、生産、消費）の、人間‐対‐人間の関係に対するかの有名なすでに言及された優位性によって、表現されるであろう。反対に、ヒエラルキー的社会は、人間‐対‐人間の関係を、ヒエラルキー的社会の関心事の前面に置き、共同体という全体のなかに人を他人との関係において位置づけていた。そこでは〔デュモンにおいては〕、自律と独立との原理的混同が第二の混同を生み、その結果、議論の本題は決定的に反近代の方向へ向けられていた、ということがとりわけ明瞭に見て取れる。

## 近代性と社会性

確かに、独立への価値付与そのものには、そのなかに、次のような確信、すなわち人間はそれ自体としては、社会とのあらゆる関係から独立に理解され構成された、相互主観性を欠いた主観性としての個人である、という確信をとおしての人間の脱社会化が含まれている。だが、近代性のもう一つの可能性である自律への価値付与の方には、そのような脱社会化はいささかも含まれていない。

含まれていると信じるためには、自律という言葉をうわべだけでも文字通りに理解しなければならないであろう。というのも、もし自律的であること、すなわち私が自分自身に与える法則にしか従わないことが、単なる気まぐれの恣意性を妨げ、自分を押しつけてくる規則を少しも認めないことを意味している（自己性を最も経験的な個別性に還元することによって）、と私が想像するなら、自律のパースペクティヴは、脱社会化的個人主義をともなうからである。しかしながら、近代性が自律を反映するとき、近代性は自律を少しもそのありふれた意味で理解していたのではない。反対に、カントの努力はすべて、自律を本質的に反‐個人主義的な仕方で規定し、その結果（しかも、ルソーと同じく）「欲望や傾向性の法則」（経験的主体が自己自身に与える法則）を、「自然法則」とすることに向けられた。「自然法則」は「感性界の一部」としてのかぎりでのみ人間に関係しており、また、そのようなものとして、「自然の他律」へと差し向けられる。[54] そのうえ、カントが明確に述べているように、その欲望の法則は「幸福の原理」を指針とする法則である。すなわち、現代個人主義の明白な次元である快楽主義、そしてデュモンによれば、個人主義そのものを構成している要素でさえある快楽主義は、[55] したがってここでは、真の自律の領域と対立する他律へと差し向けられる。真の自律の領域においては、私の行動の法則を私に押しつけるのは、私のなかの自然ではなく、自由意志としての実践理性である。ところで、実践理性（自律的主体）としてのかぎり、私は明らかに、本質的に非社会的な存在ではない。というのも、誰よりもアレクシス・フィロネンコがカントに関して強調していたように[56]、倫理は認識や美意識とともに、コミュニケーションの三つの方法のうちの一つであるからである。実際、倫理的領域において、定義からして、理性的存在としての人間どうしのコミュニケーションが果たされる。それは、道徳的主体が、法則や行動の基準を普遍化する要求に従うことによって、観念的に他の可能な主体と一致するかぎりにおいてのことであり、その際、道徳的主体は、他の可能な主体と連帯して、自らを目的の王国の構成員であるとしっかり理解する。要するに、近代的主体は、倫理的主体として、自律の地平において（独立の地平において、ではない）自らを考えるとき、人間 - 対 - 人間の関係のパースペクティヴを後方に追いやることはいささかもできないであろう。まったく反対に、そのような倫理的相互主観性（目的の王国）を背景にして自らを考えるとき、道徳的主体は、自らを道徳的主体と考えることができるのである、つまり自らの意志を自律的なものとして理解することができるのである。

したがってここで、ルイ・デュモンの反近代主義を補強している彼の診断が誤りであることが明らかになる。すなわち、人間 - 対 - 人間の関係が、近代性の全体によって抹殺され、単なる人間 - 対 - 物の関係が優勢に立つようになるわけではない。人間 - 対 - 物の関係が優位に立つということは、人間が今後は、共同体のただなかで他の人間との関係を考慮することなしに、自分を自分として考えることができる、[57]ということになるであろう。人間の脱社会化は、たとえ個人主義の論理のなかに組み込まれているとしても、少なくとも近代性の包括的な論理のなかに組み込まれてはいない（包括的論理というものが考えられると仮定して）。近代性の包括的な論理は、個人の価値よりも主体の価値をよりいっそうはぐくむその論理自身の唯一の持ち味として、もっぱら相互主観性を背景にしてのみ主観性について考えた。[58] 反近代主義は、ここでは実際には、人間‐対‐人間の関係を考察するための唯一の方法は全体論のヒエラルキー的パースペクティヴである、と信じることのうちに存する、重大な錯覚から生じている。ルイ・デュモンは、今度は明らかに、相互主観性と独立とを混同していて、前者を後者の様式に従ってのみ理解し、その結果、民主主義的近代性が設置される場合に、すなわちヒエラルキー的相互依存性がもはや社会の組織化の原理ではない場合に、デュモンは社会の細分化しか見ない。したがって、デュモンは、カースト社会と近代西洋社会との対立を、次のような言葉によって要約する。すなわち、「一方においては、自由と平等、他方においては、相互依存性とヒエラルキーが前面に押し出される」。[59] その結果として、〈近代社会〉において、他者を考慮することが物との関係を考慮することのせいで影が薄くなるとき、財産の所有を目的として起こりうる対立の単なる極として、他人が突然出現する。そこから、あっと驚く結論が出てくる。「したがって、大まかに言えば、なんらかの仕方で他人を承認するには、ヒエラルキーと闘争という二つの方途がある」。[60] そのために、デュモンがヒエラルキーに対する自らの「融和主義的な信念」を告白すると宣言し、個人主義的で近代的な脱社会化に対していくらか嫌悪を感じると宣言していることが、苦もなく理解される。個人主義的で近代的な脱社会化は、他人が、物を我有化する際の敵として、少なくとも好敵手として現れる、という見通しをもつであろう。ただし、相互主観性の唯一の形態、他人の承認について考えられうる唯一の様相は、ヒエラルキー的相互依存性である、ということを本当に確信しなければならないのか。近代性は終始、逆の方に賭けた。それによれば、他人の承認は、もう一つの私自身の承認、すなわち他我の承認としてなされる（他我の他性は、同一性を背景にして捉えられるのであり、ヒエラルキー的パースペクティヴにおいてのように、絶対的他性の形によって、捉えられるのではない)[61]。その賭に全面的に負けた〔相互主観性の唯一の形態は、ヒエラルキー的相互依存性である〕、と主張するためには、いかなる見地に立つべきであろうか。

ルイ・デュモンは実際は、その賭の言葉を近代文化のなかに見出さなかったがゆえに、彼には、自らの企てを、〔唯一の真に肯定的な価値の〕復活の趣とまで言わないまでも、〔その価値をめぐる〕愁訴の趣のなかに組み入れるしか手はなかった。唯一の真に肯定的な価値は、決定的に失われたので[62]、今後は、ヴァレリトの秀逸な表現によれば、いかなる「永久の隔たり」がわれわれの運命を導いたのかを、ただ単に悲観主義的というよりは悲劇的な仕方で、強調しなければならない[63]。近代性についてのそのような読解は、その悲劇的様相のゆえに、確かに、反近代主義のあらゆる形態のなかでは、古代への復帰がもつ難点(ときとして、馬鹿馬鹿しさ)を免れている、という特殊性を有している。にもかかわらず、そのような読解は、近代性の全体を、〈価値〉が失われている世界として、要するに好むと好まざるとにかかわらず、ラディカルな〈悪〉の場所としてしか理解できない、という深い困難性を表している。その意味で、古い評価原則を実際に復活させるということは少しも考えないとしても、にもかかわらず、近代文化へのアプローチはすべて、そのような原則の観点から、価値の名の下になされる。価値については、それが失われてしまったことが、絶えず指摘されなければならず、それが失われてしまったことにともなう結果は、多かれ少なかれ惨憺たるものであり、いずれにせよ常に否定的なものである。ところで、この観点に立つことは、いずれにせよヒエラルキーの価値の知的復活に似ているがゆえに(というのも、ヒエラルキーの価値にもとづいて、われわれは近代性を判断し、値踏みするから)、本当にこの観点は、今日、容認されうるものであろうか。頭のなかだけだとしても、自然的なヒエラルキーと自然的な服従という観念を、われわれは本当に再評価することができるのだろうか。単に観念としてだけにせよ、他人を他我と見なすのではなく、「他なるものとして」見なすということを、われわれは受け入れることができるであろうか、それも、「他人がわれわれよりも優っているか、ないしは劣っているかぎり」、われわれは受け入れることができるであろうか。本当にできるであろうか。――詳しく説明するならば、この問いは明らかに、ただ単に、また何よりもまず、心理学的な意味において(そもそも、デュモンが確証しているように、服従はもはや容易に、われわれの心的宇宙に属することはできない、という意味において)ばかりでなく、道徳的意味においても、理解される。すなわち、われわれは受け入れることができるであろうか、つまりわれわれは受け入れなければならないのか、と。

したがって、ここで行われている考察全体が前提にしていることは、(自然的)ヒエラルキーから(諸権利の)平等性への移行は損失である、ということ、またその点で、デュモンは、自分に霊感を与えてくれた人として彼がしばしば紹介しているトクヴィルとは袂を分かつ、ということである。なぜなら、たとえトクヴィルの分析によって、諸条件の平等化が悲惨な結果につながるかもしれない、ということが強調されるとしても、彼の分析は、近代個人主義を明白な進歩として読解し、また近代個人主義の偏流に対して、相変わらず近代性の領域にとどまる打開策を講じようとしているにすぎないからである。トクヴィルからルイ・デュモンへと至り、方向転換がなされたことは、その意味では明らかである。すなわち、その方向転換により、内的批判、あるいはこう言ってよければ、近代性についての自己批判から、近代性とその価値(平等性の価値と自由の価値)の枠組みにとどまりつつ、〈古代人〉の観点によって導かれた外的批判へと至り着いたのである。民主主義の価値そのものである価値を放棄することは、大きな犠牲をともなうように見えるばかりか、そのような場合には、自然的なヒエラルキーと自然的な服従という失われた理想の観点から構成されたルイ・デュモンの解釈はまた、そのような観点を採用することと厳密に相関的であるのではないのか否か、自問せざるをえない。

換言すれば、まさに近代性の意味にまつわる問題は、まったく新たな基盤に立って提起されるのではなかろうか。その際の分析もまた、個人主義を導きの糸としているが、だからといって、個人性の制限を考える（実践する）ために必要な材料を、近代性がそれ自身のうちにもっているかもしれない、という可能性を、一挙にア・プリオリに排除しはしない。しかしながら、結局のところ、その可能性は検討を要するもののように私には思えるがゆえに、ルイ・デュモンの著作は、近代性の価値が全体として価値低下をきたしている、ということに対する主たる例外となっていることがわかる、ということを指摘しておかなければならない。その例外について言えば、ライプニッツ哲学にその起源がある、ということが確証されるとき、その例外はここでの探究にとって、とりわけ挑発的で刺激的なものである、ということが容易に理解されるであろう。

**ライプニッツのモナドロジー――全体論かそれとも個人主義か**

ルイ・デュモンは、『個人主義論考』においてライプニッツに繰り返し言及しているのであるが、[64] そのデュモンによれば、ライプニッツに対して近代性の知的歴史における例外的な地位を与えるべきである。というのも、ライプニッツの「天才」は、「全体論と個人主義とを和解させるおそらく唯一とも言える真剣な試み」、しかもモナドロジーの構造を確立することをとおしてなされたその試みに、功績があったと認められているからである。なぜなら、デュモンの説明によれば、「ライプニッツのモナドは、それ自身一つの全体であると同時に、またその差異そのものにおいて統一化されたシステムのなかの個体――これを普遍的〈全体〉と呼んでおこう——でもある」からである。「モナドが外に対して閉ざされているということは——しばしば誤って理解されているのだが——、この二重の要請を表している」[65]。もっと正確に言えば、モナドロジーの考え方は、「われわれの根本問題」に対する回答となりうるモデルを提供するであろう。「われわれの根本問題」とは、「世界レヴェルでの人類の連帯」への要求（デュモンが「全体論的」と解釈している）、換言すれば、本来の個体性であろうとする国家や国民のあいだでの「正義」への要求（こちらの方の要求は、個人主義に特有のものである）が提起する問題のことである。したがって、「普遍主義と個人主義」との総合の言葉を見出し、したがって、全体論と個人主義とを関連づけることができるかどうかを想像することが、今日、重要である、ということを理解しなければならない。今まで、どんな分析においても、全体論と個人主義とは、絶対に両立しがたいものとして提示されてきたのである。

ルイ・デュモンは、本当に、相容れないものを融和させるつもりであろうか。もしそうであるならば、まさに融和のさせ方は、その段階において、突然、様式および全体的な調子を変えるであろう。すなわち、大規模かつ悲劇的に（というのも、元へ戻る希望がないから）、全体論の価値を個人主義の価値と対立させる、というよりはむしろ、ライプニッツのモデルを活用することによって、近代的（個人主義的）枠組みのなかに、伝統（全体論的）の価値の尊重を定着させる、ということが起こりうる。そのとき、考察全体の地平は、「変化した普遍主義」[66]の地平となるであろう。そのような地平には、それぞれの文化は「人間性の一つの個別的な形態」である、という近代の確信が内包されており、しかもその個人主義的・個別主義的な次元には、一応理に適った確信が結びつけられており、それによれば、まさに文化間の対話の可能性（人類学の存在によって保証される可能性）が考えられるためには、「普遍的参照枠」の維持が必要である、という。われわれが、このような「近代性と伝統、普遍主義と個別主義とのかなり微妙な混合」

についての定式を見出すためには、ライプニッツのモナドロジーの援用が不可欠であろう。そこで、デュモンはためらうことなく、自らの負債の意義をここで再確認している。「この〔ライプニッツの〕思想を検討するなかで、私は、私の説を明確にすることができたのである。」[67]

しかしながら、このようにして要求された明確さは、『個人主義論考』がドイツの伝統のなかでモナドロジーの遺産について暗示していることを考慮に入れるならば、少し疑わしくなる。すなわち、ヘルダーからヘーゲル、マルクスに至るライプニッツの後継者たちは[68]、全体論的要因に意味を与え返し続け、結果として、「本質的な点で師のような精確さを欠いていた」ようである。つまり、「個人主義と全体論の両立不可能性は、彼らにおいては、認識されているというよりは、しばしば忘れられている」[69]。ここでそのような考え方をたどってみることは、大変困難である。というのも、ライプニッツは「個人主義と全体論を和解させるおそらく唯一とも言える真剣な試み」を行った者としてわれわれに紹介されたばかりだったのに、今や、その点に関しては、真剣さはとりわけ「個人主義と全体論との両立不可能性」を認識することのうちに存していた、ということを考慮に入れなければならないであろうから。したがって、二つの原理の両立の追求という観点からライプニッツがモデルになれるのは、二つの原理の根本的な両立不可能性をそのまま書き留めることができるかぎりにおいてのみのことであろう。どちらに決着したかが驚くほど不明瞭に見える奇妙なモデルである、という点で意見が一致するであろう。

ところが実際には、ルイ・デュモンが強調しようとしていることは、ライプニッツの後継者たちは個人主義と全体論を現実に調停しようとした（全体主義の知的起源の一つとなることになるかもしれない手段によって）、ということである。他方で、「われわれは、ライプニッツのモデルを、想像的な同一化を許すものとしてではなく、むしろわれわれの作業を方向づける理念にあたるものと考えることによって」、要するに、カント的意味における「統制的理念」に「あたるものと考えることによって、誤りを避けていきたい[70]」。したがって、「統一的図式[71]」としての「ライプニッツ的モデル」の独創性と比類のない規範性は、ライプニッツが、全体論的価値と個人主義的価値との両立不可能性を明瞭に理解しつつ[72]、和解を要求している、単に要求している、ということに起因しているであろう。それに対して、「偉大なる調停者[73]」であるヘーゲルは、そのような和解を現実的なものと考えようとした。すなわち、ライプニッツは何をもたらしたか。ライプニッツとともに初めて、近代個人主義の枠組みにおいて、人間性の新しい形態が確立された、とデュモンは考える。その形態は、「社会的特性全体の統合として、われわれが現実的で、首尾一貫していることを要請している」ものとして理解されているものである。すなわち、その点に関して、われわれは、「われわれの人間性〔人類社会〕はヘルダー流の庭のようなものである」と見なすことによって、「ドイツ思想の高遠な理想」を継承するであろう——、「ヘルダー流の庭」を、ライプニッツ流の庭と理解されたい、「そこでは、すべての植物が、すべての社会が、それぞれの美を提供する、というのも、それぞれがそれぞれの仕方で普遍的なものを表出しているからである[74]」。ライプニッツ以降、あるときは、和解が要求によって命題となり（ヘーゲル、マルクス）、またあるときは、個人主義的観点が、その絶対性において（事態を単に「局地的に」見ないではいられない、まったく「ヴォルテール的」無能力において）、再び断言されるのは、モナドロジーのパースペクティヴによって差し出された好機が失われたからであり、それとともに、個人主義の過酷な結果から逃れることができるが、だからといって伝統的な観点に戻ったという錯覚には陥らないで済む可能性が失われているからである。「ライプニッツの世界を単純に伝統的世界と同一視することがあってはならない。弁神論は、おそらく、個人主義的問いかけを示しているのであり、そして全体論を再び確認するための多かれ少なかれ成功した試みを示しているのである[75]。」

以上のモナド哲学の解釈について、どのように考えるべきか。私は、その解釈が一連の克服できない反論に遭うのではないかと、恐れる。したがってその解釈により、とりわけ近代性について十分に包括的な解釈を展開するために個人主義を導きの糸とすることが、どれほど困難なことであるかが、はっきりとするのではないかと、私は恐れる。

まず第一に、もしライプニッツがルイ・デュモンに対して、社会‐政治的現実に関する適切な観点を作り上げるためのモデルの役割を果たすとするならば、結局のところ、そのような観点について事情はどうであろうか。つまりこういうことである。すなわち、全体論と個人主義、伝統社会と近代社会との二律背反との関連で、そのような観点をいかにして位置づけるべきであろうか。たった今分析したばかりの事柄をとおして、ライプニッツに帰属させられた（正しいか間違っているかは別にして）そのような観点は、本質的に両立不可能な原理を和解させるという唯一の目的によって規定される。諸価値の体系のあいだの解消不可能な対立についての結局実のところウェーバー的テーマ体系を前提にしているがゆえに、採用されたパースペクティヴは、したがって必然的に、対峙している二つの体系のうちの一つの体系の観点に立って身を置き直すことのうちに存する⑯——この場合、個人主義の悲惨な結果を回避することが問題であるがゆえに、事態を「局地的に」ではなく、「全体的に」見る観点に立って（＝ライプニッツの観点であって、ヴォルテールの観点ではない）、身を置き直す。もっと正確に言えば、デュモンが元々はライプニッツのものであると認めつつ我が物にしている立場は、観点の観点という立場である。すなわち、全体論と個人主義との和解に関する全体論的観点が問題なのであり、そのような観点は、実際には、それ自体一つの観点（「要求された」ないしは「要請された」和解）でしかない。だが、そうであるならば、モナドロジーは全体論と個人主義という組み合わせにとって例外的なものに見えるが、それは単に見かけだけのことではないのか。このような仕方で理解されたライプニッツ流のモデルは、実際には全体論の方へ傾く。ライプニッツ流のモデルは、全体論のとりわけ微妙な変異体を生み出すだけであろう。そのうえ、デュモンがライプニッツに関して次のように言うとき、そのことをはっきりさせる。すなわち、「ここで、近代モデルそのものも、非近代モデルの個別事例の一つとなる」[77]、というのも、ライプニッツの全体論の特殊性は、個体性に優越する〈全体〉が唯一の現実（有限の）をとおして、すなわちモナド的個体性をとおして個体性において実現される、ということに起因しているから、と。そして、デュモンが続けて言うところによれば、そんなわけで（むしろそんなわけでのみ、とさえ言いたい）「われわれは、われわれが見出し重視することにした両立不可能性を――理念的には（＝統制的理念という資格で、アラン・ルノー）――追いつめることができるのである」。すなわち、したがって結局のところ、全体論を利するために、たとえある仕方によって「二つの原理に互いの価値づけ」を与えるとしても。もし必要ならば、デュモンの分析はすべて、たとえ反近代的観点がライプニッツに準拠することによって支えられているとしても、本質的に反近代的な観点に立って展開されている、ということをはっきりと確認しておこう。

ところで――しかも、問題はすべてそこにあるのであるが――ライプニッツに対して、彼を「近代人」のなかで最も「古代人的な人」にするような、ないしは「古代人」のなかで最も「近代人的な人」にするような身分規定を与えることは、本当に当を得たことであろうか。そのようにしてライプニッツを近代性のただなかにおいて孤立させることができるのか。とりわけ、ヘルダーのようなライプニッツの信奉者たちをも含めたライプニッツの後継者たちが、ライプニッツしか知らなかったこと（ライプニッツが和解を要求していたものが両立不可能である、ということ）を、すぐに取り逃がしてしまった、と考えることによって、ライプニッツを孤立させることができるのか。[78] なるほど、要素（モナド）が要素であるのは、

〈全体〉を表現しているときのみである、という特性のせいで(デュモンによれば、そこにおいては〈全体〉の傑出が保たれており、したがってライプニッツの図式の全体論的射程が決定されている)、たとえモナドロジーが自らの正当性を諸要素という観点に認めるとしても、弁神論のパースペクティヴは〈全体〉に特権を与えることのうちに存している。すなわち、モナド的個体性は、宇宙の鏡であるかぎり、〈全体〉との関係にもとづいてのみ、普遍的なものによって貫通されているかぎりにおいてのみ、存在するのであり、モナド的個体性は普遍的なものの一つのパースペクティヴにすぎない。だがしかし、その点に関して、ライプニッツと彼の後継者たち(とりわけ、ヘーゲルおよび、ケネーやマンデヴィルのような「経済学」の理論家たち)とのあいだに、デュモンが突き止めようと思っている隔たりが本当に存在するのだろうか。本質的差異、すなわち、ライプニッツの思想の比類のない重要性をなしているものは、ライプニッツにおいて〈全体〉は一つの観点、すなわち一つの要求にすぎない、という事実のなかに存するであろう。私は、ライプニッツの体系において、その点に関して何が人の注意を引くのか、ということをよく理解しており、また〈全体〉についてのライプニッツによる身分規定と、ヘーゲルが一つの観点でしかないものを物象化することによって、個別的なものと普遍的なものとを実際に調停しようとした、ということとを対立させるように人に促しさえするものは何か、ということを私はよく理解している。[79] すなわちそれは、ライプニッツが——「異なった方角から眺めると、まったく別な町に見える」という有名な隠喩が知られている——、すべてのモナドを、世界についての「観点」すなわち「パースペクティヴ」にしているからであり、また全体性としての宇宙の見え方、すなわち「モナドのなかのモナド」としての神におけるその「パースペクティヴ」の総計は、結局、それ自身、たとえ「原初的モナド」と呼ばれるにせよ、一つのモナドとしてのみ示されるものに原因が帰せられるからである。それにもかかわらず、そこから、

〈全体〉(もろもろのパースペクティヴの全体性としての宇宙)もまた単なる観点にすぎない、という結論を下すには、乗り越えるべき大きな困難が存在している。それはまさに、あとでもう一度触れることになるが、ライプニッツのモナドロジーとニーチェの遠近法主義とを歴史的に切り離す、という困難である。すなわち、原初的モナドの完全無欠さについての理論に正比例して、パースペクティヴの神的総計は、ライプニッツの体系において、まさに宇宙を全体性として理解する水準において、客観性の契機を規定しており、その契機は遠近法主義に対する安全装置となっており、また全体性を単なる観点にするのではなく、本当に現実的なものそのものの次元にすることを可能にしている。したがって、ライプニッツ哲学(あるいはお望みなら、弁神論)の全体論的要因と、マンデヴィルやヘーゲル(「理性の狡智」の理論)といったライプニッツ哲学の類似物とのあいだには、身分規定上の大きな差異が存在する、ということについてデュモンに同意することは、きわめて困難であるように思える。すなわち、両者とも〈全体〉への準拠は、〈真〉の確認としてなされるのであって、少しも「統制的理念」の確認としてなされるのではない。その結果、個人的なものの肯定が〈全体〉の自己‐展開の契機である、とする主張が、はっきりとライプニッツに抗して、話を先取りすれば、ヘーゲルが弁神論へ回帰することに抗して、その存在論的要求から解放されるためには、またその主張が「理想的」、「統制的」ないしは「方法的」なものとなることによって、考察の単なる導きの糸にすぎないものとなるためには、今度はまったく孤軍奮闘しなければならないカントの努力全体が必要であろう(80)。

したがって、もし後継者たちと比較して、ライプニッツの独創性が、全体論的要因の身分規定に関して、デュモンが思っているほど明らかではないように見えるならば、その事実そのものから、モナドロジーと個人主義との関係は、まったく別様に理解されなければならないのではないのか。モナドロジーのモデルは、個人主義の諸価値に与えられた比類のない揺さぶりの源泉であるどころか、反対にそのモデルに付随する弁神論の次元においてまでも、文字通り近代個人主義の本質そのものを表現しているのではないのか。[81]なぜなら、個人的現実ないしは、互いに他から独立している（＝ちょうどライプニッツの体系におけるモナドのように、互いに他に直接的な影響を及ぼすことのない）個別化された現実しか存在していない、という哲学的個人主義を構成している存在論的確信が出現するとき、もしその主張が、現実的なものの核心に組み込まれている秩序ないしは可知性という前提（まさに理性の要求によって、了解の企てによって、さらには現実性の科学の企てによって要求された）と相変わらず両立可能であるにちがいないならば、同様に、分かちがたく、以下のことを定立しなければならないからである。すなわち、諸個人（＝モナドの活動、モナドの状態のそれぞれの系列）の見かけ上はつながりを欠いた（あるいは、相互に矛盾さえしている）主導権が、それにもかかわらず、モナドロジーにおける現実的なものに内在する予定調和に従って組織される（諸個人のためにではないにしても、少なくともそれ自体として、また諸個人の知らないうちに）、ということを定立しなければならないからである。換言すれば、存在論的個体主義は、個別的意志の戯れに内在する全体的な理性性というテーマを付加することによってのみ、近代理性主義の枠組みのなかに統合されることができる。要するに、弁神論のパースペクティヴが必要とされるのは、モナドロジーの内部そのものにおいて、哲学的個体主義の内部そのものにおいてである。モナドロジーは、モナド－ロジーとして、理性性の企図に支えられているかぎり、弁神論を必要とする。モナドロジーは本質的に弁神論である。したがって、ライプニッツにとって、個人主義を緩和するための手段はなんら存在していないし、全体論と個人主義とのあいだの、真剣なものでさえある和解の追求は少しも存在しない。反対に、モナドロジーと弁神論を連結する際に果たされたことは、近代個人主義を真に哲学的に基礎づけることである——その基礎づけは、個人主義的パースペクティヴを近代理性主義に統合されうるものにしているものは何か、また個人主義的パースペクティヴを近代理性主義にとって想定可能なものにしているものは何かを、明るみに出すことによって、個人主義の可能性を十分に開花させている。

その意味で、ライプニッツは少しも彼の後継者たちによってゆがめられることになるようなモデルを案出したわけではなかった。すなわち、ライプニッツは後継者たちに、あるモデルを引き渡し、彼らがそれを利用したのであり、モデルのさまざまな利用の仕方（多様な利用の仕方を分析し、相違の原則を引き出さなければならないだろう）は、近代個人主義の哲学史と符合する。その観点からすれば、哲学的個体主義（お望みなら、モナドロジー）が弁神論のパースペクティヴと袂を分かつのは、実際にはニーチェによって近代的理性性の企図そのものが問い直され、〈理性〉が「誤謬」として告発されることによってでしかない、ということはきわめて明白である。したがって、〈理性〉が価値としては消滅するとき、すなわち現実的なもののなかに理性性（可知性）を発見するという企図そのものが、現実的なものの歪曲として現れるとき、神は「モナドのなかのモナド」としては死滅してしまうおそれがある。そして、神とともに、〈予定調和〉や弁神論の考え方も死滅してしまうおそれがある、——そのとき、モナド－ロジーという呼称を放棄するモナドロジーしか存在していない。すなわち秩序の原理を欠いたまま互いに交差する多様なモナドの状態の諸系列、モナド的パースペクティヴのカオス的戯れ、すなわち、カオスとして見られた世界しか残っていない。[82] こうして、現代個人主義が生まれる。したがって、弁神論のパースペクティヴを、本質的に個体主義的（モナドロジー的）存在論へと統合することによって、ライプニッツは、ライプニッツ以前に主張されていた個人主義（本章の最後の方のページでモナドロジーのそのような上流について再び言及するであろう）、つまり、ライプニッツ以後に再び主張されることになる個人主義を、少しも拒絶しなかった。まったく反対に、弁神論としてのモナドロジーは、近代的理性の枠組みのなかに個人主義の要求を受け入れることのできる唯一のあり方を、哲学的に表していた。そのようなモナドロジーの定式については、正確に記述しておかなければならないであろう（個体性を存在の構造として主張することが現実的なものの秩序についてのテーゼと両立するような存在論的個体主義の定式）。近代個人主義に対する一時的な揺さぶりの場としてではなく、近代個人主義のそのような決定的で永続的な根拠づけとして、ライプニッツのモナドロジーは、自らの独創性を、哲学的にそれに先立っていたものとの関係で、とりわけ主観性の同様に近代的な諸価値がデカルトによって侵入してきたこととの関係で見出す。

### デカルトという上流——主体か個人か

ライプニッツのモナドロジーを、まさに個人主義の枠組みのなかで全体論的要求を復権させるための探究として読解するためには、近代個人主義についての哲学的主張がすでにライプニッツ以前になされていた、ということを示さなければならないであろう。ところで、ライプニッツの上流では、哲学的個体主義はどのような状態にあったのだろうか。

確かに、哲学的個体主義の発生をはるか昔の中世哲学にまで遡り、例えば十四世紀にオッカム（Guillaume d'Occam, William of Ockham）によって擁護された唯名論を思い浮かべることは、不可能ではない[83]。しかしながらいずれにせよ、それは近代個人主義の形にはなっていない、ということを指摘しておきたい。その指摘は、自明の理を越えて、ある明確な意味をもっている。すなわち、「個人主義」の前兆が、近代性の諸条件が満たされていないような世界観の枠組みのなかで生じていたのである。もし、近代性が本当に主観性の台頭とともにはじまる、つまり人間にもとづいてのみ、また人間に対してのみ、世界において意味、真理、価値が存在しうる、という確信とともにはじまる、ということが正しいと認められるならば、オッカムの思想も、もっと一般的には中世哲学も、そうした記述と一致しない、ということは誰でも知っている。それほど実は、それ自体で秩序を構成しているものという、宇宙〔コスモス〕についての旧来のイメージを解体することは、まだ実際には果たされていなかったのである。すなわち、中世哲学全体にわたって、人間によることなしに、現実的なもののなかに意味が存在していた。そして、それ自体によって（私によってではなく）存在するその意味が、堕落のあと、たとえ堕落した被造物としての私に対してもはや与えられないとしても、少なくとも、神すなわち罪を犯す前のアダムであれ、贖罪のあとのアダムであれ、他なるものにとっては存在する。したがって、中世哲学において、例えばオッカムの唯名論において、現実性を個体性によって定義することが随所に見られるとしても、そのような定義が近代の世界観の枠組みのなかで行われるのと同じ意味をもつことも、同じ問題を提起することもできないであろう。実際には、われわれはここで、個体主義を理解する際の新たな誤りないしは混乱の原因の可能性に言及しているのである。[84] すなわち、近代個人主義が存在するためには、現実的なものが個体性の総体として理解されるだけでは十分ではない。同時に、そしてとりわけ、個体性が原理として立てられなければならないし、また全体性がもはや個体性にもとづいてしか、あるいは全体性は個体性をとおしてしか理解されないがゆえに、全体性は個体性に従属させられなければならない。換言すれば、もし近代的意味での個体性（その近代的意味によりもたらされる問題設定とともに）がライプニッツの上流に存在しているはずであるならば、それは少なくとも、主観性が出現した哲学的な場においてでしかないであろう。そして、明らかにその事実から、たとえデカルトが個体性についての考察において、先行する諸考察を取り込んでいるとしても、重要ないずれにせよ有意味な「テスト〔リトマス・テスト〕」は、デカルトの側に位置づけられなければならない。[85]

ところで、デカルトにおける個人主義の身分規定や価値について、事情はどうであろうか。デカルトの思想を強い個体肯定の契機と見なし、それに対して、ライプニッツのモナドロジーを、全体論の方向へとバランスを回復する試み（その試みの規定に付与されうるあらゆるニュアンスとともに）と見なすことは、可能であろうか。ルイ・デュモンは、そのような問いかけを検討すべきであるとは判断しなかったので、その結果、近代イデオロギーの論理においてライプニッツに割り当てられている、ことによると「例外的」なものかもしれない立場に関して、本当に説得力のある論証を展開する機会を失うことになったということは、残念なことである。なぜなら、問題の状況を検討してみたとき[86]、デカルト的契機に関して少なくとも言えることは、デカルト的契機は驚くべき曖昧さによって特徴づけられている、ということであるからである。

何よりもまず第一に、デカルトの諸テクストにおいて、『規則論』の主体と『方法序説』の主体、さらには『省察』の主体が、それぞれ異なるのではないのか、という問題に収斂していく理論哲学の方向を考察してみよう。方法がそれぞれの主体に同じ対象を確実に認識する同じ能力（同じ力）を与える、ということ、またそれぞれの主体が自分の知に、同じ無知を規定している同じ制限が加えられるのを見る、ということを誰もが知っている。その意味で、『規則論』の認識論的主体ないしは、『省察』における「コギト」の主体たる「自我」は、何よりもまず、普遍的なものとして現れる。すなわち、普遍学〔普遍数学〕は、「その主体をとおしてと同様その対象をとおして普遍的なものとして[87]」現れる。そのことにより、なるほど相互主観性が明らかに経験的次元において、とりわけニューキャッスル宛一六四六年十一月二十三日の有名な書簡において概略が述べられている、言語についての考察[88]をとおして、示されることになる。

だが、相互主観性は、認識論的次元においては真なる身分規定をもたない。そこにおいては、主体は、普遍学を支えるものとして存在するためには、自分自身とは別なものを少しも必要としていないからである。そして、良識が「この世で最も公平に配分されているもの」であるのは、理性が人間すべてにおいてまったく同一のものであるかぎりにおいてのことであり、またデカルトが強調しているように、「同じ種に属する個体において、それらのもろもろの偶有性のあいだにのみ、より多いとかより少ないとかいうことが存在するのであって、「それら個体の形相すなわち本性のあいだに、より多いとかより少ないとかいうこと」は存在しないかぎりにおいてのことである。要するに、デカルトは著作のそのような見地全体に立って、個体のあいだに非本質的差異しか打ち立てなかった。すなわち、個体性が互いに区別されるのは、アリストテレスが算術的差異と名づけたものに従って、「数」に従ってのことにすぎないのであって、本質に従ってのことではない。認識の主体は、自己自身と同一である（コギトの持続性はその自己との同一性を根拠づける）と同時に、「他の」主体すべてと同一である。もっとも、他の主体の他性〔という表現〕は、理性の統一性が支配している段階では、まさに言葉づかいの曖昧さでしかないように思われるのだが。したがって、その観点に絞って言えば、あるいは方向としては、デカルトはトマス主義的スコラ哲学の忠実な後継者として現れる。トマス主義的スコラ哲学は、アリストテレスについての単純化した読解をとおして、実体の個体化を実体の形相（本質）に由来するものとしてではなく、形相を個々の質料が単に受け取ること（形相を偶然的に受け取ること）として、理解していた[89]。その結果、もし個体性の観念が不可分性（個体を解消不可能な統一体にする）を内包していると同時に、分化（個体を同じ種の他の成員と対立させることによって、個体性を単一性にする）を内包している、ということを認めるならば、その領域に関して、個体主義的価値はデカルトにおいて少しも出現していなかったことを、認めなければならない。

しかしながら、もし認識の問題よりも救済の問題や道徳の問題をめぐって展開される（もしこう言ってよければ、実践哲学の方向に沿った）別の一連のテクストのことを考えるなら、パースペクティヴは突如まったく変化し、驚くべき曖昧さが、個体性についての存在論的身分規定に関して、導き入れられる。というのも、しばしば分析の対象となっている[90]聖体に関するメラン神父宛の有名な書簡[91]は、はっきりと形相による個体化、したがって人間が問題となっているときは、魂による個体化のテーゼを擁護しているからである。すなわち、「人間の身体の数的統一性は、その質料の統一性に依存しているのではなく、魂たるその形相の統一性に依存しているのである」、と。その書簡においても、一連のテクストすべてにおいても[92]、関係は逆転しており、もろもろの身体が身体に影響を与える変化を越えて数的に同一であるのは、もろもろの身体が同一の魂によって形相を与えられているからでしかない。したがって、デカルトから見れば、聖体の秘跡（「いかにしてイエス＝キリストの身体は、パンと化して同一の大きさのままにありうるのか」）さえ解明されうる。というのも、キリストの身体の数的同一性は、「聖体の秘跡において、キリストの手足のすべてが同一の量や形態および、キリストが昇天したときにキリストの手足を構成していた同一の数的質料をともなってある」ということを、少しも要求しないからである。実際には、聖体の秘跡において、キリストの身体が「丸ごと」存在するためには、キリストの魂が一片の聖体パンに形相を与えるだけで十分である、「というのも、同一の人間の魂によって形相を与えられている質料の全体は、どんなに大きかろうと小さかろうと、丸ごと人間の身体と見なされるからである[93]」。無味乾燥な神学論争を乗り越えて、ここで繰り出されているものは、個体性の存在論的身分規定にほかならない、ということがわかる。すなわち、もし身体に形相を与えることによって、個体を互いに他から区別することを可能にするものがまさに魂であるなら、個体的差異はまさに本質のレヴェルにおいて根拠づけられており、それに対して個体性についての考察の第一の方向に従えば、個体的差異は無差別的同一性によって規定された本質と比べて偶然的であるにすぎなかった。したがって、デカルトはメルセンヌ宛の書簡において、ホッブズに抗して、「いずれライプニッツの立場となるものと最終的にはとても近い[94]」と正当にも言いうる立場を擁護するに至る。すなわち、「ソクラテスの個人的差異〔特徴〕、例えば彼が哲学について抱く理解は、同時にソクラテスが人間であることをやめることなしには、決して消滅しない[95]」。実に奇妙な文章であり、正確に理解しなければならない文章である。もちろん、この文章は、ソクラテスの目の色から髭の長さまで、ソクラテスの最も経験的な見かけのすべてが彼の人格に内在的である、ということを意味しているのではない。実は、そのような「特徴」は、デカルトがそこで「個人的差異」と呼んでいるものに属してはいない。たとえ、本当のソクラテスとなんら共通点をもつことなしにソクラテス以外の人間がソクラテスの目をもち、ソクラテスの髭をもつことがありうる、というかぎりにおいてにすぎないとしても。本当のソクラテスは、例えばしぶしぶ自分の髭を犠牲に捧げることに同意するなら、本当のソクラテスとして完璧に存在することができるであろう。デカルトは、右の重要な文章において、実は自己性において、すなわち還元不可能な差異において人格を構成しているもろもろの特性のことを念頭に置いているのである。そのために、ソクラテスはソクラテスであって、グラウコンやカリクレスではない、ということになる。ところで、その点に関して決定的な点は、本質がそこではそれらの個人的差異を十分に統合しているように見える、ということ（それゆえ実際に、ライプニッツのこと、モナド的実体とそれの賓辞あるいは偶有性全体とのライプニッツによる同一視のことを、思い浮かべる）、また実体についてのまったく形式的な決定が、それぞれの人格の還元不可能性、したがって個人性である、――個人性は少しも個体化されるために身体を必要としない――ということである。デカルトの主体を知ないしは認識の方向で考えるとき、われわれの理解とは反対に、主体は今度は個人でもある、――その意味するところは、主体それ自体は本質的に個体化されている、ということである。

したがって、個体性の身分規定に（さらに、主体と個体との関係に）関して言えば、デカルトの著作は、重ね合わせることが困難な二つのパースペクティヴを結びつける。すなわち、〔一方で、〕知の主体としてのデカルト的主体は、自己自身および自己以外のものすべてと同一である。そして、個体性は主観性に対して外在的なままである。だが他方で、ところでここでは、トマス主義の遺産はスコトゥス学派やスアレスの影響力と比べて決定的なものではないが[96]、情念と救済の主体としてのデカルト的主体は、自己同一性によって、本質的に自己以外のものすべてとは違ったものとなる。そして、個体性は（統一体と単一性という二重の意味において）、主観性に対して内在的なものとなる。重ね合わせることができない二つのパースペクティヴをわれわれがここで問題にしているということは、疑いえない。一方のパースペクティヴは、「人格」を本質的に共通の種概念から派生した個体とする。他方のパースペクティヴは、「人格」を還元不可能な個性原理によって本質的に決定された個体として定義する。そこから帰結するのは、ある人が強調しているように[97]、デカルト的契機についての解釈の二つの論理の可能性である。一つ目の非人称的解釈の論理は、コギトをコギタトゥル（cogitatur）の意味で理解し[98]、そして例えばレオン・ブランシュヴィックを介して、「思考そのもの」を「〈我思う〉の真なる主体」として示すことへと行き着く[99]。二つ目の論理は、メーヌ・ド・ビランならば、ある意味では内的感覚から出発した功績をデカルトに帰することができる、という意味において、コギトの内部性を強調する[100]。

以下の三つの指摘によって、デカルト的契機に固有の曖昧さについての以上の分析から私が引き出した結論が明らかにされるであろう。

1　不運にも、近世哲学史を再構築する際、ハイデガーは、近代哲学は実を言えばライプニッツとともにはじまるとしても、それはデカルトによりもたらされたものを徹底化することによってである、ということを知っていたにもかかわらず、まさにその点に関して、デカルトからライプニッツへの相続関係の中身自体を取り逃がした。

2　ライプニッツによる相続は、結局、デカルト的契機がもつ曖昧さを消し去ることによって、デカルトの言説の可能性に特権を与え、デカルトにおいて、普遍主義的傾向とまだ敵対関係にあった個人主義的傾向に拍車をかける結果となったであろう。普遍主義的傾向の方は、もう一つの相続、とりわけカントによる相続によって、同じく正当に引き受けられることとなる。

3　したがって、ライプニッツのモナドロジーを、穏健な全体論とライプニッツの天才がひとりで立ち向かうことになる過激な形で展開された個人主義との和解の場にしようとすることは、とても危険なことである。実際には、近代個人主義の哲学的展開は、ルイ・デュモンの言うことを信じるならば、『モナドロジー』から抵抗を受けて、まさに『モナドロジー』そのものの時代にはじまる、——デカルト的契機から曖昧さを払拭することによって、ライプニッツは、個人性を主観性に内在的なものとする捉え方（デカルトにおいては、可能性であったにすぎない）を徹底化することによって、近代個人主義の最初の真の哲学的基礎づけをなしえた、という意味において。

＊

ルイ・デュモンの主張に関する以上の自由な議論を、どのように総括すべきであろうか。確かに、まさにハイデガーが把握しえなかったルイ・デュモンの仕事の導きの糸を、記憶にとどめておく必要がある。

それは、近代性を個人主義の展開の論理にもとづいて読解することである、——そうしたことは、疑いなく、近代性に主観性の絶えざる全面的な勝利を見ることとは、まったく別の意味をもつであろう。だが、もしわれわれが、そのような導きの糸がもつ豊饒性を十分に活用しようと欲し、またまさしくそれがわれわれをどこへ導くかを見ようと欲するならば、今後は、二つの落とし穴を避け、要点をはっきりと見極めるために、そのような導きの糸を解きほぐさなければならない。

ルイ・デュモンの読解は、避けるべき二つの落とし穴に迷い込んでいるのではないかと私には思われるのだが、その二つの落とし穴は、以下のような混同にもとづいている。

——主体と個人の混同は、いずれにせよ個人性の肯定の一段階とは見なしがたい批判主義的〔カント的〕契機の特質を明確にすることを不可能にすると同時に、デカルト的契機の当初の曖昧さをそのままにしておくことも不可能にする。もっと一般的に言えば、その混同によって、ルイ・デュモンは、近代性のいたるところで、個人の勝利しか見ないようになる。他方で、おそらく主体の勝利と敗北にかかわる問題にもなろう。

——個人主義と、それの弱められた可能性がある諸形態、すなわち少なくとも部分的には現代個人主義に特徴的な自己陶酔との混同は、一般に近代性についての軽蔑を含んだ読解をもたらす。個人主義の本性と、個人主義のさまざまな相貌とをよりよく区別するためには、近代性の内部そのものにおいて、近代性の諸価値を放棄することなしに、個人主義の偏流に備えることができる、ということを理解しなければならないであろう。

個人主義の導きの糸をもっと確実に解きほぐすために、ぜひとも注意深く検討すべきは、ライプニッツ的契機である、ということは明白である。すなわち、ライプニッツのモナドロジーの契機は、ハイデガーにおいて主観性の形而上学の端緒として認識され（その契機は、むしろ、主観性の形而上学の決定的な転換点でもあるのに）、ルイ・デュモンによって、個人主義の論理にとって実に例外的な位置にあるものと見なされているのであるが（その契機は、哲学的に見れば、個人主義の論理の展開をよりいっそう根拠づけているのに）、いずれにせよ近代性に関してそのような対をなす逆の誤解を避けなければならないとするならば、ライプニッツのモナドロジーの契機の特質を並べ立ててみなければならない。同時に、ライプニッツのモナドロジーの契機にもとづいて、主体の歴史であった哲学の論理を、近代性の内部において、突き止めなければならないであろう。

# 第二部　哲学の論理

# 第一章　ライプニッツ――モナドロジー的観念と個人の誕生

以上のような主観性の哲学史を「哲学の論理」という観念の下に組み入れることによって、私は、主観性の哲学史の使用法を示すと同時に、主観性の哲学史を、それが招かざるをえない反論にただちにさらす。私には明らかなことであるのだが、哲学の論理は、歴史の解釈的次元、すなわち意味を引き出そうとする次元を、歴史のまったく考古学的な次元に対して優位に立たせる。考古学的次元の方は、ときとしてまったく素朴に、あれやこれやの資料体をひたすら正確に再現しようとする。私は、正確であることへの配慮を軽蔑したり無視したりしているわけではない、ということをはっきり言い添える必要があるであろうか。ハイデガーに対する〔私の〕前述の反論のいくつかは、直接的にそのことに由来している。私はただ、もっぱら歴史を再現しようとするばかりか、歴史を理解しようとする企てに、次のような権利が授けられることを望むだけである。すなわち、それは、厳密に諸思想を区別することや、それぞれの思想を他には還元できない一つの創作物にすることとは別に、類似性を強調し、深い隔たりと相即不離の親近性やつながりを見つける権利のことである。そのような権利（その権利は、例えばライプニッツの文脈から外れたところで、バークリーやヘーゲルにおけるモナドロジー的テーマ体系に私が言及することを可能にしてくれる）に対して、歴史に忠実な歴史学が常に異議を唱えるのは、体系どうしの差異にいっそうこまごまと配慮する文献学的誠実さの名においてである。だが、その歴史学はそのとき、諸思想の異質性を中心に展開される記念碑に関する歴史だけを構築しかねない。記念碑に関する歴史には、意味と意味の論理とが欠けている。すなわち、死んだ歴史、陳列室としての歴史ないしは博物館としての歴史については、私としては留保せざるをえないということについて、すでに述べた。したがって、哲学史家たち、すなわち私が本書において近代の主体の歴史のただなかでの射程を明らかにしようとしている個々の著作についての専門的学者たちが、私の読解にあまりたじろがないためには、そのような意思表示をよく考慮してほしい。哲学史（歴史学的な）それ自体は私の関心事ではないがゆえに、反対に、近代哲学の論理において私の注意を引いたものは、個々の著作というよりは、それらの著作の継起である。したがって、私は哲学史家の分野には身を置いてこなかった。哲学史家は、私が彼らの仕事の妥当性や有用性に少しも異議を唱えるつもりがないことを知ってほしい。その代わりに、哲学史家は、自分たちの権利と並んで、私に違うことを試みる権利を与えてほしい。

## モナドロジー的観念の諸問題

もしライプニッツのモナドロジーの主要なテーゼとは何か、モナドロジー的観念を基礎づけているテーゼとは何かと問われるなら、何よりもまずわれわれが物体と呼んでいるもの、すなわち時間や空間においてわれわれに与えられるような感覚的実在は、実際には存在していない、という〔ライプニッツの〕確信に特に言及せざるをえない。要するに、現象は仮象にすぎず、現象のなかに存在している現実的なものは、まさに現れない。すなわち、現実的なものの実在は感覚的なものではないがゆえに、したがって、必然的に精神の言葉で定義されるであろう。そして、そのような現実的なものの精神化によって、モナドロジー的観念を構成している第一のテーゼが確立される。というのも、周知のように、ライプニッツは、運動論をめぐる二つの試論以来、[1]物体を延長に還元するデカルトに反対しているからである。すなわち、デカルトが物体の量と速度だけで運動の法則を説明していたのに対して、ライプニッツは、デカルトの計算は力の観念を排除したために間違っていた、ということを明らかにしている。したがって、真の実在が力であるとすれば、物体は単なる現象でしかないであろう。その結果、空間はもはやデカルトのように実体ではないであろう。空間は力どうしの関係となる。まさにそこから、ライプニッツの存在論を構成しているテーゼが生まれてくる。すなわち、物体という仮象の彼方にエネルギーが存在しており、そのエネルギーによって実在の全体が作られる、またもし、実在の全体がこのようにそれ自体として物体的でないものによって作られているならば、物体と精神との内在的な差異は廃止される、つまりある意味で、そしてある程度までは、すべては精神の構造を有している、と。

しかしながら、ライプニッツの言説におけるよく知られたこのテーゼの表明の仕方について、これ以上こだわっても無意味である。反対に、そのテーゼをどのように解釈したらよいのか、つまりそのテーゼにいかなる意味を与えたらよいのか、といった問題を立てることの方が、もっと重要である。ハイデガーのパースペクティヴからすれば、そこには驚くべきものは何もない。すなわち、デカルトの二元論を排除する現実的なもののそのような精神化によって、存在を表象へと、つまり主観性へと解消してしまうものとしての観念論の決定的な段階が問題になっているのである。[2]『哲学史講義』におけるライプニッツ哲学についての見事な説明において、ヘーゲルは、もちろん記号〔方向〕が逆向きであることを別にすれば、モナドロジー的観念の意味について〔ライプニッツと〕違った判断を下しているわけではなかった。すなわち、ヘーゲルの説明によれば、ライプニッツの体系は、「知的体系」であり、そこにおいては、「物質的なものはすべて表現的、表象的なものである」、またそこにおいては、「表現、すなわち自分自身のうちに含まれている規定」が「主たるもの」となる、――そして、ヘーゲルの結論によれば、まさにそのような「観念論」が、「ライプニッツ哲学において関心を引く点である」。つまり、「一切の事物のこの知的性質はライプニッツの偉大な思想である」、というのも、その知的性質はそれだけでも、概念がまさに現実的なものの構造であるということ、要するに実体が主体であるということを、垣間見させてくれるからである。[3]ルヌヴィエすら同じような言葉で、〔ライプニッツが〕「精神と物体の二元論」を放棄したことの影響力を強調した。それはあるときは、二元論を放棄することで「たぶんスピノザ主義から急いで逃れようとする」ライプニッツが、「その点において観念論への道をかなり突き進んだ[4]」、と主張するためであり、またあるときは、ライプニッツが晩年の哲学においてモナドロジー的図式を採用し、その図式に「唯物論」に対する最も完璧な反論を見た、ということを主張するためでもある。唯物論という「哲学は思考を、諸要素のなかに思考が内包されていないような合成体の産物、と定義している[5]」。したがって、この読解全体において、ライプニッツのモナドロジーは、デカルトによって出現したものの完成として、すなわちヘーゲルの言葉によれば、思考することを原理として確立することとして理解されている[6]。それゆえ、ライプニッツは、近代の主観性の王国の真の推進者となるであろう。

すでに垣間見たように、このような紋切り型の見方を部分的に再び疑問視すべきときかもしれない。したがって、少なくとも二つの点が、私には考察に値するように見える。

――どこから現実的なもののそのような独特の精神化が生じてくるのだろうか。結局それは、デカルト的二元論に対して、ライプニッツが距離を置いたことをどう解釈するか、という問題である。

――そのような現実的なものの精神化は、それだけでは、いまだにモナドロジー的観念を構築するのに十分ではない。モナドロジー的観念が生まれるためには、第二の構成的テーゼを公式化すること、すなわち、精神を細分化すること、実在（＝精神）を一組の不可分の統一性として定義することが必要である。その第二のテーゼは、どこから生じてくるのだろうか、またその第二のテーゼは、いかにして第一のテーゼとつながっているのか。たぶんそのようなつながりをとおして、モナドロジー的観念の最も大きな影響力が決定される。

### 現実的なものの精神化

モナドロジーにおいて実在が精神に還元されることは、デカルトの二元論についての、また精神と身体との関係を考察する際にその二元論から生じる困難な問題についての、批判的考察に根ざしている。換言すれば、モナドロジー的観念を構成している二つのテーゼのうちの第一のものは、実体間の相互作用ないしは意志の疎通という問題についての問いかけに、直接的に結びついている。

ライプニッツのデカルト批判の原理は、この点においてよく知られている。(7) すなわち、もし精神と物体が本当に二つの実体であるならば、単に精神が物体に作用する、あるいは物体が精神に作用する、と考えることは不合理である。そんなふうに考えることは、少なくとも倫理学的次元において、重大な結果を引き起こさざるをえない。というのも、まさに道徳の観念は、精神の決意は身体の衝動に対してある程度有効である、ということを前提にしている、と思われているからである。注釈者たちがしばしば注意を喚起していることであるが、ライプニッツによって展開された批判は、この場合、通約不可能性の原理にもとづいている。その原理に従えば、あらゆる属性を欠いた二つの実体は互いに他に作用を及ぼすことができない。ところで、物体は延長であり、精神は延長でないがゆえに、互いのあいだのどんな接触点も、したがって同様に、互いに他に対するどんな影響も、考えられないであろう。

デカルトによって後継者たちに伝えられたこうした古典的な問題に直面して、デカルト以降の哲学は、さまざまな解決策を試してみた。ところが実際には、解決策はデカルトの実体の二元論の原理に対してとられる立場と同じ数だけ存在する。したがって、ライプニッツが直面したのは、図式的に提示された二つの相反する解決策である。

——マルブランシュによって採用された解決策は、二元論を承認し、そしてそこから論理的帰結、すなわち実体相互のあいだにはいかなる因果関係も存在しない、したがって精神の身体に対するいかなる作用も、身体の精神に対するいかなる作用も存在しない、という論理的帰結を引き出すことであった。にもかかわらず、われわれがいくつかの身体的現象と、いくつかの精神的現象、現代では「心的」と呼ばれている現象とのあいだに確認することができる見かけ上の因果的関係を説明するために、マルブランシュは機会偶因論というゆゆしい結果を招く理論を援用する。その理論に従えば、神はもろもろの現象の系列を一致させる、その際、神は、ある物体的出来事を機会として、精神的な次元においてその物体的出来事に対応するものを生じさせる。

——反対に、スピノザの解決策は、身体と精神とが互いに他に作用するということを排除することによって、ラディカルな二元論を不合理（機会偶因論をも含めて）に帰着するものと見なしている。そのような不合理を免れるために、スピノザは、身体と精神を二つの側面をもった同一の実在とすることによって、二元論を相対化する。事実上一元論的なそのパースペクティヴに立てば、精神と身体が同一の実在の二つの側面を構成しているにすぎないかぎり、スピノザが相互表現的関係として理解している例の関係を保つことができる。このようにして、倫理学の企てそのものが意味を取り戻す。

このような二つの可能性と関連して、いかにしてモナドロジー的観念を位置づけるべきであろうか。ライプニッツの立場は、実は、先行する二つの解決策がもつ諸原理を結びつけることに存することになる。——マルブランシュと同様に、ライプニッツは、実際には生起することすべてを調整しているのは神である、したがって実体間には直接的な因果関係は存在しない、と仮定する。しかしながらこのような神による調整は、荒唐無稽な面もある機会偶因論のモデルによって理解されるのではなく、もっとつましい〔実利的な〕予定調和のモデルによって理解されるであろう。すなわち、確かにすべては神によって調整されるが、それは前もっての‐調整という仕方においてである。前もっての‐調整によって、精神の出来事の系列に、身体の出来事の系列が、あるいはむしろわれわれが「身体」と呼んでいるものの系列、それ自体精神が所属している同一の実在のうちの程度が劣っているにすぎないものの系列が、一致させられる。(8)——だが、スピノザと同様に方法が異なるとはいえ、ライプニッツは、物質を精神に還元することによって厳密な一元論の方へと向かうであろう。すなわち、延長としての（空間としての）物質の基底が実際には力の領野、すなわちエネルギーの中心どうしの複雑な関係であるならば(9)、物質の構造は能動性の源泉としての、自発性としての精神の構造と共通性をもつ。もし物質（延長としての）が仮象であるならば、実在は、非延長的エネルギーとして、したがって精神として見なされるのでなければならない(10)。

近代哲学の論理のただなかでのライプニッツのそのような態度の意味について言えば、しかもそれだけを他から切り離して考察するならば、それは明らかであろう。すなわち、モナドロジー的テーマ体系の第一の契機は、現実的なものと理性的なものとの差異を意図的に排除しているがゆえに、絶対的観念論によって完成を見る同一性の哲学へと向かう動きに似ている。私がすでに言及したことだが、同様の論理のなかに、ライプニッツが現実的なものを可能的なものへ還元する（デカルトおよび永遠真理創造説に抗して）仕方が書き込まれている。差異のその二重の隔たり（現実的なもの／理性的なもの、現実的なもの／

可能的なもの）は、間違いなく、おのれの法則を現実的なものに強いる主観性の王国として理解された哲学的近代性というものの枠組みのなかに、まったく統合される。したがって、われわれがライプニッツのモナドロジーを扱っていると同時に、主体の歴史の一段階をも扱っている、ということをここで疑う必要はない。問いかける必要があるように思えるのは、ただそのような段階の特殊な決定性についてだけである。その際、もっと正確にモナドロジーの意味を確定するために、モナドロジー的観念の第二の構成要素を考慮に入れなければならない。

### 現実的なものの細分化

実在（精神）はモナドとして細分化されたものとしてのみ存在する。すなわち、ライプニッツはいかにして第二のテーゼに至ったのか。第二のテーゼによってのみ、モナドロジー的観念が本当に確立され、また第二のテーゼによって、哲学的個体主義が生まれる。第二のテーゼの出現は、以下の三つの観点によって明らかにされうる。

1　歴史的発生の観点。ライプニッツの思想における第二のテーゼの形成は、われわれをまっすぐ、すでに言及された個体化の原理についての考察へと差し向ける。一六六三年の『個体の原理について』[11]の意味に簡単に立ち戻ってみよう。そこにおいて、ライプニッツは、「スコラ派の博士たち」の遺産である、個体的なものの存在論的規定に関する問題設定と衝突する。とりわけ、物質による個体化についてのトマス主義的テーゼが俎上に載せられる。すなわち、『個体の原理について』の第三節によれば、聖トマスは、「物体のなかに特定的質料を確立し、天使のなかに原理としてのその存在性を確立した」。これは、今日、大いに謎めいたものとなっている言い回しである。以下のように理解しよう。すなわち、もしトマス主義にとって、「各事物は質料から個体化〔個別化〕され、その形相によって類または種のうちに配置される」[12]のであるが、それにしても、存在者を個体化するものは「特定的質料」ないしは「規定された質料」(materia signata) である、つまり質料一般ではなく、「限定された次元の下に考えられる質料」[13]であるということを明らかにしなければならない。例えば「この骨（「特定的質料」）が、人間そのものの形相との比較において」、ソクラテスという個人を際立たせる。

しかしながら、その個体化の理論にもとづいて、トマス主義は、非物体的であるがゆえに物質を欠いている被造物としての天使に関して、大いに困難な問題に遭遇した。あえて言えば、天使がどのようにして個体化されるかは、一見したところよくわからない[14]。したがって、この水準において、天使は個体ではない、と考えざるをえないか[15]、あるいは、物質による個体化の理論に例外を認めざるをえなかった。その際、ライプニッツが言及しているように、ここでは、あらゆる非物質的実体は、「存在性」としてのかぎりで、種としても数としても一つである、と仮定された[16]。天使を神秘的なままにしておくことによって、『個体の原理について』のなかで、ライプニッツは、結局、個体化の問題に関して、実際には例外がむしろ規則とならないのか否か、という問題を提起するようになる、ということを私は強調するつもりである。それほど確かにライプニッツの説明によれば、物質による個体化はほとんど理解できない。というのも、個体化についてのそうした理解の仕方は、明らかに、個体性（本質に対して外的なものとして見なされ、したがって、現実的なものに対して非本質的なものと見なされているもの）の存在論的価値低下にあたるがゆえに、大きな困難に遭遇するからである。すなわち、最も古典的な観念に従って形相の単なる容器として、単なる受動性として、あるいは受容性として理解された質料〔物質〕が、いかにして個体化の原理となりうるのか。換言すれば、言葉のアリストテレス的意味で、単なる可能態 (puissance)、したがって単なる否定であるものが、いかにして言葉の近代的意味で諸個体の存在（existences）を可能にする力（puissance）をもちうるのか。このようにして、われわれが物質と呼んでいるものが、将来、力ないしは作用の力として定義し直される、ということは別にして[17]、ここでの議論における決定的なポイントは明らかに、個体化の非本質性〔非存在性〕を忌避しているということである。すなわち、物質から出発して考えることのできないものである個体性が、事物の本質〔存在〕そのもののなかに再び統合されねばならない、ということである。その結果、そのような個体性の存在論的再評価の地平に、存在することと個体であることとは等価である、とするモナドロジー的観念が出現するであろう。

私はここで、その主張のアウトラインがすでに見えている『個体の原理について』を越えて、ライプニッツを個体主義的存在論の完璧な定式化へと導く諸段階を再構成するつもりはない。にもかかわず、明らかなことに、その点に関して、早くも『個体の原理について』から「まったく独創的な考えが現れた」[18]。また、ライプニッツが『個体の原理について』において、存在性の数的統一は、「それによって存在性がそれであるところのもの（per quod est）」（第五節）によって、つまりその本性によって、あるいは存在性をそれがそれであるところのものとする、すなわち存在性を全体存在（entitas tota）とする諸性質の総体によって構成される、と書くとき、不可識別者同一の原理の定式化はすでに姿を現している[19]。このようにして、早くも一六六三年から構想中であったものは、現実的なものが精神化される暁には、十分な影響力を獲得するであろう。現実的なものの精神化については、それがモナドロジーのテーマの第一の構成要素となっていることをわれわれは見た。なぜなら、もし、(1) 実在が精神であり（現実的なものの精神化）、(2) すべての存在者が本質上個体化されているならば、そこから直接、精神は個体化された仕方で存在する、ということ、また、精神的存在は精神どうしの内在的な差異にほかならない、ということが帰結するからである、――したがって、モナドロジーを構成している第二の主張が帰結する、すなわち本質上唯一のものであり、全面的に、内在的に互いに他とは異なるものであるモナドへと精神を細分化することが帰結する。そのことから――現実的なものの精神化によって備えられた、同一性の哲学の枠組みそのものにおいて――差異の思想が再導入される。すなわち、モナドロジー的観念の第一の次元（精神と自然とを隔てているものを乗り越えるもの）によって無に還元された差異は、互いに他に還元できない個体性へと細分された同一性としての実体的同一性の核心部分に、再び現れる。したがって、差異は、もっぱら哲学的なつまり存在論的な個体主義を基礎づける。

2　モナドロジーの内的論理の観点。第二のテーゼ（細分化）は、体系の個体主義的使命を果たしているのであるが、そのテーゼは、実際は、第一のテーゼ（精神化）によって求められている。なぜなら、もしどんな実在も精神であるならば、「本当に現実的なもの」（真の存在者）は非‐空間的なものであり、そしてそれは、非延長的なものとしてのかぎり、分割不可能性によって規定される（というのも、空間というものは無限に分割可能であるから）からである、――それゆえ、原子状態、すなわちモナドという「形而上学的原子」の精神的単一性が、現実的なものの特性そのものとなる。したがって、実在は精神化されているがゆえに、実在は同様にモナド的な仕方で理解されなければならない。換言すれば、二元論および実体どうしの連絡の問題をめぐるデカルトとの断絶は、モナドロジー的観念の第一のテーゼへと導くばかりか、第一のテーゼは第二のテーゼを直接含んでいるがゆえに、モナドロジー的観念を構成している二つのテーゼへと導く。そこからわかることは、存在論的個体主義は、ライプニッツの体系、まさにライプニッツの全体系の論理に従った体系とまったく不可分である、ということである。

3　もし個体性というものが実体の内在的な特性になるならば、私がすでに言及したことであるが、それは結局、ライプニッツが理解しているかぎりでの理性性の要求という観点に立っていることになる。すなわち、すでに暗示したように、ライプニッツから見れば、〔充足〕理由律と矛盾律は不可識別者同一の原理を追認している。今や、いかなる論証にもとづいて、ライプニッツが、理性性を構成している諸原理についての個体主義的な解釈し直しへと導かれたのかを、明らかにすることができる。というのも、明らかに、そのような決定的な作業は、『モナドロジー』の第八節において、モナドどうしの差異の問題の出現をとおして行われたからである。

なぜモナドは同一のものではありえなく、性質によって異なるのでなければならないのか。[20] ストローソンは、モナドを論じた試論である『個体』のなかの章において、[21] ライプニッツを、「個物〔特殊者〕の存在論としてのモナドの存在論の性格」を論理的に基礎づけていないとして非難している。すなわち、個体化は、「差異なくしては反復を欲しない神の自由選択」に属している単なる事実になっていて、「論理的必然性の問題」になっていない、――その結果、ここではすべてが「神学的原理」にもとづいており、またその水準において、「体系の論理的完全無欠性」は大いに危機に瀕している、と。このような読解は、ライプニッツが、あらゆるモナドが性質によって互いに他と異なっている、という必然性を正当に根拠づけている際の入念さに、まったくと言っていいぐらい注目していないように、私には思える。

証明は背理法の形をとる。というのも、モナドが性質によって異なっていない、と想定するならば、われわれは複合体において突発する変化を考えることができないであろうから。なぜなら、複合体のなかにあるものは、複合体を構成している単純な諸要素に由来しているにすぎないから、すなわち、複合はそれ自体によっていかなる新たな性質も導入しないからである。すなわち、同一的諸要素の結合は、量によって異なるものを獲得することを可能にするのであって、性質によって異なるものを獲得することを可能にするのではない。したがって、もし複合体のなかに性質によって異なるものが存在するのであれば、その差異はすでに単体のなかに存在していなければならない。だが、もし複合体が性質によって異なるのでないなら、いかにしてわれわれは変化を理解するのであろうか。モナドの同一性を認める、ということは、したがって、多様性と運動を考えないようにすることであろう。すなわち、もし単純な諸要素が同一のものであるならば、〈存在〉は一つのもの、不動のものとなるであろう。要するに、存在論はパルメニデス的なそれとなるか、そうはならないか、であろう。

そのような証明の無味乾燥さは別にして、もし、そのような証明がもう一度デカルトを、この場合、デカルトのテーゼを対象とするならば、そのような証明は自らの意味全体を明らかにすることができる。デカルトのテーゼによれば、現実的なもの（延長として理解された物質と同一視されるもの）は、量的差異しか含んでいない。というのも、デカルトの自然学は化学的多様性のことは何も知らないがゆえに、デカルトの自然学は、均質の個体の結合によってしか多様性を帯びない物質を考察するだけであったからである。したがって、宇宙の理解可能な多様性のすべては、相互に同一で無限に分割可能な個体の運動にもとづいて、再構成されるのである。ところで、もし単体が同一のものであるならば、複合体もまた同一のものであろう、とライプニッツはデカルトに抗して考えている。すなわち、量的変化は決して質的変化を生み出さないであろうし、したがって同一の要素を付加し、結合するならば、「物質が充満している空間が想定されるがゆえに、どの場所も常に運動に際して、それがかつてもっていたものと等価のものしか受け取らないであろうし、事物のある状態は他の状態と識別できなくなるであろう」、と。物質が充満している空間の想定は、ここでは、座標軸がまさにデカルトの自然学であることの証拠である。というのも、実際、物質を延長に還元する際、デカルトは物質なしに延長を考えることはできなかったからであり、また真空は存在していないという結論に達したからである。したがって、物質が充満している空間が想定されているがゆえに、デカルトの自然学は、宇宙における理解可能な運動を説明するために、渦動説と同じぐらい有効性を欠いた便法を援用すること以外、もはや解決策をもっていなかった。確かに、その便法を援用するということは、苦もなく理解される。すなわち、もし真空が存在していないなら、ある物体の運動はどれも他の物体を移動させることができるし、ある粒子の運動はどれも他の粒子を追い払うことができる、したがって、少しずつ移動させられた粒子は、第一の運動によって空虚なままにおかれている空間を満たしにやってくるにちがいない。したがって、運動は、循環しているものとして、あるいはこう言ってよければ、「渦動状のもの」として考えられるしかない。しかしながら、それは運動と多様性についての真の観念であるのか。ライプニッツは、それが運動と多様性についての真の観念であることに、徹底的に異議を唱える。そのとき、ライプニッツは、そのようなパースペクティヴから、どの場所も「それがかつてもっていたものと等価のもの」しか受け取らない、ということを指摘する、――すなわち、もし動き回っているどの物体も他の物体を追い払う、ということ、またいかなる真空も存在しないので、どの物体も他の物体によって取って代わられている、ということを考えるなら、運動の終わりは最初の事態と同一の事態によって特徴づけられる。要するに、変化は存在しなかったし、常に自己自身と同一なままであるがゆえに、いかなる相違も、またいかなる変形も理解されないであろう。

したがって、ライプニッツによる不可識別者同一の原理の基礎づけは、ただ単に神学的性格を帯びているわけではない、ということが確認される。というのも、たった今われわれが再現したばかりの推論はすべて（それは、デカルトの自然学を、均質なもののただなかに量的に異なるものにもとづいて現象の多様性を再構成するための試みの象徴と見なしているにすぎない）、同一の諸要素が存在しているなら、すなわち、モナドが内在的に差異化（したがって、個体化）されることがないなら、パルメニデスの存在論は乗り越え不可能なものとなる、と考えるように促すからである。[22] ところで——そして、それが論証の基礎にある唯一真なる公準であるのであるが——自然のなかには変化が存在する、したがって、存在論はその変化を説明することができるのでなければならない。すなわち、哲学的個体主義の基礎づけは、そのようなわけで、反復を軽蔑する神に助けを求めることをはるか越え出ている。なぜなら、本当に変化が存在していることについての公準（第十節、「すべて創造された存在は、変化を免れない」）は、いささかも、「経験主義」の契機を体系のなかに軽率に再導入して、突如それまでの議論の進め方とはほとんど両立しない仕方で、外的世界についての経験をある程度認める、ということにはならないからである。実際には、〈自我〉のなかに、表現の継起をとおして変化が存在する、ということに気づくためには、〈自我〉を観察するだけで十分である。したがって、自己自身および自己の思惟内容の継起を考えることができないかもしれないという留保つきで、哲学的反省の主体は、変化の事実を認めざるをえないし、自らが構築しようと試みている存在論に、変化の事実を説明するという務めを課さざるをえない。あるときは、事実（この場合は、変化）を「理由もなく」認めることによって、またあるときは、それとは反対にその事実を否定することによって、自らの理性を構成している原理に背くことを受け入れることになるかもしれないという留保つきで、[23] 哲学者〔ライプニッツ〕は、したがって、不可識別者同一の原理を立てるに至ったにちがいない。すなわち、もし二つの実在が存在するならば、それらのあいだに、「内的な違い」、つまり内的規定にもとづいた違い」（第九節）が存在しなければならない、——「内的」、つまり質的とは、事物そのもののなかに置かれているのではなく、事物が空間において占めている位置のなかに置かれている単なる外的違いと対照的なものである。このことはまた、見事に、充足理由律および矛盾律が不可識別者同一の原理を要請しているということ、それゆえ論理それ自体がすでにそれのうちに個体主義的存在論をはらんでいるということを明らかにしている。したがって、ライプニッツの体系において、モナドロジー的観念の第二の次元はまた、理性性についてのラディカルに個体主義的な解釈し直しに由来する。そのような解釈し直しは、そのようなものとして、〈近代〉のただなかでの転回点となっている。

現実的なものの個体主義的細分化は、ライプニッツから見れば、三度、細分化を求められたのだが——個体化の問題についての歴史的審理によって、体系の内的論理によって、理性性の要求によって——、それは、まったく反パルメニデス的な存在論の内容そのものがどのようなものとなるのかを決定する。というのも、『モナドロジー』の核心は、そのような個体性の観念についての分析的説明にのみ存する、と思われるからである。

## 個体性の分析論としてのモナドロジー

実体観念の規定（＝存在論）は個体性概念の入念な展開（＝個体主義）の形をとってなされる、ということは、ライプニッツによって『モナドロジー』のなかでたどられた行程を脱構築することによって、苦もなく明らかにされるであろう。しばしば指摘されてきたことであるが[24]、議論の進め方はまったく論理的な分析に近い。その分析は、単一の要素の観念（個体／不可分なもの）にもとづいて、実在の根拠に認めなければならない特性とは、つまりモナドという単一の要素に認めなければならない特性とはいかなるものなのか、ということを推論することに専心する。

ここでは、そのような大雑把な推論の主要な筋道を強調するだけにしておこう。そのような筋道は、『モナドロジー』を個体性の壮大な分析論にしている。モナドという個体性への何よりもまずもっぱら外的な接近方法は、単一なものとしてのモナドは（その理由はすでに見たように）質的に異なっていて、非延長的で、不可分で、自然的な始まりも終わりもない（なぜなら、始まりがあるとすれば、モナドの複合の過程があることになってしまうからであり、そうなればモナドは、あるものから生まれ、また死ぬときは、そのものへと分解されることとなり、したがってモナドは自らの不可分性を排除することになるからである）、ということを明らかにする。とりわけ、「モナドには窓はない」（第七節）。この主題は、たとえよく知られているとしても、足を止めて、それが意味していることは何であるのかを、モナドロジーがもっている個体主義的意味に直接的に結びついているものは何であるのかを、考える必要がある。

このように、もっぱらモナドロジー的な存在論の基本的テーゼが導入された。すなわち、モナドは外部性といかなる関係ももっていないし、したがって、モナドは外部から変質させられることも変様されることもありえない、と。このことに関して、ライプニッツは、次の断章のなかで、二つの理由を挙げている。次の断章は、その大いに暗示的な性格のゆえに、例外的に密度の高いものとなっている。

――第一に、モナドのなかに「いかなる内的運動」も想定することはできない。すなわち、諸部分どうしの関係における運動、また、全体との関係における諸部分の運動を想定することはできない。そのような運動は、実際、まったく単一の実在のなかではいかなる意味ももたない。したがって、モナドのなかで想定されうる唯一の変様は、質的なものとなろう。というのも、モナドが変化するのは、量的に何かを得ることも失うこともなしに、同一物のままであるときのみであるからである。

――だが、付け加えなければならないことがある。それは、そのような質的な変化が外部からモナドに起こることはありえない、ということ、要するに「モナドには物が出たり入ったりすることのできるような窓がない」、ということである。このような特異な考えが、言葉の厳密な意味における「精神的」モナドに関して、いかなる重大な結果を引き起こすかは、ただちに見て取れる。すなわち、もし精神（あるいは魂）が一つのモナドであるとするならば、精神は外部世界に由来する感覚的刺激を少しも受け取ることなしに、自らの表現を生み出す、したがって、精神は自己自身にもとづいて表現を生じさせる、と考えなければならないであろう。このような表現の理論は、ドイツ観念論に受け継がれることになるが、少なくとも表現の「体験」に固有の受動性について、説明しなければならない。それはわれわれがわれわれの表現を生み出すかぎり、主体が自分の「外部」に由来する感覚的刺激を受け取るときに、主体が感じる逆説的な印象にもとづいている。ここでは、そのような表現の理論の運命を脇に置いておいて、とりわけそのような理論の必然性を理解することが重要であり、またより一般的には、ライプニッツをして、モナドの質的変様が決してなにがしかの外部性に発する作用から帰結することはありえない、と思わせるときの決め手になるものは何なのかを見極めることが重要である。

そう思わせるものが何であるかを明らかにするはずの断章が、とりわけ、省略が多すぎて意味がわかりにくい、ということを認めなければならない。例えば、「昔〈スコラの哲学者たち〉が説いた感性的形質のように偶有性が実体から離れて行ったり、実体の外をさまよったりすることはできない」。このように、ライプニッツが目指しているものは、まったく忘れ去られていたスコラ哲学の理論にほかならない[25]。近代の認識論は、デカルト以来、認識的行為を三つの項からなる過程として理解するように、われわれを習慣づけてきた。その過程においては、主体と現実的対象とのあいだで、表象が主体にとって接近可能なものを構成する、——問題はすべて、したがって、表象が対象といかなる関係を保っているのかを理解することとなる。反対に、スコラ哲学の理論にとって、精神は対象そのもの、現実的なものそれ自体と関係していた。現実的なものそれ自体は、現にあるもののイメージのようなものを、すなわち「感性的形質」を、精神に送り届ける、と想定されていた。イメージは、認識のそのような実在論的概念構成において、実のところ、対象の質料と対象の形相とを媒介するものであった。というのも、対象は、質料を介して精神のなかに入って行くことができないからである（常識や二元論から見ただけでも、そんなことは馬鹿げている）。だが、対象はまた単に形相を送り出すこともできない——なぜなら、その場合、われわれは事物の本質しか捉えることができないからであり、事物の感覚的仮象を、そのまったき個別性において捉えることは決してできないからである。そこから次のような仮説が出てくる、すなわち、対象の質料を付け加えることなしに、対象の形相と対象の感覚的仮象とを総合する媒介的審級としての感性的形質だけが、精神に侵入することができる、と。

なぜライプニッツは、まさにここで、デカルト的革命以来廃れてしまった理論に言及するのか。実は、そのやり方は戦略的である。すなわち、「実在どうしの相互作用の概念構成を、その最も不合理な形式において、つまり、そのスコラ的形式において記述する」ことが必要である。というのも、「もし相互作用が、〈スコラの哲学者〉においてのように、実体によって発せられ精神のなかに入って行く偶有性としてのイメージが存在していることを前提にしているならば、実体が相互に作用を及ぼしている、ということを信じることが非常識であることに気づかせることは、困難ではないであろうから。それほど、デカルト以降、感性的形質の理論は近代思想とは無関係なものとなった」[26]。要するに、とても戯画的な説明をとおして、ライプニッツは、相互作用という観念を考えられないものとして暴き出そうとしている。

私は、『モナドロジー』がその戦略から何を引き出しているのか、ということについて、あとで繰り返すつもりはない。すなわち、その戦略とは、もしモナドが外部から質的に変様されることがないならば、モナドのなかにモナドの単一性の非破壊的変様が想定される唯一の仕方は、多様な表現を自発的に生み出すがその多様性によって分割されない意識をモデルにして、モナドを理解することである、という考え方、――したがって、モナド（実体）を主体として捉えることである、という考え方のことである。むしろ、モナドにモデルを提供しているその主体のまったく特殊な形態を強調しなければならない。なぜなら、この主体は、自分自身とは別なものと少しも関係をもつことなしに、主体として構成されるからであり、したがって、もしそれがかぎられたもの（有限なもの）であるならば、自分自身とは別なものとの関係で、主体として構成されるのではなく、自己規制（autolimitation）によって、すなわち相互主観性を欠いた主観性によって、世界という他性や他我という他性との関係なしに措定される自己同一性によって、構成される。もちろん、そのようなモナド的自我性の特性をさらに掘り下げなければならないが、そのような主体の形態の水平線上に、人間主義よりもはるかに個人主義がくっきり浮かび上がる、ということについて合意がなされるであろう。ところで、個人主義は個人性を構成している規定として、私的独立性をともなっており、一方、人間主義は、使命として、活動領域の相互承認ないしは相互規制によって、相互主観性の公的なしは文化的空間を生み出すことをともなっている。

それはそれとして、とにかくモナドには窓がないがゆえに、モナドを自らの状態全体を自己産出する〈自我〉と考えるに至るようなまったく外的観点からモナドを考察したあとで、ライプニッツは、モナドのそのような自我的構造を説明するために、まったく論理的にモナドの内的過程の分析に取り組むのである。第一一節以降で、モナド的個体性を分析する際、モナドは、表象（perception）や欲求（appetition）を授けられたものとして定義される。そこにおいて再び、いくつかの簡単な指摘がなされる。それは、テクストが明らかな内在的困難性（詳細な注解を必要とするような）を有しているため、というよりは、テクストの意味が曖昧であるためである。考えてみれば、ハイデガーは、モナドの内的構造のそのような提示の仕方に、実体の擬人化の態度を見ていたし、したがって、主観性を現実的なものの原理や法則として定めることが、その新しい決定的な段階に達した証拠を見ていた。おそらく、ライプニッツの発言をより子細に検討してみるならば、断章の意味は実際はまったく違ったものとなるであろう。

第一三節を注目してみよう。ライプニッツが取り組んだ問題は、モナドの絶対的単一性とモナドの状態の継起をとおしてモナドに影響を及ぼす変化の多様性との総合を見出すこと、である。すなわち、どうしてモナド的個体性の〈統一性〉が、「変化するものの細部」の多様性によって影響を被らないことなどありえようか、と〔ライプニッツは述べる〕。もし、そのような状態の多様性にもかかわらず、またそれをとおして、モナドが単一なもの（＝部分をもたない）であり続けるにちがいないならば、モナドは、全面的にそれぞれの状態において現前している必要がある。そうでなければ、モナドはたえず自分自身から分割されることになる。ライプニッツは、その要件をライプニッツ流の仕方で説明するのであるが、その際、「単一な実体には、部分はないけれども、状態の変化や関係がいろいろあるにちがいない」と想定している。だが他方、モナド的個体性を規定している、そのような多様性の〈統一性〉を考えるために、固定した項を立てる必要がある。というのも、変化しない項を参照することなくして、「変化するものの細部」に生じる変化を考えることはできないからである。ライプニッツの言葉によれば、「自然的変化はすべて徐々に行われるので、あるものは変化し、あるものは変わらない」。したがって、永遠的であり続けるものが、モナドに帰属させられなければならないであろう。たとえ、そのようなモナドが変化の場（つまり、われわれがすでに見たように、実際は〔変化の〕源泉）であろうとも。状態（「偶有性」）の変様は、実体の〈統一性〉を破壊してはならない。もっぱら同一性における変化を考えるために、第一四節では、表象(perception) の観念が導入され、そして、表象が慎重にアペルセプション〔＝意識的表象〕(aperception）から区別されることによって、表象はモナドの内的構造の要素にされている。

ここでは可能なかぎり正確を期する必要がある。それほど、重大な混乱が起こるかもしれない。というのも、ライプニッツがアペルセプションと名づけているものは、一般に表象と呼ばれているもの、換言すれば、意識的表象と呼ばれているものであるからである。反対に、モナド的個体性を構成している唯一のものである、ライプニッツが表象と呼んでいるものは、意識的表象と、無意識的表象すなわち「微小表象」とを、同時に含んでいる。したがって、ここで強調しておかなければならないことは、その用語は包括的なものであり、その用語によって、植物を表象を備えたものとして示すことが可能になる、ということである。だからといって、その用語は飽くなき擬人化を証拠立てている、というわけではない。なぜなら、表象は、ライプニッツ的意味において、まったくの〈統一性〉のなかに多様な状態が存在している、ということを示しているにすぎないからである。確かに、人間の表現能力のなかに（＝意識的表象としてのアペルセプションのなかに）、われわれはそのような多様なものの〈統一性〉についての最も明瞭な例を見る。だが、だからといって、表象をモナド全体の特性として示すことは、主観性を存在の目印にするというよりは、主観性をより包括的な構造（表象の構造）の特殊なケースとして理解することである。現にあるものすべては、その構造によって、個体（多様性の不可分の〈統一性〉）となる。表象の形態としての意識的表象、モナド性（個体性）の形態としての主観性。ライプニッツが表象を現実的なものの構造そのものに組み込んでいるということは、現実的なものの主観化を証明しているというよりは、主観性の相対化を証明している。そのような主観性の相対化は、もはや人間を含んでいないより広い類のただなかにおける種としてのみ理解される。すなわち、人間の特性を肯定するよりも、それを解体することによって、そうした態度（主観性の相対化）は、人間のレヴェルにおいても、植物のレヴェルにおいても（植物は一連の状態や変化によって影響を被る一方で、〈統一性〉を保っている）、動物のレヴェルにおいても、物理学的力のレヴェルにおいても（物理学的力は、それが生み出す運動において考察されるなら、同じ行程のなかのさまざまな段階を通過する）、同じ構造を見出す。人間的主体をモデルにして現実的なものを考える、というよりもむしろ、人間的主体と、最も「人間的」ではあらぬ現実的なもの、例えば力とを、同じモデルにもとづいて考える、ということである。そこに近代人間主義の強化の兆しがある、ということは疑いえない。だからといって、ライプニッツが人間精神の特性を考えなかった、ということにはならない、ということは本当である。すなわち、『モナドロジー』の進行全体は（第一九節以降）、モナドを階層化すること、精神（狭い意味での）をその階層のただなかに位置づけることに費やされてさえいる。それでもやはり、そのような差異が、構造上の同一性を背景にして現れる、ということに変わりはない。すなわち、心的モナドが、その定式のなかに、生の途中で意識の形をとって継起する表現のすべてを含んでいるのと同様に、力はそれが発揮される前に、その数学的定式のなかに状態の全体を含んでいる。力は、状態を生み出すことによって、状態を通過することとなる。

同様の指摘は、あらゆるモナドの内的構造を構成している別の次元に関して、すなわち欲求（appétition）に関しても、あてはまるであろう。第一五節でその観念が導入されたのは、「一つの表象から他の表象への移行」を説明するためである。変化が存在するためには、第一二節の説明によれば（われわれは、その変化は事実であり、その事実について説明がなされなければならないし、またそうした事実を矛盾なしに否定することはできない、ということの理由を見た）、「変化するものの細部」（＝表象の継起）と、「変化の原理」が存在しなければならない。その原理とは欲求のことであるのだが、それはある状態から他の状態へと至る内的活力をモデルにして考えられるものであろう。ここで再び繰り返すなら、言葉の擬人化は見せかけだけである。すなわち、言葉の擬人化は、あらゆる存在者において、欲望（désir）をモデルにして理解されるべき原理がある、ということを意味していない。というのも、欲望はわれわれをして、われわれを規定している〈統一性〉に含まれている状態の全体を展開すべく導くからである、――そうではなくて、言葉の擬人化はただ単に、ライプニッツが変化の原理を明示するのは、われわれがそれを最も直接的に、つまりわれわれ自身において知るというレヴェルを参考にして明示する、ということを意味しているにすぎない。したがって、欲求とはその最も正確な意味において（それは同時に、最も一般的な意味において、ということであり、最も「人間的」ではない意味において、ということである）、変化の活動力のことであり、それは常に新しい状態を生み出し、モナド的〈統一性〉のなかに含まれている多様性の覆いを取る。したがって、変化が説明される、だが同時にモナドの〈統一性〉が保たれる。というのも、多様なものがモナドの自己同一性のなかに組み込まれているからであり、またモナドの自己同一性は、欲求をとおして、モナドの全内容を繰り広げるからである。

ここでは、『モナドロジー』を構成している個体性の分析論についての検討だけにしておこう。物理学的力から人間の意志まで、モナド的個体性の本質を規定しているものとは、したがって、表象の名を使えば、実体の統一性に影響を及ぼさない多様な状態のことであり、欲求の名を使えば、なんらかの外部性の介入なしに、あらゆる状態の継起を生み出している、――したがって、多様な状態（あるいは「出来事」）を同一性の自己‐展開の契機と見なしうる――内的活力のことである。

以上の確認事項は、ハイデガーによるモナドロジー的アプローチに向けられた診断を、まったく相対化する。すなわち、モナド的個体性をモデルにして、現実的なものをそれの一般性において把握することは、たぶん、もしこのように実在全体へと拡張された個体性の意味に対して注意を払うならば、現実的なものの絶対的無条件的人間化を意味しているというよりも、人間の領域を断然越え出てそれを相対化するより広い包括的カテゴリーのなかに人間性を組み込むことを、意味しているであろう。したがって、近代存在論のモナドロジー的発展のなかに、主観性ないしは人間主義の価値の勝利の一つの契機を読み込むことは、大きな思い違いであり、またそのようなライプニッツによるモナドロジーの時代の開始についての最も正確な意味づけの一つを構成しているもの、すなわち哲学的には主観性の形態のぐらつきであり、文化的には個人主義の価値の増進であるものを、取り逃がすことである。

## ライプニッツの個体主義

もう一度、最も複雑な問題に答えてみよう。すなわち、哲学的なモナドロジーの時代は、ライプニッツによって開始されることによって、いかなる程度において、近代個体主義の出現と関係をもちはじめるか。概して、ライプニッツを主観性の歴史のただなかに置く際に生じる困難な問題は、確実な事項から大いに問題提起的な結論を引き出したいという誘惑（あいにく、ハイデガーはその誘惑に負けた）のなかに存する。確実な事項とは、ライプニッツの存在論が、モナドロジーと同様に反－二元論である、ということであり、したがって、いやしくも物質を精神に対して外的で異質な存在にすることによって精神と物質をラディカルに対立させるテーゼを「唯物論」と呼ぶのであるならば、こう言ってよければ、ライプニッツの存在論はすでに非物質論〔唯心論〕である、ということである。その意味において、ライプニッツの哲学は、バークリーの哲学と同じ流れから生じている。結局のところ、われわれは次の章で、ライプニッツのモナドロジーの非物質的意味に基礎を置いているそのような確実な事項が、バークリーの非物質論に固有のモナドロジー的傾向を明らかにすることをとおして延長され、豊かにされるのを見るであろう。いずれの場合においても、観念論を哲学的決定事項とする態度によれば、現実的なものは精神の構造を有している。もっともそれは、ストローソンが正確に総括しているように、モナドは本来の意味で（あるいは、厳密な意味で）精神であるから、ということではなく（というのも、厳密な意味で、「モナドどもの一部分だけが意識あるものと言われ」、したがって、そうしたモナドが表象およびアペルセプション〔意識的表象〕の主体という意味で、精神であるから）、「われわれの使用するすべてのカテゴリーのなかで、精神がモナドのモデルとして一番近く、一番わかりよい」[27]、ということである。

しかしながら、このように精神をモナドのモデルとすることを、いかに解釈すべきか。差し当たってそのことの意味は明瞭である。すなわち、精神の構造と現実的なものの構造とはまったく同じものである、と仮定することによって、われわれが読者に想起させたばかりの態度は、現実的なものは理性性に対して外部性そのものであるという考え方を排除するのに寄与する。その意味で、その態度は、現実的なものの法則そのものとしての概念の到来をとおしてヘーゲルにおいて頂点に達することとなる運動に、組み込まれている。だからといってそこから、ハイデガーのように、その概念の勝利は同時に主体の勝利である、と結論づけなければならないのだろうか。概念の哲学の仕方で実体を主体と見なすことは、必然的結果として、現実的なものに対する主観性の勝利を主張していることになるのだろうか。概念の哲学とは、主体の哲学のことなのか。

これに答えるためには、ライプニッツにおいて、主体はどうなっているのかを考察しなければならない。すなわち、モナドは本当に主体なのか。実際には、ライプニッツのモナドロジーは主体の観念の破壊を遂行している、ということはまったく明らかである。

モナドロジーは、何よりもまず、自己－反省の能力を疑問視する。自己－反省の能力とは、デカルト以来（哲学の原理としての〈コギト、スム〔我思う、我在り〕〉がデカルトによって到来したとすれば、デカルトが少なくとも〔自己 - 反省の能力の〕象徴的な起源である）、主観性を規定してきたものである。その点に関して、「微小表象」の理論が演じた役割を過小評価することはできないであろう。というのも、その理論は哲学において、紛れもなく無意識の観念が出現したことを意味しているからであり、またそのようなものとして、人間主体に与えられた第一の根本的な裂け目であるからである。この観点に立てば、第一四節で、デカルト派の人たちに抗して、「微小表象」の理論がいまだ暗々裡のまま（その観念は第二一節に至ってようやく明確になるにすぎない）『モナドロジー』において初めて導入されたことは、意味のあることである。ライプニッツの説明によれば、デカルト派の人たちは、「通俗の考え方に従って、長い失神状態と厳密な意味での死とを混同していた」。この論証は、見かけほど曖昧ではない。すなわち、デカルト派の人たちにおいて、思惟する実体の本質は思惟であり、思惟は彼らによって意識と同一視されるかぎりにおいて、彼らは、意識的思惟が存在しないところに、なにがしかの思惟が存在する、と考えることはできないであろう。したがって、失神のなかに一種の死を見ざるをえない。そのことがとりわけ、意識の回復を蘇生として解釈することを難しくしている、ということがわかるであろう。それに反して、もしここで連続律たる理性的宇宙の法則を適用するならば、零度の意識（無意識）と明瞭な意識とのあいだに多様な程度が存在し、そのような多様な程度のなかに、「微小表象」や無意識的表象が含まれることになる、――したがって、もはや失神（あるいはまた睡眠）を、意識の喪失として、したがって一種の死として解釈すべきではないであろう。反対に、そこには思惟の無意識的生の例が見られるであろう。そのような生は、主体から、そしてアペルセプション〔意識的表象〕の能力として理解された精神から、逃れる。周知のように、その無意識的表象を記述する際、ライプニッツは、差異の総和という観念を援用する。

すなわち、無限小の変様である微小表象は、無限に小さなものの総和によってある段階に達するときに初めて表象される（意識的に表象される）、――要するに、定義上、自己‐反省的把握から逃れる、表象ないしは表現がそっくりそのまま隠れて存在しているのである。そのとき、自己‐反省の能力としての主体は、表現の過程の表面に、あるいはその周縁に現れるにすぎず、その過程は、たいていは、いわば主体の不在において繰り広げられる。

しかしながら、微小表象の理論をとおして、『モナドロジー』によりもたらされる主体のその第一の裂け目は、それがどれほど重要であろうと、ここで主体の観念そのものの破壊を意味するには、それだけで十分ではないであろう。というのも、主体の自己自身に対する関係のなかにそのようにして導入された不透明性は、主体の観念の意味をそのままに保つことを少しも妨げないであろうから。その際、主体の古典的（デカルト的）属性（この場合、透明性ないしは自己‐反省ばかりか、自己‐創設〔決定〕ないしは自律としての自由もまた）は、われわれが際限なく近づかなければならない理念となる。ところで、以上のことは、まさに、ライプニッツにおいて事実ではない。というのも、ライプニッツは、主体の観念のなかに裂け目の次元を含ませることによって、主体の観念を相対化するばかりか、主体の観念にとって最も本来的である意味を否認することによって、主体の観念をまったく破壊しているからである。

したがって、もし、モナドロジー的視点に立てば、デカルト的主観性の第二の構成要素、すなわち、自己‐創設〔決定〕がどうなるか、ということに注意を向けるなら、自己‐創設〔決定〕の観念は現実性を失うと同時に意味を失う、ということを認めざるをえない。その観念は、「主体」について言えば、主体の存在を意味することはできないし、主体の理念ないしはその地平を描くことさえできない、――したがって、モナドとの関係で、主体についてもっと適切に語ることを難しくする。自分を「自然の主人にして所有者」と見なすように、したがって少なくとも、自らの法則を現実的なものから受け取るというよりはむしろ、自らの法則を現実的なものに課すべく運命づけられているものと見なすように、「デカルト」が人間に投げかけた誘いをとおして、近代ははじまった。したがって、自律の目標は理性性の近代的肯定と不可分であった。ところで、その観点に立てば、ライプニッツによって事情はどうなるか。

自律の観念は、一見、モナドに生じるもの全体を自ら生み出す力をモナドに帰属させることのうちに含まれているように見えるが、実際には、ここではどんな意味をも失う。そのことを確信するためには、モナド相互の関係を律している秩序の身分規定を問題にするのが一番である。そのような秩序を仮定することは、われわれがすでに見たように、弁神論のパースペクティヴによって要求される。たとえ現実的なものの秩序が存在するとしても(しかも、必然的に「もろもろの世界のなかで最上のもの」であるある世界において、そのような秩序が存在しているにちがいない)、それは、なにがしかの主体によって自己‐確立されたものとして理解されることは決してありえない。その場合、主体とは相互作用の根拠として理解されているもののことである。モナドは窓をもたないがゆえに、モナドどうしの水平的因果性の観念そのものは実際に排除されてしまう。個体の自発性を制限するいくつかの規則を人間に強いることによって、ささやかであれ秩序が現実的なもののただなかに導入されうる、ということが理解できる可能性は、もし有限なモナドどうしが存在論的に独立していればなくなってしまう。したがって、例えばもっぱら現象的観点から(つまり、錯覚である観点から、その観点は、見かけにとらわれて、存在や事物の真理がモナドのなかにあることに気づいていない)、存在どうしの秩序の確立が、法的、倫理的規制(法による規制)によって解釈されることになる。法の観点は現象の観点であって、現実的なものの観点ではない。このような重大な確認事項は、ライプニッツが当時の法的理論や法的実践にもたらした多大な貢献から、そこに内在する重要性を奪うことはないが、体系の全体構造の観点から、法的契機の意味を、かなり相対化する。すなわち、フィヒテの場合のように、法は、哲学体系の中心にあるどころか、その体系から、この場合は、モナドロジーとしての存在論から、法を相対化する原理を受け取る。そればかりか、法を価値低下させる原理も受け取る（もし法的に制定された秩序が現実的なものの真の秩序の現象的見かけでしかない、ということが観察され、理解されるならば[28]）。下部構造としての現実的なものの秩序の真なる根拠、もしこう言ってよければ、現実的なものの法的秩序および真理の真なる根拠は、モナドロジーの体系のただなかで理解可能な因果性においてのみ、すなわち、神の、あるいは同じことになるが「予定調和」の、階層制をなす因果性においてのみ、見出されるであろう。したがって、その秩序がモナドを司る法則をとおしてモナドに組み込まれているかぎり、モナドはせいぜいその秩序の基体であるにすぎない、ということになる。したがってまた、その法則によって作り出された秩序は、現実的なものに内在している秩序の契機にすぎない、すなわち法的「主体」が作った調和ではなく、法的主体が自分なりに仕えている、しかも自分も知らないうちに仕えている調和の、その展開の契機にすぎない、ということになる。

その意味で、ライプニッツの自由――周知のように、カントは皮肉っぽくそれについて語っている[29]――は、したがって、自-律、すなわち自分が自分自身に与えた法則に従うことでは決してない。それはただ、それぞれのモナドによる、モナドの存在を構成している法則の実行にすぎない、すなわちモナドの固有の決定事項の自己-展開であって、自己-決定ではない。現実的なものを組織している法則はあらゆる決定に先立つ。そして意志がその法則を立てるどころか、現実的なものに内在している法則が、それぞれのモナドおよびモナドの「意志」の出現をとおして、現実化される。

その結果、いったん「微小表象」によって導入された裂け目によって、主体の自己-反省能力が制限され、さらに事実上も、権利上も、主体の自己‐創設〔決定〕への権利要求も却下されたなら、主観性の観念がモナドロジー的空間においていかなる意味を保つことができるのか、われわれにはわからない。したがって、なおのこと次のような問いを立てることができる。すなわち、もし主体の観念に内在的に結びついている自律への価値付与が、ここであらゆる意味を失うならば、われわれは、モナドロジー的装置を介して、独立性の個人主義的テーマ体系に関する、著しい、はっきりした存在論的前進に立ち会うべく促されているのではないのか、と。なぜならば、もし自由がその装置のただなかで、自律によって理解されないとしても、それでも自由が独立性によって理解される、また理解されるにちがいない、ということに変わりはないからである。そのことについては、その全体性において読み取られるに値する、「実体の本性と交通に関する新説」の次のような断章が、とりわけ証拠となっている。

「……多くの聡明な人が信じたように、われわれが自由なのは見かけだけの話で実際上間に合うというだけの程度にすぎない、などと言う代わりに、むしろ、われわれが引きずられているのは見かけだけの話であり、厳密な形而上学の用語においてわれわれは他のあらゆる被造物からの影響に対して完全に独立している、と言わなければならないのである。そのことはまた、われわれの精神の不滅およびわれわれの個体の常に一様な保存、たとえそれと反対のことが行われているように見えても、外界のあらゆる出来事の作用を受けず個体そのものの本性によって完全に規定されている保存を、驚くほど明らかに示している。今までこの説以上にわれわれの高尚な地位を明白に立証した説はない。精神はいずれもいわば別に独立した世界であり、それ自身をもって足り、他のあらゆる被造物に依存せず、うちに無限を蔵し宇宙を表出しているがゆえに、精神は、被造物からなる宇宙そのものと同様に永続的恒存的でかつ絶対的である。したがって、精神は、神の国において倫理的結合をなしているあらゆる精神の社会の完全性に貢献するのに、最も適切な役目を常に演じているはずだ、と考えなければならない。そこにはまた、驚くほど明白な神の実在の新しい証明が見られる。なぜなら、互いに少しも交通のないこれほど多くの実体のこうした完全な一致は、共通な原因からしか生じることができないからである。(30)」

このまったく例外的なテクストは、近代個体主義の主な規定と価値とを、かいつまんで集中的に説明している――その結果、そこに、ただし次元を異にするが（存在論の次元）、社会的‐政治的領域においてトクヴィルが個体主義の名の下に指し示すことになるものとまさに同じ特徴を見ることは、まったく正しい。すなわち、

――諸存在のあいだで「完全に独立しているもの」として、自由を定義している。

――まったく外部の影響（とりわけ、「他のもの（＝他の被造物）」の影響）が及ばないものとして、そして「個体そのものの本性によって」のみ規定されているものとして、「われわれの個体」を定立している。したがって、自己制御は、自由によって本性に与えられた限界を自由に（自‐律的に）取り入れることとしてあるのではなく、本性の自由な（外的強制を受けない）実現としてある。「個体」に生じるものは何ら、外部から、他の「個体」による承認を介して、自分の自由を制限する他の自由として、個体に起こるのではなく、個体に到来することはすべて、個体の「本性」の法則から結果する。

――「自己‐充足」に対して誇張的に価値付与している。また私的領域の単なる共存のために、相関的に集団を解体している。私的な領域のどれも「別に独立した世界」を作っている。

――精神どうしの「交通」としての相互主観性を分解している。精神間に存在する「一致」は、相互に相手を限界づけようと決心する意志間の同意（あるいは契約）からは少しも由来せず、ただ単に体系の内的論理（「共通原因」としての、したがって現実的なものの秩序の唯一の根拠としての神）へと差し向け

られる。

主観性と相互主観性の並行した見事な解体としてのモナドロジーは、その意味で、個体と個体主義の哲学的出生証明書である。出生証明書であるということは、したがって、その（哲学上の）最初の時期を越えて、ここで起こっている論理〔個体主義〕が展開し続け、またその論理が他のより完成した発展を生み出す、ということになる。だが、ライプニッツによってすでに、言葉の倫理学的意味における個人主義を正当化する本質的原理が獲得されている（また言葉の存在論的意味における個体主義によって、哲学的に根拠づけられている）。内省をとおして、また自己の独立性の文化や自己の本性の法則への（＝自己を特徴づける言い回しへの）従属によって、自己自身のことしか気にかけないということをとおして、それぞれの個体〔個人〕は、宇宙の秩序、すなわち〈全体〉の調和と理性性を明示することに貢献する。自己への気づかいと、「われわれの個体」の保存へのもっぱらの気づかいと、〈全体〉の理性性の肯定とのあいだに、克服しがたい矛盾がもはや存在していないのは、初めてのことである。というのも、その宇宙のあらかじめ定められた理性性が、「自己の本性」を実現すべき各「個体」が前もって決められることをとおして表現されるからである。以上が、ライプニッツ独自の天才的な案出である。すなわち、新しい知的構造の案出である。この構造は、個体主義（独立性）の価値を現実的なものの理性性の観念と両立可能なものにすることによって、個体主義（独立性）の価値を出現させる。個体主義（モナドロジー）の価値を理性性（弁神論）の価値へと統合することができなかったならば、前者の価値は不可避的に後者の価値と衝突したことであろう。そして、個体主義の論理は、近代における理性への価値付与といっしょに発展する手段を見出すことができなかったであろう。その結果、ついに理性性そのものの価値が再び問題にされるようになったであろう（ニーチェに関して、あとでそのことを見る）。

したがって、モナドロジーをとおして世界が方向転換した、ということは、本当である。そのような言い回しは、本書にかぎらず、当時が転換期であったことを確認しなければならないとき、しばしば使われる。と同時に、そのような言い回しは、一時的な判定やその場かぎりの提唱に適用されるとき、しばしば行き過ぎである。一方、もしそのような言い回しが、本書では、ライプニッツの個々の思想に照準を定めているのではなく、ライプニッツの思想において、ある構造が現れる仕方に照準を定めているとするならば、そのような言い回しは正当なものである。というのも、その構造は、極度に精緻化され抽象化された形で現れるのであるが、同時に、そのつど、独自のスタイルに従って、他の領域においても活用されていたからである。

## モナドロジーと市場理論

もちろん、ライプニッツにおいて、モナドロジーのモデル（二重の次元におけるモデル、すなわち厳密な意味において、個体主義的存在論としておよび弁神論としてのかぎりでのモナドロジー）が哲学説として現れたことと、社会的領域や経済的空間の論理についての考察の枠組みのなかで新しい理論が現れたこととのあいだに、なにがしかの因果関係が存在すると言い張ることは、愚かしいことであり、その必要はない。というのも、新しい理論の方は、普通、市場の原理として示されているからである。もっとも、その理論が、構造上モナドロジーのモデルに似ているということを明らかにすることは可能である。要するに、もし『モナドロジー』が一七一四年に書かれていたならば（周知のように、それよりはるかあとに出版された）、マンデヴィルが『蜂の寓話』の注釈付きの初版を出した年と同じになる、ということを指摘することは、奇妙なことではあるが、おそらく何かを暗示してくれるかもしれない。というのも、『蜂の寓話』のなかに、しばしば市場の原理についての先取りを見ることは、もっともなことであるからである。[31]悩ましい一致である。哲学的に見れば、オランダ人であるがロンドンで生活したマンデヴィルは、確かに、大陸理性主義〔合理主義〕の後継者のなかに組み込まれるよりも、ホッブズやなにがしかの経験主義の後継者のなかに組み込まれる。[32]にもかかわらず、『蜂の寓話』は、人間社会に内在的な論理を考察するために、ある知的構造を活用している。もし、その構造がそれがもつ政治的、経済的意味を介して、「見えざる手」[33]の自由主義理論を予告しているのであれば、その構造はほかならぬライプニッツの個体主義を大いに連想させる。

その寓話の基本原理はよく知られている。すなわち、マンデヴィルは社会を、「有り余る富」のなかで、ただしどんな道徳性とも関係なしに暮らしている蜂に譬えている。どの蜂も自己の特権のみを求め、また自分の固有の利益以外の何ものにも関心がなく、他人の利益を一顧だにしない。したがって、いかなる職業も「ある種の欺瞞」を鍛え、弁護士自身「高額な謝礼を手にすることに汲々として」いて、医者は「医学よりも名声」の方を気にし、――要するに、「このようにどの部門も悪徳に満ちていたが、〈国家〉自体は恵まれた繁栄を享受していた」、それどころか、「個々人の悪徳は公的な仕合わせに寄与している」。したがって、例えばマンデヴィルは以下のことを明らかにしようとしているのか。すなわち、「社会の構成員たちは、正反対の道をたどりながら、腹いせから助け合っている」、「奢侈は無数の貧者に仕事を与える」、「虚栄心、かのおぞましい情念がさらに無数の貧者に仕事を与える」、「羨望さえも、そして利己心もまた、産業の奉仕者であり、商売を盛んにした」、最後に、「食物やいろいろな料理の贅沢さ、着物や家具の豪華さは、馬鹿げてはいるが、それでも商売の原動力となっている」ということを明らかにしようとしているのか。[34]

その寓話の続きは、冒頭の記述についての逆からの検証となっている。すなわち、美徳への郷愁から、蜂は自らのなかに教訓が再び芽生えるよう祈る。自分の願いが叶えられるや否や、蜂は、悪徳といっしょに幸福や繁栄も消えてしまったことに気づく。それぞれの個人は、もはや慎ましい非常に抑制された欲望を満足させることしかできないので、産業が提供するはずの生活必需品はかなり減ってしまい、同時にたくさんの仕事も消えてしまった――その結果、各人はさらにいっそう頑張り屋になるので、「かつて複数の人でこなしていた仕事の千倍の仕事を、たったひとりでこなすようになった」。無駄な出費を避けるようになり、生活の仕方はもはや次々と楽しく変わっていくことはなく、もはやくだらない名誉に喜びを感じることはなく、もはや魔法の宮殿も豪華な柱廊玄関も建てない。すなわち、技芸は衰え、贅沢に暮らしてきた蜂は皆、蜂の巣を去らねばならなかった。そして、「居残ったわずかの蜂が、慎ましく生きた」、その際、もはや新しさを求めず、もはやなんの野望ももたなかった、――「百倍も多い彼らの敵(35)」にとって、それらの蜂は理想的な餌食である、と推察される。

マンデヴィルがそこで挑発的に寓話の「教訓」として提示しているものは、次の話から容易に導き出される。「さらば不平はやめよ、馬鹿者たちよ。偉大な国家を正直な国家にしようとしても無駄である［……］そのような虚しい夢想を捨てなさい。もしわれわれが、欺瞞、奢侈、自負から甘い果実を取り出そうとするなら、欺瞞、奢侈、自負は存在していなければならない［……］われわれに食べることを余儀なくさせるためには空腹が必要であるように、悪徳は、繁栄する〈国家〉にとって不可欠である。」

『ホモ・エクアリス〔平等的人間〕』のなかでその有名な断章に言及する際、ルイ・デュモンは、そこに、「伝統的教訓」から（どの主体も自らの振る舞いを社会全体にもとづいて説明する「全体論的」精神から）、個人主義的文化の「功利主義的倫理」への「移行」における重要な一段階を見ている。個人主義的文化においては、どの主体も自らの振る舞いをもっぱら自分の固有の利益にもとづいて説明しているがゆえに、「個人は自由であり、個人の最後の鎖が外れた[36]」。この読解は、まさに個人から外される鎖に関して、本質的な点が明らかにされないなら、議論の余地がある読解である。

したがって、もしマンデヴィル的個人がもつ「自由」が、ライプニッツ的モナドがもつ自由と同様に、どの程度相対的なものであるのかを把握していなければ、近代個人主義の発生に対するマンデヴィルの貢献（したがって、デュモンが語る上記の移行にマンデヴィルも関与している、ということ）を、理解することはできないであろう。確かに、巣の蜂は、自分の最も利己主義的な欲望を抑えることなく実現できる自由をもっているが、だがはたして、自分にしか関心をもっていないときでも、「それぞれの成員は全体に奉仕しなければならない[37]」、とされる「巧みな操作」に対して、そのような自由を保てるであろうか。この寓話は、周知のように、大いに非難を浴びたにもかかわらず、調和という装置を要請することによって初めて受け入れられた。というのも、その装置の内部には、常にすでに「自由」が組み込まれているからであり、それゆえそれぞれの者は自らの本性を利己的に展開する自由をもつからである。ただし、その自由をもつのは、それだけを切り離してみれば、無用なもの、公共の福祉にとって有害なものでさえあるように見える自由の展開が、実際には、個人の与り知らぬところで、善をできるだけたくさん実現することに貢献するかぎりにおいてのことにすぎない。ライプニッツの言葉づかいに驚くほど近い言葉づかいでマンデヴィルが強調しているところによれば、「音楽のハーモニーが、直接的に対立する音の結びつきから結果する[38]」のと同様に、「われわれがこの世の〈悪〉と呼んでいるものは、精神的な悪も自然的な悪も、われわれを社会的創造物にする原理であり、例外なくすべての商取引や仕事の堅固な基礎、生命、支え、である[39]」——ここでは『弁神論』の多様な言い回しを思い浮かべざるをえない——。要するに、そうした悪は、世界の調和のなかに置き戻されることによって、それがより大きな善に貢献する、という意味で、善である。

したがって、ライプニッツにおいてと同様マンデヴィルにおいても、個人は、いまだに「最後の鎖」から解放されていない。すなわち、いずれの場合でも、しかもほとんど同じ言葉を使って、個人は、他者との共存が何を要求しているかを考慮して自分自身に与えなければならない水平的制限のどんな原理とも無関係に、自らの本性を主張するが、最後の鎖は、垂直的、内在的調整の体系（「予定調和」、「巧みな操作」）の内部でしか、外れない（個人主義はいまだ主張されていない）。その体系は、あらゆる人間的選択から逃れて、反対に、個人的選択がそれとは知らずに「全体の奉仕」に寄与するように、個人的選択を前もって決めている。したがって、ライプニッツにおいてと同様にマンデヴィルにおいても、個人主義の要求と、相変わらず根強い現実的なものの理性性の要求とが統合される。現実的なものが個人主義にもたらす助けがあって初めて、それとは知らずに、個人が完全な自由（「回転串焼器の自由」）において、自らの利益の実現を追求し、さらには最も個人的な自らの悪徳の実現を追求することが正当化される。なるほど、「個人の解放への一歩前進[40]」は、それによって実現されたが、だからといって「個人の最後の鎖が外れた」と見なすことはできない。実を言うと、最後の鎖が外れるのは、まさにライプニッツやマンデヴィルよりもずっとあと、さらにはアダム・スミスよりもずっとあとになってからのことにすぎない。アダム・スミスの「見えざる手」のテーマ体系は、厳密に言えば市場の理論を根拠づけることによって、まさに個人主義の価値を理性性の価値へと統合するという原理を、それなりの仕方で踏襲している[41]。「最後の鎖」が外れ、個人主義が無制限に繰り広げられるためには、理性性それ自体の価値（調和、狡智、見えざる手）が、結局は、受け入れがたい制限として（普遍的価値としてのかぎり）現れることによって、最初の段階では理性性の価値によって助けられていた個人性が確立されるのでなければならない。このような逆転は、ヘーゲルからニーチェに至る途上で実現されるのであるが、ここではまだはっきり見えてはこない。

もちろん、マンデヴィルからアダム・スミスへと至る市場の理論の誕生の過程には、自由主義の歴史を予示している経済的社会的領域の全面的な表現が含まれている。すなわち、相互的人間関係の戯れは、「巧みな操作」や「見えざる手」の地平において考えられたがゆえに、少なくとも権利上、外部から規則をあてがうことによって組み立てられることはありえない。というのも、相互的人間関係の戯れが自ら規則を生み出すのではなく、人間理性がまず規則を構築し、次いでそれを定めなければならないからである。反対に、全員の善というものは、各人が個人的かつ利己的にまったく独立していて、他人についても共通の善についても気にすることなしにおのれの固有の目的の実現を追求するという事態の自然的な結果として、理解されなければならない。だが、マンデヴィルやアダム・スミスの図式は、ライプニッツとともに存在論のモナドロジー的発展のなかで哲学的にはじまったことと類似しているがゆえに、その射程を経済的‐社会的意味を越え伸ばしたにちがいない。すなわち、ライプニッツにおいて哲学的に表明されたことが、同じ時代に、人間社会の機能に関するある種の経済的‐政治的考察においても、同様に表明されている。モナドロジーを市場の理論の知的起源とし、あるいは市場の理論をモナドロジーの社会的真理とするような、そうした〔ライプニッツとマンデヴィルやアダム・スミスとの〕符合の単なる因果関係から見る解釈は、ここではふさわしくないであろう。実際には、同じ現象についての二つの表現が問題であった。すなわち、個体主義が生まれるために、当該の二つの領域で、同じ知的構造が必要であったのである。補足的に確認しておくなら、近代性の歴史のなかでのライプニッツの時代の位置について思い違いをしているとすれば（そこに主体の確立の単なる一段階を見ることによって、あるいはまたそこに反近代的な全体論的反動の萌芽を捉えたと思うことによって）、近代個体主義の出現の条件および出現の形態をはっきりと見る、ということがまったく欠けていることになる。同時に付け加えるまでもなく、次いで、いかなる論理をとおして、その条件を整備し直すことによって、またその形態を見捨てることによって、個体主義が絶対的個体主義となりえたのかを把握する機会を、まったく失することになる。

＊

哲学的個体主義の誕生（ライプニッツによる）は、哲学的個体主義の完成（ニーチェによる）とは違う。それはまったくの自明の理であろうが、にもかかわらず思い違いをしないために、そのことを銘記すべきである。

マンフレッド・フランクの〔個体主義についての〕重要な研究には、三つの功績がある。（1）主観性の十分な開花を近代哲学の一貫した目標とすることからなる、ハイデガーからフーコーまでの決まり文句と、袂を分かっていること。（2）現代の（「ポスト－モダンの」）「理論的反－人間主義」の確信、すなわち「主体の死」が今後はっきりと哲学の唯一のプログラムを規定するようになるにちがいない、という確信を再検討していること。（3）「現代フランスの批評家たちが本気で考察してこなかったように思える」問いかけ、すなわち「主体の概念と個人の概念との関係はいかなるものか、それらと人格の概念との関係はいかなるものか、それらの固有の同一性とはどのようなものか、あるいはそれらの固有の非－同一性とはどのようなものか」[42]、という問いかけに関心を払っていること。

おわかりのことと思うが、そのような発言を発見するとき、私が感じざるをえないことは、彼の試みが、リュック・フェリーと私とで着手してきた試みと多くの点で一致していることに対する、大いなる共感であり、彼の試みがもたらした主観性と個体性との区別が、私が本書で試みてきたことと大いに共通性をもっていることに対する、大いなる共感である。この意見の一致に、確かに哲学的風景がここ数十年間で初めて変わりつつある、という徴候を見ることができるであろう。独特で互いに独立しているにもかかわらず、少なくとも部分的には類似している研究をとおして、変化が起きているだけに、ますます変化への期待は大でさえある。確かに、そこには、どちらか一方の側の利益や主導権に還元できない、現代の知的必然性のようなものが働いている、と見ざるをえない。

したがって、マンフレッド・フランクが、「個体とはライプニッツのモナドのことか」と自問する際、彼が、「実のところ、ライプニッツにおいて個体主義が問題ではありえない――まして、単独の主体という考え方からの解放が問題なのではありえない[43]」、と断固とした主張をしているのを読むと、なおのこと困惑する。すなわち、私が本書で主張しているテーゼのゆえに、また、マンフレッド・フランクのいくつかの動機と私の動機が近いがゆえに、私は、どうしてそれが意外な不一致に見えるのかを解明してみるしかない。

マンフレッド・フランクが書いているところによれば、ライプニッツにおいて、初めて一人称単数の〔人称〕代名詞の主格が使われた。確かに、『形而上学叙説』の第三四節では、「それ（＝〔叡智的な〕魂）が賞罰を受け入れることができるのは、この〈私〉についての記憶あるいは認識のためなのである[44]」と書かれている。しかしながら、主体はこのように〈私〉というものとして同定されるという理由で、主観性は個体性の形態をとる、と結論づけなければならないのか。その点に関しては、すでに言及したことだが、ある種の個体主義の起源をライプニッツに見ることへの〔フランクの〕拒否については、あまり疑いの余地はない。しかしながら、マンフレッド・フランクの議論は、彼がさまざまな著作のなかで行っている主体と個体との区別に注意が向けられるときだけ、理解されうる（論じることができる）。

ここでは、主体という言葉によって、自己との関係の一般的、普遍的構造が理解されている。すなわち、主体は普遍的私であり、つまりは意識として現れる全存在を特徴づけている自己との関係（自己‐反省）である。このように定義された主体は、明らかにカントの〈我思う〉やフィヒテの〈自我＝自我〉と同様に、個体性を有していない。すなわち、主体は「それぞれの意識的存在がおのれの類似物と共有している現象」である。反対に、ソクラテスをグラウコンやカリアスから区別している個体性〔個人性〕は、どんな他の単独の主体の存在の仕方にも還元されない、「単独の主体の存在の仕方」として示される。その意味で、私が自分を〈私〉として示すとき、私は自分を主体としてと同時に個体として立てている。すなわち、私を主体として（＝主体一般として）立てることによって、私の性格を有していないものすべてとの違いを、したがって世界ないしは非‐私としての物との違いを際立たせる。私を個体として立てることによって、私は、私と主観性の構造を共有している他の存在すべてから区別される、あるいは、差別される。そのような用語法が確立されているからこそ、ここで私の関心を引きつける疑問、「個体とはライプニッツのモナドのことか」、が立てられうる。

マンフレッド・フランクによって試みられた考察の全体の体系において、右の疑問を生じさせているものは、もちろん、不可識別者同一の原理である。なぜなら、もしモナドロジー的観念が、その第一の構成要素において、ある意味ではすべての存在者を主体として（〈私〉として）理解するよう強いるならば、モナドロジー的観念の第二の構成要素である不可識別者同一の原理が、モナドを、互いに異なる「私」として、したがって、それぞれが他のすべてに還元不可能なものである個体として考えるように要求しているように思われるからである。もしそうなら、モナドのなかに個体を見ることを、したがって個体をライプニッツのモナドをモデルにして考えることを、どうして拒否することなどあろうか。

　モナドロジーを個体主義として示すことができないのは、マンフレッド・フランクから見れば、ライプニッツのモナドが、全体ないしは普遍と、それどころか宇宙の概念と結んでいる関係に原因がある。周知のように、ライプニッツにとって、それぞれのモナドはそれなりの仕方で宇宙を表現している――そのテーマはすでに本章において見た――、またモナドを構成している（モナドを他のすべてのモナドに還元することを不可能にしている）差異は、モナドが宇宙に関してもっているばかりか、それであるところのものでもあるパースペクティヴに存する。モナドどうしの差異は、このように、宇宙の自己同一性に対応する根本的同一性にもとづいた差異化でしかない。すなわち、その同一性にもとづいて、したがって世界の概念にもとづいて、いろいろな程度のモナド的「個体性」を、その数に見合った同一の普遍の特殊化として派生させることが権利上できる（神は、事実上できる）、――連続的で、飛躍していない、対立していない（連続律のおかげで）派生の（そして、特殊化の）論理過程に従って。それゆえ、個体性は宇宙概念から演繹可能である。すなわち、普遍からモナドまでのあいだに、断絶は存在せず、根源的全体性に導き入れられた制限が存在するだけである。その結果、諸モナドという全体のさまざまな制限のあいだに、還元不可能性はまったく存在しない。モナドは互いに通約可能である。各モナドは全体と関係しており、また、「個体」はここでは、権利上（たとえわれわれは有限であるがゆえに、われわれにとっては事実ではないとしても）、それ以上の解釈学的議論なしに、全体の概念にもとづいて獲得できる諸要素である。結論はこうである。すなわち、モナドはせいぜい全体の特殊な事例にすぎない、「特殊であって、個体ではない」、――個体が文字通り個体として現れるためには、普遍と特殊とが均質であることを越え出ること、そしてなんらかの普遍概念から派生することが不可能である（権利上においてさえ）実在の水準が指し示されることが、前提とされるであろう。これは単なる特殊性を本当の個体性へと乗り越えることであり、マンフレッド・フランクは、そのことがシュライエルマッハーに至り実現されることを知る。

ここでは、シュライエルマッハーには論及せず、また特殊性を絶対的個体性（どんな普遍との絆もすべて断ち切られるや否や、普遍との対比で絶-対化された個体性、という意味での）へと徹底化することが見られるさまざまな〔思想の〕現場についても、言及しないでおこう。われわれはあとで、似たような徹底化の試みを、ニーチェにおいて検討してみることにする。差し当たり、唯一の問題は、マンフレッド・フランクの分析が、もちろんそれは原理的には正しいのだが、実際にはライプニッツの個体主義について語ることができないのではないのかどうかを知ることである。不一致はすべて、近代性の論理において、最も決定的な切断を捉える仕方に、そしてその切断の場所を特定する仕方に原因があるように、私には思われる。

――その点で、近代哲学の脱構築を支配しているスタイルから相変わらず影響を受けているマンフレッド・フランクは、明らかに、もはや現実的なものを概念に従属させない考え方、したがって原理上、普遍から多様なもの（単独のもの）を演繹すること／派生させることを否定する考え方が作り上げられる地点に、最も大きな断絶を置こうとする。ライプニッツにおいて事実そうであったように、「個体性と可能界の概念とのあいだに、論理的派生の関係、完全な通約可能性」が存在しているかぎり、マンフレッド・フランクにとって、われわれは決定的な切れ目に到達していないように見える。そこに到達するや否や、思想（形而上学）は、「概念において決定的に集められ、規定され、閉じられ(45)」ている秩序を、現実的なもののなかで理解することを断念しなければならない。その切れ目に到達するなら、実際に、どんな秩序にも還元できない要素としての個体的なものの台頭を経験するのであるが、ライプニッツのモナドロジーは、明らかにその切れ目に相変わらず到達していない。したがって、ライプニッツ的契機は、それが至り着くもの（たとえそこからは相変わらず程遠いとしても）を考慮することによってよりも、それに先立つもの、それがいまだ縁を切っていないものにもとづいて、[46]まったく論理的に特定されるであろう。

——近代哲学の論理が、圧政の論理として理解されなくなるや否や、すなわち概念によって、絶対的単独の状態にある現実的なものに対して加えられる、多岐にわたる、歪曲を事とする圧政の論理として理解されなくなるや否や、パースペクティヴは変わる。一方で、理性（概念、普遍）に関して、そのような理解は、ラディカルな批判の企てによって相変わらず鼓舞されているが、その企ては、大分部のハイデガーのアポリアやハイデガー以降のアポリアを反復するおそれがあり、また現代の哲学的要求に対応しきれないおそれがある（彼らの批判のあと、理性や普遍をどう考えればいいのだろうか）。他方で、哲学の近代的運命についてのその表現は、ヘーゲルとニーチェとのあいだに乗り越えがたい断絶を作り出しがちである。すなわち、ヘーゲル（概念の哲学の象徴として捉えられる）とニーチェ（われわれを、「単独の存在、世界についてのわれわれの解釈がいかなる予定調和によっても根拠づけられない存在」[47]と見なそうとする要求を具体化するために、シュライエルマッハーのほかに、思い浮かべざるをえない人）との断絶である。そのような近代哲学のなかに出現した本質的転換を特定することは、確かに、常識に適っているが、月並みで伝統的であるがゆえに、おそらく見かけほど明らかなことではないであろうし、また私が暗示しようとしているように、はるかに深い連続性を覆い隠してしまうおそれがある。結局、事柄をそのように切り取るならば、まさに個体主義の発生の観点から、いずれにせよライプニッツのモナドロジーによって演じられた本質的役割を取り逃がす、ということは明らかである。

なぜなら、モナドロジーにおいて、個体主義以前の図式（普遍にもとづく「個体性」の派生、宇宙の概念的秩序についての考え方、要素間および要素と全体との通約可能性）に従属したままであるように、マンフレッド・フランクには思えることはいずれも、実際には、個体主義の諸価値を文化的世界すなわち近代理性主義の世界のただなかに根づかせる過程において、本質的、決定的な役割を果たした、ということを、マンフレッド・フランクが見ていないからである。近代理性主義の世界は、一見したところでは、個体主義の諸価値の統合を拒否したように見えたかもしれない。本章を通じて、私は、その点に関しては、もはや私の確信を繰り返さなくてもいいように、モナドロジー／弁神論の関連づけが演じた役割を強調してきた。すなわち、まったく明らかなことに、モナドの個体性は依然として、普遍の特殊化に還元されるのであり、普遍から権利上モナドの派生は可能となる、と。まったく明らかなことに、ライプニッツの諸個体は、依然として通約可能なままであるがゆえに、いまだ絶対的単独性ではない、と。絶対的単独性であれば、おのれの自己同一性まで疑う。繰り返しになるが、絶対的個体主義には達していないがゆえに、ライプニッツはニーチェではない、ということになる。その達していないことは、にもかかわらず、決定的な形で自律の価値が独立の価値へ移行していくなかで（マンフレッド・フランクは、その移行に気づいているようには見えないし、その移行の問題点を理解しているようにも見えない）、個体主義が台頭しうるために支払われるべき対価であった。個体主義の生涯は、なるほど『モナドロジー』をもって終わるわけではないが、――それでも、哲学的には――『モナドロジー』なしには、個体主義は、近代人間主義の一つの可能性とはなりえなかったであろう。それゆえ、もしここで発生の観点を採用するならば（発生とは、この場合、われわれの近代性の謎の一つとなっている方向転換に直面しての、理解の観点でもある）、主たる転換を、ライプニッツによるモナドロジーの時代の始まりのなかに位置づけることは、私にはより実りあることのように思える（その結果、理解可能性が大きくなる、という意味で）。その証拠に、結局のところ、モナドロジーの構造が、当然の相違点は別として、哲学的近代性を構成している他の相貌をとって再び現れる。したがって、ライプニッツは時代遅れの過去に従属したままであるどころか、哲学的近代性の最も長続きするスタイルの一つをはじめたことになるであろう。

# 第二章　バークリーとヒューム——経験主義的モナドロジーと主体の解体

以下の古典的経験主義についての考察は、本書における私の主な作業仮説を研ぎすますことに捧げられるであろう。すなわち、もし主体の肯定から個体の肯定へと至る、近代の内部における決定的な転換が、哲学的には、モナドロジー的問題設定の出現のなかに位置づけられるのであれば、そのような問題設定の痕跡は、そのような問題設定の自然環境〔本来の背景〕の外に、したがってライプニッツの文脈の外に、見出されるべきである、と。その際、形式は確かに文脈の変様によって新たなものになっているが、モナドロジー的テーマの主な内容は放棄されてはいず、またモナドロジー的テーマからの影響は、正道を外れたものもそうでないものも、乗り越えられていない。

バークリーやヒュームの経験主義のなかにモナドロジー的決定を指摘することは、人を狼狽させることになろう。それほど実を言えば、モナドロジーの概念装置は、バークリーやヒュームにおいては文字通り消えてしまっている。モナドもまして予定調和も、問題になっていない。確かに、ヒュームは、『人性論摘要』のなかで、「有名なライプニッツ氏」をたたえており、その理由として、ライプニッツが、「生と行動が全面的に依存しているものである、またわれわれのたいていの哲学的思索においてもわれわれの指針である、明証性の確率およびその他の度合い」[1]について論証した、ということを挙げている。だが、その賛辞は何よりも外交辞令であり、ライプニッツのモナドロジーと経験主義との関係を対立するものとして、さらには二律背反的なものとして理解することの方が、二つの体系のあいだになにがしかの類似を探し求めようとするよりも、むしろわれわれにとっては慣れ親しんだことである。実を言えば、すべては、二つの体系のあいだの関係を根本的な不連続によって考えるように、われわれを仕向けている、――ロックに抗してライプニッツが自らの主要なテーゼを開陳している『人間知性新論』の発表も、カントによる「純粋理性の歴史」の再構成も、そのようにわれわれを仕向けている。カントによる「純粋理性の歴史」の再構成においては、まずロックとライプニッツが、「経験主義者」と「精神論者」との古くからの論争の近代における中心人物として現れていて、次いでヒュームとヴォルフが「懐疑論的方法」と「独断論的方法」とのあいだの対立の代表者として現れている。(2) したがって、ライプニッツ主義者と経験主義者とのあいだに、モナドロジー的観念をめぐる連続性があることを強調しようとすることは、間違いなく逆説的な趣をもつ。

しかしながら、逆説的に見えるのは、モナドロジー的問題設定についての理解が不十分であるからにすぎないであろう。すなわち、問題設定の意味が理解できていないがゆえに、モナドロジー的問いかけが、多様な仕方で、しかも大いに異なった哲学的文脈において立てられている、とはすぐに考えないのである。モナドロジー的問いかけは、ライプニッツの独断論的理性主義の枠組みのなかにおいてばかりか、バークリーの思想をはじめとする哲学的経験主義の枠組みのなかにおいても立てられるのである。ライプニッツが独断論的理性主義（あるいは、観念論）の立場から切り開いたモナドロジーの時代を、ほぼ同時に（バークリーの）『人知原理論』は一七一〇年に、『ハイラスとフィロナスとの三つの対話』は一七一三年に出たし、〔ライプニッツの〕『モナドロジー』は一七一四年に出た）、バークリーの思想が経験主義の立場から開始した、ということをここでは明らかにしたい。これらの著作は互いに同時代のものであり、同様にそれらは対立的なものであるにもかかわらず、とても似通ったものでもあり、またその同時性は、近代思想の歴史において、モナドロジー的契機が存在したことを大いに裏づけるものである。

### 世界の問題としてのモナドロジーの問題

たとえすべての実在が、実体としては一つであるとしても（＝実在はすべて、程度の違いはあれ、精神ないしは叡智 intelligence であるとしても）、精神的実体の存在様相が、分離すなわち互いに他に還元できない多数の精神への分割である、と想定されるや否や、モナドロジーが存在する。このことは、フィヒテがある断章において、ライプニッツに言及した際に、モナドロジー的観念の精髄を見つけ出したとして非常に明瞭に述べていることである。すなわち、「すべての叡智は一つである、ただし、分離されている」。要するに「全体はモナドの世界」において「散り散りになっている」のであり、そもそもモナドは互いに他から独立していて、それぞれが独力で（＝自己自身とは別なものと関係することなしに）、おのれの表現や状態を次々と生み出す。(3) 換言すれば、主観性（それを私は個体性と呼ぶ）は、そこでは、それ自身にもとづいて想定されており、世界とのいかなる関係もないし（観念論）、他者とのいかなる関係もない（独我論）。

以上のことを想起することによって、モナドロジーの、つまりモナドロジー全体の中心的問題を新たに定式化することが可能となる。ところが実際には、自己自身のうえに閉じた、互いに他から分離された精神しか存在していないとするモナドロジー的枠組みのなかで、自分に到来するものすべてを独力で生み出す叡智を分割することにもとづいて、いかにして世界が構成されるかを理解することは（もし現実的なものの可知性を守ろうとするなら）、困難である。確かに、むしろ（ニーチェにおいては事実そうであるように）世界のうえに据えられたパースペクティヴ〔遠近法〕によって世界が無限に増加することについて語るのではなく、一つの世界について、一つの対象性について語るとするなら、どうすればよいであろうか。一つの対象性が可能となるためには（そのことにより、真理が無益な言葉とはならないためには）、いずれにせよ、分離された叡智のあいだにある種の一致が成り立たなければならない。すなわち、一つの世界が（無数の解釈だけではなく）存在しているにちがいないのは、たとえ個体化された精神が、おのれ自身の基盤から次々とおのれ自身の表現を生み出すとしても、そのようにして次々と生み出されたものが、不可避的に対立するのではなく、一つの対象性を承認することを可能にしているからである。

換言すれば、世界の問題としてのモナドロジーの問題の定式化をさらに徹底するなら、以下のようになる。すなわち、おのれの状態を次々と体験する精神にもとづいて、世界という観念が含意していることのすべてとともに、とりわけ単なる無秩序の克服、異質な表現からなる還元不可能な混沌の克服といった事柄とともに、いかにして本当に世界は形成されるのか、と。世界の出現は、その分離された精神から、また次々と生み出される表現の交錯をとおして、秩序ある関係が、要するに相互関係が現れることを前提にしている。ところで、秩序ある関係をいかに考えるべきか、本質的に分離された実在相互の関係をいかに理解すべきか。ニーチェが『悦ばしき知識』の第一〇九節で、存在者全体を単なる混沌として、全体になっていないものと見なすように、したがってまだ世界になっていないものと見なすように促すとき、モナドロジー的観念はその最終的結果に至ったように見えるだろう、――したがって、ニーチェ以前の近代モナドロジーの賭はすべて、同様に近代モナドロジーの逆説はすべて、反対推論により、世界を個体主義の作用による避けられない解体から守ろうとすることにあったように思われる。近代モナドロジーは実際にそうすることに成功したのだろうか。近代モナドロジーは、個体主義の諸価値を根づかせることによって、そのような解体作業を開始することに寄与したと同時に、近代モナドロジーはそのような解体の作業を覆い隠した、あるいは遅らせただけではないのか。同様にこの観点から、近代哲学の論理のただなかにおけるモナドロジーの射程が吟味されうる。

以上のようなモナドロジーの立場からの世界の問題に対して、ライプニッツは、〈予定調和〉の理論によって、いかなる解決法をもたらしたのかが知られている。ここでは、フィヒテがものの見事に問題およびライプニッツによる解決法を共に説明しているその仕方に、耳を傾けてみよう。

「諸モナドが考えたことはどのようにして互いに一致するのか。ライプニッツは次のように答える。すなわち、たとえすべての叡智が一つでありつつも分離されているとしても、にもかかわらず断片は互いに一致しなければならない。したがって、歯車が互いにかみ合っている時計を想定してみよう。すなわち、時計の部品が相互に関係づけられているなら、〔同じ〕運動が再び繰り返されるであろう。ライプニッツによれば、モナドの世界はそのような仕組みになっている。しかしながら、関連し合っているのは運動ではなく、調和された表現である。全体はばらばらかもしれない。でも一致が存在しない、ということにはならない。このように理解された予定調和は正当な仮説である。(4)」

あとで、ライプニッツの解決法がフィヒテから見れば、どの程度まで(あるいは、いかなる意味において)正当なものであったのかが、理解されるであろう。とにかく、その解決法の影響力は、歴史哲学によってあとでその解決法が活用されている、という事実によって明らかなように、多大であった。というのも、ドイツ観念論の思弁的大哲学が取り組むことになる歴史の問題は、厳密に言えばモナドロジーの問題と類似しているからである。歴史の問題は、モナドロジーの問題を単に特殊化したものにすぎないのである。そういえば確かに、歴史の領域において(もはや存在論の領域においてではなく)、一見相互関係

〔モナド的〕を欠いているように見える個体的企ての交錯にもとづいて、いかにして時間のなかに秩序が組み込まれうるのか、ということを理解しなければならないであろう。その秩序なしには、歴史認識を規定している可知性の企ては、いかなる意味ももたないであろう。したがって、モナドロジーの立場からの世界の問題に対するライプニッツの解決法をとおして、構造が確立されたのであり、歴史哲学は、その構造に従って解決法を歴史化するだけで、〔歴史的〕発展の可知性を考えることができるであろう。したがって、次の章の冒頭で見ることであるが、ライプニッツ主義者であるヘルダーが、その点に関して、歴史哲学の誕生において重要な役割を果たした、ということは少しも偶然のなせる業ではない。

しかしながら、モナドロジー的問題についての以上の解決法だけが、唯一可能なものではなかったであろう。したがって、まったく別の思想の伝統、すなわち経験主義もまた、個体主義が近代哲学に侵入する機縁となったモナドロジー的パースペクティヴを確立するのに貢献した、ということを明らかにすることは、経験主義の伝統において、モナドロジー的問題の要素のすべてが再び見出される、ということを明らかにすることであるばかりか、ライプニッツが端緒となった解決法とは違う特殊な解決法が、経験主義においてもたらされているかどうかを理解しようとすることでもある。

## モナドロジーとしてのバークリーの経験主義的観念論

何よりもまず、なぜバークリーにおいてモナドロジーが問題となるのであろうか。そのことは、数ある一節のうちの以下のような『備忘録』の象徴的な一節を読むことによって、実際に確かめることができる。「厳密に言えば、人のほかには、つまり意識的なもののほかには、何も存在していない。他のものはすべて、存在というよりは、人の存在様態である。[5]」

モナドロジー的観念についてこれほど端的な定式化は期待できない。すなわち、存在しているのは人だけである、——したがって、唯一の実在は精神である（実体は主体である）、ということになり、その結果、われわれが対象、世界、物質と呼んでいるものは、実際には、精神の単なる「存在様態」、その結果、表象に該当する、ということになる。それゆえ、世界は、多様な主体、その主体の表象からできている。したがって、在るとは知覚されること、すなわち知られること（esse est percipi, vel percipere）、という有名な言い回しはそれなりの仕方で、モナドロジー的観念そのものを表現している。存在しているのは、主体（知覚する percevoir, percipere 能力としての）と主体の表象（知覚されること l'être-perçu, percipi）だけである。したがって、バークリーが、事物（われわれが物と呼んでいるもの）は観念でしかない、ということは疑いえない。それに反して、どうして思考の仕方はライプニッツのそれとは大いに異なるにもかかわらず、これほどまで類似したテーゼに至りえたのかを理解することは、きわめて困難である。

問題は、いかにしてバークリーが、事物（われわれが物と呼んでいるもの）は観念でしかない、すなわち表象でしかない、と仮定するに至ったかを明確にすることに帰着する。その際、表象は、表象が反映している事物自体にわれわれを差し向けるのではなく、表象の源泉である精神にわれわれを差し向けるのである。結局のところ、そのように事物を観念に還元するといった地平において、次のようなテーゼが、すなわち即自的事実は存在せず、表象のみが、ニーチェの言葉によれば、パースペクティヴないしは解釈のみが存在する、というテーゼが浮かび上がってくるのを見ざるをえない——それはモナドロジー的テーマ体系の最大の影響力を、対象を実質的には相対主義的に解消してしまうこととして、改めて説明することである。

実在を観念へと（精神という観念の源泉へと）モナドロジー的に還元したことを脱構築するということ

は、結局は、『ハイラスとフィロナスとの第一の対話』および、『人知原理論』の第一部の第一節から第二六節までのなかで、バークリーが、その還元をなし遂げたときの仕方を分析することになるであろう。確かに、『人知原理論』の第二六節の最後において、われわれが現実的なものと呼んでいるものが、「観念の連続的な継起」となったのは、「観念の原因は非形体的能動的実体すなわち精神である」から、と理解されている。『第一の対話』に関して言えば、観念のなかには、「叡智の外部に存在するものは何もない」というフィロナスの反駁を、ハイラスが受諾することで終わっている。これは、バークリーの思想における非物質論を創設する第一の動きである。第二の動きは、モナドロジー的問題と取り組むことに該当するがゆえに、われわれの吟味にとって決定的なものであるのだが、その第二の動きは、いずれにせよいったん事物が観念に還元されたあと、世界を、すなわち主体とは区別されうる客体性を考えようとする試みのなかに存するであろう。事物を観念へと還元する驚くべき行為に行き着く第一の行程については、十分な説明がなされてきたので——ときには明解な説明がなされた、とりわけマルシャル・ゲルーにおいて[6]——、第一の行程の諸段階をここで再現する必要はもはやない。それに反して、結局のところ、歴史的に見てその還元の論理とは何であったのか、つまりその論理がバークリーにおいて、互いに他によって精密に修正ないしは訂正されている近代哲学のさまざまな伝統についての研究全体をとおして、いかにして現れてきたのかを理解することは、大切なことであるように私には思われる。したがって、相互に修正し合う三つの準拠の組み合わせによって、モナドロジー的観念が、それの経験主義的翻案を介して生み出される。

1　デカルトへの準拠がまず第一に、考慮に入れられなければならず、その役割を過小評価してはならない。なぜなら、デカルトによって開始された伝統において、表象はすでに存在の指標となっていたからである。すなわち、私に現れるものが、現実的なものと見なされ、存在に組み込まれなければならないのは、私に現れるものについて思い描かれる表象のある種の性質のせいである、すなわち明晰判明なものとしての明証性のせいである、と。その結果、ある意味でデカルトによって、存在は——それゆえ観念論的と呼ばれうるパースペクティヴに従って[7]——早くも、表象が精神に現れる(＝明晰判明に)仕方と同一視された。バークリーは、結局、そのパースペクティヴを踏襲することになるが、その際、本質的な二点に関して、デカルト的準拠がバークリーにもたらしたものを手直しないしは修正する。デカルトがもたらしたものについてのその修正作業こそが、残り二つの準拠、すなわち一つはロックへの準拠、もう一つはマルブランシュへの準拠を準備する。[8]

2　ロックへの準拠が介入してくるのは、第一の点に関して、つまり表象の本性に関して、デカルトの表象理論を修正するためである。デカルトの観念論にとって、存在の指標とされた表象は、「精神の感覚からの引き離し」がなされるかぎりにおいてのみ、明晰さと判明さに到達できる。そうした根拠に立ってのみ、感覚与件から切り離された抽象観念が現れる。抽象観念は、「広がりをもった、曲がりやすい、変化しやすいもの」となった蜜蠟の断片についての観念である。この点でデカルトと袂を分かつバークリーが、感覚的なものにもとづく観念の発生について経験主義的命題を採用している。すなわち、精神を感覚から切り離し、抽象的本質を把握できる、ということを否定するバークリーは、ロックから、観念は特殊なイメージの連合にすぎない、とする感覚論的テーマを借りてくる。同時にバークリーは、本質を名前に還元する唯名論的観点をも採用する。実は、名前によって指示されているのは常に特殊である。ロック〔をとる〕かデカルト〔をとる〕か。したがって、バークリーにとって、知覚と観念とのあいだには本性上の差異はないであろう。このようなデカルト主義の修正は、バークリーの思想を、一方でライプニッツが組み込まれている伝統に対して決定的に異質なものにしてしまう。

だが、このような修正の過程において、ロックへの準拠は、主として手段であることに変わりはなく、全面的な賛同へと至るわけではない。というのも、逆説的にしかも根底において、バークリーは、デカルトにおいてもロックにおいても、実在論への一般的傾向を見抜いているからである。その実在論は、存在を表象が精神に現れる仕方へと還元する、観念論的パースペクティヴをひどく制限する。デカルトにおいてもロックにおいても、非常に異なった仕方においてではあれ、ある事物自体が表象の外部に存在している、ということが事実上仮定されている。

——そのことは、デカルトにおいてはまったく明らかである。すなわち、バークリーが捉えているようなデカルト主義の真意が、たとえ表象（明晰判明な）を存在の指標として定めることのうちに存しているとしても、それでもやはり表象の指示対象が存在する、例えば三角形の永遠の本質が存在する、ということに変わりはない。私は三角形の観念を、どんな感覚的供給物からも独立に思い描くことができる。したがって、その本質についての実在論〔実念論〕のせいで、デカルトの表象理論の字面は、バークリーがデカルトの表象理論の真意と見なしたものと矛盾する。

——ところで、ロックにおいてもまた、たとえまったく別な形においてであれ、表象に外的な項、表象の指示対象の代わりをする項を仮定しているのがわかる。というのも、ロックの場合も、観念が感覚与件の残滓と見なされている感覚論の枠組みのなかで、感覚的イメージが、相変わらず実在論的な仕方で理解されている事物自体の産物として受け取られているからである。イメージは反映であり、精神は何よりもまず白紙（tabula rasa）の受動性である。白紙において、事物自体の衝突によって引き起こされた印象〔印銘〕が書き込まれるのである。

したがって、ロックへの準拠が、存在の指標とすべき表象の本性に関して（感覚的本性であって、デカルトが意図したようなもっぱら叡智的本性ではない)、デカルト主義を修正することを可能にするとしても、ロックを援用することが、表象の源泉に関して、デカルトの理論が字面のうえで〔形式上〕デカルトの理論の精神〔内容〕を混乱させていたものを、またデカルトの理論が大きな影響をもたらすことを妨げていたものを修正することまでは、可能にすることはできない。すなわち、ロックにおいて見られるように、経験主義が相変わらず実在論のとりこになっているとき、経験主義は不完全なものにすぎないデカルトの観念論と同じ限界を示している。デカルトに抗してロックに賭けることによって、確かに知覚と観念とのあいだに本質的な差異が存在する、ということが否定され、したがって観念は知覚に還元されるが、観念/知覚と知覚された事物とのあいだにもまた絶対的な差異(外部性の)が存在しない、と仮定され、その結果、事物が観念/知覚に還元されるためには、今度は、ロックの経験主義に対する新たな修正措置が必要とされる。すなわち、その新たな修正措置を生み出すためにこそ、第三の準拠が必要となるであろう、――そして第三の準拠は、バークリーにおいて、モナドロジー的観念の発生に関して決定的なものとなる、ということがすぐさま見て取れる。観念と知覚とのあいだの差異がいったん除去されてしまうと、マルブランシュへの準拠によって、観念と事物とのあいだの差異を廃絶し、したがってモナドロジーを構成している命題を表明することができるようになる。それによれば、精神とそれの表象しか存在していないのである。

3 マルブランシュへの準拠は、バークリーによって根拠づけられている経験主義の新たな解釈のなかに組み込まれているが、そのような準拠は、マルブランシュの思索の特徴を簡単に振り返ってみないことには解明されえないであろう。マルブランシュは、デカルトから本質についての実在論〔実念論〕を受け継ぐ。その実在論〔実念論〕は、バークリーによって企てられた試みに統合されないであろう。したがって、それゆえ再び〔ロックへの準拠の場合と同様に〕、〔マルブランシュへの〕準拠は、少しも〔バークリーによるマルブランシュへの〕同意をともなわないであろう。しかしながら、デカルト同様、たとえマルブランシュが表象の外部に本質の実在自体を想定するとしても、マルブランシュは、ある重要な点で〔バークリーがそれを決定的なものと評価する可能性がある〕、デカルトの表象理論を変更する。

——その理論は、デカルトにおいて、図式的に提示されることによって、三つの水準に分けられた。すなわち、本質の水準、人間精神の水準、最後に生得観念の水準であり、生得観念のおかげで精神は本質に気づく。観念と本質とのあいだの一致がいかにして、神的保証の理論〔真理の保証者としての神についての理論〕において、確固としたとは言えなくとも、劇的ではある基礎づけを獲得するのかがわかる。

——とりわけ経済性〔節約〕の原理を思索のなかに引き入れている複雑な理由によって、[9] マルブランシュは、人間精神のなかにある生得観念という媒介項を除去し、意識は直接神のうちにおいて本質を見る、と想定する。すなわち、有名であると同時に奇妙でもある、例の「神のうちにおいて見る」という理論によれば、例えば三角形の観念は、もはや精神のなかに三角形の永遠的本質を映し出しているのではなく、精神は神のうちにおいて三角形の本質的実在を捉える。

しかしながら、なぜそのような神のうちにおいて見るという奇妙な理論が、〔マルブランシュにおいて〕その理論は本質についての実在論〔実念論〕を前提にしているにもかかわらず、〔バークリーにおいて〕あらゆる実在論を定義上否定するモナドロジー的テーマ体系を確立することに役立つことになるのか。そのことを理解するためには、マルブランシュの思想のなかで最も知られた、しかも最も常識に逆らう命題の一つである機会偶因論を、最終的には思い出さざるをえないであろう。

その命題の原理は簡単である。すなわち、われわれは神のうちにおいて本質を見るのであるが、しかしながらそれは存在についての感覚的知覚を機会にしてのことである。だが、哲学的にはマルブランシュは経験主義の反対地点にいるので（または、神のうちにおいて見ることを根拠づけなければならないがゆえに）、マルブランシュは、存在の知覚の「機会的」次元を、文字通りそして根本的に理解することとなる。換言すれば、知覚された存在（ある個別的三角形の存在）はまったく存在しえない、あるいは別様に存在しうるであろう。それにもかかわらず（神は労を惜しまない）、われわれは三角形の同じ本質を見るであろう。

その巧みではあるが複雑で高くつく装置が、どうしてバークリーの関心を引くことができたのかがわかる。ロックにおいて実在論は、観念を事物自体の結果とするものであり、事物の存在は観念が私のうちに存在していることの原因として現れるのであるが、その装置は、バークリーがそうした実在論を修正することを可能にしてくれる。なぜなら、機会偶因論の論理によれば、本当のところ認識は少しも世界を必要としていないからである。そのことはすでにモナドロジー的観念を予示している。すなわち、知覚が現実的なものであろうとなかろうと、知覚を機会として本質を見るがゆえに、本質を見ることは世界が存在することなしに可能であろう。したがって、モナドロジー的非物質主義がここで頭をもたげてくる。その際、機会偶因論によって対象の現実的因果性を否定することが可能となる。私の精神に影響を与えるのは神であって、事物ではない。その意味で、物質的世界が真実を把握するための根拠でないとしても、本質に近づくということは了解可能である。表象の根拠としての事物の因果性を無効にし、因果性の観念を機会の観念によって置き換えることによって、マルブランシュは、非物質主義への道を大いに邁進したがゆえに、しばしば指摘されるように、彼にとって、物質的世界は単なる信仰の対象となった。[10] 確かに、世界が存在していることは事実であるが、その事実は理性に照らして大いに不可解なものに見えるので、[11] 哲学ではなくて〈啓示〉だけが、それについての確信をわれわれにもたらしてくれる。

したがって、事物自体の存在を表象の原因として認めないその傾向を、バークリーは、機会偶因論から借りてくる。バークリーにとって、本質の実在論〔実念論〕に根ざしたままの哲学全体を我が物にすることは論外であることは確かだが、だからといって、精神に対する事物自体の因果性をマルブランシュが無効にしたことは、バークリーにとって、デカルトの表象理論の字面〔形式〕や、ましてロックの実在論的経験主義の字面〔形式〕よりもはるかに、デカルト哲学や近代哲学の精神〔内容〕（存在を表象に還元する観念論）に従っているように見える。したがって、経験主義や感覚論の枠組みのなかで、そのように事物自体の因果性を無効にすることを〔自らの哲学に〕組み込むことによって、バークリーの思想に、固有の言い回しが、すなわち経験主義的観念論の言い回しが、あるいはこう言ってよければ、デカルト哲学の精神〔内容〕に則したものとしての、ロック＋マルブランシュ〔の言い回し〕が、与えられることになる。そのような言い回しの影響力は、近代個体主義の哲学的発生に関しては、かなりのものであらざるをえない。それほど、実は、事物自体の因果性を無効にすることによって、バークリーの経験主義は、モナドロジーの枠組みのなかで構築されることになるのである。

なぜなら、実際もし観念‐知覚の発生が、事物との出会いによって精神に影響を及ぼす因果性にもとづいて考えられることがもはやないならば、表象の理論が練り上げられるのは、その意味で事物に関して、いわばライプニッツのモナドと同様に窓がないものとしての精神を手にすることによってであるからである。バークリーは、マルブランシュから、表象を新しい論理に組み入れる可能性を引き出している。新しい論理において、表象はもはや事物と精神とのあいだの関係によって理解されるのではなく、神の精神と人間の精神とのあいだの、したがって諸精神のあいだの関係として、理解されることとなる――ということを強調しておきたい。したがって、すべてのモナドロジーを構成している命題は、まったく純粋な形で確立される。

――観念と知覚とのあいだに本質的な差異は存在していない、という命題（ロックの貢献）。それはとにかく、精神は本質について、感覚界から切り離されたものと想定されなければならない観念によって知る、という本質の実在論〔実念論〕を無視することであった。

――だが、同様に、観念‐知覚と知覚された事物とのあいだにも差異は存在していない、という命題（というのも、マルブランシュの貢献によれば、知覚された事物は私の観念の原因ではありえないからであり、また物体は精神に作用を及ぼしえないからである）。今度は、存在は実際に表象に還元される。要するに、バークリーにとって、デカルト哲学の真理を構成しているものによれば、精神とそれの表象しか存在していないのであり、それどころか、自らの表象のうえに閉じているモナドとしての精神しか存在していないのである。

したがって、いかなる意味で、また、いかなる論理に従って、バークリーにおいて経験主義が、モナドロジーの時代、すなわち近代の主観性の歴史の本質的な契機が実現される時代に似るに至ったのかが理解される。しかしながら、それならばいかなる仕方で、バークリーはまた、世界の問題といったすべてのモナドロジーの中心的な問題に直面したのか、また、いかなる回答をバークリーはその問題に与えようとしたのか、ということを検討することが相変わらず残っている。したがって、モナドロジー的問題設定に対するバークリーの貢献がいかに独創的なものであったのか、同様に主観性を個体主義へと解消しようとする動きに対するバークリーの関与がいかに深いものであったのかを明確にしておこう。

### バークリーと主体の救済

バークリーは、存在を表象に還元する自らの思想の運動の果て（論理的）においてしばしば指摘されているように、第一の運動のなかに潜在的に組み込まれている行き過ぎを是正すべく運命づけられた第二の運動を理解する必要性に、直面させられた。

なぜなら、ここではっきりさせなければならないことであるが、近代の主要な認識論を互いに対決させて次々と修正措置を講じる作業が終わった今、精神とその表象しか存在しない、とする言い回しさえ、厳密に言えば誤ったものとなるおそれがあり、〔バークリーの〕思考方法の真の到達点、すなわち結局、権利上表象しか存在していない、ということを覆い隠すおそれがあるからである。実際、バークリーによって確立された装置において、表象および表象の根底にあるものと並んで、表象の主体である精神の存在を考えることが不可能になるとまで言わなくても、きわめて困難になる、ということを見ざるをえない。在るとは知覚されること、すなわち知られることである。したがって、存在は表象に、そして表象を思い描く精神に還元される、――その言い回しが十分に根拠づけられるためには、表象の背後において、存在を存在の表象に還元されえない表象する主体から切り離すことができる、ということが仮定されなければならない。ところで、そのことは〔バークリーの〕思考方法の論理のなかでは、きわめて困難に見える。というのも、そのことのためには、少なくとも思惟する存在の場合において、改めて存在とそれの表象とを区別しなければならないからである。したがって、われわれがその一貫性を再現しようと努力してきた運動は、実際にはとても遠くにまで及ぶ、あるいは遠くにまで及びすぎるかもしれない。すなわち、在るとは知覚されること、すなわち知られることである、といった言い回しにまで及ぶだけでなく、実質的には、在るとは知覚されること、といった言い回しにまで及ぶ。前者の言い回しはしばしば、後世の人たちによって、後者の言い回しに還元された。その際、字面〔形式〕に関しては誤って還元されたのだが、経験主義的モナドロジーの現実的射程に関しては、おそらく論理的に還元されたのである。

したがって、それ自身の原理からすれば、主体とそれの表象とを区別することはできないかもしれないので、そのようなモナドロジー解釈は、客観性の観念（外的世界の観念）と同時に、主観性の観念をも解体するであろう。すなわち、主体を主体の表象の根拠として、表象の単なる継起に還元できないものとして理解する近代の主体観念は、そのようなモナドロジー解釈においては消えてしまい、精神を（あるいは主体を）、表象の雑多な寄せ集めを示すための単なる名前へと還元してしまうように思われる。もし相変わらず必要であるならば、モナドロジーの構造〔が台頭した時代〕は、主体の歴史において、〔主観性の観念の〕連続的強化の過程における一段階にあたるというよりは、主観性の観念の解体の時期にあたる、ということをはっきりと確認しておこう。

周知のように、この〈自我〉の解体自体は、ヒュームによって引き受けられ、主張された。すなわち、その点に関して、バークリーにおいてすでにほの見えていたものをヒュームがどのようにして徹底化したかについては、本章の最後で言及される。バークリーの試みに関して言えば、彼の主たる関心は、主観性の歴史について、実際には相変わらず主体の解体の論理に逆らおうと努め、また思惟実体をそれの表象から区別することに意味と一貫性を堅持しようと努めることにある。バークリーは主体の救済を、宗教的理由から試みた。注釈者たちはしばしば宗教的理由を強調してきたが、ここで本当に問題になっていることとの関係では、宗教的理由は副次的なものである。すなわち、もし精神が精神の表象の変化する流れに還元されるなら、あえて言うなら、バークリー主教が職業柄執着した霊魂の不死という観念は、それ自体どんな根拠も失うおそれがある。宗教的理由はいわば逸話的なものである。にもかかわらず、哲学的にはかなり大きな影響を及ぼした、——というのも、そのことによりバークリーは、いずれにせよ表象の範囲内で、主観性の領域と客観性の領域を区別しようと試みたからである。あるいは、あえて素朴に言うならば、〈自我〉にかかわる「何ものか」と、〈非‐我〉すなわち世界にかかわっているようにわれわれには見える表象とを、区別しようと試みたからである。

その試み——いかなる手段によってその試みが、私がモナドロジー的問題（世界の問題）として呈示したものを考慮に入れているかは、苦もなく理解される——は、正確に位置づけられなければならない。というのも、その試みは、バークリーが存在を表象に還元したあと、再び主体自体と世界自体とを導入しようとした、ということを意味しはしないから。バークリーの思考方法はまったく違っていて、しかもはるかに興味深いものであり、実際には、二つの現象を救うこと、すなわちバークリーが正当にも諸事実と見なしている二つの印象を根拠づけることを目指している。諸事実について、それの可能性／想像可能性の条件を生み出さなければならない。

——一方で、表象がすべてであろうとも、われわれは自らを、「主観性の結果」と呼ばれうるものによって、われわれの表象から区別されたものとして、理解する。確かに宗教はその区別に関心を抱くのだが、しかしながらその「使用価値」は、異論の余地のないいわば現象学的な経験に結びつくだけである。すなわちわれわれは、われわれがわれわれの表象の継起に還元されるとは思っていない。これがまさに、われわれが自らを、表象をもっている者として、したがって表象に還元されない者として理解している意識の状態と、例えば白昼夢や不眠の状態とを実際に分けているものである。白昼夢や不眠の状態においては、われわれはわれわれのイメージの継起に解消されるのであり、われわれはわれわれの表象であるのだが、しかしまさに、意識、人格、主体そのものは消える傾向にある。[12] 換言すれば——バークリーの言葉では

――「観念は思考の対象である」、「家そのもの、教会そのものは、観念、つまり対象、それも思考の直接的対象である」、「思考そのもの、考えるという行為は、観念ではなく、行為である――つまり意欲、つまり結果と対照して区別するなら、意志である」[13]。したがって、そのような主体の結果において、救われるべき第一の現象が存在する。すなわち、表象がすべてであるならば、われわれはどうすれば、われわれをわれわれの表象から区別されたものとして、理解することができるであろうか。

――他方で（実際には同じ現象が問題になっている、ただし表現の仕方が違っている）、われわれは、われわれの表象を外部性や対象性の次元が含意されたものとして理解する。その「対象化の結果」は、われわれがわれわれをそのような「結果」が含意された表象から区別されたものとして理解するように仕向けるものであるが、そのような結果についても、同様に説明しなければならない。すなわち、もし表象がすべてであるならば、表象の内部においてこそ、外部性の結果が根拠づけられるにちがいないのであり、その結果のおかげで、われわれは世界が出現するのを見ることができるのであろう、と。

したがって、以上の二つの現象から生じた経験主義的観念論に向けての挑戦により、バークリーは、モナドロジーの重要な問題を考慮に入れざるをえなくなった。すなわち、もし現実的なものが表象の外部には存在していない、と仮定されるなら、主観的なものと主観性における客観的なものとをいかにして区別すべきか。その問題はもちろん、批判主義ないしはフッサールの現象学において大いに受け継がれる。というのも、批判主義ないしはフッサールの現象学においては、内在の枠組みのなかでの超越（主体に対する）をどのように考えるかが問題となるからである、――その枠組みは、主観性の哲学の枠組みであるということができるのも、バークリーにおいて（しかも、それが彼の功績なのだが）、主観性の哲学は、実在論のアポリアの克服しがたい特徴を書き留めたからである[14]。

したがって、モナドロジーの問題の中身はすべてそこに集まっている。主体と客体との（〈自我〉と世界との）区別を根拠づけなければならないばかりか、同様に、主体の救済を追求することにおいて、一つの世界を考えなければならず、本当に一つである客観性、単に私にとってばかりか、すべての人にとっても妥当しうる客観性を根拠づけなければならない。すなわち、もし表象において、主観的なものと客観的なものとが区別できるならば、私の表象の客観的な側面はどこにあるかと言えば、私の表象に関して、それが私の表象である、という事実には還元されない、という点にある。それればかりか、他の主体によって共有されうる、という点、したがって他の主体にとってみれば、相互主観性の中心という意味で客観性を帯びることができる、という点にある。したがって、主観性の運命と相互主観性の運命が分かちがたく結びついている、ということが改めてわかる。すなわち、主観性が表象の戯れのなかに解消されないようにすること〔表象の戯れのなかに解消されることから主観性を救済すること〕は、同時に、個人が、自己自身から脱し、そのモナド的個人性から逃れ、多様な主観性と共有できる表象に近づくことができる、ということを明らかにすることによって、客観性を救済することでもあるであろう。

## バークリー、フィヒテ――モナドロジー的問題の二つの解決法

バークリーが以上のような二つの救済をいかにして企てたかについて、網羅的に検討することは、実を言えば、『人知原理論』や『ハイラスとフィロナスとの三つの対話』においてばかりか、『サイリス』のいくつかの節においても見出される一連の解決法を分析してみることを前提にしているであろう。非物質主義をめぐる主要な文献〔『人知原理論』や『ハイラスとフィロナスとの三つの対話』〕[15]が出されてから三十年以上たって、彼は『サイリス』のいくつかの節のなかで、認識の問題に立ち返った。それゆえ、バーク

リー哲学をそれ自体として研究し、さらにバークリー哲学の初期の著作から晩年の著作へと至る過程における変遷を研究しなければならないであろう。だが、それは明らかにここでの私の目的ではない(16)。したがって、私はバークリーに特徴的な解決法、とりわけ『人知原理論』の第二七節―第三三節における解決法を引き出し、そしてそのような解決法を、その意味およびその射程に関して、まったくタイプの異なる解決法〔フィヒテの〕と比較して、位置づけてみるだけにしよう。この後者の解決法は、ただし、モナドロジー的個体主義の真の問い直しを要求する権利をもっていた。

解決されるべき問題、すなわち、事物が主体に対して外的であるように見える理由を説明し、したがって主観性と客観性との区別の結果を根拠づける、という問題は、表象の対象が精神に対して内的である（というのも、表象に対して外的なものは何も存在しないから）と同時に、それにもかかわらず、ある意味では精神に対して外的である（というのも、表象の対象は主体に対して、主体の対象として対立しているから）ことを理解するよう要求する。そのような外部性を精神の内部性において（超越を内在において）根拠づけるために、バークリーは、精神を、単純で知覚能力をもち、本質的に能動的であり、意志をその根本的な性格としてもっている存在、と規定している(17)。――そこには、事のついでに指摘しておくのだが、ライプニッツ的モナドの諸規定のすべて、とりわけ表象を生み出す内的能動性への準拠が見出される。そうでないことはありえない。というのも、観念論の論理は、自体的なものから発出する印象の衝撃を受動的に受け取るものとしての精神に関するどんな理論とも断絶すべきことを、強制するからである。そのように精神を能動性とする規定がある以上、その能動性の制限という考え方をとおして、世界の出現に対応する外部性が根拠づけられるであろう。

バークリーの解決法の原理は、理解するのが容易である。すなわち、外部性の表象や対象性の結果は、精神が自らの能動性の制限について抱く意識を表現しているであろう、——換言すれば、ドイツ観念論に引き継がれることになる言い回しに従えば、表象の受動性（世界の出現にともなう）は、実際には精神の能動性に突発する制限を真実としてもつであろう。しかしながら、そのような言い回しの意味を理解するためには、能動性ないしは意志として規定された精神を制限することがどのように考えられうるかを明らかにする必要がある。なぜなら、困難性はまったくはぐらかされたにすぎないからである。すなわち、もし精神のなかに、意志とは異なる精神自身の次元が存在するならば、外的原因を想定する必要がある、と思われる。そのような原因を受け入れることは、〔バークリーの〕思考方法全体と両立しない実在論を復活させることになる。

この問題は、ドイツ観念論によって、とりわけマイモンによって、精神が受動的なものになる、という仮説が提起されることによって、大いに扱われることになる。すなわち、われわれが受動性として理解しているものは、実際には小さなもろもろの受動性の総計にすぎない、と（ところで、解決法の骨格は直接ライプニッツから借用している）。バークリーの解決法はそれとは違う。バークリーの解決法は、モナドロジーの最も大きな困難性、すなわちひとたび現実的なものがモナド的な仕方で考えられるや、精神が精神自身の外に出る、ということを理解することの困難性を、あらわにする。いずれにしても、精神が精神自身の外に出ることを要求しているのは、世界の構造の方である。実際、『人知原理論』以来採用されている推論は、以下のようなものである。すなわち、能動的なものである精神が表象〔能力〕を課されているのは、精神の表象の外的な原因が存在するからである。だが、なぜその原因は決して物質ではありえないのか、理由は見えていた。というのも、物質的なもの（〈非‐我〉）は、表象（〈我〉にかかわる何ものか）を生み出すことができないからである。したがって、それでもやはり、諸観念の原因は、「非物体的な能動的実体、精神」、もっと正確に言えば、この場合、他の精神、あるいはこう言ってよければ他の〈我〉であることに変わりはない。[19]

このようにして採用された〔バークリーの〕解決法の原理、すなわち世界の出現を、二つの意志の境界、二つの能動性の境界として、したがって二つの精神のあいだの関係にもとづいて考える、という原理は、非常に重要である。まず第一に、そこにおいてバークリーの経験主義がモナドロジーの時代に属している、ということが決定的にはっきりしてくる。というのも、〔バークリーの〕解決法は、精神および精神どうしの関係しか存在していないとするモナドロジーの考え方を応用したものにほかならないからである。バークリーにおいても、ライプニッツにおいても、実在全体を構成している精神どうしの関係にもとづいて、世界についての知覚を考えなければならなくなるであろう。だがとりわけ、そのような解決法の原理がはっきりと採用されている、ということは、結局バークリーが(おまけに、ライプニッツと同様に)、したがって世界についての知覚は二つの意志の境界にすぎない、という一つの考え方についての二つの対応に直面していた、ということをわからせてくれる。すなわち一方で、近代人間主義の個体主義的偏流の論理から、モナドロジー的パースペクティヴを免れさせる、という対応がありえた。他方で、反対に、個体主義的偏流の論理に閉じこもり、その論理の展開を早める、という対応がありえた(バークリーが、ライプニッツのあとを受けてとった対応)。

第一の対応はフィヒテに行き着いた。そしてその対応とは、意志の別な意志による制限を、諸意志の水平的、相互的制限として理解することであった。したがって、モナドロジー的問題の解決法は、主観性の条件としての相互主観性論の形をとった。すなわち、主体(精神、意識)は相互に主体として承認し合い、また相互に活動領域を制限し合うがゆえに、能動性の境界としての他者の意識にもとづいて、世界についての意識と自己意識が、したがって主体と主体でないものとの区別についての意識（モナドロジー的問題が解決される場）が、各人に現れる。フィヒテは、そのような方法を、一七九四年の『知識学の概念について』において、また一七九六年の『自然法の基礎』の第一部および第二部において、借用することになる。[20]

というのも、フィヒテはわれわれがすでに指摘したように、ライプニッツに由来するモナドロジー的問題設定（「いかにしてモナドの思考は互いに一致するのか」）を、客観性の問題の適正な定式化としてたたえることに嫌悪を感じたことは、一度もなかったからである。実在論の錯覚から解放された哲学には、客観性の問題に〈自我〉にもとづいて答える責任がある。[21] フィヒテは次のように強調さえした。すなわち、ライプニッツの解決法は予定調和を援用したものであり、その予定調和によって、分離された叡智が、それにもかかわらず同一の世界を思い描くことができるがゆえに、ライプニッツの解決法は形式上、満足すべきものである、と。もっと正確に言うなら、「ライプニッツが何を望んでいたか」に言及しながらフィヒテが強調しているところによれば、「ライプニッツの予定調和とモナドロジー」に与えることができる意味についての検討が足りない、ということである。確かに、「普通のライプニッツの信奉者たち」は、とりわけ、予定調和が「叡智と物質とのあいだの調和」を考えることを可能ならしめた、ということを取り上げた（事実、可能ならしめた、というのも、調和はとりわけ身体の状態と魂の状態との一致が存在している、ということを理解可能にしてくれるから）。だが、そのことにより、予定調和というテーマ体系の真意が理解されていない。すなわち、ライプニッツにとって、存在するものは精神（あるいは叡智）のみであるがゆえに、世界の問題を解決するためには（モナドどうしの一致を根拠づけるためには）、「叡智と他の叡智とのあいだの調和[22]」を考えるべきである、ということを予定調和というテーマ体系が促している、という点が理解されていない。ライプニッツの解決法は、このように精神どうしを調和させる、といった発想を経ている、ということを喚起することによって、フィヒテはモナドロジー的観念を元の位置に戻した。すなわち、バークリーが、精神どうしによる制限の関係というテーマにもとづいてモナドロジーの問題を解決すべく努めることによって、モナドロジー的観念を検討した地点にまで戻した。しかしながら、それは、フィヒテの考察もまたバークリーの考察と同様に、単にモナドロジーの枠組みのなかに組み込まれていただけで、モナドロジーの枠組みを再編成したわけではない、ということなのだろうか[23]。

実際には、たとえフィヒテが「普通のライプニッツ信奉者たち」を、予定調和の真義を理解していないとして非難するにしても、そのような真義の強調は、「異常な」とまで言わないまでも、少なくともとても特異なひとりのライプニッツ主義者によってなされたにすぎない、ということを認めなければならない。なぜなら、精神どうしの調和として理解された予定調和を、「適切な仮説」と見なした直後に、フィヒテは次のように明言しているからである。すなわち、「予定調和は〈知識学〉の根拠となっている。しかしながら、予定調和において自由が主張されているがゆえに、モナドだけが問題なのではない」、と。要するに、真に生産的な仮説であるためには、叡智どうしを調和させることはもはや厳密な意味において理解されたモナドどうしを調和させることのうちの一つではない、という意味において、調和の発想およびモナドロジー的観念自体を再修正しなければならない。フィヒテによる修正の性格は、[24]モナドロジーの実践的転用の計画によって、あるいは実践的モナドロジー（自由を調和させることとしての）の計画と言ってもいいものによって、十分に言い表されているが、実際にはとても奥行きが深い、――多くの点で、モナドロジー的考え方自体を崩壊させるぐらい、奥行きが深い。

したがって、モナドロジー的問題の解決法としての精神どうしの制限というパースペクティヴ（バークリーとフィヒテに共通した）にもとづいて、そのパースペクティヴに対するもっぱらフィヒテ的な対応が、いかなる再修正を想定していたがゆえに、自由による自由のそれぞれの能動性の領域どうしの相互的制限に関する考察の形をとったのか。この問いかけは、なぜバークリーは自らが与している解決法の原理を検討しなかったように見えるのか、という問題に帰着する。もちろん、たとえ問題を明確な仕方で解決することは難しいとしても、モナドロジー的命題に払うべき個体主義的代価の結果を、少なくともその命題についての「普通の」解釈において見ることは、不可能であるようには思えない。というのも、もしライプニッツやバークリーのように、存在しているのはモナドだけである、という考え方から出発するのであれば、すなわち存在しているのは、自己自身のうえに閉じている精神、それぞれが他のすべてに対して独立していることが真髄である精神だけである、という考え方から出発するならば、個体としての精神がなぜ、そしていかにして、いわば（それがそれであるところのものであるためには）、まずは自己自身を脱して、他者を承認しなければならないのかがわからないからである。換言すれば、モナドロジー的問題の解決法についてのフィヒテ的解釈（自由の領域を調和させるという形での、したがって実践的モナドロジーとしての）は、相互承認の契機を前提にしている。その契機が要求していることは、精神が精神そのものとして定立されるためには、外部性に開かれていて、そこにおいて他者を承認していて、他者との相互制限の必然性を理解しているのでなければならない、ということ、したがって相互主観性の空間を（境界についての一致をめぐって）根拠づけなければならない、ということである。要するに、承認の問題――フィヒテがモナドロジーの言葉を使って、「いかにして私のモナドは他のモナドの表現となりうるのか」[25]と言い表している問題――は、対峙している諸主体はもはやモナドではない、ということをすでに想定している。実際、バークリーは、そのうえライプニッツと同様に、決してそのような問題を立てたことはなかった、

――理由は以下の通りである。すなわち、そのような問題を立てるためには、厳密な意味で理解されたモナドロジー的命題に亀裂を生じさせておく必要があったからであり、モナドを、それ自体のうえに閉じた全体性として錯覚によって見なされるしかないものとして理解する必要があったからである。まさにそのモナド的錯覚、自らを単なる自己同一性（自我＝自我）と見なし、存在するためには自己自身しか必要としていない〈自我〉の、絶対的独立性における孤独に関する錯覚、換言すれば、実体としての〈自我〉に関する錯覚を、フィヒテは、一七九四年に、『知識学』[26]の出発点として、第一の原理として採用している。すなわち、今や定着したよく知られた解釈によれば、フィヒテの思考方法はすべて、その形而上学的錯覚（理性的心理学の誤謬推理を規定しているのは、その錯覚である）を脱構築し、世界の定立なしに、また世界への開放性なしに自己意識は存在しえない、したがってその世界の内部で、他者の承認の問題が定立される、という事態に至らせる、といったものである。したがって、すでにバークリーが扱っていた解決法の原理を実践的に（互いを承認する自由それ自体の相互的制限として）転用することが、どの程度まで、主観性についてのモナド的着想の放棄、――したがって、モナドロジー的個体主義への批判――を要求したのかがわかる。

フィヒテにおいて、モナドロジーが実践的なものになるとき（モナドロジー的問題を解決するために想定される調和というものが、以後、自由の相互的制限として理解される、という意味と、したがって、〔道徳〕法則を根拠としているその相互的制限は、法の体系に従って想定される、という意味との二重の意味において）、モナドロジーは、したがってまさにそのことにより、モナドロジーの枠組みから逃れる。モナドロジー的問題の解決法が、自由の相互的制限としての相互主観性の理論の形をとりうるためには[27]、すなわちその解決法が法の哲学の分野に見出されるためには、すでにいわばモナドの観念をモナド的錯覚から切り離しておくこと、モナドを、――つまり同様に個体の観念を――錯覚から解放しておくことが必要であった。そこから、フィヒテの努力の意義も出てくる。フィヒテの努力は、以下のことを明らかにするためのものである。すなわち、「人間が［……］人間になるのは人間たちのあいだにおいてのみである」、「もし一般に、人間というものが存在しなければならないのなら、人間が複数いなければならない」、「したがって、人間の概念は少しも個体の概念ではない、というのも、そんなことはありえないから、したがって、人間の概念は類の概念である」(28)、あるいはまた、「個体性の概念は［……］相互的概念である、つまり他の思惟との関係ででしか考察されえない概念である」(29)、といったことを明らかにするためのものである。

それに反して、バークリーの場合のように、その亀裂が厳密な意味でのモナドロジー的命題のなかに、いまだ生じていないのに、その命題に含まれている個体主義は、相互主観性の問題を立てることを禁じる。そして、自由の相互的制限による解決法を排除するがゆえに、個体主義は、主観性と客観性との区別の結果を根拠づけることを非常に困難にする、――したがって、不可避的に、主観性の観念と客観性の観念を危うくする。というのも、いずれの観念も区別なしには意味をもたないからである。

したがって、バークリーにはその区別に根拠を与えるために、それゆえモナドロジー的問題を解決するために、いかなる解決策が残されているのか。実際には、バークリーは、客観性の結果は、私の意志に外的な意志によって私の意志を制限することに由来する、という考え方そのものに対して別な仕方で対応しようと試みる。それは、フィヒテの場合のように、実践的 - 法的対応ではなく、神学的対応である。簡単に言えば、というのもその解決策はよく知られており、解説されたり議論されたりすることが多いからであるが、表象は（表象による主体と客体との区別の結果とともに）、人間の意志と神の意志との境界と見なされるべきであろう。したがって、感覚の観念は、「想像の観念より、より強く、より生き生きしていて、より判明」であり、「人間的意志の結果としての想像の観念がしばしばそうであるように、行きあたりばったりに」現れるのではない。感覚の観念は、「反対に、規則的な続きないしは連続において生じる」――感覚の観念の見事なつながりは、「つながりを作った者の知恵と好意を十分に」証明している。したがって、反省作用〔内省〕が欠けているからこそ、「ある光り輝く円い形」を目で見る一方で、「われわれが同時に熱さと呼ばれている観念ないしは感覚を触覚をとおして知る」とき、われわれは、「太陽は熱さの原因である」という結論を下すことができる。それは素朴実在論であり、素朴実在論は、バークリーの見立てによれば、次のことを理解していない。すなわち、感覚の観念が、「叡智の産物よりも刺激が強く、秩序立っていて、一貫性がある」が、叡智の産物と比べて、「その産物を知る〈考える実体〉」に依存していない、ということ、ところが実際は、「もっと強力な他の精神の意志によって生じさせられ」ている、ということを理解していない。すなわち、われわれが「現実的事物〔実在物〕」と呼んでいるものは、したがって、結局のところ、「自然の〈造り主〉によって感覚に刻印された観念[30]」になる。

そこで、バークリーは、ライプニッツ同様、客観性の神学的根拠づけを援用し、そしてそのために、予定調和の理論を利用する。予定調和というパースペクティヴを、『サイリス』が、われわれのなかに神の言葉を生み出すものとしての知覚の理論との関連で、さらに掘り下げている。すなわち、どんな精神も能動性であるがゆえに、神の精神のなかにも、意志としての観念が存在している。この意志としての観念は、われわれのうちにおいて、われわれの表象をとおして、意味をもつ。われわれの表象は、それゆえ、われわれの意志に対して、外部性の結果を内包しているように見える。[31]このようにして、客観性の問題がいかにして解決されるのかがわかる。

——もし表象が私の意志の結果でしかないならば、表象は不可避的に主観的なものである。それこそバークリーが単なる「叡智の産物」と呼んでいるものである。

——それに反して、もし表象が、私のうちにおいて神の意志が意味をもつ仕方だとするなら、表象は私の意志の産物ではない。したがって、表象は受動性の様相を帯びる。そしてその受動性とは、客観性の結果のことである。

私は、以上のモナドロジー的問題の神学的解決法について、これ以上検討するつもりはない。ある意味でその解決法は、モナドロジー的枠組みに忠実である。というのも、その解決法により問題が解決されるのは、精神を唯一の実在とするときのみであるからであり、また人間的〈自我〉と神的〈自我〉という、後者によって前者が制限される二つの能動性の結合にかかわるときのみであるからである。そのような境界において、世界の結果が私に現れる。世界の結果は、〈自我〉が被るイメージ、自我において神的能動から生じるイメージに還元される。表象の内部に、世界が、すなわち世界の結果が存在するのは、〈自我〉の能動性が神の能動性と出会うかぎりにおいてのことにすぎない、——そのような出会いは、受動性（二つの能動性の境界としての）についての印象を説明している。すなわち、表象の原因としての〈非‐我〉が存在する、という感覚は、〈自我〉の能動性が、無限の能動性によって、しかもそれ自体としては必然的に他を制限するものである能動性によって、有限なものにされている、という事態に由来している。したがって、〈非‐我〉は、〈自我〉のなかの、人間の精神と神の意志とが出会う地点のようなものである、——その結果、形式的には、マルブランシュの系譜は、ここではその帰結をそっくりそのまま保っている。すなわち、確かにまったく新たな意味において、表象は神と世界との関係から生まれるのであって、なにがしかの物自体の衝突から生まれるのではない。

そうは言ってもやはり、バークリーの試みをひどく危うくする二つの困難な問題が彼の解決法のなかに指摘される。

(1) もし世界の結果が人間の能動性と神の能動性との出会いによって生まれるとするなら、ある意味でその二つの能動性は対立的なものであり、いずれにしても互いに他に対して外的である必要がある。すなわちこの場合、神の能動性が人間の能動性を制限するのと同様に、どうして人間の能動性が神の能動性を制限しないでいられようか。そして、そのような無限を制限することはどうなるであろうか。解決法が本当に意味をもつためには、神が人間的〈自我〉の出現によって自分自身を制限する、ということ、無限が自らを有限なものにする、ということを理解しなければならないであろう。そのような問題もまた、かなりの程度、ドイツ観念論へと引き継がれることになるが、バークリーは、そのような問題を全面的に未解決のままにしている。

(2) 結局補われるべき不備でしかないもの、それ自体としては、解決法の一貫性を妨げないものに加えて、思考方法の首尾一貫性を疑うという、さらにもっと手ごわい困難な問題が生じてくる。すなわち、神学的迂回の水準において、神的即自を私の表象の源泉とする、まったく因果的な図式に再び陥るのをわれわれは目の当たりにしてはいないか。そしてもしそうであるならば、マルブランシュから借用された因果性批判が、神の意向を構成している原因に対して、どうしてもはや適用されないことがあろうか。要するに、原因としてと同時に表象に外的な実在として規定された神的意志に準拠することが、バークリーの思考方法にも影響を与えている原理〔因果性批判〕に合致する、ということがよくわからない。おそらく、バークリーは、その解決法が有している向こう見ずな点に気づいていたであろう。というのも、『サイリス』の努力はすべて、言語学的パラダイムを援用することによって、神と有限な精神とのあいだに因果関係を再び立てる図式から逃れようとすることに、向けられているからである。『サイリス』の省略法で書かれた考察は、解釈が難しいが、表象を、神の意向の結果とするというよりは、神の合図の結果と見なしている。それは、言語が構文法によって貫通され規定されているのと同様に、表象が構造の法則によって貫通され規定されている、という意味である。すなわち、構造の法則は、われわれのうちにおける神の印となる。そして、構文法が言語の戯れを制限するように、構造の法則が表象の戯れを制限するかぎり（われわれは、いくつかの規則に従ってのみ、言葉を結びつけるのと同様に、表象を結びつけることができる）、構造の法則は、われわれの意志に加えられたその境界を規定することとなり、そしてその境界にもとづいて、世界が出現することとなる。

たとえ、因果的図式の現実的乗り越えがそのようにしてなされた、ということが少しも明らかでないとしても（なぜなら、その表象の構文法を、神によって制定されたものとして、したがって神の産物として理解せざるをえないから）、言語学的パラダイムに関するそのような〔バークリーの〕緻密な仕事は、確かに過小評価されてはならない[32]。すなわち、そのような仕事は、とりわけバークリーがモナドロジーの問題に対して行われなければならなかった神学的な解決法に固有の困難な問題があることに、〔彼自身が〕鋭く気づいていたことを、証拠立てている。まさに困難な問題が出てくるということが（たとえ、バークリーにはその困難な問題を解決する能力がある、と判断されるとしても）、この場合、一番注目に値することでありえよう。それほど実は、バークリーが遭遇したアポリアは、主観性の歴史において、もろもろのモナドロジーをとおして主体の形態が確立されていった事態を象徴しているように見える。主体の形態は、相互主観性と客観性が存在するための唯一の条件である自己自身からの脱却ということを理解不可能にするはっきりとした傾向によって、特徴づけられる。その主体の形態は、その意味で、経験主義的モナドロジーにおいても、ライプニッツのモナドロジーにおいても、何よりもまず個体主義による主観性解体の命題を明らかにするかもしれない。この観点に立てば、バークリーからヒュームへと、経験主義は、主体の観念の疑いの余地ない弱体化から、主体の観念のラディカルな解体へと移って行った、ということは象徴的なことであろう。

### ヒュームによる主体の解体

もしハイデガーのヒューム解釈が何であったのかを想像しようとするなら、さほど誤りを犯すおそれもなしに、ヒューム思想の少なくとも二つの次元を指し示すことができるであろう。そうした次元は、ヒュームの思想もまた現実的なものが主観性に解消される重要な一段階であった、というハイデガーの確信を支えるものである。

――一方で、ヒュームは人間の学（science de l'homme）をほかの学問すべての基礎に仕立て上げている[33]。ハイデガーはその仕事ぶりを見て、哲学の樹の根としての形而上学の代わりに人間学（anthropologie）を置く近代人間主義の疲れを知らないやり方だと思った。

――他方で、ヒュームの経験主義は、現実的なものを完璧に、人間精神に現前しているものに還元してしまう。すなわち、もし本当に「明晰判明な観念によって懐抱されうる一切のものが、存在の可能性を含む[34]」のであるならば、また諸観念が印象の模写にすぎないのであるならば、存在と、精神のなかの存在についての表象とのあいだのどんな隔たりも消えてしまい、「世界は存在においても精神においても唯一のものであり、また、世界は感覚的で特殊なものである[35]」というパースペクティヴが有力になるように思われる。その還元は、確かにバークリーの後継者によって受け継がれるが、もっと一般的に言えば、同様に、デカルト以来哲学全体を特徴づけている現実的なものを主体に吸収しようとする立場を、さらに強めたものと見なしたくもなる。

しかしながら、「ハイデガーによる」ヒューム読解の妥当性は、少なくとも疑わしいであろう。そのことを容易に納得するには、ヒュームによる主体の規定に関して、「人間本性の学」についての原理を調べてみるだけで十分であろう。

これに関連して、ヒュームが行った最も大きな変更は、人間本性は本質ではない、ということを明らかにしたことと関係しているであろう。ヒュームの問題設定は、ある意味ではバークリーの問題設定と比べて後退している、ということがしばしば指摘されてきた。すなわち、人間は表象をもっている、という事実から出発するヒュームは、その事実の可能性の条件という批判的問題を立てないばかりか、[36] 彼は、バークリーと違って、〈自我〉はそれについての表象とはどう異なるか、という問題を立てることさえしない、と、——その問題は、しかしながら、人間を表象をもつ能力として規定するかぎり、必然的に出てくるように思われる。確かに、もし人間が表象に還元されるなら、人間と気まぐれな表象全体とのあいだにいかなる違いがあるだろうか、したがって主体の観念はいかなる意味を保つだろうか。その問いかけがバークリーの思索を鼓舞した、ということをわれわれは見た。ヒュームの問題設定はまったく別ものであり、それはせいぜい、人間がいかにして経験的主体になるか、と問うだけである。経験的主体とは、〈自我〉、人間本性、つまりは表象を統制している法則によって支配されている体系、のことである。それは単なる発生の問題である。人間は表象をもっている、と仮定されるなら、その表象の審級はいかにしてその本性を、換言すればその能動性を構造化する規則を獲得するのか。もっと正確に言えば、以下の二つの命題が協力し合ってその問題を提起している。

——精神は、いわゆる広い意味での想像力、すなわち一種の事物のイメージの集合体に還元される。すなわち、精神はもともと「空想力」にすぎない。ということは、精神は、偶然によって連想されたイメージが無秩序に置かれた場である。

——したがって、精神は、言葉のアリストテレス的（あるいはスコラ哲学的）意味での機能、つまり現実となる可能態、ではない。ドゥルーズが強調しているように[37]、ヒュームは、精神を潜在的構造にしてしまう精神の心理学者などではまったくない。その潜在的構造においては、概念は知性を、感覚は感性を、イメージは想像力を前提にしている、——要するに、それぞれの心的作用に見合った機能を前提にしている。実際には、精神は、精神のうちに現前している諸表象の集合体以外の何ものでもない。

したがって、ヒュームが直面した問題とは、もっぱら、いかにして人間本性（＝規則に従って統制される表象をもつことができる経験的主体）が精神のなかに生み出されるか、「いかにして精神は」、統制的法則に従う理論的実践的能動性の主体としての「人間本性になるのか[38]」、という問題である。『人性論』において構想されている、経験的な主体および知性の構成は、よく知られた行程をたどるが、ここはそのことに改めて詳しく触れる場ではない。すなわち、人間本性の発生は、単純な基準（類似、同一、近接）によって表象の連合を司るいくつかの原理に従って、起こる。その連合は習慣、すなわち振る舞い方を生み出す。したがって、個々の表象は結局別の表象を呼び出すことになり、個々の感覚はある種の状況によって引き起こされることに慣れる。たとえ、元々、過程のあいだじゅう、精神がまったく受動的で、どんな自発性をも欠いているとしても、その連合の働きによって、少しずつ構造化された主体が構成され、したがって精神が能動性であるという印象が生み出される。

これらのよく知られた命題をたどって行けば、ヒュームの問いかけがもつ独創性を間違いなく見出すことができる。その独創性は、いわば超越論的問題設定と単なる心理学的探究との中間に位置しているように見える。すなわち、カントと違って、ヒュームは、いかにしてわれわれにとって対象が存在するか、したがっていかにして表象が生み出されるか、とは決して問わないであろう。だが、ヒュームは、すでに表象を仮定しているにもかかわらず、超越論的問いかけを回避するが、反面ヒュームは、心理学者と違って、全面的に構成された主体を、その構造およびその機能ともどども仮定することはまったくない。ヒュームの言葉によれば、反省〔内省〕はなるほど精神（表象全体）をもたらすが、認識作用が依拠している規則に従って作られた体系としての知性をもたらすことは決してない。その意味で、人間本性は、作り上げられるものであるがゆえに、人間本性の典型の一つ一つの発展をあらかじめ決定している、常にすでに与えられている本質ではもはやない。人間本性は発生の地平を構成しているのである。

その人間本性は、まさに本質ではないがゆえに、「自我」のある種の明晰判明な観念の形式の下で直観できるものではない、ということを付け加えなければならない。その水準においてこそ、人間の「本質」という観念の破壊は全面的にその意味をもつ、またヒュームによる「主体」の規定に関して、全面的にその結果をもたらす。抽象観念に対する批判および「本質」を把握することの拒否、といったことから直接構成されているヒュームの経験主義は、一貫して、われわれは経験によってしか、したがって存在についての常に多様な経験と同じだけの印象にもとづいてしか、自分を認識することができない、ということを明らかにする。したがってここでは、コギトの自己への透明性が有する、自己の直観が問題とはなりえない。卓越したヒュームの専門家たちは、正当にも次のようなことを強調した。すなわち、人間本性は原初的経験にもとづいてのみ認識されうるものであり、しかもその経験は、存在についての無限に多様な経験として、自己同一性の明証によってよりも、「自己の不在」によって特徴づけられる、と主張することによって、経験主義は、直接的に、しかも厳しく、「主体の哲学を試練に[39]」立たせた、と。その結果、ヒュームにおいて、「諸関係によって結び合わされた知覚の継起に限定された」自我という着想が現れるなかで、「主体を欠いた自我」、「反主体的自我解釈[40]」をほめたたえることができた、と。

それでは、根拠としての主体という理論に原理上異議が唱えられるとすれば、ヒュームにおいて、主観性の問題設定はどうなるであろうか。〔ヒュームは、〕そのような主体をでっち上げる代わりに、人間が自分自身についてもつ経験のみを問題として扱っている。すなわち、全面的に構成された〈自我〉ではなく、印象の継起を問題として扱っている。印象が真に絶対的なものである、原理である、あるいはこう言ってよければ、印象がすべての表象、すべての観念の根源である、とする哲学において、主体の問題に関する唯一の哲学的課題は、必然的に、いかにして印象から出発して〈自我〉の観念が構成されうるのか、ということを明らかにすることに帰着するであろう。〈自我〉はそこでは原理ないしは根拠（主体）であるどころか、またデカルト的思考方法に従い、〔自我の〕自明性から出発して、したがって原理としての〈自我〉から出発して、世界を構築し、世界の現象を救済しなければならないどころか、パースペクティヴは逆転する。すなわち、〈自我〉（各人が経験する統一性や自己同一性の感覚）は、単純印象という真なる原理から出発して説明されなければならない現象の一つである。その単純印象から、われわれの観念のすべてが派生してくるのである。印象は、したがって、ヒュームの思想において、原子[41]のような役割を果たしている。正確に言えば、それは、「独立した、それ自身において存在する、完全な統一性[42]」をなす心的原子である、あるいはこう言ってよければ、それはモナドである。モナドとの関連で言えば、〈自我〉の観念も含めたすべての観念と印象との関係は、ライプニッツのモナドロジーにおける現象とモナド的原理との関係と同じである。もしモナドロジーの語彙がここで不当な使われ方をしているように見えるなら、適切な使われ方をしていると確信するためには、〔ヒュームの〕印象がどの程度、モナドを構成しているあらゆる規定を体現しているのかを考察するだけで、十分であろう。

——単純性ないしは不可分性。観念はすべて、直接的であろうと(「単純観念」が問題にされる場合)、そうでなかろうと(「複雑観念」が問題にされる場合)、つまるところ「単純印象」としての印象に関係する、——例えば、「日光のなかでわれわれの目に映じる印象」はまた、すべての単純印象と同様に、「区別も分離も」許さない。われわれと現実的なものとの関係の分解不可能な第一の要素である単純印象に、それらに類似している単純観念が対応する。「部分に区別できる」複雑観念や複合印象に関して言えば、それらは「単純観念や単純印象」から、したがって結局のところ観念は印象の模写であるがゆえに、単純印象から「作られる(43)」。

——単一性ないしは個体性。「あらゆる知覚は互いに異なり、区別でき、分離できる。それらを分離して考えることができる(44)」、——その結果、知覚に対応する観念を考察するなら、「目に入ってくる多様な別個の色彩観念と、聴覚によって伝えられる多様な別個の音響観念は、互いにまったく類似するとはいえ、同時にまったく異なっている」。なぜなら、「もしこれが異なる色彩について真であるとすれば、同じ色彩の異なる色調についても、各々の色調は他の色調と独立に別個な観念を生むと同じく言われなければならない(45)」からである。したがって、ライプニッツのモナドと同様に、単純印象は真の不可識別者同一の原理に従う。すなわち、単純印象は厳密に個別化され、どの印象もいかなる他の印象とも同一ではない。

——自己充足あるいは独立、すなわち論理的には印象のモナド性に由来する補足的規定。もし各々の別個の観念が「他の観念から独立」しているのであるならば、他の観念によって映し出されている単純印象は、「分離して存在できる」、それればかりか、「単純印象はその存在を支える何ものも必要としない(46)」、それはあたかも単純印象が、モナド的自己充足として理解された実体の観念の真理を構成しているかのようである。

——統一性と自己閉鎖性、すなわち、モナド的個体性を構成している独立の印。なぜなら、印象は、不可分なものであるかぎり、単一のものであるばかりか、一つのものでもあるからである。ところで、根源的印象の統一性は、直接的なものであるがゆえに、必然的に、「関係を欠いた」統一性であり、「他なるもの」ないしは内的要因との関係という媒介によって貫通されることのない統一性である。要するに、「外的開放性も内的開放性も欠いた統一性[47]」である。

これ以上ヒュームによるモナドロジー的モデルの転用にかかわるつもりはないが、ヒュームによって、モナドロジーは印象を介したモナドロジーに転用された。そこにおいて、モナドは印象であり[48]、人間本性の学〔人性論〕は、ライプニッツによる世界構成と同様、体験（心理的）の水準にまで射程を及ぼさない。いずれの場合も、モナドは理性的存在であり、その理性的存在は、現象を要素に還元するために現象を解体する際に、想定されなければならないものである。すなわち、ヒュームにおいては、ライプニッツの「単純なもの」と同様に、「印象は、われわれが心理的に経験するものになんら対応していない[49]」。したがって、経験主義的モナドロジーはまたそれなりに、まさしく存在論的射程をもつであろう。その射程は、もっぱら（当然のことだが、存在を表象に還元する存在論にとって）、例えば〈自我〉の観念のような、複雑観念／複雑印象といった「合成物」の作り方を説明できるところまで及ぶ。もしすべてが、単純印象としてのモナドを結合することにもとづいて構成されているなら、われわれが主体と呼んでいる〈自我〉の観念は、今や、連合の通則によって規制された印象の結合でしかない。

近代の主観性の歴史において、経験主義の最も深い意味は、したがって、まったく明瞭な形で現れる。

人間本性の学はモナドロジー的なので、原子としての印象、ないしはモナドとしての印象を、絶対的経験、したがって、唯一真なる精神の存在様相にしてしまう。そこには、モナドロジーの発想が、まったく純粋な形で見出される。すなわち、精神は、単純印象であるモナドへと断片化されることによってのみ存在し、ほかはすべて、単なる構造物、あるいはこう言ってよければ、現象でしかない(50)。換言すれば、精神の実在性を捉えるために、自己意識の疑似‐明証性と矛盾する必要がある。すなわち、自己の経験は、ヒュームにとっての普遍全体と同じように、仮構の秩序に属している。因果性や合目的性とまったく同様に、〈自我〉は想像力の産物であり、その想像力の発生は、モナド的所与としての印象である現実的所与にのみもとづいて再現されうるものである、——ここでは、〔印象が〕あらゆる経験の究極的条件としてのコギトに取って代わっている。したがって、たとえデカルトと同様に、ヒュームがあらゆる確実性を根拠づけている原初的経験を求めるにしても、ヒュームは、デカルトとは反対に、その経験を主体の自明性のなかに位置づけるのではなく、印象の絶対的内在性のなかに位置づける。印象は、なるほど内容が精神に現前しているかぎり、意識であるのだが、自己意識を欠いた、自己自身についての反省を欠いた単なる直接性であるかぎり、印象は、主体、すなわち差異の彼方の自己同一的〈自我〉の意識では決してない。そして、主観性を欠いたモナドとしての意識にもとづいて、自我すなわち人格は構成されるのである。自我すなわち人格は、ヒュームが強調しているように、「一つの印象ではなく」、「われわれの多様な印象および観念が関係があると見なされているもの」にすぎない。それどころか、〈自我〉は観念でさえない。というのも、「もし印象が〈自我〉の観念を生じさせるとするなら、この印象は、われわれの全生涯を通じて変わることなく、同じであり続けなければならないから。なぜなら、〈自我〉はそのように存在すると見なされているからである。ところで、恒常的ないしは変わらない印象は存在しない。……したがって、〈自我〉

の観念は存在しない[51]」。

したがって、結局のところヒュームにとって、〈自我〉とは、あるいはこう言ってよければ、主体とは何であるのか。『人性論』の第一篇第四部第六節（「人格の同一性について」）全体が、その質問に対する回答を完全なものにすることに捧げられている。すなわち、主体は印象という個体性を背景にした、想像力の産物以外の何ものでもない、と。それは、〈自我〉を、モナドとしての印象の戯れのなかに全面的に解消してしまうことである。すなわち、主体は印象という個体性の「結果」にすぎない、つまり主体は、多様な印象のなかから、その多様な印象にもとづいて、現れる、――統一性の原理を欠いているけれども〈自我〉の形式を現れさせる「別個な存在間の結合」の流れに沿って[52]。すなわち、「このような継起する知覚に同一性を帰し、また、われわれが全生涯を通じて変わることのない中断することのない存在を所持するものと想定する、はなはだ大きな性向を、われわれのうちに生み出す原因」は何か、ということを問うとき、その原因を、もっぱら、多様な「さまざまな知覚」が「思いも及ばぬ速さで次々に継起する」ときの「流転」と「運動」がもつ「永続的[53]」性格のなかに求めなければならない。〈自我〉の同一性は、印象としての個体性の継起を特徴づける、中断することがないことの「結果」である、――もはや主体を、空虚な統一性の仮構的場、すなわち印象の劇場のようなものにすることはできない。ただし、主体を、次々と現れる役者に還元される劇場、舞台のない劇場、劇場という錯覚、あるいは実際には次々と現れるものの流転にほかならない場という錯覚のようなものにすることはできる。

そのようなモナドロジー的モデルの思いもかけぬ転用は、そのモデルが、主体の観念および主体の価値の後退を可能にするものであるということを強く印象づけるものとなっている、ということで意見が一致するであろう。その転用は、実はとても完璧なので、経験主義的モナドロジーのなかに、〈予定調和〉そのものの類同代理物が見出されるほどである。〈予定調和〉という仮説の役割は、ライプニッツにおいて明らかであった。すなわち、その仮説のおかげで、いずれにせよ秩序を考えることができるようになった。つまり、モナド的個体性として理解された実体のあいだの一致を、あるいは一六九五年の『新説』〔『実体の本性および交渉について、ならびに精神と身体のあいだの結合についての新説』〕の表現によれば、「交渉」を考えることができるようになった。この交渉は、相互主観性を欠いているので、神の筋書きを媒介とした、間接的、垂直的なものである。経験主義もまた、モナドロジーであるかぎり、不可避的に、実体のあいだの一致ないしは交渉といった問題に遭遇したはずである。その問題に、すでにバークリーは、「世界」の問題という形で、遭遇していた。まして、精神の唯一の実在性は、印象どうしの、すなわち統一性のメタ‐経験的原理を欠いた、厳密に言えば異質な印象どうしの、原子状態である以上、その問題はヒュームにおいて再び現れる。すなわち、純粋な差異や純粋な個体性についてのそのような考え方の枠組みのなかで、「主体」としての印象の流転のあいだでの交渉を、いかにして想像すべきか、と。というのも、印象の流転は、それ自身のなかで、それぞれの自己同一性の支えを見出すことが保証されていないのと同じぐらい、それ自身のなかで、互いを結びつけることができる同一性を発見することも保証されていないからである。

ところで、ここでも、ライプニッツにおいてと同様に、完成しつつある個体化の過程が極限に達する。すなわち、理性が、単なる無秩序の思考、規律を欠いた混沌の思考とはならない。そのうえ、いずれにせよ、「人格」という虚構の場面において、たとえ例を挙げれば美的領域においてにすぎないとしても、事実上いくつかの意見の一致が確立される、――要するに、主体も真の相互主観性も欠いた交渉を考えることができなければならない。そのような問題の解決法は、理の当然として、それなりのやり方で、〈予定調和〉の定式を見出す。すなわち、われわれの表象の流転が「自然の経過」を表現しており、そのような自然の経過を把握する際、さまざまな精神は、互いに他に還元されえない印象から出発しながらも、それでも多くの意見の一致を見る、ということに言及することによって、ヒュームは、「自然の経過とわれわれの諸観念の継起とのあいだに一種の予定調和[54]」の徴候を見る。そのような調和の内容に関して、もちろん思い違いをしてはいけない。すなわち、経験主義の枠組みのなかで、調和の内容は、世界についての神の選択に関係しているというよりは、われわれひとりひとりにおいて規則の存在に関係しているのである。規則は、同じように、観念連合を構成する、したがって、単なる差異の哲学のただなかに、同一性の要素を再び導入する。その要素がなければ、存在どうしの一致も、経験的に確認できる意見の一致も、決して考えられないであろう。したがって、モナドとしての印象の集合体は、共通の構造によって支配されているかぎり、互いに他と交渉するようになる。それは、ライプニッツにおいて、モナド相互が、モナドとは〈異なるもの〉の媒介、すなわち世界の筋書きの神的作者の媒介によってのみ交渉をもつのと同じである。すなわち、いずれの場合においても、そして、二つのモナドロジー〔ライプニッツのモナドロジーとヒュームのモナドロジー〕を分離しているものを越えて、交渉は間接的にのみ確立される、すなわち、主体から主体へ、意志から意志へと確立されるのではなく、ア・プリオリな構造化（宇宙の神的構造化、印象の戯れの自然的構造化）の媒介によって確立される。そのような構造化は、あらゆる決断やあらゆる人間的選択に先立っており、またそれを越えている。したがって、それは相互主観性を欠いた交渉である、なぜなら、自らを主体として構成するためには、主体は内在性の循環を断ち切る必要がないからである。

*

ドゥルーズは、『経験主義と主観性』(一九五三年)において、「一つの結果として規定される」[55]主観性を提示しようとするヒュームの意向を、とても正確に理解していたし、印象へと「主体が分解される」仕方を分析し[56]、結論として、経験主義にとって、精神は主体ではなく、「個々別々の諸印象や諸観念のある集合体」に解消される、ということを指摘した。観念連合の原理によってのみ、そのような集合体は、「主体」の仮構的形式の下に出現する[57]。

約二十年後、『アンチ・オイディプス』(一九七二年)は、「欲望する諸機械」を描いている。それは、形而上学と人間主義が主体と見なしたものの真理である。すなわち、素朴な人が「行動」と名づけている「機械の結果」が書き込まれている「表面」において、「主体の秩序に属している何ものかが識別される。それは、固定した同一性を欠いた奇妙な主体であり、そのような主体は、器官を欠いた身体のうえをさまよい、常に欲望する諸機械の側にあり、生産されたものから取る分け前によって規定され、いたるところで生成や転身からその報償を享受し、自らが消費する諸状態から生まれ、そのたびごとに生まれ変わる。……機械の隣接部品……、この主体が特定の人物としての同一性をもたないことは、またこの主体が器官なき身体を、その未分化状態を破壊することなしに遍歴することは、この主体が、機械の側の分け前であるだけではなく、分割された分け前そのものであるからである。分割された分け前には、機械が作動することによって生じた流れからの採取と連鎖からの離脱とに対応している諸部分が帰属している。したがって、主体は自らが通過する諸状態を消費し、またそのような諸状態から生まれる。つまり、諸部分からできている分け前として、諸状態から常に現れてくる。諸部分のそれぞれは、瞬間における器官なき身体の内容をなすものなのである……[58]」。

ヒュームはドゥルーズではないし、ドゥルーズによって読解されたヒュームでさえ、ドゥルーズではない。この主体の解体の二つの契機を区別しているものを理解することは、まったく容易なことである。すなわち、『アンチ・オイディプス』の主体は、たとえ仮構としてであれ、もはや、分裂していない同一性として、粉砕されていない統一性として姿を現すことができない。あたかも、ヒュームが理解していた意味での、すなわち人間本性の原理によって印象の混沌のなかに導入された規則性という意味での〈予定調和〉が、その機能をもはや果たすことができなくなったかのようであり、その結果、粉々に砕け散ったかのようである。これは、すでに経験主義的個体主義によって謎めいた仮構へと解体された〈自我〉の、最後の断片化である。現代の個体主義は、このように、それにはるかに先立っている過程を完成させた。そのような過程は、理性主義的モナドロジーと経験主義的モナドロジーがそれぞれ、その固有の様式で切り開いたモナドロジーの時代以来、はじまったものである。したがって、哲学における近代性の論理に問題を限定するために、そのような過程はいかなる必然性に従ってそれほどまでに徹底化されたのか、その結果、〈予定調和〉の理論の形の下で（それ自体多様であるが）、相変わらず個体主義の展開を制限しているものをなくすることができるのか、ということを理解しておかなければならないであろう。

# 第三章　ヘーゲルとニーチェ──モナドロジーの発展

ヘーゲルとニーチェは、理性性に対する相反する立場に立っていることをはじめとして、多くの点で哲学的にことごとく対立しているのに、いったい何の権利があって両者を結びつけようとするのか。ここでは、ヘーゲルとニーチェのあいだに打ち立てられる関係（連続性／非連続性）に関する複雑ではあるが月並みな問題を、それ自体として全面的に再検討しようとするのではない。(1)ハイデガーの診断によれば、ヘーゲル主義とニーチェ主義は、隔てられていながらも、完成した形而上学の実際には不可分の二つの契機として、知の絶対化と意志の絶対化という二重の形で共鳴し合っており、そのような二重の絶対化によって、現実的なものを主体に従属させるものとしての近代の過程は終わりを告げる。あるいは、こう言ってよければ、ライプニッツが実体を表象（perceptio）と欲求（appetitus）との統一性と規定することによって果たしたあらゆる存在者の主体化を、さらに押し進めることによって、「ライプニッツが考えていることが、カントやフィヒテにおいて理性的意志として表明されるようになり、ヘーゲルとシェリングは、それぞれが独自の仕方で、その理性的意志について思索をめぐらす。それはまた、ショーペンハウアーが、自らの主著のタイトルを『意志と表象としての世界』（世界であって人間ではない）とするとき、言おうとしていることである。そして、それはまた、ニーチェが存在者の原初的本質を、力への意志として理解し、またそのようなものとして示すとき、ニーチェが考えていることである(2)」。

ハイデガーの理解は部分的に正しかった。すなわち、ライプニッツが創始したところのものとの関係をとおして、ヘーゲル的契機とニーチェ的契機とを位置づけるべきなのであろう。しかしながら、そのようなパースペクティヴは、ライプニッツが創始したところのものにその本来の意味（個体主義の哲学的基礎という意味）を与え返すならば、根本的な意味の変更をもたらすおそれがある。本章では、そのような方向転換を、ヘーゲル主義とニーチェ主義とのあいだには共通の役割が存在している、ということを強調することによって、知らしめたい。共通の役割とは、すなわち、さまざまな仕方で、近代存在論のモナドロジー的発展をもたらすこと、したがってそれにともなって哲学との関連で文化運動を引き起こし、その結果、哲学をはるかに越え出て、現代個体主義の到来をもたらすこと、である。その意味で、近代的理性性の投企を体系の形をとって頂点に至らしめる哲学〔ヘーゲル主義〕や、理性の行程を「昔からの誤謬の歴史」とすることによって、すべての体系を「悄然として意気阻喪したもの」[3]として提示する思想〔ニーチェ主義〕が次々と現れたとしても、それが必ずしも近代性における亀裂の証拠とはならないであろう。したがって、そのようなパースペクティヴは、〔ヘーゲル主義とニーチェ主義を〕連続したものと見なしている。だがしかし、そのようなパースペクティヴは、ヘーゲルとニーチェを同じ運命のなかに位置づけることができるとする、ハイデガーの仮説とは大いに異なる仮説にもとづいている。すなわち、ヘーゲルによる理性性の完成、次いで、ニーチェによる理性の解体は、いずれも異なる二つの位相においてその遂行が見られる近代個体主義の論理によって要求されると同時に、民主主義社会の発展によっても要求される、という仮説にもとづいている。

そのような仮説を補強するために、私は、ヘーゲルとニーチェにおいて、個人主義の論理と見なされるものは何か、すなわち、ヘーゲルとニーチェが、モナドロジー的テーゼをその固有の個体主義を徹底化する方向で前進させているものとは何か、を示すにとどめるであろう。そのような観点に立てば、ヘーゲルによる体系の完成とニーチェによる体系の破壊とは、確かに、明らかに異なっているが、補い合うものでもある。

## ライプニッツ、ヘーゲル、ニーチェ

ドイツ哲学の真の克服について考察している『悦ばしき知識』（第三五七節）のすばらしい断章において、ニーチェは、「種の概念は相互発展するとヘーゲルが大胆にも教えたときの、一切の論理上の習慣や悪習を容赦なく退けたヘーゲルの瞠目すべき手口」をたたえる。すなわち、そのような「ヘーゲルの革新」は、発展という観念を学問のなかにまで導入し（「ヘーゲルなくしてはダーウィンもない」）、ヨーロッパ人が発生や発展の秩序のなかで、換言するなら、歴史の秩序のなかで諸問題に取り組むべく心の準備をさせた[4]。その一方で、歴史の意味についてニーチェは、ヘーゲルの体系が歴史の意味を活用する仕方（歴史を「覆い隠された神学」とし、現実的なもの全体を必然的過程の結果として正当化しようとする仕方）に、異議を唱える。それにもかかわらず、ヘーゲルが発展というものを復権させ、したがってプラトン以来の「すべての哲学者たちの原罪（哲学者の遺伝的欠陥）」に打ち勝った、ということに変わりはない[5]。

「われわれをカントおよびプラトンやライプニッツから隔てているものは、われわれは精神的な事柄においても、生成しか信じていない、という点である。われわれは徹頭徹尾歴史学的である。そこに大きな変化がある。ラマルクとヘーゲル――ダーウィンは一つの余波にすぎない。ヘラクレイトスやエンペドクレスの思考がよみがえった[6]。」

ヘーゲルによる「歴史の意味」の解明をそのように熱狂的に評価する際に見られるためらい（ダーウィンの準備なのか、それともヘラクレイトスへの逆戻りなのか）は脇に置いておいて、むしろニーチェが、その点に関して、ヘーゲルが他のふたりの立役者たち、すなわち同じ『悦ばしき知識』のなかで「ドイツ哲学者たち」という呼び方をしているライプニッツとカントと比べて、決定的に進歩している、と認めているということを、指摘しておこう。もしカントの功績（「因果性」の観念に対して「巨大な疑問符」を打ちつけた）について言及されるのが一瞬のこと（しかも、その点に関してヒュームによってすでになされた問題設定と関連して）でしかないのに反して、ライプニッツの貢献は、大いに力の入った称賛を受ける。すなわち、ライプニッツの貢献とは、「ただ単にデカルトのみならず自分より以前に流布していた哲学説のすべてに抗して、ライプニッツが正しいことを示している比類のない洞察のことである。そのとき、ライプニッツの言によれば、意識というものは単に表象の偶発現象にすぎないもので、その必然的な本質的属性ではない、したがってわれわれが意識と名づけているものは、われわれのうちなる世界の一状態（おそらくは病的状態）を表しているにすぎないもので、われわれのうちなる世界を構成しているものではさらさらない」。要するに、意識が表現するわれわれのうちなる世界に比べて、「われわれのうちなる世界は、はるかに豊かで、宏大で、隠されたものである」。

驚くべき炯眼である。ニーチェがライプニッツに帰属させているものに、ニーチェ自身の確信から発しているにすぎない評価をない交ぜにしながら、ニーチェは、モナドロジーの最も深い意味の一つを見つけ出している、ということをわれわれは通りすがりに指摘しておいた。意識的表象（意識が備わった表象）を表象一般の単なる様相にすることによって、また表現が無意識的表象（「微小表象」）から出発して構成されるということを明らかにすることによって、ライプニッツは事実上、近代的主体の諸規定の一つ、すなわち自己透明性あるいは自己‐反省を揺るがした。したがってニーチェは、まったく論理的にモナドロジーという装置のそのような一面を拠り所にして、モナドロジーという装置を、意識の価値や主体の価値との大きな断絶のなかの、彼から見れば最初の重要な一段階にする。ニーチェ自身もまた、そのような断絶に寄与しようとしている。ということは、最初ライプニッツがはじめたものをニーチェが完成した、という〔われわれの〕仮説を意味あるものにするための決定的な証拠が、ニーチェのテクストそのもののなかにある、ということである。このことについては、本章の末尾で再び問題にすることにする。

差し当たり、何よりもここで『悦ばしき知識』がわれわれに暗示している別な教示を取り上げよう。すなわち、そのように主体の形而上学の解体に寄与したにもかかわらず、ライプニッツは、いまだプラトン主義的な形而上学にとらわれたままだったので、ヘーゲルに至り初めて正当な権利を獲得することになる歴史性に関心を示さなかった。その結果、歴史を理解するためのヘーゲルの手だてを組み込むことによってのみ、ライプニッツの貢献はその真の反形而上学的意味を見出すであろう。したって、モナドロジーの歴史主義化としてのヘーゲル主義の意味を見出すであろう。

これは、近代哲学の流れ全体の論理を明らかにしてくれる興味深い道筋である。もっとも、その道を効果的にたどろうとするなら、まさにモナドロジー思想と、歴史についての問題設定とのあいだの関係に関して、よりよく方向を定める必要がある。というのも、ニーチェがそのような関係の最も深い実態を十分に理解していた、とは断定できないし、またニーチェが、モナドロジーの側で歴史主義の立場から復活することを求めた、ということに気づいていた、とも断定はできないからである。

## モナドロジーの歴史主義化

ある意味では、ライプニッツのモナドロジーは、私がすでにそれとなくほのめかしていたように、歴史哲学に知的構造を初めて与えた。すなわち、もしモナドロジーの問題が、互いに独立した（モナド的）表象や欲求の系列の交錯をとおして、世界の秩序が出現することのうちに存するならば、問題の解決は歴史の次元に移し替えられ、その結果、外見上は何の結びつきもない個別的発意や企てからなる過程に内在している理性を考えることになることが、苦もなく理解される。もっと正確に言えば、モナドロジーのモデルの歴史主義化は、まさに歴史哲学の課題の理論的下部構造が実のところ全面的にライプニッツ的なものであるだけに、いっそう容易であろう。

真正な歴史哲学の誕生が相対的に遅れたということを確認することは、ありふれたことである。〈近代〉以前には、真正な歴史哲学の例は存在しない、ということで一般に意見の一致を見ている。意見の一致が揺らぐのは、〈近代〉のただなかに歴史哲学の誕生の場を位置づけなければならないときである。例えばホルクハイマーはまず、マキアヴェリを「近代の最初の歴史哲学者」と見なし、次いでヴィーコを、『新しい学』（一七二五年）を介して、「最初の真の歴史哲学者」と見なした(7)。彼の躊躇はそれ自体暗示的である。おそらく、「真の歴史哲学」について語りうるには、哲学的言説のなかで、歴史についての考察に道を譲るだけで十分ではないであろう。というのも、ホルクハイマーが明らかにしているところによれば、「あらゆる真正な歴史哲学者の本質」を構成しているものは、次のような確信のなかにあるからである。すなわち、「生と死の生きられた混沌の背後に」、「隠された好意的な意図が認め」られ、「そのような意図の内部において、見かけ上は不可解で不合理な個別的事実が、まったく明確な地位と価値を有している(8)」、という確信のなかにあるからである。「そのような隠された意味の構築」にもとづいて、結局のところライプニッツのモナドロジーと同時代のものであるヴィーコの著作が、〔歴史哲学の〕端緒となったと見ることは可能である。「というのも、ヴィーコの主著は、神が人間の歴史を牛耳っている、ということを明らかにしようとしているからであり、また神は人間の行動をとおして自らの目的を実現しているが、その際、人間はそのことを十分に意識しておらず、また人間がそのような意識をもつ必要はない、ということを明らかにしようとしているからである[9]」。

『新しい学』の斬新さに関するそのような評価は、確かに適切なものであり、また多くの解釈者によって共有されているものであるが、そのような評価を〔ここで〕吟味しようとは思わない[10]。もっと重要なことは、どうして理性を歴史に適用することがそれほどまでに遅れたのかを問うことである。ホルクハイマーとカッシーラーの考察は、大いに異なっている面があるとはいえ、その点に関しては一致しており、歴史の理性化がデカルトを前提にしていると同時にデカルトとの断絶を前提にしている、と見ている。——というのも、歴史のなかに関係と法則とを発見しようとすることは、少なくとも現実的なものの「支配者にして所有者」になりたいと欲する主体によって現実的なものを尋問しようとするデカルトの企ての流れを汲むものであるからである。その意味で、近代に至り主観性が台頭することなしに、真の歴史哲学は存在しない。

——しかしながら実際には、歴史哲学の発想には「デカルトによる」主体の到来が必要であるにしても、デカルトのなかに歴史哲学についての素描はいささかも存在しない。したがって、主体の出現は歴史哲学の必要条件にすぎず、十分条件ではない、——あたかもデカルトにおいて、歴史哲学の企てを生じさせ実現させることを、何かが相変わらず阻害しているかのようである。ホルクハイマーもそのことをよく理解していたので、歴史哲学の発生をデカルトとの関係で位置づけたあとで、歴史哲学の出生証明書が有効なものとなるためには、「デカルトに論争を挑む」[11]ときがくるはずであった、ということを明らかにしている。すなわち、現象的なものの理性化というパースペクティヴにもとづいた歴史哲学の企てそのものは、数学的言説（少なくとも、デカルト的な形での、つまりは幾何学的な形での）が理性性の唯一可能な形態ではないことを要求した、ということを〔ホルクハイマーは〕明らかにしている。おそらくそのような指摘は正しいであろう。[12]だが、そのような指摘はいまだ肝心なことに触れていない、すなわち存在論的次元での、デカルトからライプニッツへの大きな変化ならびに、歴史哲学という問題設定の発生に及ぼすそのような変化の影響について、触れていない。

したがって、カッシーラーが暗示しているように、[13]歴史哲学を可能なものにする際に前提になっていることは、実体をモナドとして理解するライプニッツの仕方にほかならない。静的基体として規定されているかぎり、実体は偶有性の無差別の支持体であったのであり、その偶有性は、存在論的に言えば、偶然的で実体から演繹できないものに見えるので、経験的に確認され、観察されるほかなかった。それに反して、動的に理解されたライプニッツの実体（その本質が力であるようなモナドとしての）は、自己自身にもとづいて多様性を生み出す。そして、自らの多様な現象におけるそのような自己 - 生産をとおして、ライプニッツの実体は、真の本性を現す。したがって、実体の観念に起こったそのような変化にもとづいて以下のことが明らかとなる。すなわち、モナドの土台を規定している多様なもののなかに同一性が生まれる、と理解するときにのみ、哲学は、存在論的企図をなし遂げることができる、ということが明らかとなる。換言すれば、実体の自己同一性を、もはや基体の下部として解釈し直すのではなく、モナドの意味を明確にしている規定において全面的に予示されているある多様性が連続的に生まれることとして、——したがって歴史として、解釈し直すときにのみ、存在論的企図をなし遂げることができる、ということが明らかとなる。その意味で、存在論として、もっと正確に言えば、モナドロジーによる存在論の解釈し直しとして、哲学は、必然的に自らのうちに歴史の論理の探究を含むようになる。すなわち、哲学は、本質的に歴史哲学となる。

したがって、ライプニッツによって歴史性が実体性を構成しているものとなっただけに、モナドロジーはいっそう容易に、ライプニッツの後継者たちによって歴史主義化されるであろう。形式的に言えば、歴史主義化は、容易に『モナドロジー』の末尾に付け加わることができるであろう。『モナドロジー』の第八四節以降では、道徳的世界の問題が扱われていた。「理性的精神」はとても特殊なモナドとして規定されていた（第八二節—第八三節）。そのようなモナドは、他のモナドすべてと同様に、世界に対してある観点をとるばかりか、世界を反映するのみならず、世界の原因としての神を反映するという特性ももっている。モナドに授けられている理性原理のおかげで、それらのモナドは知性であり、存在するものすべての究極的〈原因〉にまで遡ることができる。だが、もしそれらのモナドが神を表しているとするならば、それらのモナドは神を模倣している、とも言える。神を模倣するということは、人間を「自分の管轄区域における小さな神のようなもの」にすることであるがゆえに、次のような二つの形態をとるものとして描写される。

——一方で、理性的精神としての有限なモナドにおいて、神を模倣しているものと言えば、一貫した表現の体系を生み出す能力のことである。そのような体系は、世界を最善の原理にもとづいて生み出すときに神が創造する体系性に、類似している。

——だが他方で、いくつかのモナドは、道徳的世界という上位の世界を生み出すことによって、すなわち、「〈神の国〉が、つまり最も完全な君主が統治する可能なかぎり完全な国家が必ず作られるすべての精神の集合」(第八五節)を生み出すことによって、より完全に神を模倣するに至る。

解釈者たちによって指摘されることはきわめてまれなことであるが、ある種の曖昧さを見せながら[14]、『モナドロジー』の最後のいくつかの節は、そのような道徳的世界をまさにどのように考えればよいのか、という問題を解決しないまま終わっている。ところが実は、テクストの字面〔形式〕からすれば、二つの可能性のうちのどちらか一方に決めることはできない。

——確かに、道徳的世界は、「精神の住む神の国の君主」(第八七節)としての神に言及する際に暗示されているように、別の世界、すなわちキリスト教の来世を指しているかもしれない。そのようなパースペクティヴにおいて、道徳的領域に関する考察は、宗教哲学を地平としてもつことになるであろう。

——だがしかし、連続律のおかげで、道徳的世界は、現実的世界と完全に切り離されえないもの、また神の正確な表現にまで高まった優越した精神の共同体を指しているにすぎないもの、と考えることもできる。さもなければ、「すべての精神の集合」である〈神の国〉を、「自然的世界のなかにおける道徳的世界」(強調はルノー)とする第八六節で示された暗示を、どのように理解すればよいであろうか。この第二のパースペクティヴによれば、倫理的考察の地平は、歴史哲学の地平となり、自然的世界をますます道徳的なものになっていくものとして理解するようになる。道徳的世界においては、完全さの萌芽のすべてが、最善の原理によって少しずつのびていく。そのような観点のなかに、ライプニッツが『事物の根本的起源』という一六九七年の小品を結論づけるときの仕方が、見事に含まれている。

「神の業の普遍的な美しさと完全さがその最も高い程度に達するためには、宇宙全体の永遠な、きわめて自由な進展が認められなければならない。というのも、宇宙は常にいっそう大きな開花に向かっているからである[……]もしそうだとすれば、世界はずっと以前から天国になっているはずだ、という抗議がありうる。答えは容易である。多くの実体はすでに大きな完全性に達しているけれども、連続体の分割が無限に進行するために、事物の底知れぬ深部には眠っている部分があって、呼び起こされる手はずになっている。それはいっそう大きなものやいっそうよいもの、一口に言えばいっそうよい文化へ進んで行くことになっている。だから、その進展が終わりに達することは決してない。[15]」

このような種類のテクストをとおして、[16]ライプニッツは根源的変化を予示しており、そのような変化は、十八世紀の歴史意識の誕生と軌を一にするものであり、また連続律によって自然的世界と道徳的世界との絶対的分離というテーマが権利上すでに除外されているような体系がもつ論理のなかに組み込まれているものである。すなわち、進歩の観念は完全さを実現することとして、もはや「涙の谷」としてのこの世からあの世へと移って行くことだけを内容としているだけでなく、同時に、歴史哲学の枠組みのなかに、自らの真の意味を見出すであろう。したがって、その意味で、ヴィーコ以降、ライプニッツの系列に属する思想家であるヘルダーによって、哲学のなかに歴史についての問題設定が真に台頭してきた、ということは、少しも驚くべきことではない。

## ヘルダーの歴史的モナドロジー

ヘルダーの著作を批評するとき、間違いを犯さないことが大切である。多くの点で、一七七四年に、『人間性形成のための歴史哲学異説』が、啓蒙主義および啓蒙主義の進歩観に対する攻撃として現れたせいで、[17]ややもすると、何よりもまずヘルダーの思索は下流〔あとからの影響力〕から見て位置づけられがちであり、またとりわけ、彼の思索のなかにロマン主義の出現に際しての重要な一要素が見られがちである。[18]確かに、そのようなパースペクティヴに立つことは、ヘルダーが歴史哲学を書いた時代に強調されていた、〈啓蒙主義〉からロマン主義への移行に見られる、文化の歴史の論理に従った結果である。しかしながら、少なくとも、アイザィア・バーリンの著作以来[19]、そのような読解がヘルダーの著作の本来の内容に照らしてみて、いかに情報不足で不正確なものであったかがわかる。すなわち、ヘルダーは啓蒙主義のコスモポリタニズムをまず最初は共有し、次いで否認して、前ロマン主義的民族主義を支持する、という変節の張本人である、というよりは、彼が一度も放棄したことのない普遍主義とは少しも両立不可能ではないように彼には見える民族感情についての、不動の擁護者である。「ドイツ〈啓蒙主義〉のもつキリスト教的人間主義」に対する忠実さ、また「愛国主義と民族主義とは別ものである」という確信に対する忠実さは、バーリンが引用している次のような文章において表明されている。すなわち、「すべての大規模な戦争は本質的には内戦である。なぜなら、人間はみな兄弟であるから、戦争はおぞましい兄弟殺しになるからである[20]」。要するに、ヘルダーの民族観の意味を厳格に評価するためには、そのような複雑な思考において、普遍主義を放棄しないことと、文化的差異を考慮に入れることとが、いかに結びついているかを理解しなければならないであろう。ヘルダーの思考は、確かに、啓蒙主義の伝統を転換するものではあるが、啓蒙主義の伝統とまったく絶縁するものではないので、遺産を浪費するというよりは、新しい意味を帯びた遺産を殖やすことになる。

ここでそのような結びつきを十分に描き出そうとは思わない。それでも、ヘルダーが自らの思想の主導原理をライプニッツのモナドロジーのなかに見出した、ということを明らかにすることによって、そのような結びつきの定式がいかなるものであるかを暗示することは可能である。というのも、ライプニッツが、ヘルダーによってしばしば引用されることによって、ヘルダーに、ライプニッツの最も重要な理論的カテゴリーを与えているからである[21]。すなわち、モナドという観念は、自己自身のうえに閉じている全体性を理解することを可能にしてくれた。全体性はまったく個体化されたものであり、したがって独自のものであるが、しかしながら、それなりの仕方で世界を表現している宇宙の鏡であるかぎり、同一性を背景として考えられうるものである。もっと正確に言えば、民族という歴史的個体性の次元へと移し替えられた、モナド的個体性として実体を理解するライプニッツの仕方は、ヘルダーには、文化相互の交流というコスモポリタニズムの地平を放棄することなしに、民族の独自性という観念に全面的に権利を与えるための手段をもたらしてくれるもののように思えた。なぜなら、もしそれぞれの文化がモナドであるならば、それぞれの文化は自らのうちに、文化の発展の原理をもっているからである、――それゆえ、例えばそのような原理にもとづいて（したがって、自らの理想とは異なる理想に頼ることなしに）、文化についての評価を下さなければならないであろう。同様に、文化の内的活力を刺激するどころか、民族を異質なモデルに従わせようとする作用は有害なものである、と判定されるであろう。まさにこのモナドロジー的モデルが、文化の独自性や独立性というテーマに基軸を据えた民族的交流の表現に、概念的基盤を与えている。だが、モナドロジー的モデルはまた、ライプニッツにおいて、弁神論の契機と切り離せないがゆえに、モナドどうしの交流、したがって――歴史的モナドロジーにとっては――民衆と文化とのあいだの交流といった、間接的なものであることは間違いない（〈予定調和〉を介した）交流のパースペクティヴを含んでいる。交流がなければ、個体性から作られる歴史の統一性は、もはや考えられもしないであろう。モナドとしてのそれぞれの文化は、全体のまとまりにとって（したがって、人類にとって）必要であり、全体において徐々に繰り広げられる完全さにとって必要である、――そのような完全さは、宇宙の秩序とまったく類似している。というのも、ライプニッツにおいて、宇宙の秩序のなかにモナドが含まれているからであり、それらのモナドは互いに他から独立しているが、それぞれのモナドが、モナドを規定している完全さの最大値に近づくことによって果たすことのできる役割をあらかじめ定める調和によって、結びつけられているからである。

ヘルダーはその意味で、おそらくモナドロジーの意味のすべてを歴史哲学の構築との関係で理解した最初の人であったであろう。(22) 確かに、一七七二年にヘルダーが『言語起源論』を出したとき、形式的にはモナドの観念を拒絶しているように見える。「自然はわれわれを、隔絶した岩塊として、自己中心的なモナドとしては創らなかったので」、自然は、感覚をとおして、他の被造物へと至る開口部をわれわれに与えた、と。(23) にもかかわらず、ヘルダーの「民族」(Volk) とライプニッツのモナドとの類縁性は、相変わらず確かにある。(24) というのも、上記の文章は、ライプニッツに従うことなく、モナド相互のどんな交流(間接的なものでさえ)を考えることをも妨げるような、結局、弁神論や予定調和を欠いたモナドロジーの特徴を明確に描き出すようなモナドの了解の仕方を、告発しようとしているにすぎないからである。ところが実際には、しかもヘルダーは、自分自身の試みにとって実りの多いものと見なしているライプニッツの思想の字面〔形式〕を想起させようとしているように、モナドであるということは、実体は互いにいささかも関係がない、ということを意味しているのではなく、ただ単に、「モナド的統一性相互の関係は、すでにその統一性の存在のなかに組み込まれている」ということを意味しているにすぎない。さもなければ、「神自身がモナド的統一性のなかに関係を導き入れることができなくなってしまい」、また「それぞれのモナドはそれ自体で、他のモナドとの交流を欠いた一つの世界になってしまう」。(25)

したがって、真実の姿をとって復元されたモナドロジー的観念は、ちょうどヘーゲルのように、理性性の記載事項を歴史のなかに発見しようとしている哲学にとっての意味のすべてを、再び見出す。「現在は未来をはらんでいる、また現在は過去によって満たされている。すべてのものが一つの体系に属している

(συμπνοία πάντα)。神は最も微細な実体のなかに、宇宙を形成しているものの全系列を読み取る」[26]。ライプニッツとヘーゲルとのあいだにおいて、ヘルダーの歴史的モナドロジーは、したがって重要な媒介の役割をしたことになるであろう[27]。

### ヘーゲル的契機——近代個人主義の完成

近代の主観性の歴史の中心に組み込まれた個体化の過程の絶頂期を、ヘーゲルに見ることは、逆説的であるように思われる。すなわち、ヘーゲル主義によって実現の頂点に達した「体系」の構想は、部分に対する全体の優位性を含んでいるのではないのか。また歴史哲学の場面において、もし「特殊な状況」を扱うのではなく、全体をとおして作用し、全体において構成される普遍的な思考を扱う必要があるならば、もし「哲学的歴史学」の関心の的である「個人」が、「世界精神」、したがって「すべてを含んでいて、いたるところに存在している」「普遍」[28]であるならば、そこに、ルイ・デュモンが個人という言葉に与えた意味におけるまったく「全体論的」な射程をもった思考方法を見ざるをえない。ヘーゲルにとって——否定できないこととして——、歴史性の真理ないしは社会性の真理は、「普遍」の自己展開のなかにしかない。したがって、「個人が真であるのは、個人が全面的に実体的生に与り、そして〈理念〉を内面化するかぎりにおいてのみのことである」[29]、換言すれば、「[個人が] 普遍およびそれの諸規定を実現する」[30]かぎりにおいてのみのことである。そのような論理において、「諸個人が価値をもつのは、諸個人が民衆の精神と一致するときのみであり、諸個人が民衆の代表者であり、自分を全体の生のなかの特殊な位置に置くときのみである」[31]。その結果、ヘーゲルが個体性を「世界の理性的秩序の契機」[32]に還元する仕方に対抗して、〈歴史学の学派〉はこぞって立ち上がり、歴史学者の目を現実性のなかに存在する唯一のものや絶えず分化しているものの方に再び向けなければならなくなるであろう。

　それにもかかわらず、ヘーゲルの体系に、総体として個人主義的な思考のただなかに全体論的要求を再び導入するための失敗した憂慮すべき試みを見ることは、正しくない。ヘーゲルをルイ・デュモンが言うところの「偉大な調停者」とする読解を擁護するとするなら、ライプニッツにおいてと同様に、ヘーゲルの体系のいわゆる全体論的次元（＝全体性の論理の肯定）が、反対に、個人主義（＝諸要素の重視）がそれの最も完全な実現の形態を見出すきっかけとなった、ということに気づいていないことになる。すなわち、「個体的現実性」は「それ自身の特殊な目的において尽くされるのではなく」、「すべては一つの仕事に寄与するのでなければならない[33]」、ということを前提にすることによって、ヘーゲルは、個体性の顕現全体に、一つの意味や重要性を与えることになる。個体性の顕現は、それ自体として、他から切り離して検討されるならば、決して一つの意味や重要性を手に入れることはできないであろう。したがって、個体性の正当化は、前代未聞の思弁装置によって頂点に達し、そのような装置によって、ライプニッツのモナドロジーの原理は徹底化され、拡張される。

　それでもやはりヘーゲル自身は、ライプニッツのおかげで自らの企図が成り立っていることを完全に心得ていた。「哲学がもたらす唯一の思考が、単なる〈理性〉の思考、すなわち〈理性〉が世界を支配している、したがって普遍的歴史が理性的に展開してきた、という思考[34]」であるのは、充足理由律を現実的なものの最高の法則と断言するライプニッツのおかげである。もっと正確に言うならば、ヘーゲルは、〈理性〉を現実的なもの全体の実体と見なすことによって、歴史的に三つの前例が存在していた、と考える。

　――第一の前例は、〈理性〉についての古代思想である。それは、アナクサゴラス以来、諸法則が現実性を構成しており、諸法則が人間精神によって現実性から引き出されうる、という意味で、「〈知性〉一般、すなわち〈理性〉が世界を支配している」、と断言する思想である。これは二つの限定を除けば、「哲学がもたらす唯一の思考」にすでに近い解釈である。二つの限定とは、一方で、アナクサゴラスにおいて、現実的なものが変わることのない普遍的法則によって支配されている、という思考が、「自然に限定される」[35]ものであり、歴史にはいまだ少しもかかわっていず、歴史は相変わらず理性性と無関係である、というものである。他方で、すでに『パイドン』に出てくるソクラテスが強調しているように、自然に関してさえ、原理は抽象的なままであり、「具体的自然」に適用されない、というものである。したがって、理性が自然を支配するものとして断言されるのは、形式的な仕方によってにすぎず、自然の過程をその多様性全般にわたって、「理性に従って」、的確に説明することは、実際少しもなされてこなかった。その結果、現実的なものの法則に格上げされた〈理性〉は、空虚な形式のように見えていた。

——キリスト教が「摂理」に言及することは、ある意味では、〈理性〉が世界を支配する、という思考を前進させる原因となった。すなわち、もし世界が、無限の力によっておのれの目的を実現する〈知恵〉に支配されているならば、現実的なものにおいて、「偶然に委ねられている、ないしは、外的で偶発的な原因に委ねられている」ものが存在しうる、ということが不可解なことになる。したがって、そのような発想に立てば、摂理が、自然の秩序においてと同様に歴史の秩序においても「世界の出来事を司っている」と考えざるをえない。だが、ここでは〈理性〉の観念は信仰の対象でしかないがゆえに、また——神の目的は計り知れないので——「摂理の〈計画〉への信仰とそれについての認識とは対立する」[36]がゆえに、キリスト教による〈理性〉の観念の解釈は、とりわけ普遍的歴史に関して、古代の〈理性〉の観念の解釈と同じ形式主義に陥っている。普遍的歴史において、「摂理一般への信仰」は、うまく特殊へと降りて行くことができず、またうまく「世界の出来事の総体に適用される」ことができない。「総体に適用される代わりに、歴史を、情念、軍事力、偉人の存在ないしは不在、といった原因によって説明することで満足している」、――それらはどれも「偶然的原因」であり、〈理性〉の観念の「具体化」が失敗したときは、偶然的原因を援用しなければならないのである。[37]

――「歴史は特殊な限定された要素における神の本性の発現である[38]」ということを理解させることによって初めて、〈理性〉の観念はようやくその実り豊かさを手に入れるであろう。すなわち、そのような〈理性〉の観念の第三の相貌をとおして、「われわれの認識が獲得を目指すものは、〈永遠の知恵〉の目的が実現されたのは、世界における」、したがって歴史を構成している「個体性」の複雑な戯れにおける現実的で活動的な精神の領域においてと同様に、自然の領域においてでもある、という考え方である。その意味で、「われわれの省察は、したがって、弁神論、すなわち神の正当化となる。そのような正当化を、ライプニッツは、自らの形而上学的な仕方で、いまだ不確定のカテゴリーを使って試みた[39]」。

ライプニッツの後継者のなかにライプニッツの試みが明らかに受け継がれていることを認めることによって、ヘーゲルははっきりと、ライプニッツがもたらしたものの広がりと同時に限界を指摘している。「弁神論は、悪が存在していることを、理性の絶対的な力に照らして理解可能にするものである」。すなわち、現実的なものについてのモナドロジー的見方と、弁神論のパースペクティヴとを結びつけることによって、ライプニッツは精神と否定的なものとの和解のお膳立てをする。モナドロジーに従って考えるなら、個体性が責任を負うべき道徳的悪をも含めて、どんな出来事も、各モナドを規定している定式のなかに組み込まれたものとして理解されるべきである、というのが真実である。そのような定式は、各モナドが生み出すものの全体を、最善の世界の調和の条件としている。したがって、モナドロジーの原理は、ライプニッツにおいてそのような原理と切り離せない弁神論の次元をともなって、二つの方向で再び問題にされ、ひたすら深められなければならない。

——ライプニッツが弁神論の計画を実行したのは、形而上学的カテゴリーを使うことによってのことにすぎない、換言すれば、自らの思想のなかに二元論の契機を存続させることによってでしかない。確かに、モナドロジー的に考えれば、現実的なものはすべて精神的なものであるが、モナドのなかのモナドである神的精神は、超越的なものであり続け、したがって世界の体系を構成しているモナド全体に対して、外的なものであり続ける。したがって、現実的なものの理性性は、その根拠をそれ自身の外にもっている。

——現実的なものの理性性が超越的存在のなかに根を下ろしたままであるがゆえに、〈理性〉の観念の具体化の過程は、未完成であるほかない。すなわち、理性が現実的なものを自分に服従させるのは、単に権利上のこと、原理上のことにすぎず、実際にはそうはなっていない。事実、ライプニッツは歴史哲学を書かなかった（実質的には、モナドロジー的実体観は、ライプニッツに歴史哲学を書く手段を与えていた）。ライプニッツのあと、モナドロジーの定式をよりよく活用して、概念の論理のなかに個体的特殊性を真に統合する仕事がまだ残っていた。個体的特殊性は、とりわけ歴史的に見て、理性および理性の弁神論的計画に挑戦するように思える。「普遍的歴史において、〈悪〉は大量にわれわれの目の前で繰り広げられるが、実際には、和解的認識の要求が差し迫って感じられる場所は、歴史のなかをおいてない。」

ヘーゲルはなおのこと、今後モナドロジー的観念を歴史の領域で機能させる必要性を強調した。彼は、歴史の領域を、ライプニッツ以来〈理性〉の観念に対してなされてきた反論から守ろうとした。(40) なぜなら、「汎神論論争」を開始したとき、ヤコービは、一七八五年以降（「スピノザの学説をめぐるメンデルスゾーンへの手紙」）、理性に対する大規模な攻撃を展開したからである。ヤコービは、ライプニッツのモナドロジーを巧みに引き合いに出すことによって、モナドロジーのいくつかの主題を、〈啓蒙主義〉およびライプニッツ－ヴォルフ主義が有する理性主義に敵対させた[41]。したがって、ヤコービが、一七八七年に、ライプニッツを参照することによって、モナドロジーから二つの反－理性主義的な攻撃手段を引き出すことができた、ということははっきりしている[42]。

――「真に現実的なものはすべて、個体ないしは個体化されたものであり、そのようなものとして、生物である[43]」ならば、概念は、空虚な普遍のために個体性を忘れ、また生を死んだ抽象物へと石化することになる。

――ある意味で、『モナドロジー』によって明確に示されたように、「物体の本性や物体の構造に従って[44]」精神が宇宙を思い描くことができるのは、物体に結びついた存在者によってのことであるならば、われわれは、理性のなかに、それだけによってわれわれがなにがしかの真理に到達できる能力を見ることはできない。「理性に特有の働きは、単に感覚、悟性、心〔感性〕のあいだを媒介する働きにすぎない。理性は、それらの働きの共通の秩序を管理しなければならない[45]」。要するに、理性主義に抗して、理性概念に、ヤコービが「啓示」、「感情」、「信仰」と呼んだ存在への直接的開放性が含まれるように、理性概念を拡張しなければならない。そのような開放性は、証明や演繹の能力としての理性の介入を前提にしているばかりか、われわれの存在全体の介入も前提にしている[46]。

ライプニッツについてのそのような逆説的な読解に力を得て[47]、ヤコービは、理性の擁護者たちに挑戦するに至った。すなわち、宇宙はまったく理性的である、と主張することは、現実的なものを二重の意味で取り逃がす羽目になる、と、――一方で、現実的なものは常に個体化されている、という点を取り逃がす(なぜなら、理性は現実的なものを、個体的なものにとって無関係な普遍的関係の体系にするから)、――他方で、現実的なものは生成である、という点を取り逃がす(なぜなら、理性は、諸項および諸項の関係が永遠不変なものであるとする数学の体系と似た体系を構築しているから）[48]。したがって、理性主義は、その最終的帰結にまで至ると、もし仮に歴史が諸個体性が生成を織りなしている領域であるとするならば、定義上、歴史を理解することはできないであろう、――そのような領域は、定義上、因果的思考だけによっては理解できないものであり[49]、ヤコービが「生命」のカテゴリーによって示すことによって、因果的思考と対立させているものである。

ライプニッツがヤコービによって、まさに理性の観念と敵対させられるかもしれない、という事態は、なぜヘーゲルが、何よりもまずライプニッツ的遺産の擁護を歴史哲学の場面に位置づけなければならないと考えたかを、大いに説明してくれる。すでにヘルダーが試みていたモナドロジー的モデルの歴史化を、さらに押し進めることによって、また「〈理性〉はあらゆる自然的ないしは精神的生命の無限の素材である[50]」ということを明らかにすることによって、ヘーゲルはヤコービに答え、また概念と生命（あるいは歴史）とのあいだにいかなる二律背反も存在しない、ということを明示した。ヘーゲルの受け答えの要点は次のようなものである。すなわち、生命は〈概念〉に対して外的なものではない、なぜなら〈概念〉は〈生命〉の構造を有しているからであり、その構造とは、差異において立てられ、差異を自分に帰着させる同一性の自己展開の構造であるからである。概念は、自らの素材を生み出す無限の力であるがゆえに、空虚な形式ではない、すなわち特殊は普遍に対して外的ではなくて、普遍は、特殊のなかに具体化されることによって、展開されるものでしかない[51]。私はここで、ヘーゲルが、ヤコービに応答する際に、当然のこととして思弁的根拠を持ち出そうとしていた、ということを問題にするつもりはない。それでも、思弁的根拠は、ライプニッツが提案していた動的な実体把握をさらに徹底化したものである、ということは明らかである。そのような把握は、実体を、その内容を自己生産する形式と見なしている、あるいは、諸規定を自己生産する力と見なしている、――それはモナド的実体把握であり、それを『精神現象学』の「序文」の有名な言い回しがたたえている。「一切は、真なるものをただ単に実体として把握しかつ表現するだけではなく、まったく同様に主体としても」[52]、つまり「生ける実体」[53]としても「把握し表現する、という事実にもとづいている」。

ヘーゲルによるモナドロジーの歴史化は、実体の動態の以上のような徹底化に根拠をもっているがゆえに、歴史哲学において十分に表現されるであろう。その歴史哲学において、活動する個体性と、生成に内在している歴史的理性性との関係は、かつてのライプニッツのモナドと神の超越性による予定調和との関係に等しい。この歴史的モナドロジーは、「理性の狡智」論のよく知られた形態をとる。その理論によれば、個人が歴史過程の全体的理性性の展開に寄与するのは、個人が自らの関心をなしていると思っているものの実現を利己的に追求するときである[54]。「理性の狡智」論は、とりわけ次のような場合にかぎり、モナドロジー的である。すなわち、その最終的意味が個人から逃れるような過程に個人が寄与するのは、個人自身に従うにすぎないとき、個人の固有の動機や理由にもとづいて活動するにすぎないとき、したがって、自己とは「別のもの」に対してまったく独立に活動するにすぎないとき、単に個人の固有の本性に従うとき、モナドロジー的である。「理性の狡智」論はまた、ライプニッツの弁神論の本質的テーマを、つまり、「普遍的歴史と見なされた理性は、主観的意志ではなく、神の能動である」[55]、という確信を、再び見出すことができる点でも、モナドロジー的である。すなわち、「〈理性〉の絶対的力に照らして悪の現前を理解可能なものにしようとする」[56]要求としての弁神論は、〔ヘーゲルの〕理論の本来の目的でさえある。〔ヘーゲルの〕理論は、有限な観点に立てば歴史のなかで否定的であるように見えるものが、実際は、体系の観点に立てば、ライプニッツにおいてのように、「最善の原理」に適った世界の、したがって一切の出来事がそれぞれ存在理由をもっている世界の理性性に寄与する、ということを明らかにする。その意味で、ヘーゲル的契機を、「全体論的」意味をもつものと見なしてはいけないばかりか、主観性の歴史のなかで、ヘーゲル的契機は、ライプニッツの場合においてよりもさらにいっそう個体性そのものを肯定しているという点を、明るみに出さなければならない。確かに、「理性の狡智」論は、個体をそれにとって外的な論理に従わせる。しかしながら、前もって決められた運命を実現する自由とは別の自由を諸個体に与えることのないそのような従属関係のなかに、個人主義とまったく両立しないパースペクティヴを見ることは、ある判断の誤りに由来しているのであり、その結果、個体と主体とのあいだの混同はさらに続くこととなる。なぜなら、もしその混同が避けられるなら、まさに個人主義こそが、集合的〈主体〉の狡智としての「理性の狡智」の形態をもった概念的構造を生み出したのである、ということが、苦もなく理解されるからである。

確かに、いかなる特殊な主体でも進歩を意識的に選びはしない、という意味で、「主体を欠いた過程」をとおして、「理性の狡智」は表現される。その結果、この種の思想には、真なる主体、すなわち〈体系〉という〈主体〉しか存在していない。だがしかし、まさに主体性と個体性とを混同してはいけないがゆえに、（有限な）主体（自律的審級としての）の消滅は、モナドロジーによる個体性（独立性としての）の肯定と少しも矛盾しない。まったく反対に、扉も窓もない独立したもろもろの自我は、互いのあいだに、意識的で意志的な共通した企図の産物である秩序を一致団結して立てることができないがゆえに、そのような秩序が存在しなければならないとしても、そのような秩序は、予定調和としての、「理性の狡智」としての、もろもろのモナド的個体性の独立性をとおして実現される無意識的自己‐編成としての、内在的論理の結果であることに変わりはない。

したがって、集合的〈主体〉の狡智への言及は、近代個人主義の論理に対する全体論的反発の徴候である。このような読解とは逆に、ヘーゲル的契機のなかに個体の能動を驚くほど強化する作用があることに気づく必要がある。というのも、取るに足らないものでさえある、不合理なものでさえある、非理性的なものでさえある個体的能動は、ある意味を、ある影響力を、ある真理を獲得するからである。このようにしてのみ、特殊と普遍との対立に決着をつける思弁的構造のおかげで、個体性は一つの価値となることができた。まさにそのような観点に立って、ヘーゲルは、モナドロジー的観念の個人主義的意味を徹底化することによって、ライプニッツを完成させた。

ライプニッツにおいて、モナドロジーと弁神論とが関連づけられたことは、早くも、個体性の肯定が近代における理性性の重視と本質的に矛盾しない、ということに気づく機会を与えてくれる契機となった。そのような天才的発想は、すべての価値を全般的に転倒することなしに、個人主義の諸価値を増進することを可能にした。すなわち、禁欲的な理性主義の終焉であるモナドロジーは、もはや理性性の祭壇のうえに個体性を生贄として捧げることを意味してはいなかった。

モナドロジーを歴史化し、実際にモナドロジー的観念を歴史の分野で活用することによって、ヘーゲルは、モナドロジーがもっている個人主義的意味を増進させた。というのも、歴史の分野において、全体性と個体性とのあいだの見かけ上の対立は、自然の領域においてとは違った激しさをもっているものとして与えられたからである。自然の領域においては、法則からの個体の隔たりは、例外ないしは奇形という規定しか有していない。いずれにしても、隔たりは規則を否定しないし、宇宙の理性性を本当には問題にしない。それに反して、歴史において、われわれはまず第一に例外しか問題にしない。すなわち、個体性のどんな顕現も、どんな人間的行為も、自由に由来していると見なされ、自由とかかわり合いをもたせられる以上、例外的なものとなる。したがって、個体性を考慮することは、理性性を差し当たり脇に置いておくことによってのみ行いうるように思える、といった分野が存在するとするならば、それはまさに歴史の分野、あるいはもっと一般的に言うならば、「人間科学」と呼ばれてきたものの分野である。ライプニッツの天才を反復し、ライプニッツの天才を豊かなものにする、ヘーゲル固有の天才は、〔全体性と個体性とのあいだの対立という〕見かけを乗り越えることにあったようである。すなわち、「理性の狡智」の観点に立って見るなら、法則から隔たっているもの（非理性的なもの）は、法則（理性性）を現実化しており、歴史の法則は例外の総計でしかなく、歴史のなかで活動している理性の普遍性は、個体性の総計にすぎない。

したがって、ヘーゲル的契機は、人間から歴史の主体という役割を剥奪すると同時に、個体性の諸価値の、われわれの近代性を構成している理性性の諸価値への統合を、それの頂点へともたらす。それは理性の価値を見直すことなしに主体を剥奪すること、個体を強化することである。したがって、ヘーゲル主義のなかに、近代個人主義の頂点を見ざるをえない。

それにもかかわらず、ヘーゲルによる近代個人主義の完成は、ライプニッツ以来主観性の歴史がたどってきた個体化の過程の終局ではない。ライプニッツの予定調和は、個体の実際の独立を制限していた。すなわち、他の被造物から独立している個体も、宇宙の計画の策定者に対する「縦の」依存からは独立していない。「理性の狡智」は依存の原理を内在的なものにするが、それを廃棄することはない。そのときから、個人主義の論理について言えば、個人主義が、それらの装置の枠組みのなかで、近代性の知的要求に統合されるや否や、個人主義はついにそのような要求自体を揺さぶり、そのような要求がその分だけ足枷となることを明らかにするに至った。したがって、個人主義が、もはや理性性の諸価値をはじめとした近代性の諸価値で満足することができない、というときがやってきた。すなわち、個人主義は、その近代的形態を現代的相貌へと乗り越えることによって、すべての価値のラディカルな転換という、時代にふさわしい哲学的企図を要求するところまできた。

### ニーチェ的契機——現代個人主義の誕生

ご存じのように、ライプニッツが主体の形而上学を解体するのに貢献したとして、ニーチェはライプニッツをたたえている。にもかかわらず、そのような称賛は、ライプニッツが相変わらずいくつかの形而上学的観念から抜け出せないでいる点で〔ニーチェがライプニッツから〕距離を置くことによって、割り引かれる。「いかなる持続性ある究極的統一性も、いかなるアトムも、いかなるモナドもない」と、『力への意志』のなかの断章が明言している。[57] なぜなら、ライプニッツが理解したようなモナドの観念は、相変わらず存在重視の傾向があるからである。存在重視の傾向により、ソクラテス‐プラトン以来、衰弱した人類は、生成を固定したものにするよう強いられ、また存在を維持する必要から、生成の代わりに、安定した自己同一的なものの世界を置くよう強いられてきた。したがって、モナドロジーからその形而上学的被膜を取り除くためには、モナドを「脱実体化し」、ヘーゲルの寄与によりライプニッツ的モデルを歴史化することによって、主として三つの原理にかぎってモナドロジーをつなぎ止めておく必要があるであろう。

——不可識別者同一の原理の差異の思想に対する寄与。すなわち、たとえモナドが、困ったことに、ライプニッツによってその同一性によって規定されたものとして理解されているとしても、それでもやはり、モナドはすべて互いに他と異なるものであり、その点に関しては、モナドロジーのテーマ体系が、現実性を個体性と考えることによって、これから先、世界を、無限の差異の領域、「純粋な異化したものや純粋な継起的なもの」[58]といった、「新哲学者たち」の系譜が将来体験するはずのものにする、ということに変わりはない。

――現実的なものの活性化。すなわち、モナドとして考えられた現実性の本質は、力である。したがって、世界は力の定数のように見える、――そのような事態を、力への意志という考え方は、引き継ぐしかない、たとえ力への意志という考え方が、〔ライプニッツの〕力の観念をもう一度練り直し、深めなければならないと思っているとしても。「そして君たちも、私にとって〈世界〉とは何であるのか知っているのか。私は君たちにこの世界を私の鏡に映して示すべきであろうか。この世界とは、すなわち増大することもなければ減少することもなく、消耗するのでなくて転変するのみの、全体としてはその大きさを変じることのない青銅のごとくに確固とした巨大な力、支出もなければ損失もなく、しかもまた増加もなく、収入もない家政である。[59]」

――認識の遠近法主義。すなわち、すでに強調した系譜によれば、ニーチェはモナドロジー的観念と不可分に結びついたテーマを徹底化させる。そのテーマによれば、宇宙は、「さまざまな観点から見られた」町のように、モナド的遠近法の総計以外の何ものでもない。どんな表象も遠近法に立つことであるならば、また世界はそれ自体がモナドの総体でしかないがゆえに、各モナドが世界についての遠近法であるならば、世界は遠近法の総計であり、遠近法の外部に世界は存在しないことになる。しかしながら、ライプニッツは、認識の遠近法主義の発見を最後まで利用するということはなかった。とりわけ、ニーチェから見れば、ライプニッツは、認識の遠近法から本質的に反形而上学的な意味をいまだ引き出していなかった。というのも、モナドのなかのモナドとしての神の水準において、客観性が再び導入されたからである。ライプニッツからニーチェへと至り、神の死は、モナドロジーを弁神論による制約から解放するがゆえに、遠近法主義のテーマ体系に、「真の世界」というプラトン主義思想との断絶という課題を与える。「現存在の遠近法的性格はどこまで及ぶのか。現存在は何かそれとは別な性格さえもっているのか。［……］世界は、われわれにとって、またもや無限なものとなった、世界は無限の解釈を内に含むという可能性を、われわれとしては退けることができないというそのかぎりは。[60]」換言すれば、「事実なるものはなく、あるのはただ解釈のみ[61]」、そしてもし認識の役割が、「事柄をそれがあるがままに見る[62]」ことであるならば、そのことは、「できるだけ多くの目で見る[63]」ことが必要である、という意味において理解されなければならない、——ライプニッツの神が達成したこととは反対に、遠近法の無限の総計が終了することなしに、したがって、総計がそれ自体遠近法であることをやめることなしに。

したがって、ライプニッツの遺産は、ニーチェの哲学的企図の核心そのものに関係している。[64]「理性なしには何ものもない」と見る思想家と、世界を「永遠の混沌[65]」と見なす思想家とのあいだには、親近性以上のものがある。すなわち、理性の規定に関して、ニーチェはライプニッツと対立しているにもかかわらず、ニーチェはライプニッツの理性主義に対する単なる反対者ではない。理性主義がモナドロジー的なものであるかぎり、ニーチェはライプニッツの理性主義の後継者でもある。というのも、ニーチェは、モナドロジー的観念を理性的価値への従属から解放し、モナドロジー的観念の真理を引き出すことができる、と思っていたからである。モナドロジー的観念の真理を、ニーチェが明瞭な形で出現させるとき、ニーチェは、弁神論を欠いたモナドロジーの発明者であるばかりか、〈主体〉を欠いた個人主義の発明者でもある。

しかしながら、もはや何ものも——真理の普遍性への言及さえ（「事実なるものはなく、あるのはただ解釈のみ[66]」）——個体性の諸価値の肯定を制限しない、という立場をとる個人主義の哲学的創始者として、ニーチェを見なすことは、一見したところ、いくつかの困難な問題に遭遇することになり、われわれがそのような困難な問題を理解し克服することができないかぎり、われわれの診断は根拠のないものとされる。というのも、ニーチェの言説において、個体や個人主義〔個体主義〕の観念にはっきりと言及している箇所を数え上げるならば、ある種の緊張や逆説を含む驚くほど相矛盾する見解があらわになるからである。奇妙なことに、それらのテクストから作られた資料は、真面目な研究の対象にも、いくぶん入念な調査の対象にさえもならなかった。しかしながら、その資料は、それがもっている複雑さや豊かさのゆえに、実際に解釈の努力をすべきことを要求する。そのような努力がなければ、現代個人主義の誕生においてニーチェが果たした役割についての信頼できる評価も、決して理解できないであろう。

　そのような資料の中身を検討してみるならば、実際、そこには驚くべき曖昧さが認められる。確かに、一連のテクストをとおして、しかもそれは予想外のことではないのだが、ニーチェは個体を絶対的価値とし、何よりもまず存在論的原理としている。「種は存在せず、さまざまな個体しか存在しない」[67]。これは、こう言ってよければ、ライプニッツの不可識別者同一の原理の言い直しであり、そのような言い直しによって、ニーチェは、よく知られた多数のテクストにおいて、概念や言葉（理性や言語）を差異の均質化の過程、個体性の消去の過程として、――したがって「純粋な異化したもの」としての現実的なものの損失の相貌として、告発するに至る。そのような存在論的個体主義の論理において、同時に価値論的個体主義が確立される。すなわち、ときとして「卑俗」[68]として示されるものに抗して、すなわち、差異化された個体的なものを平均化されたもののなかに解消してしまうことに抗して、個体性の諸価値の擁護が確立される。ニーチェの言説のいくつかの中心的契機は、この卑俗についての批判に近い。私としては、ここでは、そのような契機を参考までに思い出してもらうだけにとどめる。

——群衆的諸価値と畜群の教化についての批判。そのようなものに対する価値評価の高まりを見て、ニーチェは、彼が「デカダンス」と見なしているものの諸段階を再構成するき、ユダヤ教からはじまって、ソクラテス、キリスト教、ルソー、フランス革命、民主主義的理想の到来を介して、社会主義へと至る系譜をたどる。

——意識と言語の形成を、生の発展のなかに組み込むことについての疑問。すなわち、『悦ばしき知識』の際立った一節において、[69] ニーチェは、意識の誕生が、次いで意識の重視が、人間という生物においては、一つの宿命ではなく、伝達（言語）の要求（それ自体、宿命的なものではない）に結びつけられてきた、ということを説明している。要するに、ある種の人間は、それぞれが他人を必要とすることなしに、したがって独立性の諸価値の代わりに助け合いの諸価値を置くことなしに生の必然性に立ち向かうことはできなかった。ところで、他人を必要とすることにより、（1）そのような必要を説明し伝達する（「相互に理解し合う」）必然性が現れると同時に、したがってもっと重要なこととして、（2）その必要を意識する必然性が現れる。その意味で、ニーチェが明らかにしているところによれば、意識という主体の観念の主要な構成要素は、「伝達の必要に迫られて」、言語と同時に生まれた。その結果、人間は、伝達可能なもの、他人と共有できるもの、したがって共通のものだけを、意識するようになる。意識と言語に達するものは、必ずしも個体的ではあらぬもの、すなわち群衆的なものないしは卑俗なものである。[70] 個体性の名の下に意識が（したがって、主体が）価値低下しはじめるのは、そのような生成過程の論理的最終段階に至ってのことである。「意識にのぼってくる思考は、それ（＝個体）が思考していること全体のきわめて僅少の部分、いうならばその最も表面的な部分、最も粗悪な部分にすぎない」、——換言すれば、個体性に対応していない部分にすぎない。「意識は、人間の個的実存に属するものでなく、反対に、すべての畜群に共通する人間的本性の部分に属している」。「われわれの行為は、根本において一つ一つみな非常に個人的であり、唯一的であり、個性的であり、比類のないものである」けれども、意識と言語は、「一般化」を事としている、そしてそのようなものとして、「皮相化」を事としている「大きな偽造」を行っている。

意識の起源と言語の起源の理論は、明らかに個体性の再評価というパースペクティヴの一環をなしている。すなわち、もし一般化することが偽造することや皮相なものにすることと等価であるならば、真なるものや深いものは、個体性そのものの肯定のなかに位置づけられる。この一連の分析から、論理的に文明化〔＝教化〕としての近代性に対する批判が帰結する。文明化〔＝教化〕としての近代性においては、意識の諸価値が肯定され（たとえそれが「主体」の哲学的仮構をとおしてのことにすぎないとしても）、個体的なものは畜群的なものに解消される。このように、近代性は、ソクラテス以前のギリシア人たちによって守られていた大いなる個体性に抗して、「種属の守護霊」が勝利を収める場である。同時に、近代性の政治的価値としての民主主義は、隔たりをなくしてしまうものとして、したがって個体性を構成している差異を消してしまうものとして告発されるほかない。それゆえ、民主主義に抗して、「個人の至上権」(71)を再び肯定しなければならない。

しかしながら、この個体性の問題についてのニーチェによる取り扱い方が複雑になるのは、個体の観念に対するある種の批判を展開し、個人主義を直接問題にする別の一連のテクストが存在しているからである。

というのも、何度もニーチェは、個体の観念は種属の観念よりも優れているというわけではない、ということを強調しているからである。(72)例えば、「個体と類という観念は同じく偽であり、単に見た目のものでしかない」。あたかも今度は、個体をもはや現実的なもの全体の究極的原理にするのではなく、それを仮象にする、一種の存在論的反‐個人主義を編み出さなければならないかのようである。それに対応するのは、価値論的反‐個人主義であるが、先に言及したテクストを思い浮かべるなら、それはまったく逆説的である。「個の福祉は類の福祉と同じく空想されたものである。[73]」

そのような逆説を解明することは、ニーチェが個体の観念を告発している場合、彼がまさに目指しているものに――すなわち、ある種の個体性の観念に――、注意が向けられることを、前提としている。「孤立した人間、庶民や哲学者たちがこれまで理解してきたような個人〔個体〕は、思い違いである。すなわち、個人はそれ自体としては何ものでもなく、アトムでも、〈鎖の環〉でも、過去の遺産でもない、――個人は自分にまで至る人間の一系譜そのものである。[74]」その意味で、ニーチェが明らかにしているところによれば、個人の価値は、個人が「生の上昇線を表している」か、「下降的発展、衰退、慢性的退化、病気を表している」かによって、変化する。存在論的にも価値論的にも、個体〔個人〕は、したがってそれ自体としては考えられない。すなわち、個人は孤立しては存在せず、また個人は、自分のうちにおいて遂行される過程から独立しては価値をもたない。その結果、個人は、それが力への意志の拡大の過程の契機であるならば、重視されるし、個人が生の衰弱の過程の契機のように思われるときは、軽視されるであろう。したがって、実際には「あらゆる個々の存在はまさに一直線をなす過程である（そのような過程を相続したものではなく、そうした過程そのものである）」、ということ、個々の存在は「一つの線をなすこれまでの世界全体なのであって、その成果ではないのである[75]」、ということを理解するには、誤った個人の概念構成を拒否しなければならない。

これらの複雑なテクストを、ニーチェが理解しているかぎりでのアトムとモナドの観念に対する〔ニーチェによる〕批判に関連づけることなしに、解釈することはできない。主体の観念の構成に言及する際、ニーチェは、主体の観念を「偽りの実体化」として示す。そのような実体化によって、〈自我〉は、とりわけ「個人の不死性の信仰」のおかげで、人為的に「生成から引き離され」、「何か存在するもの」として立てられたのである。そのように実体として〈自我〉を捉える発想を、ニーチェは、アトムと見なされた「〈自我〉の自律の宣言」として、すなわち「アトムの形をとった偽りの個人の自律化[76]」として記している。したがって、それは個人の観念の非常に特殊な解釈にすぎず、誤っているように見えるものである。そのような解釈において、個人は、世界および世界の生成に対して自律したものであり、安定したすなわち不滅の統一性として、個人の行為および行為の表現の究極的源泉として定立される。そのような個人の表現に抗して、次のように主張しなければならない。すなわち、「いかなる持続性ある究極的統一性も、いかなるアトムも、いかなるモナドもない」、「統一性は生成の本性のうちには存在していない」、自らが立てるものの自己同一的根拠と見なされうる「意志」は存在しない、と[77]。そのような「アトムの形をとった個人の自律化」は、ニーチェから見れば、生成の固定したイメージと連動していることは、あまりにも明白である。そのイメージは、宗教、形而上学、科学によって作り上げられたものであり、その際、「純粋な異化したものや純粋な継起的なもの」に代わって、存在や原因や統一性の「世界」が、例えば物理学においては、「必然的運動をいとなみつつある万人にとって同等な固定したアトムの体系[78]」が、置かれた。

したがって、ニーチェが個人の観念を非難するとき、彼が問題にするのは、統一性（アトムとしての、ないしはモナドとしての個人）の価値体系および自律の価値体系をめぐる、個人の観念の形而上学的歪曲である。各個人においてはむしろ、多様な力の中心が支配しており、力の中心は絶えず互いに結び合ったり、互いに争ったりする（〈自我〉の統一性は虚構でしかない）。われわれが意志と呼んでいるものは、それらの力の中心どうしの制御できない対立の最終的局面にすぎないのであって、自分自身で自らの法則を立てる自由意志ではない（自律は錯覚である）。その結果、本当にライプニッツのモナドロジーに、その反形而上学的意味を与えるためには、モナドを歴史化しなければならないであろう。すなわち、モナドとしての個体性を、もはや変わりやすい現象の戯れの基体として確立された統一性や固定性の極にするのではなく、連続的差異化の過程の不安定な契機にしなければならないであろう。

したがって、個体性を同一性の形而上学的専制に対する服従から完全に解放することを目指す、個体の観念の練り直しが、いかなる意味でニーチェにおいて、個人主義の微妙な議論をともなうのかが理解される。その議論はまた、一見したところ理解に苦しむものである。というのも、個人主義がときとして、群衆的文明を特徴づける要素の一つとして、その議論に介在しているからである。「個人主義は力への意志の最も慎ましやかな段階である[79]」〔と言ったり〕――それどころか、「私の哲学はヒエラルキーの確立を目指しているのであって、個人主義的道徳を目指しているのではない[80]」〔と言ったりする〕。しかしながら、これらの言い回しの意味は、ニーチェが、自らが糾弾している個人主義の解釈をキリスト教のせいにしているのを見るとき、明確になる。「個人こそありとあらゆるものの審判者であると僭称するようそのかしたのは、キリスト教であり、誇大妄想が義務となってしまった。なぜなら、個人はすべての時間的な制約されたものに対して永遠の正義をこそ優勢ならしめるべきであるからである」、――要するに、〔ニーチェの〕非難の対象になっている個人主義は、キリスト教的ないしは形而上学的個人主義と同様、「霊魂、不死の霊魂、どこか別のところに住みついている霊魂のモナド」といった観念によって培われた個人主義であり、そのような個人主義の存在は、現世的なものによって全然「制約されて」いない[81]。

そこから、キリスト教の相続人としての近代個人主義がもつ曖昧さについての分析が出てくる。「現代のヨーロッパ人を際立たせている二つの特徴、すなわち、個人主義と平等主義とは、対立しているように見える。私にはついにこのことがわかった」[82]。ニーチェがついにわかったことは、近代個人主義は実際には平等主義と切り離すことができないものであり、個人主義は平等主義を介して表現され、遂行される、ということである。ニーチェから見れば、それは逆説的な関係であるが（というのも、個人主義は、同一性ないしは平等性の重視ではなく、差異や他性の肯定であらねばならないからである）、そのような関係の起源を再現することはできる[83]。すなわち、「気弱で臆病な」近代個人主義は、差異の害を被らないためには、差異を否定しようと試みなければならなかった。近代の個人にとって、自らの存在の価値を擁護することは、「あらゆる他の者もおのれと同列でなければならない、おのれは同類の者のあいだにいるにすぎない、と要求する」ことであろう。したがって、「個人主義の原理」は、「まったく偉大な人間を退け、ほとんど同等の者たちのあいだで、才能ある者に最も鋭敏に目をつけ、それを最もすばやく見つけ出すことを要求する」。したがって、近代個人主義は、小さな差異を文明化するが、差異を重視するのは、均質化、平等化を事とする同一化があらかじめなされることにもとづいてのみ、すなわち「個性喪失」を背景としてのみのことであろう。そのような近代個人主義に対して、ニーチェは別の個人主義を対立させることになろう。ニーチェは、そのような別の個人主義のモデルは、「古代人の人格主義（personnalisme）」のなかにある、と思っている。というのも、古代人にとって、個人性が距離としてならびに差異として重視されていたからである。

したがって、主観性の歴史に対するニーチェの最大の貢献は、個人主義どうしを対立させたことにあるのであり、個人主義をある形態から他の形態へ移行させたことにあるのである。対立する項は以下において明確に示される。

――近代個人主義は、ニーチェが強調しているところによれば、平等性を重視する個人主義である。その意味で、近代個人主義は、キリスト教（神の前での平等）および民主主義（すべての人の権利の平等）と両立する。それゆえ、近代個人主義は「力への意志の最も低い段階」となっている、というのも個人がそこにおいて重視されるのは、自らを他の者と同類の者と見なすときだけであるからであり、――他の者を支配し、自らの優越性や自らの〔他の者との〕距離を肯定しようとするときではないからである。「個人主義は、慎ましやかな、いまだ無意識的な一種の力への意志である。ここでは、社会の圧倒的権力（国家の権力であれ教会の権力であれ）から自由となるということですでに個人は満足している。個人が対抗するのも、人格としてではなく、単に個人としてであるにすぎず、彼は総体者に対しすべての個人を代表するのである。言い換えれば、彼はおのれをあらゆる個人と平等であると本能的に見なすのであり、彼が戦い取るものを、彼は、固有名〔人格〕としてではなく、総体者に対する諸個人の代表者として戦い取るのである[84]」。近代個人主義にとって、個人性を他の個人性との差異において肯定すること（「固有名〔人格〕としての」個人を肯定すること）を要求することは、〈全体〉に対して各人が独立していること、総体者から解放されることほど必要ではない。そのような個人主義は、「個人主義的利己主義」でもあり、そこにおいて各人は、自らを社会や人類全体に対して孤立している者として考えようと欲する。そのような個人主義は、自らを「総体者に対して」立てる、「孤立した人間」としての、モナド的な個人の観念によって表現される。個人をこのような仕方で重視することの目的は、各人によるそれぞれの個人性の涵養、すなわち自己の肯定ではなく、たかだか力への（したがって、生への）意志の、とてもわずかな先取りにすぎなかった。そのような先取りが維持されるためには、〈全体〉に対する「一」として自らを立てる必要がある。そのような個人主義でさえ、力への意志を表現している、というのもそのような個人主義は、〈全体〉のなかに飲み込まれることを、最小限にすぎないとはいえ、拒否するからである。すなわち、〈全体〉からの自由〔解放〕は全構成員の平等化によってのみ実現されるからである。自分をあらゆる他の者と同一の者として立て、他の者を私と同等の者として立てることによって、私は社会（民主主義）を生み出すことに貢献することができる。そのような社会において、個人の権利の保障をとおして、独立性の最小限の段階が保証される。そのような段階において、力への意志は、確かに一つの表現を獲得するが、ただしそれはとても控え目なものである。それはすべての人の平等化による全体からの差異化である。このように理解された（言い換えれば、分析のための記号がすべて逆向きである点を別にすれば、実のところほとんどトクヴィルの仕方で理解された）[85]近代的（民主主義的）個人主義は、力への意志の憔悴を証拠立てており、デカダンスの前兆でしかない。ニーチェが〈近代人〉の自由（すべての人の平等化による〈全体〉からの差異化としての）を念頭に置いて書いているところによれば、「いまだ力をもっていないかぎり、人は自由を欲する」、他方で、「力をもっていれば、圧倒的な力を欲する」。

――このような近代個人主義に抗して、ニーチェは、個人主義を重視する他の仕方、したがって他の個人主義を要求する。そのような他の個人主義にとって、個人は、〈全体〉に反して個人として肯定されるはずであるというよりは、すべての人からの差異化における人格として立てられるはずである。そのような個人主義は、「古代人の人格主義」[86]が予期していたものであり、それはもはや民主主義の平等の理想に該当するものではなく、距離やヒエラルキーを重視する貴族階級の理想に該当するであろう。すなわち、もはや〈全体〉に対する諸個人の自律の価値が、最高の価値なのではない。他の者に対する独立としての無限の自己肯定の価値が、最高の価値なのである。ニーチェは、彼が他の場所で自らの道徳にかかわる原理と名づけているもの、すなわち個体化[87]というものを提示することによって、それを意味ある言葉で定義している。

「大多数の人間よりもしばしば、より大きな声で、私は、と言うこと、大多数の人間に自分を認めさせること、われわれを道具や装置の役割に還元するあらゆる試みに敢然と立ち向かうこと、たとえ他の者を自分に服従させることによってにせよ、あるいは他の者を自分のために犠牲にすることによってにせよ、そうすることによってしか独立が達成されないなら、そうすることによって独立すること、一様で安全で気楽な集団よりも、不安定な社会状態の方を好むこと、もし人間がもっと偉大に、もっと権力的に、もっと実り豊かに、もっと勇敢に、もっとたぐいまれになりたいなら、途方もなく浪費するような、まったく個人的な、高くつく生き方が、人間には必要である、と考えること(88)。……」

一八八〇年―一八八一年という年代が付されている上の文のなかに、一世紀前になされた、現代個人主義の見事な予示を見ざるをえない、――細かく言えば、自己陶酔、偏狭な自己配慮、独立性の崇拝、社会性の犠牲、消費の倫理、これらのものはいかなる意味において理解されるか。近代個人主義（平等性に対する熱狂により生気が与えられているもの）に反対することによって、ニーチェは、文明を前‐近代的価値、すなわち「人格主義」の価値へ立ち返らせることができる、と思った。そのような人格主義は、ソクラテス以前のギリシア人たちのなかに、あるいはルネサンスの偉大な人物たちのなかに垣間見ることができる、とニーチェは思った。とりわけ、それらの価値を徹底化し極限に追い込むことによって、近代個人主義から現代個人主義へと行き着く変化を、ニーチェは表現したのではないのか。同様に、モナドロジー的モデルを歴史化することによって、そのようなモデルを弁神論のどんなパースペクティヴからも切り離すことによって、ニーチェは、ライプニッツ流のモナドの観念のなかの、いまだあまりにも形而上学的であるように見える部分と縁を切ることができる、と思った。何よりもニーチェは、自律の原理の代わりに独立の原理を置くことによってライプニッツのモナドロジーによって開始された、人間主義の個人主義的偏流を、終わりへと導いたのではなかったか。

*

したがって、主観性の歴史は、ライプニッツ以来、あるとても深い論理に従ってきた。その論理は、絶対的個人が到来したことによる主体の死によって、ニーチェをも越えて、哲学的に完結した(89)。ライプニッツにおいてであろうと、ヘーゲルにおいてであろうと、ニーチェは、近代の理性の王国のなかに、現実的なものを「純粋な差異化されたものや純粋な継起的なもの」と捉えるかの捉え方の到来にとっての障害物を見た。ニーチェは、新しい哲学の出現を、「純粋な差異化されたものや純粋な継起的なもの」に位置づけた。おそらく、理性主義的モナドロジーの言い回しのなかでよりいっそう理解すべきことは、新しい哲学により実現される個人主義の要求が、知的文化的布置のなかに組み込まれることを可能にしているものは何か、ということである。そのような布置は、かの媒介がなければ、個人主義の要求を拒否したであろう。その媒介（「予定調和」、「理性の狡智」）は、首尾よく組み込まれるや否や、新しい価値の飛翔にとっての足枷に見えたにちがいない。したがって、ニーチェは、自らを断絶の仲介者として理解することができた。もっとも、モナドロジーの時代をそれ自身の彼方へと導くことによって、ニーチェはそれの本当の意味を明らかにしただけである。すなわち、モナドロジーの時代は、主観性の原理や自律の価値が疲弊したとき、近代性の核心に突発した大きな変化とともに現れたのである。われわれの近代性を平坦な道のりとして理解することをニーチェにだけは禁止したそのような変化の最終結果として、今や、社会性への配慮を犠牲にして独立性を主張する現代の個人が自己閉鎖に陥っている、ということが、われわれに知られている。

たぶん、今日、そのような主体を欠いた個人主義に固有のアポリアやさらには危険な徴候さえも予見されはじめているであろう。というのも、そのような個人主義はもはや、自己肯定に課せられたどの制限原理にも満足することはないからであり、またそのような個人主義は、共同体を、ニーチェによって言及された「不安定な社会状態」に解消しがちであるからである。その意味で、哲学者〔ニーチェ〕が相変わらず自らに割り当てているたぐいまれな任務の一つは、もし彼が、反近代的言説に抗して、いずれにせよ近代性の価値を擁護しようとするなら、おそらく、多様な個人の時代から脱するための知的条件を探究することにあるであろう。

# 第三部　超越と自律　モナドロジーの終焉

# 前置き　現象学と批判主義

現代哲学は過去を乗り越えるための試みを重ねてきた。例えば、その過去についての支配的な解釈の帰結の一つとして、「形而上学の乗り越え」が、すなわち、ヘーゲル以降の大哲学が事実上とらざるをえなかった態度（たとえヘーゲルにおいては、体系の完成が哲学の歴史を終わらせることになるかぎりにおいて、そうせざるをえなかったにすぎないとしても）が、しばしば、そして何よりもまずニーチェとハイデガーにおいて、主体の観念が根本的に問い直されている、という印象を与えることとなった。〔しかしながら、〕もしライプニッツによる方針転換以来、哲学的近代性は主観性の勝利よりも主観性の忘却を体験した、と見ざるをえないならば、乗り越えという思考方法は根本的に別な意味を帯びる。すなわち何よりも、人間主義の個人主義的偏流に抗して、今後、主体の再構成が焦点となるにちがいない。たとえ――本書の導入部で説明しておいたように――主体を再構成することが、デカルト的コギトが出現した際にその輪郭が見えていた主観性の形而上学的相貌へと後退することを、意味していないとしても。

もっと正確に言えば、主体の次元は、モナドロジーの時代には隠蔽されていたのが、今や消えゆく運命にあるが、それを再び出現させせなければならないであろう。「形而上学の乗り越え」、――それは、したがって、モナドロジー的パースペクティヴに対する揺さぶりとして、理解されるであろう。というのも、モナドロジー的パースペクティヴは、ライプニッツ以来、さまざまな仕方で、主観性の歴史を支配してきたからである。もっとも、モナドロジー的図式を問い直すということは、いかにして理解されるべきか。そのような試みがもつ二つの面がここでは検討されることになる。

1　主体についてのモナドロジー的概念構成は、主体を、自己への内在として定義された全体性にする。すなわち、モナドは窓をもたない、そのようなものとして、モナドは自らを自己自身とは別のものと関係をもっていないものとして構成する。モナドロジーの考え方を脱構築することは、何よりも内在の断絶を想定することである。というのも、内在の断絶が明らかにしているのは、主観性は、モナド的個体性と違って、外部性や他性へと開かれていることにもとづいてのみ、自分自身に到来することができる、ということであるからである。この場合、われわれは内在における超越という問題設定に出会う。われわれは、そのような問題設定がいかに、絶対的個人主義に代わるべきものを作り出すことと直接つながっているのかを見た。

2　したがって、もし主観性の定義である自己への内在の枠組みそのもののなかで、他性へと開かれていることの次元（超越性の次元）が、主体を構成しているものとして認識されなければならないなら、モナドとしての主体の自己充足性あるいは独立性は、錯覚であることが――それどころか、〈自我〉に関する形而上学的錯覚の原型であることが――、明らかとなる。そのような錯覚を捨てたなら、主体は、人間主義の個人主義的偏流により消し去られてしまっていた自由の真の内容を回復することによって、再構成されるであろう。すなわち、自律の原理がその射程を再び見出すであろう。しかしながら、問題は、どの程度まで、またどんな身分規定によって、自律の観念が、今日、もはや素朴なものではないにもかかわらず、以前の意味を保つことができるのかを知ることである。というのも、さまざまな理由から、われわれは自らをもはや自由に関して神と同等の者であると見なすことはできないからである。換言すれば、主体についての形而上学的な概念構成が打ち砕かれたあと、ラディカルな有限性にもとづいて、自律をどのように考えるべきか。有限であることを考慮することによって、不可避的に、人間の人間たる所以は何か、ということに関する現代的考察全体の枠組みが規定される。したがって、もしモナドロジーの時代以降、すなわち個人主義が完成したあと、人間主義が再び意味を見出すとするなら、それは他性へと開かれていることが、すなわち主体を規定している超越が、自律を目的としていると見なされるかぎりにおいてのことである。つまりは、超越の地平としての自律である、――しかしながら、そのような可能性を、今日、ある思想がつかまえようと欲しているのか、さらにはつかまえることができるのか。

モナドロジーを乗り越えるための試みがもつ以上の二つの面が、哲学的に見て見込みがある、という可能性を明らかにし、そのような可能性を推し量ること、しかも、いかなる条件で見込みがあるのかを示すこと、それが結局、本書の最後において私が掲げる唯一の目標である。現象学と批判主義という二つの知的伝統は、その点に関して、利用価値があるように思えた。すなわち、それらの伝統のあいだで行われる対話から、そしてときには、それらの伝統どうしを対立させる論争から[1]、いくつかの手がかりが引き出されるように、私には思われる。

# 第一章　エマニュエル・レヴィナス——内在の断絶

周知のように、他性のテーマは、エマニュエル・レヴィナスの思索において中心的なものである。私はここで、他性のテーマのすべての台座に立ち返るつもりはないし、他性のテーマのすべての発展形態に言及しようとも思わない。私の関心はただ、そのようなテーマの反モナドロジー的射程および、そのようなテーマと、主体の問題の新たな形態との関係を、検討の対象にすることだけである。確かに、レヴィナスは、「われわれの時代の人間主義の危機」に言及する際、そのような危機は必然的に、「人間を環境に還元する反‐人間主義」[1]への道を開くにちがいない、と考えることを拒否している。反対に、レヴィナスにとって必要とされるように思われることは、新たに古典的人間主義を槍玉に挙げる際、人間の人間たる所以は何かを問う方向で人間を問題にすることである。古典的人間主義も、現代の反‐人間主義も、そのような方向を本当に捕まえるには至らなかった。要するに、いかにして「主体が存在と対照をなす」のかを問うことによって、主体の問題を問い直す必要があるであろう。そして、そのような問いかけの枠組みのなかで、「内在の断絶」[2]が起こるのである。「内在の断絶」によって、存在のなかに、人間性の形而上学的相貌と対照的に、本当の主観性が登場するのが見られる。人間性の形而上学的相貌においては、絶えず〈他〉から〈同〉に連れ戻されることによって、「人間は一個のモナドのように自らを再び閉じてしまう[3]」のである。

## 人間主義の錯覚、反‐人間主義の誤り

レヴィナスは、鋭い洞察力によって、反‐人間主義的なスローガンである「人間の死」がもとづいている驚くべき誤解に、照準を定めた。逆説的に言えば、反‐人間主義は、人間を「嫌悪」している点で、古典的な人間主義に属していることが明らかである。というのも、反‐人間主義は、古典的人間主義から、主体についてのある種の表現――まさに、「人間は一個のモナドのように自らを再び閉じてしまう」という表現――を、受け継いでいるからである。

したがって、反‐人間主義のキャンペーンはどこからエネルギーを得ているのか。何よりもまず、次のようなことが確認される。すなわち、人間科学の登場は、以後、人間に対して、「自己と自己との一致」に関するどんな希望も許していない、と。なぜなら、もし「心的現象と自由」が、「構造がシステムのうちに関連し合うために経由する迂路」にすぎないなら、もし人間がもやは真理を所有しているのではなく、真理（構造の、システムの）が人間をがっちりつかまえているならば、「自己自身に同一的な自我の内面性は解消される」からであり、「すべての人間性は外部にある」からである、――「まるで自己との合同的一致そのものが不可能であるかのようであり、まるで主体の内面性は内部から閉じられないかのようである」。要するに、「まるで、同一化可能なあらゆる同一性がそこに遡及するような、まさにすぐれて同一性である〈自我〉が、自己自身には欠けているかのように、あるいは自己自身と一致することができないかのように、すべては進行している」。したがって、確かに、「私は一個の他人である」、「自己と自己との再会は失敗してしまう」[4]、「内面性は厳密な意味で内部的ではない」、したがって、「以降、主体は理性の領域より排除される」ということを、認めざるをえないであろう。無意識についてのさまざまな発見と並行して、現代の歴史そのものは危機を強調する。「戦争や強制収容所における墓場なき死者たちが、明日な

き死という理念に信憑性を与え、そして自己への配慮を悲‐喜劇的なものにし、理性的動物が宇宙のなかに特権的な地位を求めているという思い込み、つまり存在の全体を支配し、それを自己意識へと統合する能力を、錯覚と見なす(5)。」

しかしながら、たとえ「知的上流社会」に黙示録的観念を与えることができるとしても、反‐人間主義的論証には、二つの欠陥があることが明らかとなる。何よりもまず、まったく一貫性がないということが明らかとなる。なぜなら、自己意識が解体したのに、どうして「それでもなお反‐人間主義が真なる知の発見の役割を人間にあてがうことができる」のか、自問してみなければならないからである。どんな知も、人間科学の知でさえも、自己意識を経由しているのではないのか。その意味で、人間科学は、「科学する人間の媒介」に依拠しているかぎり、本当に、意識としての人間というある種の観念なしで済ませることができるのか。

そのような原理的に困難な諸問題とは別に、反‐人間主義は、形だけのものではない反論、すなわち人間主義にあてがわれた、したがって、主体の観念にあてがわれた内容そのものにかかわる反論を受ける。というのも、反‐人間主義は、自己自身と一致することは明らかにできない、ということと、主体の死および、あらゆる人間主義の失墜とは等価である、という確信に由来しているからである。ところで――自らが立ち向かっているものに、驚くほど依存している点において――、反‐人間主義は、主体の観念についての思い違いの形をとって、古典的人間主義に最も特有の錯覚――主体の形而上学とも言えよう――を、よみがえらせる。というのも、主体の形而上学を特徴づけていたものは、内在についての異常な強迫観念であるからである。「知とは、〈同なるもの〉と〈他なるもの〉との関係であり、この関係において、〈他なるもの〉は、〈同なるもの〉に還元され、その異邦性を奪われる」と確信している哲学的伝統は、思考を（したがって、「考えるもの」としての主体を）、「絶えず自己の同一性を探求する意識の内部に外部のものが取り込まれること」として、理解してきた。その際、意識は、他なるものと自己を同一視し、もはや「他なるものそのもの」[6]ではない他なるものとかかわる。「絶対に他なるものは残されていないところの、人間の業そのもの」として評価された思考の働きは、したがって、絶えず、あらゆる超越の廃止を遂行するものとして描かれてきた。すなわち、思考の働きは、超越的なものすべてを自己自身と同一の〈自我〉の内在性へと連れ戻すもの、自己において、自己であらぬもののすべてを全体化するものとして、描かれてきた。〈自我＝自我〉、〈絶対知〉、〈体系〉といったものの唯一の地平は、統一性の一致である。「すべてが〈同なるもの〉に吸収され、はまり込み、幽閉されている」[7]状態にある主体の形態をとおして、「モナドのように自らを再び閉じてしまう」人間を、その人間自身とは他なるものとの意思疎通なしに、ラディカルに他なる他性との関係なしに、孤独な自己との関係において、捉えざるをえない。人間主義という言葉によって、外部性ないしは他性、すなわち世界の外部性ならびに「自己」の外部性が、「内在に回収される」、また、「理性の能動性はあらゆる他性に打ち勝つ」[8]とする、主体についての古典的な見方が意味されるなら、無意識の発見や、〈自我〉がはめ込まれている構造（心的、社会的等々の）というものの発見によって生み出された内在の断絶は、そのような錯覚を消してしまい、「人間の死」というパースペクティヴに信憑性を与える。しかしながら、形而上学的人間主義を問い直すことは、そのことによって糾弾されている錯覚をよみがえらせるべく、定められているのか、また単なる内在性の論理に従って、意識をモナドのようなものとは別様に理解しないように、定められているのか。

　内在と見なされていた意識がものの世界に解消されようとしている、ということを――ここでレヴィナスは、実際、人間主義についての論争が被っている最悪の誤解のルーツにたどり着く――、見逃すわけにはいかない。そもそも、主体が、存在において際立ち、そのようなものとして人目を引くにちがいないとしても、それは自己同一性によって、ないしは自己への閉じこもりによってそうなるのではない。すなわち、ライプニッツがはっきりと気づいていたように、モナド性とは、さまざまな程度において、もの、動物、人間に無差別に帰される構造のことである。内在の錯覚を打ち砕くことによって、人間科学は、主体の観念の解消に行き着くどころか、むしろ主観性のなかで最も還元不可能なもの——すなわち自己との不一致、還元不可能な他性や外部性への開放性——について問いかけをはじめるための条件を整える。「私」が存在と対照をなすのは、「私」が自己自身と一致するに至らないからであり、「私」が「一個の他者である」からである。ランボーの定式である、「私は一個の他者である」は、したがって、主体の観念の一掃のシンボルの役割を果たすべく定められてはいない。すなわち、「あらゆる人間的なものは外部にある」、「すべては外部にあり、私のうちのすべては開かれている」ということを表しているからといって、ランボーの定式は、必ずしも、「あらゆる風にさらされて、主観性は、もの、ないしは物質に紛れてしまう」ということを意味していない、——なぜなら、古典的人間主義がかつて信じていた（反‐人間主義が相変わらず信じている）こととは逆に、「主観性の意味は、まさに内部から自分を閉ざすことができないという点にある」からである。(9)

その意味で、形而上学による主観性の歴史、すなわち結局のところ〈自我〉のモナドふう閉じこもりに行き着いた主観性の歴史、そしてヘーゲルの〈絶対主観〉（自分のうちにすべてを吸収するものとしての、したがってその絶頂において外部性の廃絶をもたらすものとしての）がそれにあたる、巨大なモナドの到来に行き着いた歴史は、主観性を助長するというよりは、むしろ主観性の固有の真理（開放性としての）を取り逃がしたかもしれない。そのような診断は、レヴィナスにおいては、暗黙の発言にとどまっている部分もあるが、だがその診断の骨子は、本書で試みられてきたこととまったく一致している。すなわち、いわゆる「主観性の形而上学」は、〈存在〉の忘却によってよりも、主体の忘却によって支配されてきた、というものである。それと関連して、主観性の形而上学を揺さぶること、すなわちそれを乗り越えることは、ハイデガーが無邪気に信じていたように、「主観性に抗して」考えようと努力することによってなされるというよりは、結局は、主体の問題を提起しようと決心することによってなされる、——したがって、レヴィナスの言葉によれば、開放性を考えようとすることによってなされる。開放性は、モナド的内在に裂け目を入れ、そして主体を、自己の外へ出るための場、こう言ってよければ、超越の場にする。[10]

ここでわれわれはまた、今や主体の哲学がどうなっているのかを示すために、内在における超越についての問いかけを再び見出す。「これらの努力すべての背後にある主な任務は、〈他なるもの〉を別の〈同なるもの〉として考えることなしに、〈同なるもののうちなる他なるもの〉を考えることにある」[11]。これは、新しい人間主義を活気づけることになる問題設定の、正確で説得力のある定式化である。すなわち、〈同なるもの〉において（すなわち、例の意識の同一性や内在性において、ということ、そのような同一性や内在性がなければ、主体の観念はどんな意味も失うであろう）、〈他なるもの〉、すなわち他性への開放、超越を、出現させるということである。超越は、モナド的な自己充足の錯覚を打ち砕くものであり、また、まさに自己との不－一致によって、「存在と対照をなす」ことが可能な主体を、本当に構成するものである。フッサールがはっきりと現象学にそのような任務の達成を委ねているかぎり、レヴィナスは、その点でフッサール現象学と、フッサール現象学に由来する大部分の哲学的潮流とを対立させているものは何かを、強調している。大部分の哲学的潮流は、ハイデガーの影響の下に、主体の観念にその真理を取り戻させようとするよりは、主観性の地平をどんな形においてであれ否定する。その意味で、現象学は、フッサールにおいて、「根底的に人間主義的なままにとどまっている」[12]がゆえに、フッサールの遺産とのある種の関係において、「自ら閉じこもることができない主観性の観念」[13]は作り上げられうるであろう。しかしながら、レヴィナス自身がそのような遺産を管理しなければならないと思っていた、ということを考えるなら、フッサールの遺産との関係は複雑なものとなる。

## フッサールの遺産

内在における超越としての主観性に関する考察に対してフッサールがもたらした貢献についての収支決算をしたとき、レヴィナスは確かに、現象学の創始者に敬意を表している。すなわち、「エゴは、内在に帰属しつつ、内在の外にある」ということ、「内奥性の内部を切り裂く外部性」なしには、「[……]」にもかかわらず、そこではすべてが自己との一致、あるいは自己との再会であるような他性[14]」なしには意識は存在しない、ということを、フッサールは完全に理解していた、と。というのも、フッサールは、「内在における超越」を、すなわち、「おのれの最も内奥的な自己同一性においてさえ無限に〈他なるもの〉へと送り戻される〈同なるもの〉」を、活動中の意識を構成している志向性の構造として示しているからである。「眠っている〈自我〉」が外部性に対して自分を閉ざし、自らの同一性のなかで硬直しているのに対して、目覚めている意識は「内在を超越し」、対象へと向かい、したがって他性への開放にもとづいてのみ、文字通り意識として（主体として）出現する。それどころか、もっと厳密に言えば、フッサールは、志向性を、対象の衝撃により内在から引き出された単なる目覚めた意識の構造にしようとするつもりは毛頭なかった。『経験と判断』、あるいは『現象学的心理学』において、志向性は対象からの影響に先立つもの、そして文字通り、対象からの影響を可能にするものである。〈自我〉が「不在に至るまで麻痺させられることは決して」ないがゆえに、眠りの受動性においてさえ、自我は潜在的な志向性であるがゆえに、能動的な注意の志向性が現れる。要するに、「目覚めの可能性はすでに〈自我〉の心臓を、混乱しかつ生き生きとした内在において超越しつつある内側から、鼓動させているのである」[15]。内在は、対象に由来する刺激によって、外部から断ち切られることはない。内在の断絶、したがって超越は、志向性と同じく、主観性そのものである。

〈自我〉をモナドとして見る見方を単なる錯覚であると規定してしまうことによって、上記のような志向性についての考え方に至るとき、フッサールは、形而上学による同一性の専横に対する他性の真の解放に最も近づいたことになる。なぜなら、前‐反省的意識において、すでに同なるものと他なるもの（超越）との差異が素描されるとき、原初的な内在の断絶を考えることを可能にしているものは、触発の理論ではないからである――そのような断絶は、いったん主体が存在すれば常に‐すでに生じる、すなわち主体は断絶を糧としており、断絶は主体をそのようなものとして構成している。したがってこの断絶についての現象学は、いかなる仕方で、いかなる様相の下に他性が同一性に常に‐すでに侵入しているのかを、記述する義務を負っているであろう。

『デカルト的省察』の「第五省察」において、フッサールはそのような現象学が有する計画について言及している。すなわち、生体のあいだのアナロジーにもとづいて、私とは違う〈自我〉の意味が私にとってどのように構築されるのかを明らかにすることによって、フッサールは以下のことを予見している。すなわち、〈自我〉が、その自我論的夢から目覚めることによって、充足を（しかも、錯覚である自己充足を）失うことによって、他なるものにさらされることによって、自己から解放されることによって、本当に主観性として現れるのは、「他者のまなざしの下で」のことにすぎない、と[16]。しかしながら、フッサールはそのような可能性を、漠然と理解していたにすぎないのであり、そのような可能性は、「フッサールの言葉を越えて先へと進められる[17]」現象学によって十分に活用されていない。実際に、レヴィナスが、困惑させられたと進んで告白している[18]、『デカルト的省察』の「第五省察」は、他我 (autre moi, alter ego) を持ち出す際、私が比較している二つの顔のあいだの類似からの連想をとおして、「他我を私の身体の現前とのアナロジーによって導き出している」、――あたかも、私が自分の顔を他者の顔と比較するために、〈自我〉の能動性に譬えられることに先立っているものであり、〈自我〉の能動性を可能にするものである他なるもの（別の人間としての）への開放性に従って、あらかじめ私が、他者、すなわち「他者の顔」に準拠する必要がなかったかのようである。したがって、フッサールもまた、ある意味では、〈同なるもの〉にもとづいて他なるもの引き出し、〈自我〉の能動性にもとづいて別の〈自我〉の意味を引き出すことによって、超越の根拠としての内在を再び強調しようとした。

　私はここで右のフッサール読解について論じるつもりはない。というのも、右のフッサール読解について言及することが私にとって重要であるのは、そのフッサール読解がレヴィナスの計画についてわれわれに何かを教えてくれるかぎりにおいてのことにすぎないからである。レヴィナスの計画とは、主体の構成は相互主観性の出現に由来するのであって、その逆ではない、とするパースペクティヴによって導き入れられるモナド性の断絶を徹底化することによって、フッサールの遺産を実り豊かなものにすることである。「他人の人間主義」という言い回しは、次のような意味に理解される。すなわち、結局はモナドロジーによって〈自我〉を規定するに至りその頂点に達する古典的人間主義に抗して定義し直された人間主義は、主観性を超越として捉え、超越をコミュニケーションとして捉えることにある、と。言い換えれば、人間の人間性とは、「他人」の他性に開かれていることをとおしての同一性の断絶のことである。すなわち、

「他なるものとは他者のこと（である）。自己からの脱出とは隣人への接近のこと（である）。近接性とは他なるものに対する有責性（である）」[19]。モナドロジーが主観性を解体したのは、モナドロジーが、窓のないモナドのあいだの、どんな直接的なコミュニケーションをも、したがってどんな真の相互主観性をも打ち砕いた、まさにそのときのことであった。そこで、モナドロジー以後、主体を再生させるということは、主観性の原初的な状態としての相互主観性を再発見することを経験することである、という事態は、われわれを面食らわせるものではないであろう。ここで再びわれわれは、レヴィナスの思考方法を採用することができる。レヴィナスは、「他人の人間主義」を、「自己に没入している人間」の死として、「自己自身の方を向いている主体」の死として、「したがって、自己への配慮として定義される主体、そして幸福のうちで、自己自身のためを成就する主体」[20]の死として、描いている、——要するに、他人の人間主義は、狭い意味での主体の重視と対照的に、個人の重視として本書において規定されてきたものすべてとの断絶としてのかぎりでの人間主義である。狭い意味での主体には、まさにその主観性において、それが「他者へと向かう」運動が組み込まれている。

したがって、内在の裂け目をコミュニケーションの到来と捉えることによって、フッサールの遺産を実り豊かなものにする必要がある。せいぜい付言するとすれば、フッサール自身はときとして、超越とコミュニケーションとの関連の重要性を理解していた、ということである。彼は、そのような重要性をモナドロジーの用語を使って説明しようと試みさえした。したがって、彼がはっきりと断言していることは、モナドロジーの問題は、まさに相互主観性の問題であるので（どのようにして、自己自身のうえに閉じたものであるモナドが、対象性の規定に関して一致するのか）、客観的世界の存在の問題に先立っている、というわけである。「他の主体の〔超越論的〕構成［……］は、私にとって客観的世界が存在するための可能性の条件である」[21]、――さらに次のように言いさえする。

「理念としての客観的世界、すなわち一致する相互主観的経験――相互主観的に共同化された経験――の理念的相関項としての客観的世界は、それの本質上、それ自身無限の開放された共同性という理念として構成された相互主観性に関係しているにちがいない。そしてそのような相互主観性に属する各主体は、相互に対応し、一致する構成体系を所有しているのである。したがって、客観的世界の構成ということには、本質的に、モナドの調和ということ、もっと正確に言えば、個々のモナドのなかで行われる調和的構成ということが含まれており、したがってまた、個々のモナドのなかで調和的に起こる発生ということも含まれているわけである[22]。」

〔フッサールが〕予定調和というライプニッツのテーマ体系に言及していることを、ここで誤解してはならない。フッサールは、ライプニッツの調和のテーマ体系が前提にしている形而上学的仮説を採用しているのではない。フッサールはただ、モナド相互のコミュニケーションを度外視しては、いかなるモナドも、モナドがおのれの主観性の客観的相関項と見なす世界についての表現を生み出すことはできない、ということを強調しているだけである。「実体どうしのコミュニケーション」は、ライプニッツにおいて、神学的な根拠をもった調和によって、垂直に確立されたが、権利上は、モナドロジーとは別の知的布置においては、そのようなコミュニケーションを別の仕方で捉えることを妨げるものは何もない、――たとえ、そのためにモナドが有する厳密なモナド性が台無しになるかもしれないとしても、またモナドが有する自己への内在を打ち破るかもしれないとしても[23]。要するに、調和というテーマ体系は、形而上学的な様相から解放されると、そのようなテーマ体系を不可欠のものとしていた思弁的枠組みと対峙する形で再構築され、その結果、客観性の相互主観的基礎づけが、したがって同様に、主観性の相互主観的基礎づけが考慮に入れられるようになる。その点について、『危機』〔『ヨーロッパ諸学の危機と超越論的現象学』〕はそれ以上明確には主張しなかった。「自我論的共同性は、それが世界を構成するかぎり、常に構成された世界に先立っている(24)」。確かに、フッサールはこの優越性〔論理的年代順配列の問題〕についてはこれ以上は検討しなかった。それでも彼は、現象学における彼の後継者たちが、優越性の実際の扱い方を明らかにしてくれるならという条件で、優越性についての言い回しを工夫したことははっきりしている。優越性の実際の扱い方を明らかにすることが、モナドロジー的な主体の観念を破壊し終えるためにレヴィナスが引き受けた特務である。

そのような特務が果たされているかどうかを判断し、したがって、モナドロジーの地平を乗り越える可能性を現象学が有しているか否かを推量するための最も有効な方法は、レヴィナスが「他者の出現という現象(25)」が現れるのを見るある経験を分析することのなかに存しているように、私には思われた。「自己自身の方に向き直っている」、「自己への配慮」によって定義された、モナドとしての主体、という錯覚を乗り越えるために、「他人の人間主義」が何よりもまず考察しなければならない、とレヴィナスには思えるものは、「他なるものへの欲望」である、ということをレヴィナスは絶えず強調する、――なぜなら、「〈自我〉と自己自身との至上の同一化を危うくするような仕方で、〈自我〉が」、どんな反省にも先立って、「他者に向かう」のは、「存在に欠けており、それを満たしたりするような一切のものの彼方において(26)」生まれたばかりの、欲望においてのことであるからである。欲望の現象学、あるいはこう言ってよければ、「〈エロス〉の現象学(27)」は、したがって、「いかにして、またどこで、経験という精神現象のなかで、他なるものを還元不可能的に他なるものとして根拠づけるような、決定的断絶が生じるか(28)」ということを明らかにしようとする企図の核心に、存在する。それは、〈エロス〉の現象学をもってすれば、レヴィナスにとって、主体の侵入の条件としてのコミュニケーションに関する、モナドロジー以後の思索が究め尽くされるからではない。それでも、欲望をもってすれば、それが「絶対的に〈他なるもの〉への欲望である」[29]かぎり、「他者の公現」が不意に生じてくる。「他者の公現」は、自己充足の錯覚を打ち破り、そして主観性を、もはや自己‐生産の自発性として捉えるのではなく、他なるものへの開放性として捉えるように促す。そのような他なるものの基本的様相は、他者の迎接、換言すれば「歓待性」[30]である。

### 〈エロス〉の現象学の断章

『全体性と無限』の第五部の冒頭（第四部のB）に出てくる「〈エロス〉の現象学」は、性的関係の体験を、それの本質を抽出すべく、描写しようとする。レヴィナス自身が初期の著作の一つにおいて説明していたように、[31]『論理学研究』の第一巻で定義されている現象学的分析は、「対象の本質構造もしくは対象の形相《エイドス》」を引き出すことによって、また対象の形相と、「本質的なものと偶然的なものとが混じり合っている対象の経験的概念」とを区別することによって、精神的生のさまざまな側面を描写する。現象学の伝統において、そのような形相的還元は、周知のように、方法的要請にもとづいて行われる。すなわち、精神的現象の本質は、精神的現象の意味、もっと正確に言えば、精神的現象を生気づける意味の志向にほかならない。意識は「思惟」である、ということが認められるとするなら、現象学は、「精神的生のすべてのレヴェルにおいて」（意識にかかわるあらゆるレヴェルにおいて）、「思惟は思念であり、志向である」、つまり「志向性」、「意味を付与する作用」（Sinngebung）である、ということを、「理論的なものを何ももたない」志向の場合でさえもそうである、ということを明らかにする。

〈エロス〉の現象学に当てられたページにおいて、そのような思考方法が適用されている。ここでは、この性的関係の現象学の断章、——すなわち、まさにそのような関係の象徴である愛撫についての分析——を考察するにとどめたい。レヴィナスは、愛撫についての問いかけを、愛撫の思念あるいはそれの志向の観点から、つまりは、「思惟は思念であり、志向である」なら、志向を「思惟」として駆り立てる「志向性」の観点から、精緻に展開する。(32) この愛撫の現象学、もっと一般的に言えば、〈エロス〉の現象学は、それに割り当てられた役割からすれば、一見したところ、人を面食らわせるものであるが、それでもやはり、フッサールの遺産に含まれている刷新の力を評定することを可能にするにちがいない。というのも、〈エロス〉についての哲学的な問いかけは、哲学そのものと同じぐらい古いからである。そのことを証明しているものとして、『饗宴』、『物の本性について』の第四巻、ならびに、永いあいだパスカルのものとされていた『愛の情念について』、もっとわれわれに近いところでは、『存在と無』のなかの愛について割かれたページ(33)がある。したがって、現象学的方法の導入によって、要するに伝統的なテーマ体系全体が被るかもしれない変化を観察するならば、志向性による主観性へのアプローチの射程は、証拠にもとづいて評価されるにちがいない。

愛撫についての形相的記述は、愛撫を、まずはじめに主体の側から考察し、次いで、それをそれの対象の側から考察する。主体の側から、形相的記述は、肯定的規定と否定的規定とを交錯させる。(34)

(1) 第一の規定の綱目は、愛撫と感性的なものとの関係を捉える——、そのような微妙な関係は、四通りの仕方で描写される。すなわち、愛撫は「感受性である」。しかしながら、愛撫は「感性的なものを超越する」。だからといって、愛撫が「感受されたものの彼方で」感覚するわけではない。愛撫は実際には、単なる超越の運動、「極上のもの」をなんら把持することなしに感性的なものを乗り越えようとする探求である。すなわち、なるほど感性的なものを超越することであるが、「諸感覚よりも遠くまで」行くものになんら到達しない、したがって、感性的なものを超えたものになんら到達しない。このような第一の規定は、プラトンによる性的関係についての説明に対抗しようとしているがゆえに、何よりも否定的な射程を持っている。

——愛撫をとおして描写された性的関係は、隣接性を前提にしている一種の感受性、すなわち触覚にもとづいて性的なものとなっている。愛撫としての性的関係は、「接触として」ある。性的関係を、「接触として」ある経験にもとづいて描写する、という選択は、『饗宴』において、〈愛される人〉との関係がもっぱら視覚に関する言葉によって表現されていることを思い浮かべるなら、それ自体としては有意味なものに思える。プラトンにおいて、恋する人は、何よりもまず肉体の美を眺める人のことである。もし、ディオティマが指摘しているように（210e）、人間が「さまざまの美しいものを観た」ときに〈エロス〉がはじまるなら、視覚〔見え方〕として理解された愛の対象は、それの美によってまったく論理的に特徴づけられる。それに反して、レヴィナスにおいて、愛に関するプラトン的言説のそのような二つの要素〔視覚と美〕は消える。恋をしている主体の行為は何よりも見ることのうちに存するのではなく（触ることのうちに存する）、〈エロス〉の対象は美によって描写されもしない（少しずつそのことが確認されるであろう）。そのような方向転換が性的関係を際立たせるのは、性的関係が有する本来的に感性的なものにおいてであり（プラトンにおいて、視覚は、確かに感性的なものであるが、それにしても最も知的な感覚である）、また性的関係が前提にしている近接的なものにおいてである（まなざしは距離を置いた感受性である）。

——したがって、愛撫と同様、〈エロス〉は、深く感性的なもののなかに根づいているがゆえに、〈エロス〉において果たされる超越は、超感性的なものを狙いもしないし、それに到達しもしない。反対に、思い出されることは、プラトンにおいて、まさに〈エロス〉が、いわば視覚という官能的でない感覚を通過するかぎり、また〈恋する人〉が〈美〉を追求するがゆえに、超越の運動が欲望から出発してたやすくはじまる、ということである。そして、そのような肉体の美から肉体そのものの美へ、そしてそこから魂の美へ、次いで、性的関係の真の目的である〈美のイデア〉へと至る。「突然、彼（愛の道について教導を受けてきた者）は、ある種の驚嘆すべき性質の美を見るであろう」、すなわち、〈美〉そのものの永遠的同一性および単一性を見るであろう。[35] 始めから終わりまで、プラトン的〈エロス〉は「見ること」であったのであり、「見ること」は、超感性的なものを眺めることにおいて頂点に達するのであり、眺めることによってのみ、あらゆる愛の働きかけに意味が与えられる。すなわち、感性的なものの叡智的なものへの超越である愛は、「諸感覚よりも遠くまで」見ることによって、かの極上の叡智的〈美〉にまで至った。

レヴィナスにおいてはそのようなものは何もない。なるほど、愛撫は、「接触として」あるが、愛撫が目指しているものが接触でないかぎり、それはまた接触以上のものである。そればかりか、性的接触は、その本質が触れることにおいて汲み尽くされない接触である。というのも、われわれは多くの人に触れるが、そのような触れ方は愛撫ではないからである。その意味で、確かに、〈エロス〉においては、単なる感性的関係の超越、乗り越えが問題になっているのであるが、――だが、そこでは、超越は超越それ自体と違うものになんら通じていず、あたかも超越が、超越の運動であるかぎり、超越自体を目指しているかのように、すべてはでき上がっている。「あたかも愛撫は飢えそのものを糧としているようであり」、プラトンの〈エロス〉や単なる欲求とは違って、欲求を満たすことによって欲求を叶えるようになるものを糧としているのではない。欲望というよりも欲求と言える、『饗宴』の〈エロス〉が満たされるのは、〈エロス〉を生気づける美への欲求が、〈美のイデア〉を捉えることによって叶えられるときである、――〈エロス〉が満たされるかもしれないということは、プラトンが欲望の本質を捉え損ねている、ということの証拠である。

「欲求においては、私は現実的なものと絡み合い、他なるものを同化することで充足することができる。欲望においては、存在との絡み合いも飽食もなく、道標なき未来が私の前にあるだけである。[36]」

要するに、愛撫においては、何も把持されない。もっと正確に言えば、「愛撫とは何も把持しないことである」、――このことは、性的志向性は、どんな現前の開花においても、例えばプラトンにおいて〈美のイデア〉を特徴づけている叡智的永遠性の単なる現前の開花においても、頂点に達しない、ということの証拠である。まったく反対に、愛撫は現前の充溢性の把持において果たされないがゆえに、愛撫は、「絶えず未来へと逃れる」ものに執着する。愛撫とは、「あたかもいまだ存在しないかのように」、「自分から逃れるもの」(したがって、不在のもの)を目指すことである。目的を欠いた超越、超感性的なものへの開放を欠いた超越である、――愛撫についてのこのような否定的規定は、しかしながら、第一の肯定的規定へと人を向かわせる。「愛撫は探し求め、追跡する」、――それは単なる探求、単なる超越の運動であり、なんらかの超越的なものを眺めることから抜け出せないものである。

(2) その探求の本質を、目的の獲得のなかに位置づけようとする誘惑に駆られないために、第二の否定的な規定は、第一のアプローチが獲得したものを検討し直すことになる。「愛撫は開示する志向性ではなく、探求する志向性である、つまり、不可視のものへの歩みである」。したがって、プラトンの分析との断絶は、さらに大きなものになる。『饗宴』によれば、それ自体可視的なものの極致であるもの、『国家』の言い回しによれば、「存在するもの全体のなかで最も光り輝いているもの」、すなわち叡智的なものを、眺めようとする、したがって、開示しようとする欲求によって、性的遍歴は駆り立てられていた。もっぱら精神のまなざしになるまでに純化された性的まなざしにとって、叡智的なものに近づくことは、極度に可視的なものの次元を開くことであった。というのも、〈イデア〉は永遠に現在であるものの水準を規定しているからであり、そのような永遠に現在であるものは、洞窟のなかの影のように、発生や崩壊、変形や変質といったことを被らないからである。

欲望の本質とは両立しない、そのような目的の達成とは反対に、現象学的記述は、性的関係に固有の未完了を強調する。すなわち、愛を愛と言いうることなしに説明することによって、愛撫は、性的関係の実質的な終わり（他人の身体の所有）が決して本当は終わりではない、ということを象徴化している。愛撫は、それ自体探求のようなものであろうとするがゆえに、「その終わりよりも遠くまで行く」。愛撫がその目的を獲得するのは、他人の身体に触れることにおいてでも、他人の身体を所有しているという事実においてでも、どんなものであれ、なにがしかの「存在者」、——身体そのものであれ、あるいは美であれ、身体に関すること——を所有していることにおいてでもない。「愛撫は存在者の彼方を目指す」。存在者は所有することができるものであり、叡智的実在としてであれ、把持することができるものである。——そして、たとえ愛撫がいまだ存在していないものを目指すとしても、それは未来の存在者（その場合でも、いずれにせよ「何ものか」を目指していることになる）のことを言っているのではない。愛撫は現在の存在者を目指すのでもなく、きたるべき存在者、愛撫によってもたらされるはずの存在者を目指すのでもない、——そのような理由により、欲望は絶えず「再生する」、というのも、まさに欲望は存在者をなんら把持することはないからであり、また何ものかが到来することによって、欲望が和らぐような、そうした何ものかを把持することはないからである。したがって、愛撫は、他人の欲望を、次いで、他人の喜びをもたらそうとする、すなわち、他人を欲望と喜びとしてもたらそうとする、と考えることすらできない。

愛撫の志向性がそうであるならば、愛撫が目指すいまだ存在していないものが獲得されるのは、次のようなものが到来することによってであろう。それはしたがって、現前の開花において、また「いまだ～ない」としていまだ存在していなかったものの消滅において、愛撫そのものをとおして、ついに存在するようになるもののことである。ところで、レヴィナスが強調しているように、愛撫が目指すのは、とても不思議な「いまだ在らぬもの」であり、「存在」へと変化することはない、「いまだ在らぬもの」である。というのも、欲望は絶えず、「いまだ存在しないもの」についての探求として再生するからである。

愛撫は、現在の存在者を目指すのではなく、いまだ存在しないものを存在させるべく努めるわけでもなく、「いまだ在らぬもの」自体を目指す。そのような否定的規定は、一方で、肯定的な定式化を受け入れる。すなわち、〈エロス〉は絶えず、「永遠に破られない女性的なものの処女性へ」とわれわれ連れ戻す。そのような定式化の原則は、たとえそのような定式化が読解の問題を提起するとしても、明らかである。愛撫は、決して〈起こったもの〉へと変化することのない〈いまだ在らぬもの〉を目指すのであるが、実際は、おのれの対象を所有しているわけではないし、他人の身体の所有は愛撫ではない。その証拠に、欲望の再生において、他人は、〈いまだ在らぬもの〉として、とりわけ〈いまだ所有されていないもの〉として再び出現してくるのであり、〈いまだ所有されていないもの〉の再出現そのものが欲望に糧を与えている。その意味で、欲望は、絶えず、他人の身体を〈いまだ所有していないもの〉に直面させられる、したがって、「永遠に破られない処女性」に直面させられる。〈エロス〉はそのような処女性を探求する。それは、所有を越えた、還元不可能な処女性の〈エロス〉である。

このように記述された欲望が、もっと正確に言えば、女性的なものの処女性への欲望として現れる、ということに、たぶん驚くかもしれない。だからといって、急いでそこになにがしかの男根‐ロゴス中心主義（phallogocentrisme）の痕跡を見るには及ばない。[37] もっと簡単に、そしてもっと当を得た言い方をすれば、何よりもまず指摘しなければならないことは、体験の記述的分析から出発して形相的還元によって展開される現象学的言説が、超越論的主観によって書かれていると見なされることは難しい、ということであり、――その意味で、現象学的記述の枠組みのなかで、言説の主体が男性であるということは、それなりに意味のあることである、ということである。次いで、そしてとりわけ、ここで介入してくる女性性は、明らかに、心理学的カテゴリーではなく、（形相的還元が問題になっているがゆえに）存在論的カテゴリーである。もっと正確に言えば、それは存在論的カテゴリーの図式化ないしは象徴化、すなわち、愛撫の対象固有の定義となっている「いまだ在らぬもの」（未来の存在に通じていないもの）の、図式化ないしは象徴化のことである。そのようなものとして、その欲望の対象のカテゴリーはもちろん、男性的でも女性的でもない。しかしながら、もし「いまだ在らぬもの」というその定義を思い浮かべようとするならば、考察は、不可侵性、したがって還元不可能な処女性という観念に、苦もなく行き着くであろう――われわれはそのことを見た――。それゆえ、女性性が、還元不可能な処女性という観念のわかりやすい巧みな例示であることのわけが、誰でも苦もなく理解できる。したがって、女性的なものという観念は、レヴィナスの〈エロス〉の現象学において、中心的な役割を果たすことができる。その際、明らかに、女性の観点から欲望の志向性に問いかけるための方法を、分析することは、大いに有効である。

（3）それでも、レヴィナスはそのような志向性を明るみに出すために、第三の否定的規定、すなわち、愛撫は「それに敵対する自由を支配し、自由を自分の対象たらしめ、この自由から無理やり同意を得ようと」するのではない、という規定に注意を向けている。ここで直接目指されているのは、プラトンのアプローチよりも、サルトルの愛についての分析である。というのも、周知のように、『存在と無』において、サルトルは、「相剋」を「対他 - 存在の根源的意味」にしているからであり、またそのような「相剋」のなかに「合一の企て」を見ているからである。「合一の企て」は、「他者のもつ他という性格の消滅」、他者を「私に同化すること」を、引き起こす、――それゆえ他者との関係は、何よりもまず、「他者の自由に対して働きかける」ことによって、他人の自由をそのものとして否定し、「他人の自由を私のものにしようとする」。[38] そのような枠組みのなかに、愛の経験が位置づけられる、――そこから重大な帰結として、愛はそれ自体「相剋」であり、また、愛は、他人の自由によって脅威にさらされている「私の存在を取り戻そうとする」、包括的な企てに似ている、ということが出てくる。すなわち、私は、愛において、他人の自由を奪い取り、他人の自由を「私の自由に従属する自由」たらしめる。したがって、「恋する人は愛されたいと思うのか」という質問に対して、サルトルが答えるところによれば、愛は単なる「身体的な所有の欲望」ではなく（なぜなら、もしそうであるなら、「愛は、多くの場合、容易に満足させられうるであろう」から）、「意識をとりこにしようとする」意志である。そのうえそこから、愛にまつわる関係の乗り越えがたいアポリアが出てくる。すなわち、愛は「自由としてのかぎりにおける一つの自由を、所有しようとする」、だが、愛が自由を所有するや否や、愛はもはや自由とかかわり合わない、――一方、もし愛が自由を自由としてのかぎり存在させるなら、愛は自由を所有しない。この有名な分析から、少なくとも、性的志向性は同一性の産物である、という結論が引き出される。同一性は、確かに、「一つの特殊な型の我有化」を要求するが（というのも、他人は、それが自由であるかぎり、所有されるにちがいないからであり、他人は自分自身を「所有されたもの」として認めなければならないからである）、しかしながら、同一性は、いずれにせよ、〈他なるもの〉に対する〈同なるもの〉の支配を立証している。

その点で、サルトルの愛撫についての分析を参照することには、意味がある。レヴィナスが『全体性と無限』において愛撫について書いたとき、彼の念頭にはサルトルの分析があったことは、ほぼ間違いない。なぜなら、サルトルもまた、愛撫が「単なる接触」であり、「単にさすること」であることを拒否するからである。ただしそれは、まったく異なった理由からである。すなわち、愛撫が接触以上のものを目指すのは、愛撫が、「他者を、私にとっても、その人自身にとっても、肉体として生まれさせる」、「加工」であるからである。[39] そのような解釈は間違っている、とレヴィナスの現象学は露骨に言う。実際には、愛撫は自由にもとづく同意も、自由にもとづく抵抗も求めない。そこでは、自由を「把持」しなければならないどころか、「愛撫が探し求めるものは把持可能なもののパースペクティヴと光のうちには位置していない」。というのも、愛撫の対象は、すでに指摘したように、現前の身分も、了解可能ななにがしかの現前する存在者の身分も、その存在が自由であるような、非常に特殊な存在者の身分さえも、もっていないからである。「いまだ存在しないもの」、あとから存在しないもの（予測することができるという可能性の意味で）を目指す愛撫は、現前を支配しようとするのでも、未来の現前を生じさせようとするのでもない、――サルトルはそのように思っていたので、彼は、愛撫のなかに、他人を肉体として生じさせる支配の形態を見た。愛撫は謎めいた不在を対象としている。そのような不在は、無の不在でもなく（欲望はまさに何ものかについての、あるいは誰かについての欲望である）、ただ単なる未来（可能性としての）の不在でもない。したがって、「いまだ存在していないもの」しか対象にしていない愛撫は、所有という志向性によって生気づけられることはないであろう。それは否定的なものにすぎないが、新しい規定である。だが、そのような規定は、それにもかかわらず、力を込めて次のことを強調する。すなわち、愛撫が冒瀆であるとしても（愛撫が、そのときまで秘密と見なされていた、現実的なものの次元に侵入するという意味で）、そこでは、冒瀆は、愛撫が何に侵入しているのかを現前化し、開示しようとはしない、と。そのような開示しようとする意図とはまったく反対に、愛撫は、冒瀆であるかぎり、奇妙な不在の次元へと開かれていることを立証しており、そのことが、「いまだ在らぬもの」、すなわち女性的なものを、規定しているのである。

(4) 究極的な否定的規定は、それに先立つ規定から直接引き出される。愛撫の相関者——肉感性、柔和さ、愛される女——は、身体ではない。そのことは、哲学的な愛の分析には、身体が介入してくるが、〈エロス〉の現象学はそのような分析とは関係を断っている、という二重の意味で、そうなのである。——愛撫は、「生理学者の言う物体」としての身体を、対象とはしていない。そのような物質としての身体が美しく見えることが、プラトンにおいて、〈美〉への加入儀式としての〈エロス〉の出発点となっていた。

——愛撫は、「〈私はできる〉にもとづく自己の身体」、すなわち自由の顕現としての身体を対象としているのでもない。そのような身体は、自我と対立するものであり、またサルトルの仕方でそのような身体を単純化するなら、自由としての身体への屈服が愛の相剋の意味である、ということになるであろう。[40] 愛撫の対象である身体、「エロス的裸出性」としての身体は、したがって、存在の物理的意味においても、それが無化されるべき自由の可視的記号である、という意味においても、存在しない。それは、それらのありうべき二つの仕方のいずれにおいても、存在者ではない。「優しさの肉感性において、身体は存在者の身分規定から離れる。」[41]

たとえ、否定的規定の組み合わせに関して、以上のことが、愛撫において表現される性的志向について言いうることのすべてであるとしても、そのような組み合わせの意味を明らかにすることがまだ残っている。その際、特異な対象の側から経験を検討しなければならない。そのような対象は、われわれが垣間見たかぎりでは、「いまだ在らぬもの」として目指され、存在でもなく、可能性でもなく、無でもなく、現前でもなく、未来でもないものとして目指される、――「永久に破られない処女性」としての女性的なものとして目指される。したがって、愛撫の現象学の第二の契機は、女性的なものの観念との関係で、志向性の分析において垣間見られる要素の大部分を集めようとする。

きわめて中身の濃いその〔レヴィナスの〕テクストは、ここでは、とりわけ注意深い説明を行うに値する。「〈愛される女〉は、把持可能なものであると同時に、その裸出性は触れることのできないものでもあり、対象や顔の彼方に、そしてそれゆえ存在者の彼方にある、そのような〈愛される女〉は、処女性をその本質としている」、――その意味は、私が把持できるあらゆる物理的実在（生理学者の言う身体）の彼方において、さらには私が支配しようと欲する自由の表出の彼方においてさえ、愛撫の対象は処女性のごときものである、ということである。その処女性の意味は、「本質的に犯しえるものであると同時に犯しえないものでもある〈女性的なもの〉、つまり〈永遠なる女性的なもの〉は処女である、あるいは処女性の不断の再開である、官能的な接触においては、すなわち未来としての現在においては触れることのできないものである」ということである。〈女性的なもの〉への言及と同様に（大文字〔〈女性的なもの〉〕の出現は、それによって存在論的カテゴリーを指し示している、ということを強調している）、〈永遠なる女性的なもの〉への言及が、誤解を与えることになってはいけない。レヴィナスは別な箇所で説明している。[42] もし、「存在の組成における女性的なものの例外的な位置についての主張」を擁護するために（実際、それは例外的な位置である、というのも、女性的なものはそこでは無とは違う「存在者の彼方」を表しているからであり、単なる未来の存在とは違う「いまだ在らぬもの」を表しているからである）、かくも伝統的なテーマに言及するのは、女性的なものの神秘を、「ある種の文学に見られるこの世のものならぬ至純な意味において」引き出すためではない。例えば（ゲーテの『ファウスト』を思い浮かべてみよう）、ロマン主義が女性的なものの神秘を、「いまだ人に知られざる、ないし世に埋もれたる神秘の女」の神秘に還元した、という意味において、引き出すためではない。ここで再び問題にされている、「永遠なる女性的なもの」という観念は、心理学的神秘（認識しえないもの）の永遠性を表しているのではなく、存在の様式の謎を表している、——こう言ってよければ、無とは違うが、しかしながら存在を拒む「いまだ在らぬもの」としての、すなわち、「光から」、つまり現前から「身を隠すというところにその本質がある存在の様式」としての欲望の対象の、存在論的神秘を表している。レヴィナスが女性的なものについて書いているように、「それは光を前にしての逃避である」。繰り返すなら、「女性的なるものが実存するそのあり方は、身を隠すことであり、この身を隠すということは、まさに慎み深いということなのである[43]」。この慎み深さは、このうえない裸出性（現前、存在）においても慎み深い（閉じこもり、「在らぬこと」）ままである。ほとんど非存在である。その意味は、永遠にいまだ存在しないもの（女性的なものの永遠性のようなもの）、また現前することのない未来に閉じこもるもの、というものである。したがって、女性的なものは、存在と無との対立を逃れる。「女性的なるものは、実存のなかでの一つの出来事である」（したがって、女性的なものは無ではない）。しかも、「実存者がそれによって立ち現れてくる位相転換とは異なった」実存のなかでの一つの出来事である（したがって、女性的なものは存在ではない）、——その意味で、その存在論的謎との関係は、「闘いでも融合でもなく、また認識でもない」（〈エロス〉のサルトル的、ロマン主義的、プラトン主義的解釈に従えば）。

「数ある関係のうちで、〈エロス〉の占める例外的な位置を承認しなければならない。それは、他性との関係、神秘との関係、すなわち未来との関係、すべてがそこにある世界のなかで決してそこにはないものとの関係、すべてがそこにあるときにそこにはありえないものとの関係である。そこにはない存在との関係ではなく、他性の次元そのものとの関係である。[44]」

つまりはこういうことである。女性的なものは、愛撫の経験において、他性の出現のようなものであり、現前しているものにその同一性を付与する作用として意識の作用を規定している同一なるものの把持、から逃れるもののごときものである。その意味で、性的な志向性の対象の象徴としての女性的なものは、内在の断絶と超越の台頭を意味する。われわれは今や、いかにして、またなぜ、愛撫は感性的なものを超越するのかが、よりいっそう理解できる。すなわち、愛撫が感性的なものを超越するのは、愛撫が、他性の超越を対象としている、すなわち、意識の意識自身に対する同一性および内在性の断絶を対象としているかぎりにおいてのことである。性的経験の志向性は、したがって、まさにそのような志向性の対象にもとづくなら、すなわち他者としての他なるものの超越にもとづくなら、よりいっそう理解可能になる。性的関係は、他なるものの超越の典型的な体験である、――おそらく唯一の体験ではないが、〔愛撫の〕主たる諸規定をいわば理想的‐典型的な仕方で集約している体験である。しかしながら、いかなる意味で、そのような他性の開示をとおして、主体の出現そのものが問題となってくるのか。そこには、レヴィナスから見れば、愛撫の経験とその他の内在の断絶のすべてとの対決によって出現させられるはずのものがある。そのような対決について、『全体性と無限』の文章が言及する際、「エロスの夜」と「不眠の夜[45]」とが対立させられている。

## 内在の断絶――〈現存在〉と主体

「在る（il y a）の匿名のざわめきとしての夜のかたわらに、エロスの夜が広がっている。不眠の夜の背後には、隠れたもの、秘匿されたもの、神秘的なものの夜が処女の故郷として広がっている。処女は〈エロス〉によって覆いを剝がれると同時に、〈エロス〉を拒む――〈エロス〉とは冒瀆の別名なのである。」

実際には、このような形の下でかなり謎めいた、「愛の夜」と「不眠の夜」との対立が、眠りと不眠に関する全面的な考察へと駆り立てるが、そこでは、そのような考察はまだ言外に含まれたままである。私がすでに言及した実り豊かな分析〔『実存から実存者へ』〕において、[46]レヴィナスは次のようなことを明らかにしている。すなわちまさに事物の存在という生の事実が括弧に入れられ、一方で、「在るもの」の方が、すなわち、ある対象の方が優位に置かれる、ということである、と。対象には同一性が付与されており、意識はそのような同一性にかかわる。意識にとって、「在る」を忘れる能力は、眠る能力によって示されるが、それは、なすべきことや理解すべきことから手を引く能力と似ているばかりか、事物が存在するという事実から手を引く能力、したがって、あらゆる現前を消滅させる能力とも似ている。「眠りの可能性」は、したがって、「在ると際立った対照をなす」可能性、「在るを忘れ、在るを中断する可能性」である。「在る」ことを忘れることができる意識の能力は、まさに眠りよりもはるかに、意識を対象との関係として構成し、意識は、対象の外部性の次元を消滅させることによって、また対象を、自由に使える道具として、自己への内在の領域へと組み込むことによって、対象を支配するに至る。しかしながら、そのような能力は、一時的なものであり、常に危機に瀕している。

「あたりいちめんに広がる避けようもない無名の実存のざわめきは、引き裂くことができない。そのことはとりわけ、眠りが私たちの求めをかすめて逃れさるそんなときどきに明らかになる。[47]」

実を言えば、ハイデガーによる〈現存在〉の分析論における不安と対応している、レヴィナスの不眠は、

「もはや夜通し見張るべきものなどないときに、目覚めている理由など何もないのに夜通し眠らずにいる」経験のように見える、──というのも、「現前という裸の事実が圧迫する。すなわち、人には存在の義務がある、存在する義務がある」からである。換言すれば、不眠において、「あらゆる内容から離脱してはいるが、それでも現前がある」、──そのような現前はまさに、事物と意識を含む「在る」の現前なのである。ハイデガーにおいて、現実的なものを支配することができると思っている主体の錯覚を、一挙に打ち負かすことによって、不安が主観性を覆すのと同じように、そこでは、「私たちの目を閉じさせない不眠の警戒には主体がない」。つまり、主観性としての意識は、対象の同一性に向けられる意志を前提にしているのに対して、眠らずに見張ることとは、〈自我〉の単なる散漫さ、同一性を欠いた「無名の存在」による、「存在の戯れ」による〈自我〉の単なる要求にすぎない。「存在の戯れ」において、無差別的「在る」の「無名のざわめき」へと、「〈自我〉は存在の宿命によって運び去られる」。事物がはっきりしない単なる現前へと還元される、そのような「無名のざわめき」との対決において、主体自身は同一性を失う。

「夜の目覚めは匿名である。不眠のうちには、夜に対する私の警戒があるのではなく、目覚めているのは夜自身なのだ。〈それ〉が目覚めている。この匿名の目覚めにおいて私は存在にくまなくさらされているのだが、この目覚めのなかで、私の不眠を満たしているあらゆる思考は無に宙吊りになっている。その思考には支えがない。言ってみれば私は、ある匿名の思考の主体であるよりはむしろその対象なのだ。」(48)

したがって、眠っている意識の目覚めが「主体の到来」であるなら、不眠は主体ないしは〈自我〉の解体である、──それゆえ、不眠の夜はひどく否定的な経験である。すなわち、不眠の夜は、全面的に意識によって支配されているものの領域と比べると、超越の方へと開いており、廃絶されえない外部性の次元へと開いている。すなわち、ハイデガーもまた〈存在〉の名前のうちの一つとしている、「在る」へと開いている。その意味で、不眠は意識の内在を断ち切り、意識が自己自身に閉じこもる傾向、自分を、外部をもたない支配と自己充足の錯覚に陥っているモナドと捉える傾向を、打破する。だが、そのような不眠による内在の断絶が超越へと開くのは、主観性を純然たる〈現存在〉へと解消してしまうときのみである。〈現存在〉は、現前の「在る」が現前によって要求されかつ一掃される、という事実の匿名の証人となる。

その意味で、もしレヴィナス流の不眠がハイデガー流の不安に類似しているとするなら、そのような経験についての分析において、意味が逆転している、ということを明らかにしなければならない。すなわち、そのように超越へと開かれているということは、内在を断ち切ると同時に、主体を解体することになる。そこにおいて提出された用語集において、モナドロジーにおける個体性の錯覚を打破するとき、超越へと開かれることは、考えられうるかぎりの主観性を破壊することでもある。したがって、脱人間主義化の経験が俎上に上がってくる。もっともそれは、それ自体としては、「古典的人間主義」の錯覚を捨て「反人間主義」の誤謬に陥ることがないようにしようとするときの根拠にはなりえない。

したがって、レヴィナスは、ハイデガーとの違いを全面的に際立たせる仕方で、内在の惨憺たる断絶としての不眠の夜と、エロティックなものの夜とを、すなわち事物の匿名のざわめきの夜、すべてのものが未分化のものになる匿名の他性の夜と、「隠れたもの、秘匿されたもの、神秘的なものの夜」[49]とを、対立させる、――「隠れたもの、秘匿されたもの、神秘的なものの夜」においては同時に内在を断ち切る他性が現れるが、そのような他性は、〈愛される女〉の顔をもつ。いずれにしても、超越の侵入、したがって、外部性の次元の侵入にかかわる問題である。外部性の次元は、意識における自己への内在を断ち切るが、ただしそれは相異なる二つの仕方によってである。

――「在る」の超越は、「匿名の思考」のみを要求することによって、意識の内在性を断ち切る。われわれはみんな、無差別に、互いに同じだけ「在る」の証人でありうる。しかも、そのことは、〈同なるもの〉の経験（「在る」の均質的で匿名の現前へと、差異が飲み込まれる経験）をとおしてのことである。したがって、そのような内在の断絶は、主観性を二重の意味で解体する、すなわち自己性としての、どんな他なるものにも還元不可能な〈自我〉の同一性としての主観性が解体されるばかりか[50]、志向性としての主観性もまた解体される。あらゆる意識が目指すものが、それ自体同一性を有していて、それではあらぬものと異なるものであるのに対して、「何も～ない」すなわち「無」についての意識は、意識ではありえないであろう。要するに、「〈在る〉がふっと触れること、それが恐怖だ。……意識であるということは、〈在る〉から引き離されているということだ。というのも、意識の実存が主観性を構成するのであり、意識は実存の主体、つまり一定程度で存在の主であるから。……恐怖は言ってみれば、意識からその主観性そのものを剥奪する運動なのである[51]……」。

――反対にエロティックな夜において、愛撫は相変わらず「主体の一つの存在様式[52]」である。そこには、志向性、すなわち、何ものかについての探求が存在する。たとえそこにおいて、「愛撫が自らの求めているものを知らないという事実によって」、そのときの志向性がとても特殊なものだとしてもである。したがって、「主体はなお、〈エロス〉によって依然として主体である」、すなわち志向的意識である、――だが、主体は「逃れ行く何ものか」とぶつかり、「企図も計画もまったくない戯れ、われわれのものとなりえたり、われわれ自身になりえたりするものとの戯れではない（戯れ）」を演じている（他性を支配し、他なるものを同なるものへと連れ戻す、意識の日常的形態においてと同様に）。主体は、「他の何ものか、常に近づきえず、常に来るべき何ものか」と関係をもつ。それゆえ、主体はそこでは、それが主体であり、また相変わらず主体であるかぎり[53]、内在の断絶を生きる。「愛における伝達の挫折として提示されるものは、まさしく関係の積極性を構成するものであり、このような他者の不在は、まさに他者の他者としての現前なのである。[54]」

レヴィナスが言うように、「〈同なるもの〉の領域が〈他なるもの〉の領域を取り囲んでいる」プラトンの『ティマイオス』から、ヘーゲルの〈絶対知〉まで、ヨーロッパ哲学の発展全体を駆り立ててきた、内在に対する情熱に抗して、「結局、どんな超越者も内在に還元されず、超越を理解することによって超越を損ねることはない、という究極の考え方――〈他なるもの〉を〈同なるもの〉と同一視することでもなく、〈他なるもの〉を〈同なるもの〉に統合することでもない――とは、いかなるものであるのか[55]」と問うことは、現代人の責任である。〈エロス〉の現象学が提出する回答によれば、性的な関係が、主体に対して、そのような超越の経験を構成しているのである。すなわち、現在も未来も在らぬものについての経験である、「柔和さの意志」としての性的なねらいは、他性そのものである「いまだ在らぬもの」の探求に対応する。「いまだ在らぬもの」と同様に、女性性は、他なるものの相貌である、――だが、「在る」とは違って、女性的なものの他性は、〈自我〉の非人格化を要求しない。私は匿名ではなく、また〈愛される女〉でもない、といった経験である〈エロス〉は、相互主観的であると同時に融合されない関係を生み出す。[56]そのような関係においては、各主体は主体として存続するが、そのような関係において、内在の錯覚は打破され、そしてそのような関係において、〈愛される女〉の相貌のなかに、他性そのものが現れる。〈同なるもの〉と〈他なるもの〉の弁証法において、〈同なるもの〉は〈他なるもの〉を吸収するが、ここでは、そのような弁証法は破綻する。プラトンが信じていたように、エロティックなものは、〈同なるもの〉の勝利の瞬間（美しい身体の多様性が、〈美〉そのものの永遠の同一性に融合することへと遡ることとしての）であるどころか、〈同なるもの〉と〈他なるもの〉の新たな戯れの主要な瞬間として現れる。

「プラトンの世界たるコスモスに対置されるのは、〈エロス〉にともなう問題が種の論理に還元されることなく、自我が〈同なるもの〉に、他者が〈他なるもの〉に取って代わる、精神の世界なのである。[57]」精神の哲学にとって、「他なるものは他者のことである、自己からの脱出とは隣人への接近のことである、超越とは近接性のことである、近接性とは他なるものに対する有責性のことである[58]」といった事実が中心的なテーマとなるのであるが、コスモスの哲学から、そのような精神の哲学への方向転換は著しい、ということで意見の一致を見るであろう。すなわち、そのような方向転換は、予定調和の形而上学に、モナドとしての主体どうしの伝達という問題の解決を委ねるどころか、伝達がエロティックなものに根を下ろしているとするなら、倫理学の地平において伝達を捉えるように導く。

主体の問題を新たに俎上に上げるための現象学の試みが以上のような経過のなかで引き起こす困難な問題、実を言えば、唯一の困難な問題とは、そのような試みが倫理学の地平を実際に思い描くことができるかどうか、という問題である。

## 現象学と倫理学の問題

もし内在の断絶が、性的関係によって表現されている他なるものへの開放のなかに侵入するなら、現象学的な方法は、そのような侵入を強調するだけでは満足しない。というのも、レヴィナスは、愛撫の志向性それ自体によってあらわになったものを掘り下げることによって、周知の彼の作品における重要なテーマに従って、相互主観性の出現（したがって、内在の断絶）を、「他なるものに対する有責性」を取り消すことができないことと同一視するようになる。すなわち、「傷つきやすさならびに死すべきものとして生起する、〈愛される女〉の本質的弱さ」への開放としての愛撫は、同時に、義務や倫理の領域へと開かれている。[59] 義務の到来は、私のなかで、私の同意なしに起こる、すなわち「トラウマとして」、突然現れた他なるものの現前によって起こる。また、義務の到来は、そのような他なるものの現前に呼応して、私を、本当に「私はここにいます」[60]と言えるような「私」として、生じさせる。その結果、いかにして主体が存在と対照をなしているのか、という問題に対する最終的な回答は、主体が注目されるのは、「主体を事物の支配者にする自由によって」ではなく、「一切の自由な自己拘束〔約束〕に先立つ有責性によって」である、ということを強調することからなっている。すなわち、「逃亡の痕跡を保つことなしにそこから逃れることはできない」主体は、「志向性である以前に有責性」[61]である、――そのような有責性は、主体が選択したものではなく、「他者がただちに私の有責性の下にあるような、他者への取り組み方において」、「私が知らないうちに私のうちに」滑り込んできたものであり、「したがって、私の同一性を疎外」[62]するものである。いわば、内在の断絶を具体化することによって、義務への開放は、モナド的〈自我〉の裂け目を大きくし、「他なるものの代わりに置かれる」自我の出現をエスカレートさせる。そのような自我は、個人主義的な「自己への配慮」であるどころか、自我が自我であるのは、「他なるものに対して」存在しているときだけである。

「自我と自己とのあいだに隔たりがあり、不可能な反復、不可能な同一性がある。誰も自己のうちにとどまることはありえない。人間の人間性、すなわち主観性は、他人に対する有責性、極端な傷つきやすさである。自己への回帰は、果てしない迂回となる。意識や選択に先立って――被造物が、現在や表象へ集結して、自らを本質とする前に――、人間が人間に近づく。人間は有責性でいっぱいである。有責性によって、人間は本質を引き裂く。それは、有責性を引き受けたり、有責性を免れたりする主体、すなわち自由な同一性として構成され、即自かつ対自的に立てられた主体ではない。それは、主体の主観性、無限の

――というのも自己拘束〔約束〕によって測られないから――有責性における、他者に対する主体の無‐非差異〔非‐無関心〕の主観性である。そのような有責性に、有責性の引き受けと拒否とが送り返される。[63]」

要するに、主観性を構成している原初的な有責性というものが存在しており、したがってそれは、主観性を、選択の能力として、前提にしているのではなく、――「自己とはかけ離れた、他人に絶えずつきまとわれた、不安な」〈自我〉、すなわち、「人質」の表情に表れている〈自我〉として――、主観性を、出現させる。[64]

モナドとしての〈自我〉から人質としての〈自我〉へ、――現象学によるそのような主体の再構成を高く評価せざるをえない。同時に、現象学による主体の再構成が、批判主義の伝統と現象学の伝統とを、最良の形で結びつけている、ということを認めざるをえない。二つの伝統は、義務へと開かれていることとして主観性を定義することに加えて、主観性が相互主観的なものとして根づいていることを、ともに強調している。すなわち、カントもフィヒテも、「人間は人間たちのあいだにおいてのみ、人間となる」という確信をもっているがゆえに、「自らに閉じこもることのできない主観性の観念」、他なるものに対する応答としてのみ現れる主観性の観念に、ためらうことなく賛同したであろう。[65] その点で、ついでに指摘しておくならば、モナドロジーの時代にあって孤立していた批判主義が、早くも、モナド性を打破することによって、また主観性の条件として捉えられた相互主観性へと開かれていることによって、主体を再構成することに寄与していた、という事実を、レヴィナスが常に正当に評価することができたとは断定できない。というのも、明らかな誤解によって〔レヴィナスは〕、カント主義の独創性を減じさせ、その結果、「超越論的統覚の統一性」の学説が、〈我思う〉が自発的能動性であるがゆえに、「古典的人間主義の、はじめから自由な私」の埋め合わせをしている旨を指摘しているからであり、またフィヒテが超越論的哲学から受け継いだものに、「至上権をもって〈非‐我〉を構成している能動性」[66]としての〈自我〉についての理論を割り当てているからである。そのような誤った評価は、ある意味では、レヴィナスの企てを批判主義の本質的次元から締め出すことによって、レヴィナスの企ての結末をねじ曲げることに一役買っているので、実を言えば、そのような誤った評価は、レヴィナスの企て全体において大いに問題である。

　というのも、確かに、レヴィナスがときとして強調しているところによれば、カントは、他なるものの他性へと開かれていることによって、主観性を捉えることが可能になる、ということを予見していた、——「とりわけ、実践理性の優位という学説において」[67]——。しかしながら、カントにおいては、内在の論理が少し歪曲されていることだけが問題である、と確信しているがゆえに、また結局のところ、カントの理性は、「(定言命法としては受動性を保証しているにもかかわらず)能動性についての権利請求を手放すものではない、つまり〈同なるもの〉のカテゴリーに、理性が、始原的あるいは究極的に、帰属している」[68]、ということを確信しているがゆえに、レヴィナスは、そのような領域において、カントの貢献がいかなるものでありえたかについて、考えを深めてはいないのである。それゆえ、カントがまさに実践的主観性の本質に仕立てている自律という次元に言及できることが、「主体が存在と対照をなしている」ことを考察するためには、不可欠であることに、レヴィナスが無関心だったのではないかと疑われる。

　概して、レヴィナスは、「おのれを〈私〉として自己措定する」ものである「我望む」の「自由な能動性」[69]としての自律を重視することを、内在の思考に捉えられている徴候と見なしがちである。自己自身が自己自身におのれの法則を与える、自‐律としての理性、すなわち「自己に帰還する力」、「自己同一化作用」ないしは「運動状態にある自己同一化」といった意味での自‐律としての理性を尊ぶことに抗して、

「古典的人間主義」[70]を克服するためには、もはや人間の尊厳を自発的能動性としての人間の自由のなかに置くのではなく、受動性のなかに置く必要があるであろう。[71]すなわち、他者としてのかぎりにおける他なるものへと開かれているものである主観性は、「有責性から逃れることができない」という事実として、「他なるものによる決定」という契機に従って、現れる。そのような決定は、「決定論か隷属かの二者択一の手前で」、「主観性のラディカルな受動性にもとづく」[72]倫理の台頭と軌を一にする。「〈善〉によって〈支配されていること〉」、「選択が不可能であること」、「責任を負わされていること」、「命令が聴かれる前に成就されてしまう命令に対する従属」、そのようなものは、原初的有責性であり、そのような有責性は、実践的主観性に――「自由に先立つ純粋な受動性とは有責性である」という意味での、自由のない主観性に――、真の内容を与えるものである。自律というよりも、倫理の主体としての主体は、「服従(sujétion)[73]である。倫理的経験の出現の様態に関心をもっている、倫理的経験の現象学が、倫理的経験の本質と意味を、現実的根拠に乏しい自律から、一切の自由や一切の隷属に先立つそのような服従の方へ移すがゆえに、倫理的経験の現象学のみが、カントの実践理性が閉じ込められたままになっている内在の円環をついに断ち切ることによって、主体を変容させるに至るであろう。要するに、主体は、フィヒテが信じていたこととは反対に、「おのれ自身の源泉」[74]ではない。「内在における超越」の内容となっている、他者に対する有責性――「〈同なるもの〉を彼自身の深奥部へ呼び寄せる〈他なるもの〉」――は、「ギリシア人がわれわれに教えることのなかった自由の他律」[75]へと人を差し向ける。そして、古典的人間主義のカテゴリーから逃れることによって、いっそうよく反‐人間主義の素朴な攻撃と戦うことができる人間主義についての定義は、そのような「他律」を学ぶことにかかっている。

倫理の領域を自律から他律へと移すためのそのような試みは、二つの困難な問題に遭遇するように私には思える。

まず第一に、そのような試みを根拠づけているもの、すなわち意志の自律としてのカントによる実践的主体の規定は、「古典的人間主義」の均質な発展の一つの契機にすぎない、という確信（ハイデガーにも見られる）を根拠づけているものに関する困難な問題である。つまり、「古典的人間主義」は、あるときは「主観性の形而上学」（ハイデガー）として、またあるときは「内在性の哲学」（レヴィナス）として、定義される、――だが、いずれの場合においても、近代的な思考法のゆえに、古典的人間主義に対して、不可避な運命が割り当てられている。それゆえ、近代性のなかに、主観性をモナド性として理解する傾向を見るレヴィナスは、意志の自律の学説を、いとも簡単にそのような流れから生じたものにしてしまう。私は、本書のこれまでの部分において、独立を重視する立場にもとづいているモナドロジーの論理と、自律のパースペクティヴとが区別されることを、十分に強調してきた。本書では、厳密な意味で人間主義的というよりも個人主義的な、自己への内在という考え方へと、自律の観念が単に解消されてしまうことは、類型化が十分正確には行われていないことの証拠である、と指摘するだけにとどめる。「自己への配慮」によってのみ活力を与えられる〈私〉は、享受において、〈他なるもの〉の〈同なるもの〉への変換、〈他なるもの〉の同一化を前提にしている「幸福の独立性」を地平としている、という事実を、レヴィナスは巧みに描写している[76]。したがって、レヴィナスが、自律と独立とを混同してしまい、自律の観念のなかに、他なるものへと開かれていることがすでに含まれている、ということが理解できない、ということがありえようか。なぜなら、まさに自律は独立ではないかぎり（カントにおける、自律の原理の名の下における幸福の道徳についての批判が、そのことの証拠となっている）、自律が前提にしていることは、以下のようなことであるからである。すなわち、私が「おのれ自身の源泉」であるのは、私が、実践的主体として、経験的主体の無媒介性を越え出るときのみであり、私の自己性のなかに他なるものの現前を組み込むときのみである、と。自分自身に法則を与える主体は、自-律へと高まるために、傾向性をもった主体の自己同一性（個人性）を超越し、人類の他性へと開かれなければならなかった。自律は、その意味で定義上、内在における超越である。――したがって、自律に〈同なるもの〉の永続的専制の証拠を見ることは、できないであろう。そのような専制の方は、『ティマイオス』からヘーゲルの体系に至るまで、絶えず主観性の歴史を支配してきたものである。

　第二の困難な問題は、現象学的方法を困難に陥れる。というのも、レヴィナスは、現象学的方法を、主観性を有責性として見る見方へと、また主観性を「服従」として見る見方へと高めたからである。それゆえ、もし主観性が純粋な服従であるなら、主観性がどうして有責性でありえようか。有責性について考える際、自律の地平に言及せずに済ますことは、本当に可能であろうか。批判主義の伝統と現象学の伝統とのあいだの最も明確な相違点は、そこにある。もっとも現象学の伝統は、そのいくつかの側面から見れば、批判主義の伝統にとても近い[77]。自分を主体にするものとしての人間の特性が、内在性を打破することのうちに存する、自己同一性ないしは、事物の、おそらくは動物の即自-存在を打破することのうちに存する、ということがいったん認められるや否や、すなわち人間が人間である所以が超越のなかに位置づけられるや否や、もし超越が主観性ないしは意識（単なる〈現存在〉ではない）を出現させるにちがいないなら、主観性の地平――おそらく接近不可能であろうが、それでも目指すことはできる――として、自律を想定せざるをえない。内在の断絶が、自己陶酔的意識の自己同一性を超越して、自己同一性のより高度な形態（自律的主体の形態、そこにおいては、〈同なるもの〉は、他なるものへと開かれているときにのみ、倫理的主体として、定立される）の方へと向かうのではないとするなら、内在の断絶は、必然的に、夜の目覚めの経験のなかに現れる類の断絶へと、再び行き着くであろう。その種の断絶はまさに、主観性を純然たる現存在へと解消するであろう。

換言すれば、もしモナドロジーの時代を乗り越えることが、個体主義の論理によって覆い隠されてしまっている主観性の次元を再現することになるにちがいないなら、モナド的内在の断絶は、厳密な意味で、内在に抗する超越ではなく、内在における超越を強調することとして、理解されなければならない。したがって、他者の他性へと開かれていることは、主体を構成している自己同一性のなかに書き込まれなければならない。そのような書き込みが、自律と呼ばれているものである、——結局、それは自律的主体が主体となるかぎりにおいてのことである。すなわちおのれの源泉である、自律的主体の主観性は、もはやいかなる個別的主体の主観性ではなく、法則にもとづいて理解される人間性が有する相互主観的共同性と同一視されるのである。その意味で、自律の観念に準拠することは、〈他なるもの〉の観念が、〈同なるもの〉の論理のなかに再び組み込まれることの兆しではない。反対に、モナドロジー以後の空間において、もし以上のようにして確保された超越が主体の超越でなければならないなら、自律の観念に準拠することは、内在の断絶の次元が不可欠であるのと同様に、不可欠である。

＊

倫理を他律や服従によって理解しようとするレヴィナスは、したがって、倫理的経験の二つの契機を十分に区別できない。

——確かに、倫理的経験の出現の契機は、義務へと開かれていること、法則が侵入すること、といった、服従によって記述できる契機である。すなわち、われわれは聖人ではなく、有限な存在であるがゆえに、法則はわれわれに外部から課される、――したがって、義務との生きられた関係についての現象学的分析の観点からすれば、そのような契機を服従の契機として、あるいはこう言ってよければ、他律の契機として読解することは、正当である[78]。

――だが、現象学的アプローチに生気を与える原理に忠実であるためには、現象学的アプローチは、同時に、倫理の志向性を明確にしなければならない。ところで、志向性の契機は、倫理的経験において、もはや他律によっては記述されえない。倫理的投企は、有責性の侵入を経験するかぎり、自律の地平に言及することは避けて通ることができない。そのような地平を目指さないなら、道徳的主体が自らを他者に責任を負っている者と見なしている、ということが、よく理解できない。

したがって、内在の断絶は、超越の地平としての自律に通じている。それゆえ、この自律の地平の身分規定を考察すること、そのような地平が、主体に関する形而上学的錯覚を脱した考え方が有する理論的要求と両立するか否かについて問いかけることが、現象学の成果を実り豊かなものにしようとするアプローチの仕方によって、取り組まれなければならないことである。

# 第二章　カント——超越の地平

主体が自らを自-律と捉える必然性は、近代性と切り離すことができない。というのも、近代性において、諸価値（倫理的、法的、政治的）は、もはやすでにそれらの価値をうちに含んでいる事物の本性から受け取られるのではなく、人間性が自分自身に与える規範として、自己-創設〔決定〕され、あるいは自己-確立されるからである。そのような規範は、相互主観性を構成しているものとして、人間性が自分のために自分の尊厳を思い描く、という発想にもとづいて、人間性が自分自身に与えるものである。逆説的に言えば、そのような自律の発想（あるいは価値）は、形而上学を完成させるための論理によってと同時に、形而上学を乗り越えるためのある種の論理によって、揺さぶられた。

近代形而上学は、完成の途上において、ライプニッツ以来、モナドロジーの形態をとっている。モナドロジーにおいて、われわれは自律の原理が大きな信用失墜を経験したのを見た。すなわち、「予定調和」や「理性の狡智」によって支配されている体系において、主体が自らに自らの行動の規則をあてがうのは、決して自律的な仕方によってではない。主体の自由は、「回転串焼機の自由」として、他の被造物に対する単なる独立に堕する。

もしそうなら、とりわけ自律の次元の反体系的射程を再び出現させることによって、自律の次元の意味を回復させるための試みを中心にして、「形而上学の乗り越え」という今世紀〔二十世紀〕の企図を展開することは、理解できることであった。しかしながら、ハイデガーおよびハイデガー以降の勢力圏においても（だが、そのことはすでにニーチェにおいてもあてはまっていた）、自律の観念は、以前にもあった自律の解体の方へと方向転換した。カントにおける、自律的意志というときの意志とは、前もって存在しているいかなる〈善〉や〈悪〉といった概念によっても決定されることのない意志であり、それ自体、法則の形式を欲するものであろうとする意志である。そのようなものであるかぎり、自律的意志は、「意志の意志」への単なる一段階として現れた。そのような意志の目的は、もはや、それ自体以外、そして意志としてのそれの展開以外にない。そのような展開をとおして、形而上学の完成は技術の時代の誕生と同時に起こる。反‐人間主義の罠を警戒し、ハイデガーによる形而上学に対する異議申し立てが有する袋小路を警戒していたレヴィナスほどの思想家においてさえ、そのような〔ハイデガーによる〕診断の影響は揺るぎないままである。すなわち、人間固有の尊厳を忠実に表現することはできないとして、自律の原理が徹底的に退けられたのである。

したがって、この下り坂を再び登ることはつらい。モナドロジー以後のアプローチの仕方が、モナド的内在を断ち切る一方で、主体の観念を破壊しないためには、自律を背景にして、あるいは自律の地平に準拠して、超越を捉えなければならないとしても、自律の地平に準拠することが、必ずしも人を迷わす主体の形態へとわれわれの考え方を連れ戻すことにはならない、ということを明らかにしうるのでなければならない。そのような人を迷わす主体の形態は、ときには形而上学によりはぐくまれてきたものである。換言すれば、自律の観念は、錯覚を脱構築することと両立しうる、ということ、また現代哲学においてそのような脱構築に活力を与えている主要なテーマ体系――すなわち、有限性についてのテーマ体系――と、両立しうる、ということを指摘しておかなければならない。そのような問題は、苦もなく以下のことを理解可能にしてくれる。すなわち、なぜ、そのような決定的な論点をめぐる論争が、かくもしばしば正当にも、カントの主体理論が、理論面（『純粋理性批判』の主体）と実践面（『実践理性批判』の主体）との二つの次元において、一貫性をもっているか否かに集中したのか、ということを理解可能にしてくれる。

## カントの主体理論

一冊まるごと捧げなければならないようなカントの主体理論についての体系的研究は、カントの主体理論が、五つの主要な契機からなっていることを明示しなければならないであろう。それらの契機は、それぞれ特有の困難な問題を抱えている。すなわち、それらの問題は、とてもよく知られたものである場合もあるが（例えば、第一の契機に関して言えば、「物自体」という観念によって生み出される問題）、他方で、もっと不明瞭で、もっと手ごわいものである場合もある（私は、第三の契機について、『純粋理性批判』のいくつかの断章を思い浮かべている）。そこにおいて、カントは、「私は存在する」という表象と等価であるものとして純粋統覚を紹介している[1]）。将来そこに立ち戻ることとして、ここでは、その五つの契機の性質を明らかにするだけにしておく。五つの契機は、カントの主体理論を構成しているものであり、カントの主体理論に、主観性の歴史の核心における独特の地位を与えるものである。

Ⅰ　主観性の構造としてのラディカルな有限性の理論。この契機は、主に、『第一批判』の〈超越論的感性論〉からなっているものであり、何よりもまず、図式論の章へと発展していくものである。感性を、悟性の自発性とは対照的に、受容性として、触発される能力として規定している〈感性論〉は、主観性のなかに開放の次元を含んでいる。それは、レヴィナスが、開放のなかに、「内部へと閉じこもることができないもの」としての主観性の印そのものを見ているのと、同じ意味においてのことである。すなわち、モナド性の断絶は、同時に、主体への有限性の侵入である。というのも、触発されるということは、外部性、「外」、あるいは「他なるもの」を前提にしているからであり、したがって、そのような他性との関係での制限を前提にしているからである。そのうえ、有限性をめぐるカントのアプローチの仕方の独創性を明らかにしなければならない。カントは、そのようにして断言された人間の有限性が、有限な存在についての古典的な概念とは反対に、いかなる相対主義も含んでいない、ということを強調している。

――例えば、デカルトやライプニッツにおける、有限性についての伝統的な理論において、アプローチの仕方は、まず、〈絶対的なもの〉（存在と思考の同一性、現実的なものと理性的なものとの一致、つまりそのような一致を存在させている思考＝神）を定立し、次いで、〈絶対的なもの〉と比べて、人間は実際には制限されており、相対化されている、ということを書き留めることからなっていた。すなわち、現実的なものとして定立された無限を背景にして理解された有限性は、必然的に、欠如として、悪として、さらには堕落として、理解された、――実のところ偶然的なものであるそのような制限の印（それ自体として〔本質的に〕、無限は存在しうるから）としての感性は、一種の穢れとして描写されるしかなかったし、また人間の認識を絶対的なものから相対的なものへと格下げされざるをえなくする一種の障害物に、おとしめられざるをえなかった。

――よく知られた逆転によれば、カントがたどった道は、まず第一に、有限性を、認識の構造として（直観なき概念は空虚である）、表象の可能性の条件として定立する。いわば、ア・プリオリに、概念（それ自体が内容を生み出すことはない）の本性についての考察のみにもとづいて立てられた有限性は、感性のア・プリオリな受動性として、〈絶対的なもの〉を相対化させるものとなる。人間の認識が有限な構造を有しているがゆえに、存在するのは実在そのものではなく、〈理念〉のみである。したがって、感性が、有限性の嘆かわしい印として、〈絶対的なもの〉との関係で相対化されるどころか、感性の受動性は、純粋直観の理論をとおして、認識の必要条件として（〔認識の〕非本質的ないしは偶然的次元としてではなく、精神が身体へと「堕落する」ことがなかったなら、精神がそれ自体としてあるはずの姿との関係で）、現れる。それと関連して、〈絶対的なもの〉は、定義からして接近不可能なわれわれの認識の地平として、そのような有限性から出発して捉えられる要求でしかない。そのようなパースペクティヴにおいて、有限性は、有限性の基準となっている自体的なものとして定立される〈絶対的なもの〉に、もはや関係しない。実は、有限性が、いわば〈絶対的なもの〉になる。要するに、有限性はラディカルな有限性になる。

カントの主体理論の第一の契機が、ハイデガーの関心をかき立てた。周知のように、一九二九年、[2] ハイデガーは、ラディカルな有限性が純粋直観という観念の水準において決まることを、強調した。その水準において、「純粋」（ア・プリオリ）が意味していることは、まさに、受動性（触発されうること、「開放性」）は経験的には確証されず（失権としては）、受動性はア・プリオリなものの地位に上げられる、ということである。同時にその意味において、有限性をラディカルなものにすることにより〈絶対的なもの〉からあらゆる存在論的身分規定が剝奪されるに至る、という事態に固執することによって、『純粋理性批判』において、最初の神の退却が、[3] さらには最初の「神の死」[4] が果たされるのを、ときとして見ることができた。現代哲学は今やこぞってそれを繰り返すしかない。

たとえそのような読解が、『第一批判』以降、（とりわけ『単なる理性の限界内の宗教』以降）神的〈絶対〉がどうなるのか、といった手ごわい問題を考慮に入れなければならないとしても、それでもやはり、すでに「超越論的感性論」自体に含まれている、〈絶対的なもの〉の存在論的価値低下は明白である、ということに変わりはない。そのうえ、そのような価値低下は、神的〈絶対〉にのみ影響を及ぼすのではなく、三つの〈理念〉はそれぞれ〈絶対的なもの〉すなわち〈無条件的なもの〉の相貌を表しているがゆえに、宇宙論的〈絶対〉および心的〈絶対〉にも、——〈魂の理念〉にも、あるいはこう言ってよければ、〈主体の理念〉にも——影響を及ぼす。主体の理念もまた、ラディカルな有限性が明るみに出されることによって相対化され、脱存在論化されるのである。

II　そこから、主体の理論の第二の契機が出てくる。すなわち、「超越論的弁証論」のなかの「誤謬推理」を扱う章に、〈理性的心理学批判〉が出てくる。デカルト、ライプニッツないしはバークリーにおいて、主体の観念がいかなる錯覚を引き起こしたのかを検討するとき、とりわけそのような錯覚が直接的にはラディカルな有限性を忘却していること——ハイデガー的な「忘却」の意味での、つまり必然性を有し、理性の構造そのもののなかに組み込まれている忘却の意味での——から結果していることを、明らかにしなければならない。そのような錯覚の脱構築的射程によって、その章は主観性の歴史における最も重要な断絶の舞台となったのであるが、そのような射程とは別に、誤謬推理についての部分は、そのうえ、主体の〈理念〉を簡単に放棄すべきではないことを示している。というのも、しばしば指摘されてきたことであるが、[5] 批判主義による形而上学批判の特性は、その批判において、〈理念〉が批判されたあと〈理念〉の運命の理論に席を譲る点にあるからである。そして、周知のように、〈神の理念〉（ならびに体系の〈理念〉）に関して、「超越論的弁証論・付録」において明らかにされていることは、知の全体的統一の〈理念〉（可能性全体の叡智的分節化）が人間の認識の虚焦点のようなものを構成するかぎり、〈神の理念〉は、脱存在論化されても、認識にとっての統制的使用法を堅持する、ということである。〈神の理念〉にあてはまることは、〈魂の理念〉にもあてはまらざるをえず、したがってカントの主体理論が、このような脱構築の契機〔第二の契機〕に、第三の今度は積極的な射程をもった契機を結びつけることができる可能性を生み出す。

Ⅲ　理性的心理学の主体の脱存在論化は、権利上、主体が虚焦点に変化することへと通じている。この第三の契機に関する困難な問題は、カント自身が、「超越論的弁証論・付録」における〈神の理念〉の働きに匹敵する第三の契機の働きについて、完全で総括的な説明をしていなかった、ということだけである。したがって、主体の〈理念〉の脱 - 物化の結果はどうなるか。答えの材料は、四つの誤謬推理に関して提供される。すなわち、カントは、四つの誤謬推理のそれぞれにおいて、主体の観念が批判を受けたあとどうなるのかを示し、また主体の観念の機能はどうなるのかを示した。したがって、例えば、第一の誤謬推理の検討は、デカルトとは逆に[6]、「我思う」から出発して「我在り」を導き出すことはできない、ということを明らかにしている。したがって、「我思う」は、相変わらず単なる形式的構造であるのであり、そのような形式的構造に対して、存在についてのいかなる知（直観的なものであれ、演繹的なものであれ）も対応させることができない。主体は、とりわけ最初の二つの誤謬推理の最後の箇所で、完全に脱実体化されるがゆえに、主体についての形而上学的錯覚を脱構築した結果として、主観性一般の単なる形式的構造（すなわち、カテゴリーの構造ならびに、単純性の誤謬推理についての脱 - 物化された解釈によれば、多様な表象をともなうものとしての「我思う」の同一性）としての超越論的主観という観念にのみ還元される、という印象が頭をもたげるかもしれない。

そのような印象は、たぶん間違ってはいないであろうが、しかしながら、部分的にしか正しくはない。すなわち、もし形而上学的主体の脱存在論化が超越論的主観の出現に還元されるなら、カントの主観性の理論は、その積極的な次元においては、とても貧困なものとなる、ということは明白である。それほど、実は、――カント以降の第一世代がときとして信じていたこととは反対に――超越論的主観が構成するのは、認識の対象でも多様な表象の現実的根拠でもなく、形式的で空虚な構造にすぎないのである。その構造は、遡行的分析の果てに、また多様な表象を捨象することによって、反省によって引き出される。ある意味では、超越論的主観の身分規定は、確かに、批判主義の主体理論についてのポスト‐形而上学的規定から見れば、無難なものである。すなわち、超越論的主観の観念ないしは機能のなかに、根拠として理解された、知的直観（デカルトの〈我思うと我思う cogito me cogitare〉の潜在的対象として理解された主体の、古い形而上学的観念が相変わらず残っている、とする証拠は何もない。だが他方で、主観性の二つの主要な特徴（自己意識と客観性の根拠づけ）が主体から取り除かれているのに、主体は相変わらず主体の名に値するのか。それゆえ、「主体」というよりはむしろここでは、もっぱらハイデガーの「存在論的前了解」という観念に近いように見える。その観念は、『カントと形而上学の問題』や『存在と時間』においては、まさにもはや主体ではあらぬものである〈現存在〉を特徴づけているものである。したがって、もしカントの主体理論が、その積極的な面において、超越論的主観を導入することに還元されるなら、主体の〈理念〉の脱構築は、実際には、そのような理念が清算されるという結果になるであろう、――もしそうであるならば、主体が批判されたあとで主体を再考するためにハイデガーによって、さらにはレヴィナスによってなしえたことを越えるものは、われわれには何もないことになる。

IV　そのような印象から逃れるために、それに反して、主観性を能動性に変えることがその点で果たしている重要な働きを、強調しなければならない。それは、フィヒテの〈事行〉が予示していた、実体としての主体の、行為としての主体への置き換えである。そのような置き換えは、『純粋理性批判』以来、図式主義の理論の水準に導入されている。図式主義の理論では、実際、図式主義の主体という言葉によって、超越論的主観の観念とは別の主体の観念が扱われている。主体は、そこでは、カテゴリーを方法に変える時間化の能動性である。(7) そのような主観性（いずれにせよ、理論的主観性）の次元は、明らかに、超越論的主観を越えている。というのも、図式化を行う主体は、時間への開放であるかぎり、もはやカテゴリー的構造に還元されないからである。主体は、カテゴリー的構造を方法として利用する。そのような利用は、その方法の主体を要求するのであり、あるいは主体としてその方法の観念を要求するのである。というのも、能動性が問題になっているからであり、したがってその能動性には当事者がいるからである。その意味で、図式主義の理論は、「人間とは何か」という質問に対する第一の答え、すなわち人間は図式主義の主体である、という答えを提出する。そのような答えは、われわれを主体（能動性の当事者としての）に直面させる。しかもそれは、非モナド的主体（それは時間への開放である）、もっと一般的に言えば、非形而上学的主体（それはカテゴリー的構造を受け取るのであり、そのような構造を基礎づけるのではない）に直面させる。

V　能動性としての主体の見方（形而上学的主体のように、実体ではなく、超越論的主観のように、形式的構造でもない）は、最後の〔第五の〕契機、すなわち実践的主体の理論によって到達される契機において、明示される。すなわち、『第二批判』において、主体は実践的主体として捉えられる。もっと正確に言えば、自律の観念を媒介にして、それ自身がおのれの行動の法則を立てる自己‐創設〔決定〕の能動性として、捉えられる。その意味で、図式主義を越えて、主観性の脱実体化の地平および主観性を純粋な能動性に変えることに向かうことの地平により、実践的主体のなかに理論的主体の真理が置かれることになるであろう。ちょうど、一般的に言えば、実践哲学が――フィヒテが大いに強調しているように――批判主義の空間において、理論哲学の真理を構成しているのと同じである。したがって、主体はまさに自律として、モナドの時代以後のおのれの身分規定を見出すであろう。すなわち、「超越論的感性論」が理論的主体の核心に出現させる印象への「開放」とともにはじまった〔理論的〕主体の切り離しは、実践的主体が前提にしている人間性への開放において、実現されるであろう。独立から自律へのそのような回帰において、カントは、個人主義の多面的な様相を、無邪気ならざる人間主義へ、こう言ってよければ、「他人の人間主義」へと連れ戻すための道を開くことになろう。

しかしながら、図式主義の主体を越え出ることによって、カントの理論が、その密度のすべてが第一の契機に集約されている『純粋理性批判』に由来する成果から、後退しているのではないのか否かを決定することが、肝要である。すなわち、自律を主体の超越の地平とすることは、ラディカルな有限性の観念そのものを危機に陥れることではないのか。

## 実践的主体の問題

『第一批判』から『第二批判』へと移行するとき、ラディカルな有限性についての理論がどうなるのかを、問うことができる。『純粋理性批判』のなかの「超越論的弁証論」は、概念だけによる認識の不毛さを明るみに出すことによって、消極的な形で「超越論的感性論」の正しさを立証した。すなわち、直観への開放を欠いた概念を使用するとき、思考は錯覚の領域をさまよう、と。そのような有限性の理論についての消極的な証明は、とりわけ存在論的議論に対する批判力を備えていた。すなわち、神の存在を神の概念から出発して演繹しようとするとき、理性的神学は、神の存在を他の諸規定と同様の一つの規定に、つまり概念の一つにしてしまい、神の存在が、「一つの現実の述語」(事物の規定の一つ) ではなく、「それらの述語のすべてによる事物の定立」である、ということを理解していない、——要するに、神の存在は、現実的なものの超概念的次元に相当するのであり、そのようなものとして、事物の現象的現れへの開放

（直観の開放性）を要求している、ということを理解していない。

存在論的議論に対する反駁とラディカルな有限性の理論との関係は、カントの形而上学批判を理解するうえでとても重要であるので、掘り下げて検討してみる必要がある。概念は「普遍的表象」であるがゆえに、概念は私に同じ等級の対象に共通の特性しか与えてくれず、しかも私がその等級の対象の常に特殊な存在を捉えることを可能にしてくれない、——それゆえ、特殊なものの存在を捉えることは、直観というもう一つ別の認識の源泉を必要とする。「すべての認識、つまり意識をもって対象に関係づけられたすべての表象は、直観であるか、さもなければ概念である、——直観は個別的表象であり、概念は普遍的表象である。」[8] 概念から出発して存在を演繹しようとすることは、直観と概念の区別を守らないことである。直観と概念の区別を守らないことは、理性的神学の存在論的議論の典型的な例である。だが、もっと一般的に言えば、「経験の教えから完全に超え出ていて、概念だけにもとづいている」[9] 形而上学全体が、特殊な存在を概念によって認識しようとするとき、存在論的議論の構造をもつ。概念から現実的なものへの移行をとおして、形而上学全体は実のところ、それが概念と事物とのあいだの、すなわち存在をも含めた現実的なものと理性的なものとのあいだの同一性の存在論を前提にしているという意味で、観念論的である。後期シェリングが強調したように、思弁哲学により形成されている一般化された存在論的議論に直面して、カントのアプローチの仕方は、人間の認識のラディカルな有限性を、概念の形式（＝概念が表明する普遍的特性）から出発して、概念の内容（＝対象の存在）を演繹することはできない、という点に位置づける。そのような有限性の哲学は、したがって、理論的次元では、存在論的議論についての一般化された批判に類似している。すなわち、有限性の哲学は、現実的なものと理性的なもののあいだに、差異の契機を、こう言ってよければ存在論的差異を、再び生じさせ、そして存在を存在そのものについての観念から出発して定立しようとする主体の欲望を非難する。

批判主義は、理論哲学としての側面が有している本質的な方向に相対して、自らに一貫性という手ごわい問題を提起することによって、実践哲学の領域に取りかかる。なぜなら、実践的領域において、主体はもはや開放性、受容性ではなく、まったく自己‐定立であるように見えるからである。すなわち、『実践理性批判』によって規定されたパースペクティヴに立てば、道徳的に振る舞うということは、実践的なものとしての理性法則に合致する、ということが道徳基準になっている行為を、存在において定立することでないとするならば、何であろうか。したがって、一種の実践的な存在論的議論に立ち会っているのではないだろうか。実践的な存在論的議論において、自律的主体は、自らが目的を善として理解するせいで、自らの行動をとおして、目的を現実的なもののなかに組み込む。観念から存在へのそのような移行をとおして、実践哲学は、理論哲学により形而上学の象徴とされていた存在論的議論の構造そのものをめぐって展開されるように思われる。そうであるならば、『実践理性批判』では、『純粋理性批判』によって基礎づけられたラディカルな有限性の理論は、どうなるであろうか。理論的主体から実践的主体へ、「超越論的感性論」の開かれた主体から自律的主体へ至るなかに、有限性の乗り越えが存在しないだろうか。もしそうであるならば、あるいはカッシーラーの表現を借りるなら、「無限への突破口」が存在しないだろうか。すなわち、実践哲学において、批判主義が「主観性の形而上学」に再び陥っていることを指摘することが可能であるばかりか、『第一批判』においてはラディカルなものである有限性が、新たに相対化される（実践的主体の絶対性との関係で）ばかりか、——自律の観念は、主体の理論が有限性のテーマ体系の外に出ていくように強いるものであることも、明らかになるであろう。そもそも、形而上学の錯覚を脱した思想は、有限性のテーマ体系を、おのれの乗り越え不可能な地平としているにちがいないように思われるのだが。要するに、カントの理論哲学は、「古典的人間主義」の土台を揺さぶったように見えるけれども、「古典的人間主義」は、カントの実践哲学において堂々と再び居を定めることになるであろう。

したがって、カント主義の解釈に関して、カッシーラーとハイデガーとのあいだで交わされた重要な討論が、なぜ実践的主体の問題を、まったく特殊な位置に置いたのかが、苦もなく理解される。というのも、そのような問題において、批判主義の一貫性が試されると同時に、カントがたどり、フィヒテがあとを追った道のいくつかを、「カントに回帰する」ことなしに、今日、再びたどることができるか否かが試されるからである。(10)

### 実践的有限性についてのハイデガーの解釈

『カントと形而上学の問題』の第三〇節が提出しようとしている『実践理性批判』の解釈は、ハイデガーがちなみに『純粋理性批判』のなかで見つけた課題、少なくとも第一版に登場する、主観性の形而上学を揺さぶるラディカルな有限性という考え方が有する課題と両立する。

そのような解釈の妥当性を調べるためには、有限性の理論という点で、『第一批判』についてのハイデガーの解釈の核心をなしているもの——すなわち、理論的主体の有限性（ハイデガーはそのような重要な点に関しては正しい）は、カントにおいて固有のものである、ということ——を、覚えておく必要がある。理論的主体の有限性は、本書においてすでに指摘しておいたように、構造の問題であって、程度の問題ではない（有限性の古典的理論においては程度の問題である、というのも有限性の古典的理論は、人間の認識能力を量的に制限することからなっていたからであり、したがってそれは、より小さい程度の制限によって特徴づけられた人間の認識能力を想像することを妨げなかったからである)。認識活動を、それに固有の有限性を考慮に入れずに理解することはまったくできない、という構造上の有限性は、無限の(神的)悟性のあるべき姿とは反対に、人間の認識は派生的直観であって、根源的直観ではない、ということからなっている。

——無限の認識に関して言えば、まさに「対-象」として、「無限の認識の前に」そして「無限の認識の外に」位置する何かとして存在するものは、何もないであろう。というのも、そのような〈非-我〉の外部性は制限を構成することになるから。無限の認識は、したがって、存在の源泉として、存在をあらしめる当のものとして、存在を理解する(根源的直観)という単なる事実によって存在を生まれさせる当のものとして、捉えられなければならない。

——一方、人間の悟性は存在を生み出しも、引き起こしもしない。人間の悟性は、まなざしを、すでに現前している存在に、したがって人間の悟性に「与えられた」存在に向ける。そのような贈与にもとづいて、したがって派生的な仕方で、人間の悟性にとっての認識が存在する、——この贈与の最小限の手段は、純粋直観によって構成されている。換言すれば、たとえ私が経験的直観の個別的所与を除外することができるとしても、だからといって、私は「精神を感覚から切り離す」ことはできないし、私の表象を、窓をもたないモナドのような私自身の財源から生み出すことはできない。なぜなら、純粋直観に該当するア・プリオリな受容性の次元がなければ、概念は空虚なままだからである。人間精神の構造上の有限性は、現実的なあるいは少なくとも可能な贈与に対する、人間精神の認識活動の本質的依存に由来している。

カントによって確立されたその区別にもとづくハイデガーの努力のすべては、『カントと形而上学の問題』においても、ダヴォスでの〔カッシーラーとの〕討論においても、『純粋理性批判』によって展開された認識論のいかなる水準においても、そのような依存（＝認識から派生する性格）は取り消されない、ということを明らかにするためになされる。直観の水準において明白なそのような依存はまた、ハイデガーから見れば、悟性や理性の水準において表明されうる。[11]

――悟性に関して言えば、ハイデガーの証明は図式主義の理論についての自らの解釈を含んでいる。概念が所与に適用されるためには、概念が超越論的構想力によって図式化されなければならないのは、人間精神が、その自発性の次元においてさえ、対象を創り出すどころか、対象を集めるために対象性のイメージを素描するだけで、また対象性のイメージをおのれの前に、予期によって、知覚の期待において立てるだけで、満足しているからである。対象性を素描する際、悟性は、別の能力の働きである構想力に依存している。構想力は、悟性の概念に感覚的イメージを手に入れさせることによって、受容性の次元を導入する。まさにそこにおいて、精神は、悟性として（総合の能動性として）能動的である。まさに悟性の能動性のなかに、受容性が、したがって依存が存在する。[12] そこから「根源的受容性」という表現も出てくる。ハイデガーはそれを、悟性の能動性に固有の図式化の次元を指し示すためにこしらえた。すなわち、「根源的受容性」――根源的直観ではない――は、有限性の印である。そこからまた、ハイデガーが、「根源的受容性」の場である、超越論的構想力の学説を、『純粋理性批判』の最も斬新な契機にしていると同時に、『純粋理性批判』の核心部分にしている、という事態が生じてくる。「根源的受容性」としての構想力の働きを、精神の中核に据えることによって、カントは、理性の古くからの特権をぐらつかせ、そして主観性のイメージを覆す。理論的主観性は、対象性の絶対的根拠であるどころか、まして対象性の表象全体をモナドとして生み出すどころか、それは受容性が自発性の核心に組み込まれているかぎり、いわば受容的自発性である。そのような言い回しは、感覚的イメージ（受容性）を生み出すもの（自発性）としてのかぎりでの構想力の自発性を表している。

——同様に、理性の水準において、ハイデガーによれば、直観に対する依存が存在する、しかも、間接的な仕方で。というのも、理性の能動性は悟性の認識に統一性と体系性を与えようとするだけであるからである。悟性の認識が、どの程度直観に従わせられているかについては、すでに見た。ともかく、理論的理性はそれ自体、有限性の鎖を断ち切ることはできないであろう。

それに反して、実践的理性について事情はどうであろうか。また、実践的領域において、「根源的受容性」としてのラディカルな有限性はどうなるであろうか。道徳性の次元において、純粋直観に該当するア・プリオリな受容性の構造を再び見出そうとして、『カントと形而上学の問題』の第三〇節は、ア・プリオリな受容性の実践的等価物にあたるように見えるもの、すなわち尊重の純粋感情にこだわった。概念は、内在的に直観に結びつけられており、また図式において、ア・プリオリな受容性の構造を有しているのと同じく、道徳法則（概念と同様に、精神の自発性の次元に、つまりこの場合は自律的意志としての自由の自発性へと差し向ける）は、受容性の次元に該当する、尊重という純粋感情に、分かちがたく結びつけられている。要するに、道徳法則と尊重との関係は、概念と直観との関係と同じである。そしていずれの場合においても、二つの項の関係は、超越論的構想力に結びつく、——超越論的構想力は、受容性を自発性の核心に組み込んでいる構造として、理解されている。[13] それは巧みな仮説である、ということで意見の一致を見るであろうが、そのような仮説を理解するには、尊重にそのような機能が与えられているのはなぜか、ということを理解することが前提とされる。

実際には、説明はかなり単純である。主体は自己意識によって、純粋統覚として、すべての表象にともなう「我思う」という同一性の意識として、特徴づけられる。したがって、実践的主体とはどのようなものであるかを問うことは、「実践的自己意識」について考察することであり、実践的自己意識は、同様に、実践的〈自我〉のすべての能動性にともなうのでなければならない。ところで、実践的〈自我〉、すなわち「人間の本来的な本質」を、カントは人格とも呼んでいる、ということをハイデガーが喚起している。実践的主体の主観性を正確に捉えようとすることは、したがって、「人格の人格性の本質は何からなっているか」を探求することと等価である。

その答えは、『単なる理性の限界内における宗教』から借用されている。すなわち、「人格性は［……］それとは不可分な尊重をともなう道徳法則の理念である。」したがって、実践的主体の本質は、道徳法則についての意識のなかに位置づけられることになり、道徳法則は、われわれの理論的概念と同様、自発性の次元へと差し向けるが（というのも、道徳法則は自己 - 定立されるから）、ただしそれは、われわれが道徳法則を道徳法則として意識することができるのは、われわれが道徳法則を純粋感情としての尊重をとおして受け取るときのみである、という仕方においてのことである。尊重の規定は、純粋直観の規定からの類推によってでき上がる。そこでもまた、感性の最小の次元と同様に、ア・プリオリな感性が問題になっている。というのも、尊重は経験的感情と違って、どんな人間にも必然的に備わっている感情であり、経験的性格の偶然に従っていない感情である。

尊重は、したがって、ハイデガーには、道徳法則に関する受容性の契機に見える。道徳法則は、実践的主体を構成し、実践的主体に対しても、開放の次元を、したがって超越の次元を付与する。「尊重とは法則へとわれわれを開くもの〔道徳法則に対する感受性〕である」、そしてそうであることによって、「法則に対する尊重、すなわち行為の規定根拠としての法則を顕示するこの特定の様式は、それ自身において、私自身を行為する自己として顕示する」、――つまり、尊重によってもたらされた、道徳的なものとしての法則についての意識は、同時に、その法則の主体としての私自身、その法則がそれの法則であるところの主体としての私自身について、私に意識させる。「尊重がそれに対して尊重であるところの当のもの、すなわち道徳法則を、自己自らに与えるのは自由なものとしての理性である。法則に対する尊重は、自負や自愛によっては規定されないような〈自己〉としての自己自身に対する尊重である。[14]」その結果、尊重は何よりもまず、カント自身が示した意味で、人格に対する尊重である。「尊重は常に人格にかかわり、決して事物にはかかわらない。[15]」

実践的主観性の本質が、道徳法則についておよび人格（道徳的主体）としての自己自身について意識するときの感情のなかに存する、ということを明らかにすることによって、ハイデガーは、実践的主観性を構成しているものとして、受容性の次元を再び見出す。この受容性は、実践的自発性（自律）の核心に組み込まれた受容性であり、それゆえ、実践的自発性は、受容的自発性として、すなわち超越論的構想力として、したがってラディカルな有限性として現れる。実践的主体の本質を、非時間的な叡智的性格（本体）のなかに位置づけるのではなく、人格（道徳法則についての意識）のなかに位置づけることによって、ハイデガーは、カントの主体理論は均質で一貫性がある、と考え、また、カントの主体理論がラディカルに有限なものとしての主体についての理論であることにおいて終始一貫している、と考える。ところが実際には、そのような観点からすれば、カントが形而上学にいわば再び陥る前の主体理論は、ハイデガー自身が『存在と時間』のなかで「現存在の分析論」の名前で理解しているものの、最も巧みな予示であろう。しかしながら、周知のように、ハイデガーは、『純粋理性批判』第二版のカントには、いくつかの点で構想力に対する悟性の優位を再び確立するという「弱さ」があった、と考える。そのような方向転換は、一七八七年に表明されたものであるが、いずれわかることであるが、それは『実践理性批判』に対して、一七八八年に、いくつかの困った影響を与えた。だが、全体としては、実践的自己についての考察は、『第一批判』の初版の精神に忠実である点を考えるならば、カントの主体理論が主観性の歴史のなかに裂け目を作るきっかけとなったものを、取り消しはしないであろう。もっとも、その裂け目は、残念ながらカント自身によって急いで塞がれることになる。

以上の読解は、議論の余地なく見事なものであるからといって、通用するものであろうか。尊重のテーマ体系が、本当に純粋直観という観念の実践的類似物となっているのか。また、もし実践的有限性〔というテーマ体系〕が存在するとするなら、まさにそのような水準において、それを根づかせるべきなのか。もっと正確に言えば、実践哲学における主体理論の内容は、本当に『純粋理性批判』において展開された主体理論の内容と、同じものなのか。そのような決定的な点において、ハイデガーの読解に対するカッシーラーの異議申し立ては、とりわけ重要なものであるかもしれない。

## ハイデガーの批判者カッシーラー——実践理性の身分規定

カッシーラーの反論を値踏みするために、何よりもまず明らかにしなければならないことは、カッシーラーが、全体として、ラディカルな有限性の観念を、カント解釈全体の出発点および指針と見なすハイデガーの企図を、よく理解していた、ということである。[16] 同様に、カッシーラーは、ハイデガーがいかなる意味において、カントの有限性を、「贈与」に対する「あらゆる派生的認識の根源的、本質的依存」として理解しているのかを、完全に把握しており、[17] また超越論的構想力の理論が、悟性と理性が内在的に直観と、したがって有限性と結びついている、ということを明らかにする役目をもっているということを、完全に把握している。[18] カッシーラーは、カントの理論的有限性の発想には、いかなる相対主義的帰結も含ま[19]

れていない、ということを認めさえする。すなわち、カッシーラーが強調するところによれば、直観的悟性の概念は、人間の認識を制限するものである一方で、有限な認識を相対的に劣ったものにしてしまう現実的絶対へと差し向けるものではなく、ただ「課題」(Aufgabe)を、こう言ってよければ、〈理念〉を指し示すものにすぎない。直観的悟性は、「われわれの認識が遭遇する現実的限界」を規定するものというよりは、「われわれの認識が自分自身に仮定する限界‐概念であり、つまりわれわれの認識が、感性の要求を制限しようとして」(＝事物が意識の外で、既成のものとして存在し、私は事物をそれがあるがままに受け取ることしかできない、と信じる、感性のもっぱら実在論的な傾向を制限しようとして)「自分自身に課する限界‐概念である」。

したがって、カッシーラーがハイデガーによる〔カント〕解釈について試みる異議申し立ては、包括的で十分に正確な読解にもとづいているので、カッシーラーの反論は有意味であり慎重な検討に値する。私としては参考までに、悟性の有限性に関する第一の反論に言及するだけにしておく。すなわち、直観に対する悟性の広い意味での依存を認めつつも、カッシーラーは悟性が直観を構成する、と説明することによって、そのような依存を和らげようとする。[20] 議論は、カントが「形式的直観」と呼んでいるもの、すなわち数学の構成された空間に向かう。その空間は、実際に悟性の総合によって構成されている、ということを『批判』は明らかにしている。[21] しかしながら、そこには、ハイデガーの読解を本当に揺るがすことのできるものは何もない。ハイデガーはすでに前もって、『カントと形而上学の問題』の第二八節において、答えている。すなわち、カントが数学の空間を喚起するとき、カントは「空間概念」に言及しているのであり、それを空間の直観と入念に区別している、と。というのも、数学の空間概念は、外的感覚の対象についての経験的直観から出発して生み出された、科学的抽象の産物であるからである。経験的直観はすでに、空間の形式を前提にしている。[22] したがって、その空間概念は悟性によって構成されている、ということは明白であるが、そのことは、能動性においてさえも悟性は直観の支配下にある、という事実を取り消すものではいささかもない。ところが実際には、ハイデガーの主張についての〔カッシーラーの〕異議申し立てがその真の広がりをもつのは、カッシーラーが実践理性に取り組むときだけであり、またカッシーラーが、そこにおいてもまた根源的受容性が主観性の構造を規定している、ということに二重の意味で、疑いをさしはさむときだけである。

ハイデガーの討論相手〔カッシーラー〕は、ハイデガーに対して、何よりもまず第一に、悟性と理論理性とがある意味で相変わらず感性に結びつけられているのであるならば、実践理性が問題になっているのではない、と反論する。

「カントによれば、われわれが理性を、もはやただ単に理論的観点から考察するばかりか、〈実践的観点から〉も考察するや否や、状況は一変する。なぜなら、自由の観念の〈絶対〉によって、状況は結局、まったくの〈叡智的なもの〉の方へ、超感性的なものや超時間的なものの方へと、決定的な一歩をあえて踏み出すからである。[23]」

そのことをカッシーラーは、『純粋理性批判』の一節を使って強調する。

「ところで、もし、われわれを、われわれ自身の〔実際的〕存在に関し立法者として、したがってまた、われわれの〔実際的〕存在を規定するものとしてまったくア・プリオリに前提するような機縁が、経験においてでなく、純粋理性の使用のある種の法則〔道徳的法則〕（したがって、単なる論理的規則ではない法則）において、ア・プリオリに確立されていて、しかもわれわれの〔実際的〕存在に関するような法則において与えられると仮定するならば、われわれの現実性を規定するような自発性をこれによって見出し、しかもそのためには、経験的直観の条件を必要としないであろう。するとわれわれはここで、われわれの〔実際的〕存在の意識に何かあるものがア・プリオリに含まれていることを知るのである、すなわちそれは、まったく感性にのみ規定せられるわれわれの〔実際的〕存在を、ある種の内的能力〔自由〕に関して、叡智界（もとより単に考えられただけの）との関係において規定する用をなしうるような何かあるものである。[24]」

推論をまず最初に再現しなければならないかぎり、カッシーラーの反論を値踏みすることは困難であるように見える。カッシーラーは、理論理性は有限性の連鎖の外に出られず、結局、相変わらず時間に結びつけられたままである、という点でハイデガーに同意する。その証拠に、理性が経験を乗り越えていると思っているとき（観念をいわゆる認識の対象に変えることによって）、一方で、理性は詭弁に陥り、そして、理性によって考えられているものは真理をもたないのであり（というのも理性の対象は実在しないから）、他方で、理性により考えられているものは意味さえもたないのである。というのも、〈理念〉は、他の一般概念と同様に、感性的なものにかかわるときにしか意味をもちえないから。ところで、感性的なものとの関係は、悟性の諸概念にとっては、図式によって手に入れられるのであるが、〈理念〉にとっては、媒介によって、理念が悟性の使用にとっての立法原理となるかぎりにおいて、手に入れられるにすぎない。悟性の使用の方は、直観に、したがって時間に関係している。[25] 要するに、理性の〈理念〉は、それがある意味では直観に連れ戻されないならば、真理も意味ももたない。そのことは、理性の理念を、悟性の働きに対してまったく立法的に利用することをとおして、果たされる。理論理性は有限であるが、しかしながら、カッシーラーが言うように、実践理性が有限であると想像することは困難である。

——実践概念は、自由のカテゴリーであるがゆえに（現象と本体の二元論のゆえに）、直観の内容と、たとえ間接的な関係であれ、ある種の関係を保つことはできない。

――実践理性は、したがって、一般概念の意味の理論が要求しているものから逃れられないのか。すなわち、経験的性質を備えていないのに意味をもっているものなど、何も考えられないのか。[26] 実践的概念――カントが「自由のカテゴリー」と呼んでいるもの――が、直観といかなる関係ももっていないならば、いかにして実践的概念は適用可能か、したがって表象可能か。そのような問いは、容易におわかりのように、いかにして実践理性は、カッシーラーの表現によれば、「まったく叡智的なものの方へ決定的な一歩を踏み出す」ことができるのか、と問うことに帰着する。その問題を、『第二批判』は、「純粋実践的判断力の範型」が構成している図式主義に対応するものをとおして、解決している、――ここでは、カッシーラーが正しいことを認めざるをえない。というのも、〈〔純粋実践的判断力の〕範型〉において、実践的概念の提示は、直観との内在的関係なしに、時間化なしに行われるからである。すなわち、まったく概念的なもの（自然における合法性の形式）にもとづいて、道徳的概念（法則に従うことについてのさまざまな概念的規定）は、表象性を獲得する。したがって、時間性へのいかなる開放もここでは問題になってこない。すなわち、たとえ実践的有限性が存在するとしても、それは、実践理性の核心に超越論的構想力の構造が存在していることによってではありえない。

カッシーラーは、ハイデガーによって尊重の感情に与えられた役割に異議を唱えることによって、自らの論証を補強している。尊重の感情は、受容的自発性の次元として理解されており、その次元は、いずれにせよ、実践理性のなかに、理論理性の有限性に対応する有限性を再び見出すことを可能にしてくれる。正当にも、カッシーラーは、カントが道徳法則と法則への感情とを厳密に区別していることを、強調している。この反論の射程は、ハイデガーの戦略との比較においてのみ、測ることができる。すなわち、ハイデガーが、実践理性において受容性の次元を切り離すのは、法則を尊重に立ち返らせることによって、したがって、法則の産出と法則についての意識とを同一視することによってのみのことであった、——あたかも道徳法則の内容そのものが尊重から切り離すことができないかのようである。カッシーラーの回答は以下の通りである。

「道徳法則の内容は、カントによれば、少しも尊重の感情にもとづいてはいない。尊重の感情は、道徳法則の内容の意味を構成してはいない。その感情は、ただ単に、それ自体として絶対的なものである法則が有限な経験的意識において表現される、ということを示しているにすぎない。その感情は、カント倫理学の基礎づけに属するのではなく、カント倫理学の適用に属する。[27]」

ここで再び、討論の言葉づかいを説明しなければならない。

——ハイデガーは、実践理性において、本来的有限性の印と見なしているア・プリオリな受容性を同定するために、法則の産出（実践理性そのもの）を法則についての意識（尊重）に還元する。理論理性が、経験と、したがって時間‐空間的贈与の次元と、直接的あるいは間接的関係をもたないとき、理論理性は何ものも生み出さないのと同様に、実践的理性の能動性（法則の産出）は、尊重の受容性なしには考えられもしないであろう。

——ところが実際には、カッシーラーが答えるところによれば、法則の基礎づけ（実践理性の能動性）は、カントにおいて、法則についての意識を少しも含んではいない。すなわち、実践理性は、機能するために、尊重の受容性を必要としてはいず、実践理性は単なる自発性である、——それゆえ、実践理性の水準において、一つの主観性の形態が確立されることになる。そのような主観性の形態において、もし少なくとも考えられる唯一の有限性が根源的受容性の有限性であるならば、一種の「無限への突破口」が実現されるであろう。

したがって、批判主義を、とりわけ批判主義が自律の原理にもとづいていることを、主観性の歴史のなかに位置づける試みにとっては、そのような専門的な討議の争点は重要である。したがって、尊重と実践理性とを切り離すためにカッシーラーが動員した論拠について、注意深い検討をしないで済ませることはできない。そのような切り離しの実態の証拠を、カッシーラーは、何よりもまず、カントが人間と有限な理性的存在とのあいだで行った区別のなかに位置づける。その区別を、解釈者たちはしばしばあまり理解していない。すなわち、その区別に従えば、人間は有限な理性的存在の特殊な相貌としてしか現れてこない。そして、有限な理性的存在の有限性は、感性的ではなく、まったく理性的な有限性の意味において、理解される。そのような有限性は、〈在る〉と〈在らねばならない〉とのあいだの区別においてのみ、説明される。わかりやすく言えば、無限な存在にとって、道徳法則は、〈在る〉ものである。〔一方、〕有限な存在にとって、道徳法則は〈在らねばならない〉ものである、——この〈在らねばならない〉がとる形態は、人間という特殊なタイプの有限な存在〔の形態〕と見なされる必要はない、すなわち、尊重の純粋な感情をとおして感性によって受け取られた義務の形態と見なされる必要はない。

『純粋理性批判』の第一版にはないその区別〔人間と有限な理性的存在との区別〕は、第二版においては、「超越論的感性論」の第一節〔§1〕以来、暗々裡に前提にされている。そこにおいて、カントは文章に意味のある括弧を付け加えている。すなわち、「直観は対象がわれわれに与えられるかぎりにおいてのみ生じるものである。ところで対象がわれわれに与えられるということは、（少なくともわれわれ人間にとっては）対象がある仕方でわれわれの精神を触発することによってのみ可能である」、つまり感性の時間‐空間形式に従ってのみ可能である。(28) この付け加えは、したがって時間‐空間的（感覚的）有限性が有限性の人間的形態でしかない、ということを明らかにしており、しかも人間以外の有限な理性的存在が存在しうるのであり、そのような存在の有限性は、感覚的受容性の形態をとらない、ということを明らかにしている。『純粋理性批判』の二つの版〔第一版と第二版〕とのあいだに生じた、人間と有限な理性的存在との区別は、論理的には『実践理性批判』へと移って行く、——そもそも、その区別がすでに、一七八五年の『道徳形而上学の基礎づけ』によって、実践的領域において利用されていただけに、なおさらいっそう〔移行は〕容易である。『道徳形而上学の基礎づけ』において、おそらく初めてその区別が現れたのであろう。

「道徳法則が拡張された意味をもち、単に人間に対してだけではなく、すべての理性的存在一般に対して妥当しなければならないということを、否認することはできない。[29]」

したがって、道徳法則は、〔カントが〕次いでさらに断言するところによれば、「あらゆる理性的存在に対する普遍的な指令」であって、「人間性の偶然的諸条件の下でのみ妥当する」規範ではない。そのような道徳法則とは、実践理性の産物として、意味と妥当性をもつ、それゆえ、尊重の形式の下に感性によってそのような法則が受容されることとは独立に、一貫性をもつ。したがって、カッシーラーが以下の説明をどのように活用しようとしているのかが、理解できる。

「結局そこに、ハイデガーによるカント解釈に対抗して私が行おうとしている、真の本質的な反論が存する。すなわち、あらゆる認識能力を、超越論的構想力に結びつけ、さらにはそこに還元しようとするとき、ハイデガーは、自分にはもはやたった一つの座標系（plan de référence）、すなわち時間的実存の座標系しか残っていない、ということに思い至る。現象と本体との区別は消え去り、解消される。今後あらゆる存在は時間の次元に属し、そしてそのことによって、まさに有限性に属する。したがって、カント思想という構造物〔体系〕の全体を支えている支柱が取り除かれる。そのような支柱なしには、カント思想という構造物〔体系〕の全体は崩壊するしかない。カントは構想力一元論といったものを擁護したためしはない。カントは、感覚界と叡智界といったラディカルで決然とした二元論に執着する。なぜならカントの問題は、存在と時間の問題ではなく、〈在る〉と〈在らねばならない〉の問題であるからである[30]。」

要するに、実践理性の有限性とは、そのようなものが存在するとすれば、あらゆる有限な理性的存在の有限性であるものであろう。有限な理性的存在は、そのようなものとして、〈在る〉と〈在らねばならない〉とを区別する。そのような有限性は、実際には、まさに道徳性ないしは実践理性の観念そのものによって、分析的に含まれている。すなわち、無限な存在は目的のなかから選択を行うことができない。無限な存在は目的を自分に提示することさえできない。スピノザは、神の自由意志の観念というものを批判したとき、そのことを理解した。だが、もし実践理性の観念そのものがそのうちに存在の欠如の観念を含んでいるならば、したがって有限性の次元を前提にしているならば、実践的有限性は、構想力の構造や理論理性の根源的受容性と、いかなる共通性ももたない。したがって、もしハイデガーのように、ラディカルな有限性を根源的な感覚的受容性によって定義するならば、理論理性から実践理性へと移行することは、理性性や主観性の構想力的構造を確認するというよりは、むしろ有限性（そのように理解された）の外への突破口を開くということを意味している、ということを認めなければならない。実際には、実践的主観性は、いかに有限であっても（実践的主体は、自らを〈在らねばならない〉ものと考えるがゆえに、定義上、有限な理性的存在である）、完全に、自発性と、法則の産出と、自己‐定立とによって理解される。そこには、例の自律的主体の構造が再び見出される。自律的主体は、法則に従って行動することによって、存在のなかに、自らが〈在らねばならないもの〉として理解したものを定立し、自己‐定立としての〈絶対的なもの〉に言及する。少なくとも、実践的主観性はそのなかに開示の次元を出現させない。『純粋理性批判』が開示の次元を強調したとき、カントの思索は、主観性の歴史のなかで独創的な位置に置かれることとなった。要するに、もしカントの主体理論が、カッシーラーの読解によってその極みに達したならば、主観性の歴史におけるカント主義の位置づけ全体が見直されなければならないであろう。

### カントは人間主義者かそれとも「非人間主義者」か

実践理性に関する以上の論争が、人間と有限な理性的存在とのあいだの区別が出現したことについての解釈に終始している、ということは、明白である。なぜカントは、『純粋理性批判』の第一版のあと、人間の有限性を、有限な理性性についての単なる解明へと還元したのか。このような疑問に対する答えに従えば、その区別の意味そのものはまったく違ってくるであろう、――したがって、実践的主体の身分規定と自律の観念の身分規定という大きな問題に必ず影響を及ぼすことになるであろう。

人間と有限な理性的存在との区別についての解釈は、周知のように、ショーペンハウアーによって初めて提出された。ショーペンハウアーの解釈は、想像力に満ちたものである。というのも、彼の解釈は、その区別を、カントが「親愛なる小天使」を突然考慮に入れたことに関係づけているからである。親愛なる小天使は、確かに、有限な存在であるが、だがしかし、親愛なる小天使の有限性は、別に感性の構造をとおして顕現するわけではない。

とりわけ何人かのハイデガーの後継者たちがよく使う説明は、見かけ上もっと入念である。『68年の思想』に対して論争を挑んでいる、ジャン゠フランソワ・リオタールは、ある論文において、彼がわれわれの「カント解釈」として示しているものについて、〔以下のように〕論じようとしている。「フェリーとルノーが〈カントの人間主義〉を後ろ楯にして、〈哲学を非人間的なものにしようとしている〉人たちを非難するとき、彼らはカントのことを何もわかっていない」、——なぜなら、「カントの思想は人間主義ではないからである」[31]。換言すれば、カントが、「人間とは何か」という問いを、ありとあらゆる哲学的問いかけの集大成にしたとしても、それでも、カントの作品を「人間主義」として読解することは重大な勘違いであることに変わりはない。以上のような〔リオタールの〕判断の根拠は、わずかな言葉で要約される。「カントは絶えず次の点に立ち戻る。すなわち、〈人間〉は定言命法の受け手ではない。定言命法はすべての〈有限な理性的存在〉に対して向けられる。実践的理性の純粋な原理として、〈道徳法則〉は、厳密な意味において、非人間的なものである。」したがって、リオタールの結論によれば、「フェリーとルノーの人間主義」は以下の点を理解していない。すなわち、「カントのパースペクティヴからすれば」、実践哲学の本質的契機は、「〈法則〉の非人間的事例を際立たせること」であり、「非人間的なものに正当な権利を与えること」である、という点を理解していない。

したがって、われわれは、現代の反‐人間主義に嫌疑をかけることに夢中になっていたので、見かけに反して、カント自身が人間の規範の彼方に置かれた実践哲学を展開していた、ということを見落としてしまった。すなわち、われわれは、人間と有限な理性的存在とのあいだの区別に、ほとんど注意を払わなかった。カントがそのような区別を導入したのは、まさに道徳法則は人間に向けられたものではない、ということを明らかにするためであり、実践理性は「人間性」の表現ではない、ということを明らかにするためである、——要するに、人間が中心とならない倫理学を定義するためであり、結局、人間を中心に置かない倫理学、人間をめぐる考察を中心に据え直すこと、あるいは中心に据えるといったことから逃れる倫理学を定義するためである。〈近代〉の到来以来〔ルネサンス以来〕、人間をめぐる考察を中心に据え直すこと、あるいは中心に据えることが、人間主義と主観性の形而上学とを規定してきたのである。〈ゆえに〉(Ergo)、人間と有限な理性的存在との暗黙の区別をとおして明らかになることは、「新カント派」(カッシーラー)に抗してハイデガーが見て取ったように、批判主義は、人間主義的近代性の実現の一段階であるばかりか、人間を行動や判断の規範として立てることに異議が唱えられ、それが疑問視され、根底から揺さぶられる場でもあった、ということである。感心なことに、その揺さぶりの大きさにハイデガーは気づいた。反対に、「新カント派」は、カントのような人をわれわれの文化的伝統に照らして、「推薦できる」点が多い人として再び取り上げることによって、決壊箇所を修復し続けた、――もっとも、人間主義でもなく、反-人間主義でもないカントの思想は、人間と非人間という近代性の諸価値のとりこになっている対立の彼方にある。

カント主義についての以上のような理解をどう評価すべきか。とりわけ、人間と有限な理性的存在との区別の利用の仕方を、どのように評価すべきか。何よりもまず第一に、単純なケアレスミスを正さなければならない。そのミスは、解釈の全体に及ぶものではないが、解釈をいくぶん弱めてしまう。すなわち〔リオタールのように〕、カントによれば、「〈人間〉は定言命法の受け手ではない」、と情け容赦なく書くことは誰もできない。実際には、リオタールが指摘しようとしていることは、もっともそれは彼があとで書いていることなのだが、人間は道徳法則の受け手ではない、ということである。それは、定言命法の受け手は、もちろん人間である(有限な理性的存在ではない)からである。というのも、命法とはまさに、われわれの感性に提示されるような道徳法則のことであるからである。(32)

そのように誤りを修正して、〔リオタールの〕主要な見解に話を移そう。カント倫理学は、「〈法則〉の非人間的事例を際立たせる」ことのうちに存しているがゆえに、人間と有限な理性的存在との区別が導入されたのである。カントを「新カント派」の人間主義から逃れさせようとする企て（ハイデガーが企てたような）によって生き生きしたものになった説明は、実を言えば、まったく逆説的である。リオタールが思っていることとは反対に（しかも、他の多くのフランスのハイデガーの弟子たちも〔リオタールと同じ〕錯覚を共有している）、ダヴォスにおける討論の記録を読んだだけで、人間と有限な理性的存在との区別が重要な役割を果たしているような解釈が存在するとするなら、それはカッシーラーの解釈であって、決してハイデガーの解釈ではない、ということが十分に理解できる。ハイデガーは、なぜラディカルな有限性についてのカントの理論が、人間理性を根拠として立てることを揺さぶるのか、ということを明らかにする際、その区別については特に関心を払わない。反対に、ハイデガーは、その区別のなかにも、『純粋理性批判』の第一版のあと初めて現れるような事柄全般のなかにも、カントが自らが予見したことの大胆さを前にして、すなわち人間主義的理性性の諸価値のはかなさを前にして後ずさりする兆しを見て取った、ということがわかるであろう。「新カント派」的カントに抗してハイデガー的カントを擁護しているつもりでリオタールが試みたこととは逆に、『カントと形而上学の問題』の第三〇節は、例の区別を括弧に入れようとさえしており、さらには『実践理性批判』の読解を、『実践理性批判』が批判主義の真の精神、すなわち〔『純粋理性批判』の〕第一版の精神と見なしたもののパースペクティヴに身を置いて、素描しようとさえしている。したがって、ハイデガーの後継者が、カントについての「非人間主義的」読解を、むしろカント主義の真の射程を引き出すためには除外しなければならないと『カント書』〔『カントと形而上学の問題』〕が判断している例の区別にもとづかせようとすることは、危険なことに思える。

実は、そのような危険なやり方は、あるずれを覆い隠している。そのずれのからくりを明らかにすることはまったく容易であるが、そのずれの原理は断固否定されなければならない。確かにリオタールが主張しているところによれば、人間と有限な理性的存在とを区別することによって、カントは、心理学の意味での、こう言ってよければ経験的人間学の意味での人間論から、倫理学を逃れさせようとしたのである。「実践理性の純粋原理としての〈道徳法則〉は、厳密な意味において、非人間的である」、なぜなら、「命法がわれわれに命じることは、われわれの経験的〈人間性〉を超越することであるからであり、カントが〈病に冒された意志〉と呼んでいるものを超越することであるからである。われわれの歴史的状況からくる限界から自由になり、われわれの心理学的傾向性から自由になり、あまりにも人間的なわれわれの人間的諸価値から自由になり、その結果、〈法則〉の呼びかけを無条件に受け入れることができるようになることであるからである」。実際、例の区別に、反‐人間学的あるいは反‐心理学的射程を与えることは、なんら不合理ではない。それがまさに、カッシーラー的新カント主義による説明である（相変わらず逆説的である）。だが、例の区別の射程のことは別にして、その区別は、カントが人間主義者か否かということとまったく関係がない、と理解せざるをえない。倫理学的原理を、人間の現実存在の心理学的（言葉の経験的意味で人間学的）条件から、すなわちわれわれの「経験的人間性」から逃れさせることと、人間そのものの重視から逃れる「非‐人間的」倫理学を基礎づけることとは、同じではない。もちろんそれは、カントに人間性と経験的人間性との同一視の責任を帰することがないかぎり、またカント自身がそのような粗雑な同一視を行っているのではないかぎり、そう言えるのである。たぶん、リオタールとしてはそのような同一視を行っているつもりであろうが（実のところ、私はリオタールがそのような同一視を行っているとは思わない）、少なくとも、カントはそうではない。というのも、カントは、現象的原因（causa phaenomenon）としての人間と、本体的原因（causa noumenon）としての人間とを、はっきりと区別しているからである。すなわち、人間は、「感覚界の現象の一つ」であるかぎり、「経験的法則」に従うが、同時に人間は、「ある種の能力に関しては」、「まったく本体的〔叡智的〕な対象」であり、この対象としての人間の「能動は決して感性の受容性に帰せられない」。[33] この第三アンチノミーの解決の意味を説明することは、実践哲学の義務である。「あらゆる他人〔他の人格〕との私の法的関係において、私は他の人格を彼の人間性に従って見るにすぎない、したがって、本体的人間（homo noumenon）として見るのであって」、現象的人間（homo phaenomenon）として見るのではない。[34]

したがって、人間に関するこれらの断章を考察するとき、記憶にとどめざるをえないことは、カントが実践的客観性を「人間」から区別するのは、「人間的、あまりにも人間的なもの」という意味における〔「人間」から区別する〕ことにすぎない、ということである、――「あまりにも人間的なもの」は、現象的人間に対応しているにすぎず、また「真に人間的な人間」、つまり本体的人間を除外している。すなわち、道徳法則を経験的人間から逃れさせることは、法則を非人間化することではないが、人間における人間的なものが傾向の経験性へ還元される、ということを認めることになるかもしれない。カントは、彼にとっては人間の脱人間化（動物化）であるように思える方向へと道をたどらなければならない、とは思っていなかった。したがって、実践的領域と心理学との分離には、倫理学を人間主義から逃れさせることがかかっているどころか、一七八一年以降は、有限な理性的存在を実践理性の主体として立てることは、反対に、批判装置としての人間主義を強化することへと向かう。

リオタールの読解の原則が却下されたとしても、もちろん、人間と有限な理性的存在との区別の真の射程を回復させることがまだ残っている。『カントと形而上学の問題』の第三一節は、『純粋理性批判』の第一版のあとに現れたその対立〔区別〕により、第二版の精神がどのようなものであるのかがわかる、という事態を強調している、――すなわち、第二版の精神とは、構想力の役割を相対化するための努力のことであり、それと相関的に、一七八一年〔第一版〕の構想力の介在に対応している根源的受容性や超‐理性性の契機に対する悟性的〔能動的〕能力の優位を、再び確認するための努力のことである。したがって、ハイデガーはカントを導くこととなった区別の出現を嘆く。カントは、その区別に導かれて、有限性と感覚的受容性とを分離する、したがって、構想力を副次的なものにし、感覚的受容性としての有限性を、もはや有限性の特殊な場合〔人間の場合〕にしてしまうにすぎない。有限性の特殊な場合は、以後まったく悟性的な仕方で、〈在る〉と〈在らねばならない〉との差異にもとづいて理解されることになる。道徳法則は、人間に適用されるばかりか、有限な理性的存在にも適用される、ということを〔ハイデガーから見れば〕嘆かわしくも主張することによって、カントは、法則と実践理性とを、〔法則の〕尊重とは無関係なもの、したがって構想力の構造と無関係なものにした。「ハイデガーが厳しく糾弾しているところによれば、有限な理性的存在一般とそのような存在の個別的実現としての人間とのあいだの区別の問題は、超越論的演繹の第二版の前面に出てくる、ということは明白である」[35]——超越論的演繹において、その区別は、それが倫理学的領域において果たしていたのと同じ役割を果たすことになる。すなわち、直観と構想力に対する悟性の依存は、われわれ人間にのみ妥当するものであって、有限な理性的存在一般に妥当するものではない、ということを明らかにすること、したがって感性からの悟性的能力一般〔悟性と理性〕の独立を再び確立することが、その区別が果たす役割である。換言すれば、「第二版において、カントは有限な理性的存在の概念を大いに拡張した結果、その概念はもはや人間の概念と混同されない」[36]——そのような拡張は、ハイデガーが明らかにしているところによれば、カッシーラーが思っていたのとは反対に、少しも『批判』の改善にはならず、むしろ形而上学の精神へと再び陥ったことの証拠となっている。というのも、第二版において、『純粋理性批判』は「もっぱら純粋理性そのものによって」方向づけられているからである。そして、第一版によって揺さぶられた理性性の諸価値は、その優位を再び見出すからである。

人間と有限な理性的存在との区別についての以上の説明は、ハイデガーが『第一批判』の二つの版のあいだの差異に与えている意味と、緊密に結びついているのであるが、そのことにより、その説明は一連の反論に出会う。

——何よりもまず、その解釈は完全に心理学主義的である。すなわち、テクスト〔第二版〕を、それの成立の心理学的特徴（この場合、存在論的差異を前にして〔カントは〕不安と向かい合うことができない、ということ）によって説明しているがゆえに、その解釈は、すべての還元的やり方が有している欠点をもっている。そのうえ、その解釈に対して、原則的には、とりわけハイデガーのような思想家によって異議が唱えられる。ハイデガーは、もし仮に『ヒューマニズム書簡』の言い回しに従って、「すべての価値づけの作用は一つの主観化である」とするならば、諸価値（勇気／臆病）の観点を、解釈学のなかでは、無視せざるをえない。

——一般的に言えば、アレクシス・フィロネンコが強調しているように[37]、一七八一年〔第一版〕から一七八七年〔第二版〕へと至り、カントが自らの図式主義の理論の大胆さを前にして怖じ気づいたということは、認めがたい。というのも、『批判』の第一版から第二版に至っても、図式主義に関する章だけは厳密に同じままである、ということが指摘されているからである。第二版の究極の目的が理性の特権を再び確立することであったとするならば、図式主義に関する部分は少しも修正を加えられていないがゆえに、図式主義は、おそらくカントから見れば、『批判』のなかで理性性に少しも脅威を与える契機ではない、と理解しなければならないし、また一七八七年に至っても、超越論的構想力の理論の重要性についていかなる懸念も抱く必要はなかった、と理解しなければならない[38]。——第二版において、カントは自らが理解したラディカルな有限性に少しもたじろぐことがなかったので、むしろ、そのような理論的有限性がラディカルであることこそが、彼の思索の一般的構造において、倫理学的絶対を、「観念の絶対」あるいは「要求の絶対」として彼が断言することを可能ならしめた[39]。というのも、理論理性がラディカルな形で有限でないなら、すなわち理論理性が無条件的なものについての認識に至るなら、人間は、現実的なものについて、神の観点と等しい観点に身を置くことができるであろうから、——その意味で、神にとって、可能性のあいだでの選択は存在しなくなり、したがって道徳性も存在しなくなるのと同様に、絶対知の保有者である人間的理性にとって、義務の絶対性のための余地は少しもなくなるであろう。道徳的経験を考えるために、カントは、したがって、理性的認識のラディカルな有限性を書き留める認識理論が必要であった。そのことは、反対推論により、ヘーゲルにおいて、絶対知のテーマ体系と、「世界の道徳的見方」についての批判（確かに、カントおよび反省の哲学に狙いを定めている）とは、結び合っているという事態によって、確かめられる。

そのようなハイデガーによるカント解釈の一側面は、したがって、相変わらず最も異論の余地あるものの一つであろう。その結果、『カント書〔カントと形而上学の問題〕』によって提出された、人間と有限な理性的存在との区別の登場についての説明は、説得力をもたないであろう。すなわち、その区別は、理性的存在の理性を感性や構想力の支配力からよりよく逃れさせるためにもたらされたのではない。というのも、図式主義の理論は、確かに感性や構想力の支配力を最も強く物語っているが、それは、カントによって修正に値すると判断されたわけではないからである。

カッシーラーによって提示された、もっともらしい説明は、実を言えば、大したものではない。周知のように、概して、『批判』の第二版は、第一版に対して向けられたいくつかの反論を、とりわけカントの心理学主義を告発しているガルヴェとフェーダーの留保〔反論〕を、考慮に入れている。

「ガルヴェとフェーダーの書評を読んだ経験が、カントをして『批判』の第一版を修正させた。それは、自らの〈超越論的〉観念論と〈心理学的〉観念論とを、明確に厳格に区別しようとする努力であった。そのような関心から、カントは、超越論的分析論の重心を、以前よりもはるかに、主観的演繹の側から〈客観的演繹〉の側へと移動させた。すなわち、〈理性批判〉の主たる問題は、いかにして、またいかなる条件の下で、経験の対象が可能となるかを知ることであって、いかにして〈思惟する能力〉そのものが可能となるかを知ることではない、ということをカントは明らかにした。だがそれは、カントが、すでに『批判』の第一版の〈序文〉においてあれほど執拗に主張していたテーゼではないのか。[40]」

実際、カッシーラーがそこで想起させてくれているように、カントは、一七八一年から一七八七年に至り、〈超越論的演繹〉を構成している二つの契機の順序を逆にした。すなわち、カテゴリーの客観的価値(カテゴリーを経験に適用することの正当性)をア・プリオリに証明しようとする客観的演繹は、一七八一年には、主観的演繹のあとに出てきていたにすぎない。主観的演繹の方は、精神の内的働きを対象としており、いかにしてカテゴリーは所与に適用されるかということを明らかにしてくれるが、それなのに、早くも第一版の序文から、客観的演繹より重要性において「大きく」ないものとして、提示されていた。[41]第二版は、それに反して、客観的演繹からはじまる。[42]そのような逆転は、『批判』の書評を最初に書いたガルヴェとフェーダーによって述べられた非難を、公式に認めることである。すなわち、のちに「心理学主義」と呼ばれることになるアプローチの仕方を採用していることを告発するガルヴェとフェーダーは、カントが、いかにして表象を生み出す働きが精神のなかで起こり(主観的演繹)、その結果、表象から精神の産物の客観的価値が引き出されるのか（客観的演繹）を説明している、と考えた。そのことにより、〔カントにより〕採用されたアプローチの仕方は、彼らによれば、発生の心理学的問題と、客観性の超越論的問題とを混同してしまった。したがって、ヒュームとまったく同様に、真理の観念をまったく解体してしまうおそれがあった。そのような読解を突きつけられたカントは、序文ではむなしく指摘していた客観的演繹の優位を、とりわけ主観的演繹からの客観的演繹の独立を、よりいっそう明らかにすることはよいことであると判断した、ということは苦もなく理解できる。そこから、カッシーラーが強調する、〈超越論的演繹〉の再修正が出てくる。

以上の考察に力を得て、またカントによって『批判』に施された修正の意味に関して、以上の考察が教えてくれることに力を得て、人間と有限な理性的存在との区別の登場に対して、二つの版のあいだの差異についての解釈の一般原理となるものを適用することができる。すなわち、カントは、「自らの〈超越論的〉問題設定の意味が心理学的なものになっていかないように、また自らの考察が単なる〈人間学的〉なものへと押し戻されないように、十分に用心した」がゆえに、「カントは、ただ単に〈人間の本性〉にもとづく分析はどれも、自由の観念をまったく捉え損ない、それゆえ倫理学の基礎をまったく捉え損なう、ということを強く主張している」[43]。そして、カッシーラーによれば、「そのような関心において」、道徳法則が人間ばかりか、「あらゆる理性的存在一般に」妥当しなければならないという事実に留意することなしに、道徳法則を純粋に構想することはできない、とするテーゼが表明されている。したがって、カントは、その区別によって、「親愛なる小天使」のことを思い浮かべていないし、理性性の神聖不可侵を重視することにより有限性の理論によって開かれた裂け目を、塞ごうとはしていない。カントはただ、「倫理学の課題と人間学の課題を明確にラディカルな形で区別」しようとしただけである。人間学は、人間についての、人間の経験的本性についての、人間がその本性によってなしうることについての、心理学的認識として理解されている。要するに、その区別は、カントの視点を根本的に変えるものではない、——むしろ、その区別は実践哲学の分野におけるカントの企ての意味をより強調するものである。すなわち、カントの企ての意味は、道徳性の領域を心理学主義から逃れさせなければならないという意味（限定された）においてのみ、反‐人間学的であるが、人間を本体的人間として、道徳法則（自‐律）の根拠の地位に置く哲学が有する人間主義的役割を、少しも無効にしない。

したがって、実践理性の身分規定に関する討論のなかの、弱点でもあるこの点において、カッシーラーの方が、ハイデガーより正しいことは明白である、——それはちょうど、それに先立って、有限な理性的存在を（人間ではなく）道徳法則の受取人として任命することに、カント倫理学についての「非人間主義的」読解の根拠を置くことができると思っている逆説的試みに抗弁することにおいて、カッシーラーが正しかったのと同じことである。さらに、〔法則の〕尊重の問題に関しても同様である。すなわち、断章の字面からすれば、〔カントの〕尊重の理論は、法則についての意識（法則の産出ではなく）にしかかかわらないがゆえに、実践理性に固有の受容性の次元を導入しない。しかしながら、そのことは次のことを意味しているのだろうか、すなわちもはや〔二つの相対する〕解釈の字面の正確さではなく、解釈の地平に注目するならば、カッシーラーが、ハイデガーによる読解に加えられた反論にもとづいて、意志の自律と見なされた実践的主観性が、カントにあっては、有限性の外へと侵入していく機会でありうると認めるとき、カッシーラーはまさに正しく理解していた、ということを意味しているのだろうか。

たまたまそうであるにちがいないならば、いくつかの帰結のなかから、自律の観念はひどく弱まったものとして出てくる。というのも、自律の観念は、現代人の状況を規定しているラディカルな有限性と両立できないからである。すなわち、自律の観念に巧みに準拠することは、もはや人間主義の個人主義的逸脱を阻止するためとは見なされえないであろう。したがって、モナドロジーの仕方で主体を疲労困憊させる代わりに、主体を再構成する、という課題に直面して、たとえ他性の還元不可能な相貌の復活によって、モナド的内在の断絶が実現されるとしても、実現まではいまだ道半ばでしかないであろう、すなわちモナドを超越の次元へと開くまではいまだ道半ばでしかない、——しかもそこでは、超越の地平としての自律の観念に準拠できるという可能性も、想定もないので、主体の観念に実際に意味と一貫性を与え直すことはできない。

### 自律と有限性

ハイデガーによる読解の試みは、間違いなくその字面においては誤っているが、企図の精神に関しては、改めて取り上げるに値する。というのも、その精神により、一九二九年において、実践哲学についてのハイデガーによる読解は生き生きしたものになったからである。その精神は、実のところ、全面的に首尾一貫した要請にもとづいている。すなわち、『純粋理性批判』が示唆しているように、もし有限性をめぐるカントの見方が、ラディカルな有限性についての見方であるならば、実践哲学が、意志の自律の学説において、無限性ないしは絶対性を回復した主観性を素描している、と考えることは難しい、——すでに指摘したように、理論的主体の有限性が、無限の主観性と比較して再び相対化されるかぎりにおいてのことにすぎないとしても。したがって、ハイデガーによる読解の試みの妥当性を認めなければならない。すなわち、(受容性としての)有限性の分析を理論哲学の分野において最後まで押し進めるだけでなく(そのことに、カッシーラーは最終的に賛成している)、有限性の特徴を実践哲学そのものに組み込んでいることの妥当性を、認めなければならない。そのレヴェルにおいて、ハイデガーの企図——カントにおいて有限性の倫理学の原理を発見するための企図——は、再び引き受けられ修正されるに値するように、私には思える。

確かに、ハイデガーの方で、その後、そのような企図を放棄したことは、残念なことである。すなわち、「すべての価値づけの作用は一つの主観化である」ということを確信して、ハイデガーは、倫理学そのもの——価値の問題から切り離すことはできないもの、ということで意見の一致を見る——を、主観性の形而上学としての近代形而上学の企図のなかに組み込まれているものとして、考えるようになった。その証拠に、「存在論とある可能な倫理学との関係」をめぐるジャン・ボーフレの問いかけに対して、『ヒューマニズム書簡』の答えは、〈存在〉の思索は、〈存在〉の思索であり、「それ以外の何ものでもない」のであり、「存在の思索はいかなる結果も生み出さず」、したがっていかなる倫理学的「発展〔帰結〕」ももたない、ということになる。[44]『カント書〔カントと形而上学の問題〕』(一九二九年)から『ヒューマニズム書簡』(一九四六年)にかけて、主体の観念を問い直すという観点の徹底化がなされ、主体の観念それ自体が断罪され、形而上学的解釈に還元された。[45]そのような問い直しの徹底化は、非形而上学的倫理学のパースペクティヴを無意味なものにした。主観性に準拠することを徹底的に断罪する点に、多くのハイデガーの弟子たちは、正統派であれ異端派であれ、永いあいだハイデガーの真の偉大さを認めてきたし、またそのような徹底的な断罪の態度に、道を誤りさまよってきた彼の思想をそのことから逃れさせる可能性を見た気がした。[46]今や、〔ハイデガーが〕さまよっていたのは、少なくとも、ナチズムに直面したハイデガーが、ナチズムをすぐに非難するほどの一貫した倫理学的観点をもっていなかったかぎりにおいてのことにすぎない、ということが彼らにわかってきた。したがって、主体問題の清算は、有限性の観念と倫理学的問いかけとを関連づけようとする企図を〔ハイデガーに〕放棄させたがゆえに、そのような清算がもつ最も危険な結果をもたらした。

　したがって、そのような企図を再開すること、それゆえ批判主義はラディカルな有限性の思想であるがゆえに、カントの実践哲学のなかに、有限な主体の倫理学がもつ可能な原理を求めること〔が、われわれに課せられている〕、──しかしながら、カッシーラーが見つけた間違い、すなわち道徳法則の尊重と道徳法則の産出とを混同するという間違いを犯すべきではない。以上が、今日、批判哲学が垣間見ることができたものを非遡行的に捉え直すことの意味であろう。しかし、本当に非遡行的捉え直しなのか、あるいは批判哲学の「一新」ならびに「転換」なのか[47]。実を言えば、議論はすべてその点に帰着する、──事実、そこでは「転換」に訴えようとする誘惑は大きい。というのも、二世紀この方で、哲学的活動のいくつかの条件が変化したから、というだけでなく[48]、カントの実践哲学の字面が、ハイデガーが「根源的受容性」を発見するのと同時に見つけることができると信じた有限性の次元を、容易に出現させてはいないからでもある。カッシーラーの解釈はわれわれが次のように考えるように強いる。すなわち、『第二批判』の内容は、実践的主観性のなかに時間の次元を認めるものではないがゆえに、理論的意識や理論的意識において表現されているラディカルな有限性に比例して、実践的意識を自律的なものにしている、と考えるように強いる。それでもやはり、そのような可能性を認めるならば、すなわちカントにとって、主体の真理は主体が無限へと実践的に突破することであるならば、認識の次元において、潜在的に無限なものである主体がかくも極度に自らの有限性をテストしているのはなぜか、ということを説明することが、カント哲学の役目であった、ということは変わらない。ここに、絶対的主体（自己自身を定立し、対象性を定立することができるもの）としての主体についての理論全体にとって、実に古典的な問題設定が現れる。すなわち、なぜ、またいかにして、無限な主体は、有限なものになるあまり、認識の過程において、対象を外部性の形式の下に受け取るものとして姿を現すのか。要するに、なぜ、またいかにして、能動性としての主観性は、認識において、受動性として姿を現すのか。

その問題は、原理的には解決可能である。そしてその問題は、周知のように、ドイツ観念論によって、すなわちまずマイモンによって、次いでフィヒテによって（なるほどもっと複雑な仕方ではあるが）、引き受けられた。バークリーがその問題を予示していたという事実によってすでに漠然と理解されていた解決法は、マイモンにおいてもフィヒテにおいても（いずれにせよ、その解決法は両方の思想に共通しており、またそれはその時代に特有のものである）、受動性を能動性の契機にすることになる。したがって、マイモンにとって、表象の受動性は、能動性の微分、ゼロに近づく能動性の量となる、——ライプニッツの「微小表象」の理論を適用することによって。また、フィヒテは理論的意識（外部としての対象に対する受容性としての認識）を、自由としての実践理性の契機にすることになる。すなわち、主体は、限界（理論的主体、受容性）として対象（〈非‐我〉）と対‐立することによってのみ、自由として姿を現す。そして、対象を無限に抹殺するとき、自由についての意識（実践的主体）は、限界の除去についての意識と等価である。

私はここではフィヒテの解決法がマイモンの解決法とどこが違うかについては、立ち入らない(49)。形式的にも、構造的にも、両者の解決法は同じである、——そして、その構造に、カントは名前をつける。すなわち、その構造は、一七七二年の「マルクス・ヘルツ宛書簡」以来、カントが観念論と呼んでいるものと符合する。すなわち、観念論は、対象が、主体と対象との関係の形の下に、主体によって生み出される、とする立場である。そのような関係において、主体は単なる能動性（原因）であり、対象は単なる受動性

〈結果〉である。それに対して、実在論では、関係は逆である（対象が主体に働きかける、主体の表象は〈非‐我〉による対象の影響の結果である）。ところで、一七七二年以来、カントはそのような形而上学的観念論を拒否している。『純粋理性批判』の読者なら誰でも、カントが形而上学的観念論と「超越論的観念論」とをいかに注意深く区別しているかを、知っている。したがって、とりわけそのような理由から、カントは、独断的観念論へと道を開くものとしてのフィヒテの試みを、勘違いから激しく非難する。たぶん、それは、フィヒテに対する重大な思い違いであろう（確かに、フィヒテの著作のなかに、形式上観念論的な構造が存在することから、そのような思い違いは説明がつく）が、少なくとも、フィヒテに対する非難には意味がある。すなわち、もしカントが実践的主体を無限への突破のための機会にするならば、カントは、理論的有限性を、実践的主体から出発して説明しなければならないであろう、——それは、カントが観念論の名の下に拒否する解決法を前提にすることになるか、あるいはそれとは別の解決法を要求することになる。あとで確認しなければいけないことだが、カントの実践哲学において、別な解決法はどこにも見出せない（結局のところ、カッシーラーは、たぶんそれを見出す機会をもっていないがゆえに、そこにおいてそれを求めさえしない）。

以上から、一つの仮説が出てくるように私には思われる。すなわち、もしいかにして理論的主観性（有限性）を実践的主観性（自律）にもとづいて説明すべきか、という問題に直面しているのに、別の解決法（絶対的観念論を先取りしている、前もって拒否された解決法とは別の解決法）が、カントの実践哲学の内容において少しも見られないのは、そのような解決法がそこに見出される必要が少しもなかったからである。換言すれば、もしカントが実践的領域を無限への突破のための機会としたのなら、カントがそのような解決法の探求に直面させられなかったなどということが、理解されるだろうか。したがって、実際、その種の探求が、少しもカントによって企てられなかったのは、倫理学が、カントにとって、有限な主体の限界に風穴を開ける機会であるどころか、相変わらずまったく有限性の倫理学であるかぎりにおいてのことである、ということが納得されなければならない。したがって、字面〔形式〕において、カッシーラーが正しく、ハイデガーが間違っているとしても、繰り返して言うなら、精神〔内容〕においては、ハイデガーによる読解はカント倫理学の実相に触れている、ということを認めざるをえない。

しかしながら、困難な問題は少しも解決しない。すなわち、カントの実践哲学はいかなる点において、有限性の倫理学なのか。もっとも、ハイデガーが信じていたこととは反対に、『実践理性批判』の内容には、自律的理性の自発性そのもののなかに受容性の次元を組み込むことを可能にするものは何もない。実は、カントについての読解のまったく内部的な争点とは別に、「有限性の倫理学」を構想することができる可能性がかすかに予見される道がある。「有限性の倫理学」は、ハイデガーの『カント書〔カントと形而上学の問題〕』において素描された倫理学より危険性は少ない。すなわち、「反省の原理」を構成しているものとしての実践理性の最上の原理を理解しなければならない。もっとはっきり言えば、実践的有限性を、ハイデガーが試みたように、カント倫理学の内容において求めるのではなく、すなわちカント倫理学の根拠において求めるのではなく（そこにおいて、実践的有限性は明らかには存在していない、というのも〔法則の〕尊重は道徳法則の基礎に属していないから）、道徳判断の様相において求める、すなわち、〔実践的有限性を、〕倫理学が有限な主体のために、また有限な主体によって立てられる仕方において求めることは、よりいっそう実りの多いことであったであろう。有限な主体は、それがいかなる思考内容を抱くとしても、自らの有限性をまったく除外することはできない。したがって、倫理学の内容においてではなく、まさに倫理学のエクリチュールそのものにおいて、倫理学的言説において、倫理学の表現の仕方において、有限な主体の言説が存在するという証拠が暴かれうるであろう。換言すれば、『純粋理性批判』と同様に、『実践理性批判』が、反省の主体によって、したがって有限な主体によって書かれた、という証拠が暴かれうるであろう。

もっと正確に言うならば、そしてそのようにして暗示された観点をよりいっそうはっきりさせようとするなら、カントの実践哲学において提出されているような、道徳的自由（自律）についての言説は、『判断力批判』における、直覚的悟性に関する、つまり無限の存在としての神に関する言説と同じ特徴を示している、と言わなければならない。

リュック・フェリー[50]によって見事に明らかにされた、『第三批判（判断力批判）』の第七六節と第七七節の複雑な展開において、カントは以下のように暗示している。すなわち、有機的存在について考えるために、われわれが、有機的存在の統制的原理である無限の原理（原型的悟性）の〈理念〉に準拠するとき、われわれがそのような原型的悟性を思い描く〔表象する〕のは、そのようにしてなされた言説や、そのようにして形成された表象が、必然的に無限を有限化する仕方においてである、と。というのも、そのときわれわれは、無限に対して（〈理念〉としてさえ）、いわば目的を立てる能力、志向をもつ能力を帰属させるからである。無限は有機的存在を創造することによって、志向を現実化することになる。ところで、有限な存在だけが志向をもち、自らのうちで手段と目的、可能的なものと現実的なものを区別することができる。したがって、原型的悟性の表象は、きわめて寄せ集め的なものであることが明らかになる。すなわち、そのような無限に関する言説において、創造の観念はなるほど無限（行動の能力としての）を表しているが、――もし神が本当に神であるならば、もし無限が本当に無限であるならば、目的性の観念そのものが有限性を含んでいることを明らかにすることによってスピノザが強調しているように、無限は目的性を創り出さない。しかしながら、志向的因果性の観念が無限に対して非十全である、ということを認めることによって、われわれは有限化の結果を修正しようとするなら、〈絶対〉についてわれわれは何を言いうるか。例えば、一者と本質〔実体〕との筆舌に尽くしがたい関係を表すために、プロティノスが経験した困難な問題のすべてを考えてみよう。実は、原型的悟性と有機的存在との関係に関する言説は、常に観点の観点という身分規定をもっている。その言説は、世界に対する〈創造者〉の観点とは何かについての、有限な主体の観点を表している、——そして、そのようなものとして、その言説は無限の有限化を必然的に実現する。したがって、『判断力批判』の水準や、『判断力批判』が使用していると同時に脱構築している、直覚的悟性に関する言説の水準において、たとえ言説の内容を介して、無限に関する言説が問題になるとしても、使用された言説の様相（無限を有限化する観点の観点）をとおして、われわれは有限性の印を完全に察知する。

そこから次のような仮説が出てくる。すなわち、『実践理性批判』を同じ仕方で読むことはできないだろうか、つまり〈絶対〉に関する倫理学的言説に対して、原型的悟性の絶対性に関する『第三批判』の言説に対するときと同じ身分規定を与えることはできないだろうか——その身分規定は、あとで脱構築されるかもしれないが（無限の有限化として分析されるかもしれないが）、寄せ集め的で不可解である。(51) そのようなパースペクティヴにおいて、『実践理性批判』を、『純粋理性批判』において根拠づけられたラディカルな有限性の理論と一致させようとする解釈の課題は、何よりもまず実践理性に関する言説において、その言説を使用する主体の有限性（つまり、実践的な超越論的主体の有限性のことであり、もちろん経験的主体の有限性＝カントのことではない）の痕跡を強調することである。自律に関する言説のなかに有限性の証拠を見つけるためには、それらの証拠が、『判断力批判』において、有限性が〈神的絶対性〉のうえに残す証拠とは対照的であり逆である、ということに注意しなければならない。——『第三批判』において、直覚的悟性（〈神的絶対〉）は、原理的には、創造主として捉えられるが、目的性としては捉えられない、——有限性の証拠は、まさに創造の〈理念〉への目的性の不可解な侵入に起因しているからである。

——『第二批判』において、道徳的人間の実践理性（〈倫理的絶対〉）は、原理的には、目的に向かって行動することとして、目的性の機会として（人間は有限であるから）、捉えられうるであろう、——だがその場合、道徳的人間が有限であるとはいえ、いかにして創造することができるか、ということ、つまりこの場合、道徳的人間が、いかにして自らの行動の原理を自己生産できるか、また自らの行動をそのような原理に一致させることができるか、したがって実践的現実を生産し、創造することができるか、ということを理解することも言うこともできない。実践理性の絶対性は、文字通り、有限な存在にとって表象不可能である、——それはカントが、おそらく、叡智界は「単に考えられるにすぎない」ものであるということを強調することによって、意味しようとしたことである。すなわち、〈絶対〉がそのようなものとして、「単に考えられるにすぎない」ものであるかぎり、もはやそれだけで〈絶対〉ではない。というのも、そのような言い回しには制限や限定が含まれているからである。(52)

したがって、実践的主観性に関して言えば、言表の内容において、時間性（有限性）が放棄されるとしても（カッシーラーが語っている無限への突破によれば）、〈絶対〉が肯定されるとしても、それにもかかわらず肯定の形式において有限性は乗り越えられない、——肯定は、巧妙にかつ悲劇的に、無限の観点に対する有限の観点としての反省の構造を反映している。

以上が、『純粋理性批判』と『実践理性批判』とを——もっと一般的に言えば、ラディカルな有限性と自律とを――一致させることのできる解決法の原理であろう。その一致は、内容をとおしてよりも、倫理学的言説の様相（観点の観点）をとおして生じてくる。カントは、本当にそのような解決法の原理を究めたのか。換言すれば、ここで定式化された仮説は、超越論的哲学の「再獲得」ないしは「転換」に由来するのか。自己陶酔の要求と誘惑の命法は、組み合わさることによって、批判主義をそれ自身から出発して根本的に更新するような転換を、試みてみるように勧めるであろう。実際には〔伝統を〕断ち切ることは難しい、ということを率直に認めなければならない。一方で、いくつかの印、例えば、たった今言及したばかりの印（「単に考えられるにすぎない」叡智界）が存在しており、それらの印は、カントが〈倫理的絶対〉に関する言説の身分規定に関心をもっていた、ということを証明している。他方で、『判断力批判』の成立過程の研究をとおしてわかったことは、一七八九年になって初めて（したがって、『第二批判』のあと）、カントは最後の『批判』（その計画は元々は美学に限定されていた）のなかに目的論を組み込むことを思いついたのである。すなわち、それは反省による批判のなかに、目的に関する言説の脱構築を組み込むことであった。ある意味では、定義上、倫理学的言説は目的に関する言説に属している。したがって、『実践理性批判』が出た一七八八年に、カントが、いわば「自発的に」理論的主体と実践的主体とを、倫理学的言説がカントによって書かれることによって、関連づけた、ということがありうるのであり、またカントが、次いで、事実上なされた関連づけに、権利問題を立てることしか考えなかった、ということがありうる。確かに、それはカント解釈者にとって興味深い問題ではあるが、そのような問題は実のところ厳密には哲学史に属している、ということに同意が得られるであろう。したがって、その解決法は、ここで問題になっていることから見れば、それほど決定的なものではない。たとえその解決法が、今日、カント的契機と保ちうる関係の本質を含んでいるとしても。ここで提出されているものが繰り返しに属しているか、更新に属しているかを決めることは、読者にお任せする。この点で、自律の原理と、有限性をまったくラディカルな形で評価することとを関連づけることは、現代思想の主たる成果からの後退を少しも示していない、ということを認めることが肝要であるように、私には思える。

＊

自律と有限性とを関連づけるためのそのような努力から、何が生じるか。何よりもまず——ところで私は、ここでは、結局は批判主義についての内的解釈に属しているにすぎないものに、こだわろうとは思わない——批判哲学についての読解の原則は、本質的に『第一批判』（認識の主体の有限性の理論）と一致することが難しい『第二批判』（実践的主体の理論）を、『第三批判』によって構成された反省の理論にもとづいて読み直すことのうちに存する。『第三批判』は、「反省的判断力批判」として、有限と無限との関係を中心に据えるほかなかった、——というのも、反省という言説によって、有限な主体は、対象を〈体系の理念〉（〈理論的絶対〉）と〈自由の理念〉（〈実践的絶対〉）という、二つの〈絶対の理念〉に包摂しようと試みるからである。そうであるならば、有限性と自律の重視によって独特の仕方で表されている絶対性への要求との関連づけの問題を考えなければならないときに、カントの最後の『批判書』が、われわれに最も多くのものをもたらすかもしれない、ということは、なんら驚くべきことではない。

近代の主観性の歴史においてカント的契機の一貫性とは何かを明らかにすることと、カントを読解することとは、当然まったく別のことである。カント的契機の一貫性に関して明らかなことは、以下のようなことである。すなわち、反省の倫理学にとって、自律の反-モナドロジー的、人間主義的原理は、自律（実践的主体）が〈理念〉の身分規定ないしは意味の地平の身分規定を有している以上、ラディカルな有限性の観念にまったく統合されうる、と。もしそうでないならば、すなわちもし実践的主体が〈理念〉でないならば、主観性を単なる能動性（単なる自己‐定立）として、受動性や受容性のどんな次元をも欠いた純粋な自発性として、理解しなければならないであろう。理論的主体（それの能動性は直観的贈与を背景としてのみ意味をもつ）の有限性を明らかにすることが、そのような錯覚〔主観性を純粋な自発性として理解すること〕を拒否させることになるばかりか、現代的な無意識の発見についてのさまざまな解釈もまた、そのような錯覚を拒否させることになる、ということについて念を押すまでもない。したがって、自律は意味の地平にすぎず、その意味の地平にもとづいて、主体は自らの行動について考えなければならない。すなわち、意味の地平にもとづかなければ、主体は自分自身を機械として、あるいは事物として定立するであろう。そのことは、不合理であると同時に（事物は自分を事物として定立することはないし、機械も自分を機械として定立することはない）、倫理的‐法的空間全体の否定を結果としてもたらすことになる（責任性を欠くと、したがって自律の地平を欠くと、倫理学や法則はどうなってしまうか。自律の地平がないと、責任性の観念はどんな表現性も失ってしまう）。しかしながら、行動する主体が自律の観念にもとづくことなしに自らをそのようなものとして考えることはできない、と主張することは、行動する主体が自律的であると主張することでは少しもない。すなわち、われわれは、自分が大部分の行動において決定されていることを知っている。にもかかわらず、われわれは自らを、われわれ自身についてのわれわれの表象のなかに自律の地平を含めることなしに、主体として考えることはできないし、そうしてはいけない。それゆえ、結局それ自体、無限に追い詰める必要があるものとしての主観性の形而上学のその残滓が見られないことを確認するならば、自律の観念（〈理念〉）は、主体に関する形而上学的錯覚が消失してもなんら無効なものとはならないような意味を保つことができる、ということを認めざるをえない。

断言としての自律から、意味の地平としての、あるいは倫理学的反省の原理としての自律への方向転換は、あまりにもわずかなので、憂慮すべき知的後退を覆い隠してしまう、と言う人がいるかもしれない。〔だが〕それは性急な判断であり、単なる方向転換が実践的主観性の観念に被らせる大きな転換を、考慮に入れていない。[53]

1　有限性と自律を統合する反省の倫理学にとって、実践理性の最高原理が、実践的現実の決定事項を構成的な仕方で表明することは、少しもない。実践理性の最高原理は、意味付与の可能性の条件を表明するだけである。認識の領域において、われわれは以下のように考えるようになった。すなわち、理論理性の原理（例えば、因果性の原理）は、現実的対象の構造ではなく（われわれは、経験それ自体にもとづいて、経験の内容は因果性の原理に従っている、ということを知る、という意味で）、可能な経験のア・プリオリな条件にすぎない、と、――そのようなものとして、理論理性の原理は、現実的経験に対する統制的原理にすぎない。したがって、われわれの予感では、われわれが対象の認識を獲得するようになるのは、対象がわれわれに対してそのような原理の下に包摂されるかぎりにおいてのことである。したがって、そのような原理は、対象の存在論的前了解（対象の対象性の前了解）を規定する、つまり認識の地平を規定する。そのような地平の内部においてのみ、われわれにとって、理論的可知性が存在しうる。実践的次元においても事情は同じである。すなわち、倫理学的前了解は、実践的なものとしてのかぎりでの主体の意味の地平に対応する、つまりもはや対象の認識にとっての意味の地平ではなく、目的の観念にとっての意味の地平に対応する。そのような倫理学的前了解は、実際には、主体（実践的）に関する必然的な観点を規定する。それは、量、質、関係といった観念や、因果律といった原理が、理論的対象を認識するためにわれわれにとって不可欠のものである、といったことと同じ理由による。

2 そのような倫理学的前了解を承認することは、少しもそれといっしょに主体の形而上学的観念を再び導入することではない、すなわち時間性から解放された、換言すれば有限性の構造から解放された、絶対的に自由な主体をめぐる錯覚を再び導入することではない。というのも、倫理学的前了解は、理論的対象性を規定しているカテゴリーの構造と同様に、主観性によって基礎づけられないからである。いずれにせよ、前了解は与えられる。『純粋理性批判』はそのことを大いに強調していた。「われわれの悟性の特性、すなわちカテゴリーによってのみ、しかもカテゴリーのかかる一定の種類と数とによってのみア・プリオリな統覚の統一を生ぜしめるという特性が説明せられないのは、われわれはなぜちょうどこれだけの判断機能をもち、それ以外の判断機能をもたないのか、なぜ時間および空間だけがわれわれに可能な直観の二つの形式なのか、という理由が説明せられないのと同様である。」したがって、カントはあらかじめ、ドイツ観念論全体を特徴づけているものと対立していた。すなわち、主観性から出発して、客観性を引き出そうとする構成的仕方と対立していた。いわゆる「主観性の形而上学」の象徴である、そのような態度に抗して、カントは、理論的客観性が前了解の形式の下に見出される、あるいは与えられる、ということを強調している。倫理学的前了解についても、事情は変わらない。すなわち、われわれは、例の諸決定〔経験の諸条件〕をとおしてのみ対象を認識できる、ということになるのと同様に、自律の観念によって規定された意味の地平の内部においてのみ、われわれは目的について考察できる、ということになる。倫理学に関しては、そのような帰結は重要である。すなわち、価値判断の絶対的根拠は崩れ去る、——というのも、われわれが他の実践的カテゴリーをとおして目的を考察することができる、と考えることを妨げるものはもはや何もないからである。だが、倫理学的次元はだからといって消失しない。倫理学的次元は、相変わらず必然的な観点のままであり、意味の地平のままであり、一方、それは独断論的価値判断に変化していくことは決してないのである。

3　倫理学的前了解は、所与として理解されなければならないのであって、絶対的主観性のうえに根拠づけられたものとして理解されなければならないのではないがゆえに、そこから生じることは、世界についての道徳的見方はそれ自体、もはや絶対的なものと見なされない、ということである。すなわち、世界についての道徳的見方は、もしこう言ってよければ、自らのうちに彷徨〔逸脱〕を含んでいるにちがいない。カントの用語を使って言うならば、独断的なものであった道徳的判断が、統制的なものになる。もっとはっきり言うならば、もし倫理学的前了解が反省の原理であるならば、前了解の構造と実存（前了解に対応しうる、また前了解の下に包摂されうる、ある行為の実存）との関係は、前もって決められない。そして、両者の一致が存在するとして、そのような一致は仮定に属するにすぎないのであって、決して演繹や独断論的確言に属するのではない。

有限性を自律の原理に統合することによって、実践的主体の領域のなかに生み出された以上の三つの方向転換が、おのずと十分に明らかにしてくれることは、今日では通行不能になった道へと思索〔哲学〕を連れ戻したりはしない主体の観念が、生み出され、展開されうる、ということである。そのようなものとして、三つの方向転換は、モナドロジーの目的が、実際に主観性および主観性と切り離せない人間主義の諸価値を手に入れ直すことへと通じている、ということを証明している。すなわち、モナドと〈現存在〉とのあいだの二者択一を越えて、主体への道は相変わらず開かれている。

# 訳者あとがき

本書は Alain Renaut, *L'ère de l'individu, Contribution à une histoire de la subjectivité*, Gallimard, 1989 の全訳である。

一九八九年に出版された本書『個人の時代』のモチーフは明瞭である。それは、主観性（subjectivité）およびそれと切り離せないものである人間主義（humanisme）の復権を試みることである。著者アラン・ルノーは、あまりにも単純化されすぎている主観性の観念の歴史（自己自身に対してまったく透明で、主権をもち、自己や世界を支配しているものとしての主体というテーマを必然的にともなう）を、その多様性や複雑性のなかで再現することによって、主体（sujet）の観念に固有の可能性を明るみに出そう、と考えている。ルノーはすでに、一九八五年に、リュック・フェリーとの共著『68年の思想』（邦訳、小野潮訳、法政大学出版局）の末尾で、「主体の歴史、あるいはこう言ったほうがよければ、主観性の近代における諸表象の歴史はいまだ書かれておらず、これが書かれなければならない」（邦訳、二八五頁）と、述べていた。その意味で、「主観性の歴史〔試論〕」という副題がついた本書『個人の時代』は、『68年の思想』の続編と言えるであろう。実際、ルノーは、本書『個人の時代』のなかおよび原注のなかで次のように述べている。すなわち、『68年の思想』は、ライプニッツ以来主観性の歴史が従ってきた論理が、「絶対的個人が到来したことによる主体の死によって、ニーチェをも超えて、哲学的に完結した」という事態を分析した著作であるが、本書『個人の時代』は、その「『68年の思想』の考古学を試みようとした」著作である、と。

ところでルノーは、一九八七年に出版されたリュック・フェリーとの共著『68年－86年 個人の道程』（邦訳、小野潮訳、法政大学出版局）の原注のなかで、L・デュモン、G・リポヴェツキー等の仕事を引き合いに出しつつ、「われわれも個人（individu）という概念のとくに哲学における歴史についての研究を準備中である」（邦訳、一三〇頁）と、述べている。ここで述べられている準備中の研究とは、ほかならぬ本書『個人の時代』のことであることは疑いえない。ではいったい、ルノーが復権を目指している主観性・主体および人間主義と、個人および個人主義との関係はどのようなものであろうか。そもそも、主体の復権を目指す本書のタイトルがなぜ『個人の時代』なのか。ルノーは、一九九三年に出版された『サルトル、最後の哲学者』（邦訳、水野浩二訳、法政大学出版局）では、「実存主義は、サルトルの主観性の哲学をそのように呼ぶことが許されるなら、ヒューマニズム〔人間主義〕というよりは、むしろ個人主義（individualisme）である」（邦訳、二三二頁）と、述べている。すなわち、サルトルをハイデガーとともに（個人を到来させるか、個人を罷免するかの違いはあるにしても）、主観性を解体した哲学者と見なしているのである。冒頭で示しておいたように、本書『個人の時代』の副題は「主観性の歴史〔試論〕」であった。そして、その副題が本書のテーマである。すなわち主観性の歴史を、現代を個人の時代と見なす立場から（その立場を経由して）再考しようと試みることが、本書の課題である、と言えよう。このように、本書『個人の時代』は、明瞭なモチーフで一貫しているといえども、かなり注意深い読解を読者に強いる著作であるように思える。

以下において、『個人の時代』全体の見取り図を示しておく。その前に、上記の主観性・主体および人間主義と個人および個人主義との関係という問題について、簡単にルノーの議論の方向性を示しておこう。ルノーによれば、個人は主体に由来しているにもかかわらず、主体を蝕み、今や主体を破壊しつつある。

そうであるならば、近代性（近代という時代）の歴史を、主観性の観点から読解するのではなく、個人主義の前進的展開として見なければならない。それが本書におけるルノーの立場である。ルノーによれば、主体が個人の時代に解消されることもある、という観点が存在することを知るべきである。すなわち、人間主義と個人主義とは完全に重なり合うものではなく、反‐人間主義の個人主義的形態が存在する、ということも認めるべきである。ここで忘れてならないことは、ルノーが、近代性の個人主義的展開を俎上に載せることによって、最終的に目指しているものは何かということである。ルノーが目指しているものは、あくまでも主観性・主体および人間主義の復権である（デカルトの「コギト」の哲学的復活ではない）。そして、そのことは、個人の時代を経てなされるのである。

さて以下において、『個人の時代』の見取り図を、ルノーの論述に即して示しておこう。全体は三部に分かれている。「近代性についての読解」と題された第一部は、近代性をもっぱら主観性の観点から読解するハイデガーと、個人性の躍進を唯一の導きの糸として近代性を読解するルイ・デュモンとを対決させる。「哲学の論理」と題された第二部は、ライプニッツ、バークリー、ヘーゲルおよびニーチェといった流れに沿って、哲学的に見れば、モナドロジーという形で個人主義が誕生し発展していった過程を追跡する。「超越と自律　モナドロジーの終焉」と題された第三部は、フッサールの遺産を受け継ぐレヴィナスの現象学のなかに、デカルト的主体に代わる新たな主体、すなわち外部性へと開かれた超越としての主体の可能性を探り、さらには時代を遡って、カントの批判主義のモチーフのなかに、すなわち実践的主体の自律性と有限性のなかに、新たな主体の可能性を見る。

Ｉ　第一部第一章は、ハイデガーの『ニーチェ』、とりわけその第二巻に触発されて書かれた箇所である（ルノーは、『ニーチェ』を読むことが「六〇年代の終わりにあって真の啓示であった哲学的世代」に自分が属している、という説明を付記している）。ルノーは、主観性の歴史の読解における最初の決定的な真なる契機は、ライプニッツのモナドロジーのなかにある、と言う。ハイデガーが、ライプニッツのなかに、デカルトとともに出現した事柄の説明と補強しか見ていないのに対して、ルノーは根本的変化を見ようとする。その根本的変化とは、主体から個人〔個体〕へと行き着く変化である。というのも、ライプニッツのモナドは本質的に唯一の存在であり、どの存在（モナド）も、本質的に他のどんな存在（モナド）ともまったく異なっているからである（ライプニッツにとっての個体性の意味とは、不可分性ないしは単一性、還元不可能性である）。個体しか存在しないとするライプニッツの思想に、ルノーは、「人間本性」という概念が被ることになる揺さぶりの兆しを見、さらには二十世紀における「人間の死」の予告を感じ取る。

ライプニッツにはじまる思想の流れを、ルノーは、主体（人間主義）の個人主義的偏流（dérive individualiste）と名づける。この偏流が、バークリーやヒュームによるモナドロジーの経験主義的解釈になり、ヘーゲルの歴史主義になり、ニーチェにおける現代個人主義についての真の哲学的表現となる。ところで人間主義における〈人間〉は、自らの表象や行為の源泉であり、表象や行為の根拠（主体）であり、表象や行為の作者である。あるいはまた、人間主義における〈人間〉は、自らの規範や法則を、もはや物の自然（本性）からも、神からも受け取ろうとはせず、それらを自らの理性や意志にもとづいて自分自身で基礎づける。ルノーは、人間主義を自律（autonomie）と関係づける。それに対して個人主義は、独立（indépendance）と関係づけられる。近代人は、私生活において独立しているかぎり、すなわち個人としては、自分を自由と考える。本来、独立（個人）という価値は、自律（主体）という価値を前提にして出てきた。しかしながら、近代性の論理は、自律（主体）に代わり独立（個人）が徐々に、しかも違うものとして立てられていく過程として展開し、その必然的結果として自律の倫理から独立の倫理へと移行していく。

第一部第二章は、ルイ・デュモンに依拠しつつ、個人主義の本来の意味論的領域についての分析がなされる。デュモンによれば、個人主義という言葉自体、曖昧である。普遍主義、全体主義、全体論、利他主義、伝統主義、社会主義、全体社会主義、等々が相対立する概念として挙げられうる。個人主義に対立するものの具体例としては、インドのカースト制度が挙げられる。カースト社会は、全体論的イデオロギーによって支配されている社会であり、諸個人は全体に従属している。それに反して平等な近代社会は、個人主義的なイデオロギーによって支配されている。そこにおいては、独立した、自律的な、本質的に非社会的な存在に価値が付与され、それと相関的に、社会全体が軽視されるもしくは従属的な位置に置かれる。個人主義は、平等の原理が自由主義の形態をとって現れている領域において、「近代社会の基本的な価値」となっている。それがフランス革命へとつながっていく。一七八九年の〈人権宣言〉における「個人の勝利」は、「旧来のヒエラルキー的なキリスト教共同体」を個人主義に沿って崩壊させ、自由と平等を打ち立てた。

ハイデガーが、近代性の歴史を主観性の歴史として一方的に理解していたのと同じように、デュモンは、近代性の歴史を個人の歴史として理解していた。デュモンは、個人主義を全体論の反対概念としてのみ理解しているので、伝統的価値としての全体論的価値が崩壊するや否や、個人の時代が到来すると見る。それに対してルノーは、全体論と個人主義とのあいだに人間主義が置かれなければならない、すなわち全体と個人とのあいだに主体が置かれなければならない、と主張する。ルノーに言わせれば、デュモンは主体と個人とを混同している。デュモンが、個人主義を、独立、「足枷からの自由」とすることは正しい。しかしながら、自律（主体）と独立（個人）を同一視することによって、個人主義や近代性についての定義は大いに曖昧なものとなってしまった、と言う。

ルノーによれば、デュモンは以下のことを取り逃がしてしまった。すなわち近代性は、議論の余地なく個人主義（個人としての人間への価値付与）が展開された場所であるが、同時に人間が自らをおのれの法則と規範の根拠と見なす、すなわち自‐律的主体と見なす見方が現れた場所でもある、ということ、また自‐律的主体の出現を個人主義の展開における一つの契機とすることは、少なくとも困難である、ということを取り逃がしてしまった。

II　第二部第一章は、ライプニッツのモナドロジーをめぐって展開される。ルノーは次のように問いかける。すなわち、もし主体の観念に内在的に結びついている自律への価値付与が、あらゆる意味を失うならば、われわれはモナドロジー的装置を介して、独立性の個人主義的テーマ体系に関する、著しい、はっきりした存在論的前進に立ち会うべく促されているのではないか、と。主観性と相互主観性の並行した見事な解体としてのモナドロジーは、個体と個体主義の哲学的な出生証明書なのである。同時に、自己への気づかいと、「われわれの個体」の保存へのもっぱらの気づかいと、〈全体〉の理性性の肯定とのあいだに、克服しがたい矛盾がもはや存在していないのは、ライプニッツの哲学の登場により初めて生じた事態である。というのも、宇宙のあらかじめ定められた理性性（予定調和）が、「自己の本性」を実現すべき各「個体」が前もって決められることをとおして表現されるからである。個体主義（モナドロジー）を理性性（弁神論）へと統合することができなかったならば、前者は不可避的に後者と衝突したであろう。

第二部第二章においては、ライプニッツ主義者と経験主義者とのあいだに、モナドロジー的観念をめぐる連続性があることが強調される。すなわち、モナドロジー的問いかけは、ライプニッツの独断論的理性主義の枠組みのなかにおいてばかりか、バークリーの思想をはじめとする哲学的経験主義の枠組みのなかにおいても立てられる、と言う。例えば「在るとは知覚されること」という有名な言い回しは、モナドロジー的観念そのものを表現している、と言う。つまり事物を観念に還元するという地平において、即自的事実は存在せず、表象のみが存在する、というテーゼが浮かび上がってくるのを見ざるをえない。このように経験主義や感覚論の枠組みのなかで、事物自体の因果性を無効にすることを自らの哲学に取り込むことによって、バークリーの思想には経験主義的観念論の言い回しが与えられることになり、そのことによってバークリーの経験主義は、モナドロジーの枠組みのなかで構築されることになる。そのようなモナドロジー解釈においては、表象の根拠としての主体観念、表象の単なる継起に還元できない主体観念は消えてしまい、主体（あるいは精神）は、表象の雑多な寄せ集めを示すための単なる名前に還元されるように思われる。モナドロジーが台頭した時期は、主観性の観念の解体の時期であったのである。

ヒュームについて言えば、印象がすべての表象、すべての観念の根源である、とする哲学において、主体の問題に関する唯一の哲学的課題は、いかにして印象から出発して〈自我〉の観念が構成されうるか、ということを明らかにすることである。そこにおいて、印象は、「独立した、それ自身において存在する、完全な統一性」をなす心的原子である、あるいはこう言ってよければ、モナドである。印象は、なるほど内容が精神に現前しているかぎり、意識であるのだが、自己意識を欠いた、自己自身についての反省を欠いた単なる直接性であるかぎり、印象は、主体、すなわち差異の彼方の自己同一的〈自我〉の意識ではない。主観性を欠いた、モナドとしての意識にもとづいて、自我すなわち人格は構成されるのである。

第二部第三章では、ヘーゲル主義の意味がモナドロジーの歴史主義化にある、ということが強調される。

ライプニッツのモナドロジーは、歴史哲学に理論的構造を初めて与えた。すなわち、もしモナドロジーの問題が互いに独立した（モナド的）表象や欲求の系列の交錯をとおして世界の秩序が出現する、ということのうちに存するならば、問題の解決は歴史の次元に移し替えられ、その結果、外見上は何の結びつきもない個別的発意や企図からなる過程に内在している理性性を考えることになることが、苦もなく理解される。ヘーゲルの歴史哲学における活動する個体性と生成に内在している歴史的理性性との関係は、ライプニッツにおけるモナドと神の超越性による予定調和との関係に等しい。ヘーゲルは、モナドロジー的観念の個体主義的意味を徹底化することによってライプニッツを完成させた。ヘーゲル的契機は、人間から歴史の主体という役割を剝奪すると同時に、個体性の諸価値の、われわれの近代性を構成している理性性の諸価値への統合を、その頂点へともたらす。それは、理性の価値を見直すことなしに、主体を剝奪することと、個体を強化することである。したがってヘーゲル主義のなかに、近代個体主義の頂点を見ざるをえない。

ニーチェに至り、神の死は、モナドロジーを弁神論による制約から解放するがゆえに、遠近法主義のテーマ体系に、「真の世界」というプラトン主義的思想との断絶という課題を与える。モナドロジー的観念の真理を、ニーチェが明瞭な形で出現させるとき、ニーチェは、弁神論を欠いたモナドロジーの発明者になるばかりか、〈主体〉を欠いた個人主義の発明者にもなる。

近代個人主義において、個人は〈全体〉に反して個人として肯定される。それは民主主義の平等の理想となる。〈全体〉に対する諸個人の自律の価値が最高の価値である。それに対して、ニーチェの個人主義においては、個人は全体からの差異化における人格として立てられる。それは、距離やヒエラルキーを重視する貴族階級の理想である。他の者に対する独立としての無限の自己肯定の価値が最高の価値となる。

このようなニーチェの個人主義に、ルノーは、現代個人主義の予示、すなわち自己陶酔、偏狭な自己配慮、独立性の崇拝、社会性の犠牲、消費の倫理の予示を見る。

III　第三部に至り、本書におけるルノーの目的が一段とはっきりしてくる。それは、モナドロジーの時代には隠蔽されていた主体の次元を再び出現させなければならない、というものである。ルノーは、以下のような二つの見通しを立てる。(一) モナドロジーが主体を自己への内在として定義された全体性とするかぎり、モナドロジーを脱構築することは、何よりも内在の断絶を想定することであると考える。内在の断絶が明らかにすることは、主観性はモナド的個体性と違って、外部性や他性へと開かれていることにもとづいてのみ、自分自身に到来することができるということである。(二) 主観性の定義である自己への内在の枠組みのなかで、他性へと開かれていることの次元 (超越の次元) が、主体を構成しているものとして認識されなければならないなら、モナドとしての主体の自己充足性あるいは独立性は、錯覚であることが明らかとなる。そのような錯覚を捨てたなら、主体は、人間主義の個人主義的偏流により消し去られてしまっていた自由の真の内容を回復することによって、再構成されるであろう。すなわち、自律の原理が再び意味をもつであろう。われわれはもはや自由に関して、神と同等の者ではないから、絶対的な有限性、すなわち〈ラディカルな有限性〉にもとづいて自律を考えなければならない。

モナドロジー以後、すなわち個人主義が完成したあと人間主義が再び意味を見出すなら、それは他性へと開かれていることが、すなわち主体を規定している超越が、自律を目的としていると見なされるかぎりにおいてのことである。つまり超越の地平としての自律である。本書の第三部において、モナドロジーを乗り越えるための試みの二つの可能性の条件として、現象学と批判主義という二つの知的伝統が挙げられる。具体的にはレヴィナスとカントである。

第三部第一章によれば、人間主義という言葉によって外部性ないしは他性、すなわち世界の外部性ならびに「自己」の外部性が「内在に回収される」、また「理性の能動性はあらゆる他性に打ち勝つ」とする主体についての古典的な見方が意味されるなら、無意識の発見や、〈自我〉がはめ込まれている構造（心的、社会的構造）というものの発見によって生み出された内在の断絶は、そのような錯覚を消してしまい、「人間の死」というパースペクティヴに信憑性を与えることになる。こうして主観性の意味は、まさに内部から自分を閉ざすことができない、という点にあることになる。内部は、対象に由来する刺激のおかげで、外部と断ち切られることはない。内在の断絶、したがって超越は、志向性と同じく主観性そのものである。レヴィナスの計画は、主体の構成は相互主観性の出現に由来するのであって、その逆ではない、とするパースペクティヴによって導き入れられるモナド性の断絶を徹底することによって、フッサールの遺産を実り豊かなものにすることである。モナドロジーが主観性を解体したのは、モナドロジーが窓のないモナド相互の、どんな直接的なコミュニケーションも、したがってどんな真の相互主観性をも打ち破った、まさにそのときのことであった。モナドロジー以後、主体を再生させるということは、主観性の原初的な状態としての相互主観性を再発見することを意味する。

レヴィナスにおいて、「他者の公現」は、自己充足性の錯覚を打ち破り主観性をもはや自己同一性や自発性として捉えるのではなく、他なるものへの開放性（歓待性）として捉えるように促す。例としてレヴィナスが挙げるのは、性的志向性の対象としての「女性的なもの」や、不眠（不眠の夜）である。不眠は意識の内在性を打ち切り、意識が自己自身に閉じこもる傾向、自分を外部をもたない支配と自己充足性の錯覚に陥っているモナドとして捉える傾向を打破する。レヴィナスは、相互主観性の出現を、したがって内在の断絶を、「他なるものに対する有責性」を取り消すことができない事態と同一視する。人間の尊厳を、自発的な能動性としての人間の自由のなかに置くのではなく、受動性のなかに置く。自律というよりも「服従」、「自由の他律」である。

それに対してルノーは、(一) 自律の観念のなかに他なるものへと開かれていることがすでに含まれている、と言う。すなわち、自分自身に法則を与える主体は、自-律へと高まるために傾向性をもった主体の自己同一性(個人性)を超越し、人類の他性へと開かれなければならなかった。自律はその意味で、定義上、内在における超越である、と言う。(二) さらに有責性について考える際、自律の地平に言及せずに済ますことは本当に可能であろうか、と問いかける。そこに批判主義の伝統と現象学の伝統との明確な相違点がある、と言う。

まとめてみよう。すなわち、われわれは有限であるがゆえに、法則は外部から課される。したがって法則を服従や他律の契機として解釈することは正しい。しかしながら倫理的投企は、有責性であるかぎり自律の地平に言及することを避けて通ることはできない。したがって内在の断絶は、超越の地平としての自律に通じている。

第三部第二章によれば、モナド性の断絶は同時に有限性が主体に侵入することである。かつてデカルトやライプニッツにおいては、〈絶対的なもの〉との関係で人間の有限性が語られた。そのときの有限性は、欠如、悪、堕落といったものとして理解された。だがカントは、有限性を認識の構造として(直観なき概念は空虚である)、表象の可能性の条件として定立する。有限性は、感性のア・プリオリな受動性として〈絶対的なもの〉を相対化させる。実は、有限性がいわば〈絶対的なもの〉になる。それをルノーは〈ラディカルな有限性〉と呼んでいた。ところで、もしデカルトの形而上学的主体が超越論的主観に還元されるなら、カントの主観性の理論はとても貧困なものになる。そのような印象から逃れるために、主観性を能動性に変えることが必要になってくる。それは、フィヒテの「事行」が予示していた、実体としての主体の、行為としての主体への置き換えである。能動性としての主体は、形而上学的主体のように実体ではなく、超越論的主観のように形式的構造でもなく、実践的主体の理論によって到達される契機において明示されるものである。

こうして、自律の観念を媒介にして、それ自身がおのれの行動の法則を立てる自己‐創設〔決定〕の能動性としての実践的主体が現れる。では、カントの実践哲学はいかなる点において有限性の倫理学であるのか。『実践理性批判』の内容には、自律的理性の自発性そのもののなかに受容性の次元を組み込むことを可能にするものは何もない、と言う。『純粋理性批判』と『実践理性批判』――もっと一般的に言えば、ラディカルな有限性と自律――とを一致させることのできる解決法としてルノーが示すのは、実践的有限性を、倫理学が有限な主体のために、また有限な主体によって立てられる仕方において求めること、すなわち道徳判断の様相において実践的有限性を求めなければならない、ということである。

断言としての自律から、意味の地平としての、あるいは倫理学的反省の原理としての自律への方向転換をルノーは考えている。倫理学的前了解は、実践的なものとしてのかぎりでの主体の意味の地平に対応する。つまり、もはや対象の認識にとっての意味の地平ではなく、目的の観念にとっての意味の地平に対応する。カントはあらかじめドイツ観念論を特徴づけているものに対立していた。すなわち、主観性から出発して客観性を引き出そうとする構成的仕方と対立していた。いわゆる「主観性の形而上学」の象徴であるそのような態度に抗して、カントは、理論的客観性が前了解の形式の下に見出されるあるいは与えられる、ということを強調している。倫理学的前了解についても事情は変わらない。すなわち、われわれは諸決定〔経験の条件〕をとおしてのみ対象を認識できるのと同様に、自律の観念によって規定された意味の地平の内部においてのみ、われわれは目的について考察できるのである。

以上、『個人の時代』の概要をルノーの論述に即して紹介した。もちろん訳者の解釈によって論点をつないでいったにすぎず、別な読解の仕方もありうるであろう。さらには、ルノーの論考自体に対するさまざまな異論、反論も可能であろう（例えば「主体」と「個体」との違いについての捉え方、「個人主義」の捉え方、とりわけ現代との関係での捉え方、さらにはレヴィナスやカントの読解の仕方、等々）。それらは本邦訳書を通読したあとで再び問題にしていただきたい。いずれにしても、訳者としては本書が、さまざまな角度から主観性や個人主義について議論するための基本的文献の一つであることを確信している。そして本書の長所も短所も、本書が「哲学的哲学史」（現代の主要な知的論争を踏まえた哲学史のこと、歴史学的哲学史とは異なる）であることに起因しているように思われる。

アラン・ルノーは、リュック・フェリーと哲学研究の面で協力関係を保っており、共著も多いが、そればかりか哲学教育の面でもふたりは協力し合っている。例えばバカロレア（大学入学資格試験）やアグレガシオン（教授資格試験）において、最近哲学の試験の成績がかなり悪いことを憂慮し、哲学教育の改革を訴えている。その際彼らが提唱するのは、弁論術（art de l'argumentation）のための教育の復活である、と言う。『18歳の哲学』（Luc Ferry & Alain Renaut, *Philosopher à 18 ans*, Grasset, 1999）と題する著作も近年出版された。

本書には膨大な注（原注）がついているが、ルノーは、カント、ニーチェ、ハイデガー、あるいはマンデヴィル等から引用する際、原典がドイツ語であれ英語であれ、基本的にはフランス語訳を使用している。それらのフランス語訳と原典とのあいだにはかなりの異同が見られるものもある。しかしながら本邦訳書では、原典および原典に忠実なものが多い邦訳（日本語訳）を参照しながらも、主としてルノーが使用しているフランス語訳に従って日本語に訳した。それは、ルノーの地の文との整合性を保つためと、すべての原典にあたることができなかったためとの二つの理由による。

なお、本書には英訳がある（Alain Renaut, *The era of the individual, A Cotribution to a History of Subjectivity*, translated by M. B. DeBevoise and Flanklin Philip, Princeton University Press, 1997)。必ずしも逐語訳になっていないが（数行にわたって訳されていない箇所もままある)、大意をつかむという点では、大変参考になった。フランス語の言い回しとは異なる英語の言語体系に置き換えて考えてみることによって、よりよく見えてきた部分もあった。ただし誤訳と思われる箇所も多少あった。そもそも本書〔フランス語版〕自体、初版本の通例にもれず、かなりの数の誤植・誤記（明らかにそうであると確信できるもの、あるいはおそらくそうであろうと思われるもの）の類が見つかったし、引用されているページ数が疑わしいものもいくつかあった。そのようなとき、誤植や誤記であるという判断を下すのに、英訳との比較対照が決め手となった場合があったことは間違いない（ただし本邦訳書では、誤記・誤植の箇所について特に示していない)。

最後に、貴重な時間を割いて訳者の疑問に付き合ってくださった同僚諸兄、そして本邦訳書の出版に関していろいろお世話いただいた、法政大学出版局の藤田信行氏にも、改めて感謝申し上げたい。

二〇〇一年六月

水野　浩二

# 人名索引

（原注は含まれない．〔　〕は章として言及されていることを示す．）

## ア　行

アナクサゴラス　Anaxagore　232, 233
アリストテレス　Aristote　53, 116, 116, 133, 206
アルトゥシウス　Althusius, Johannes　83
アーレント　Arendt, Hannah　13, 25
アロン　Aron, Raymond　6, 68
アンファンタン　Enfantin, Prosper　73
アンリ　Henry, Michel　96
ヴァレリー　Valéry, Paul　101
ヴィーコ　Vico　222-23, 227
ウェーバー　Weber, Max　68, 72, 107
ヴォルテール　Voltaire　106, 107
ヴォルフ　Wolff, Christian　173, 236
エンペドクレス　Empédocle　219
オッカム　Occam, Guillaume d'　113

## カ　行

カヴァイエス　Cavaillès, Jean　15
カッシーラー　Cassirer, Ernst　56, 223, 224, 313, 314, 316, 320-327, 329, 331, 333, 335, 338-343, 345, 346, 349
カリアス　Callias　166
カリクレス　Calliclès　118
カルヴァン　Calvin, Jean　82
ガルヴェ　Garve, Christian　338
カンギレム　Canguilhem, George　15
カント　Kant, Immanuel〔第三部・第二章〕，1, 31, 40-45, 65-68, 83, 90, 98, 99, 106, 111, 120, 154, 166, 173, 207, 217, 219, 220, 295-298, 302-306, 308, 309, 311, 312, 314, 316-321, 324-347, 349-352, 354, 355
クーザン　Cousin, Victor　8
グラウコン　Glaucon　118, 166
クラーク　Clarke　36
ゲーテ　Goethe, Johann Wolfgang von　286
ケネー　Quesnay, François　109
ゲルー　Gueroult, Martial　179
ゴーシェ　Gauchet, Marcel　62, 73
コンスタン　Constant, Benjamin　53-55, 87

## サ　行

サルトル　Sartre, Jean-Paul　281-284, 286
サン＝シモン　Saint-Simon　73
シェリング　Schelling, Friedrich Wilhelm Joseph von　66, 217, 312
シュティルナー　Stirner, Max　73
シュトラウス　Strauss, Léo　25
シュライエルマッハー　Schleiermacher, Friedrich Ernst Daniel　168, 169
シュンペーター　Schumpeter, Joseph Alois　69
ショーペンハウアー　Schopenhauer, Arthur　217, 329
スアレス　Suarez, Francisco de　119
ストローソン　Strawson, Peter Frederick　136, 150
スピノザ　Spinoza, Baruch de　8, 41, 128, 130, 131, 235, 328, 348
スミス　Smith, Adam　162, 163
ソクラテス　Socrate　118, 119, 133, 166, 233, 242, 246, 247, 354

## タ　行

ダーウィン　Darwin, Charles Robert　219, 220
ディルタイ　Dilthey, Wilhelm　6, 68
デカルト　Descartes, René　9, 12-14,

17-19, 28, 29, 31-35, 37, 39-41, 46, 51, 56, 59, 87, 92, 113, 115-121, 127-131, 135, 137, 138, 142, 143, 151, 152, 179-183, 185, 186, 205, 208, 211, 220, 223, 224, 259, 269, 270, 305, 307-309
デュメジル　Dumézil, George　15
デュモン　Dumont, Louis〔第一部・第二章〕，　19-20, 71, 72, 74-79, 80-89, 91, 92, 94-97, 99-111, 115, 121, 122, 160, 161, 231, 232
デリダ　Derrida, Jacques　15
ドゥルーズ　Deleuze, Gilles　206, 214, 215
ドゥンス・スコトゥス　Duns Scot, Jean (Johannes Duns Scotus)　119
トクヴィル　Tocqueville, Charles Alexis Henri　53, 55, 73, 87, 95, 102, 156, 253
トマス Thomas d'Aquin (saint)　117, 119, 132, 133

## ナ　行

ニーチェ　Nietzsche, Friedrich Wilhelm〔第二部・第三章〕，　2, 8, 15, 19, 28, 29, 31-33, 36-39, 42, 44, 51, 59, 63, 66, 83, 110, 112, 157, 163, 164, 168-170, 174, 175, 178, 217-222, 242-256, 259, 303
ニューキャッスル
Newcastle (marquis de)　116
ニュートン　Newton, Isaac　89

## ハ　行

ハイデガー　Heidegger, Martin〔第一部・第一章〕，　1, 8, 12, 13, 15, 18-20, 25-32, 34-40, 42-46, 49-51, 56, 57, 60, 61, 63, 66, 67, 71, 74, 83-85, 97, 120-122, 125, 127, 145, 148-150, 164, 169, 204, 205, 217, 218, 259, 267, 288-290, 298, 303, 306, 307, 309, 314-325, 327, 328-332, 335-337, 340-343, 346
バークリー　Berkeley, George〔第二部・第二章〕，　39, 41, 59, 125, 149, 172, 173, 177-205, 213, 307, 344
バシュラール　Bachelard, Gaston　15
パスカル　Pascal, Blaise　275
バーリン　Berlin, Isaiah　228
パルメニデス　Parménide　137, 139, 140
ピコ・デラ・ミランドラ　Pico della Mirandola, Giovanni　56, 57
ヒトラー　Hitler, Adolf　84
ヒューム　Hume, David〔第二部・第二章〕，　39, 41, 59, 172, 173, 188, 204-216, 220, 339
フィヒテ　Fichte, Johann Gottlieb　7, 8, 31, 32, 40, 41, 44, 66, 83, 90, 154, 165, 174, 176, 190, 194-200, 217, 295, 297, 309, 310, 314, 344, 345
フィロネンコ　Philonenko, Alexis　99, 336
フィンケルクロート　Finkielkraut, Alain　96
フェーダー　Feder Johann Georg Heinrich　338
フェリー　Ferry, Luc　8, 164, 329, 347
フーコー　Foucault, Michel　12, 15, 25, 164
フッサール　Husserl, Edmund　61, 83, 190, 267-273, 275
ブドン　Boudon, R.　68
プラトン　Platon　219, 221, 242, 244, 276-278, 281, 284, 286, 292
フランク　Frank, Manfred　164-168, 170
ブランシュヴィック　Brunschvicg, Léon　119
ブルデュー　Bourdieu, Pierre　15, 64
ブルーノ　Bruno, Giordano　56
ブルーム　Bloom, Alan　96

フロイト　Freud, Sigmund　15
プロティノス　Plotin　348
ブローデル　Braudel, Fernand　15
ヘーゲル　Hegel, Georg Wilhelm Friedrich〔第二部・第三章〕，1, 2, 7, 9, 12, 19, 33-35, 38, 39, 51, 52, 59, 63, 66, 67, 83, 105-107, 109-110, 125, 127, 128, 150, 163, 169, 217-221, 230-232, 234, 235, 237-242, 255, 259, 292, 299, 337
ヘラクレイトス　Héraclite 219, 220
ヘルダー　Herder, Johann Gottfried 83, 105, 106, 108, 177, 227-231, 237
ヘルツ　Herz, Marcus　344
ボヴェル　Bovelles, Ch. de　56
ホッブズ　Hobbes, Thomas　97, 118, 159
ボーフレ　Beaufret, Jean　342
ホルクハイマー　Horkheimer, Max 222-224

## マ 行

マイモン　Maimon, Salomon　193, 344
マキアヴェリ　Machiavel (Machiavelli, Niccolò)　222
マルクス　Marx, Karl　15, 83, 105, 106, 344
マルブランシュ　Malebranche, Nicolas　2, 130, 131, 180, 182-186, 202
マンデヴィル　Mandeville, Bernard 109, 110, 158-163
メーヌ・ド・ビラン　Maine de Biran 119
メラン　Mesland, Denis　117
メルセンヌ　Mersenne, Marin　118
メンデルスゾーン　Mendelssohn, Moses　235

## ヤ 行

ヤコービ　Jacobi, Friedrich Heinrich 235-237

## ラ 行

ライプニッツ　Leibniz, Gottfried Wilhelm〔第二部・第一章〕，28-37, 40, 41, 44-52, 59, 63, 66, 103-115, 118-122, 125-154, 157-159, 161-174, 176-178, 181, 185, 192-198, 204, 209, 210, 214, 217-222, 224-229, 231, 232, 234-245, 250, 255, 259, 266, 271, 272, 302, 305, 307, 344
ラカン　Lacan, Jacques　15
ラッセル　Russell, Bertrand　47
ラマルク　Lamarck, Chevalier de 219
ランボー　Rimbaud, Arthur　266
リオタール　Lyotard, Jean-François 329-334
リポヴェツキー　Lipovetsky, Gilles 93-96
ルソー　Rousseau, Jean-Jacques　83, 88-90, 98, 246
ルヌヴィエ　Renouvier, Charles　128
ルフォール　Lefort, Claude　13, 25
レヴィ＝ストロース　Lévi-Strauss 15
レヴィナス　Lévinas, Emmanuel〔第三部・第一章〕，262, 263, 265-268, 270, 271, 273-277, 280, 281, 283, 285-288, 290, 292, 293, 295, 296, 298-300, 303, 304, 309
ロック　Locke, John　39, 40, 173, 180-186

# 原　注

## 序文

1．そのような溝を最も辛辣な言葉で表現しているのは，おそらく，『反時代的考察』第2部（教育者としてのショーペンハウアー）におけるニーチェであろう．ニーチェは，深い学識を要する哲学史のあらゆる欠点を激しく非難している．哲学史は，「決して真の哲学者の仕事ではなかった」のである（*Considérations intempestives,* t. II, Aubier-Montaigne, 1966, p. 151 sqq.）．〔小倉志祥訳『反時代的考察』，ニーチェ全集4，理想社，275頁〕

2．例えば哲学に関して，今日もはや誰も新たな体系を生み出そうとは思っていない，ということは明らかである．ということは，ある意味では，ありうべき哲学的立場はすべて，客観性に照らして（あるいはまた理性性に照らして）考えられる立場の典型として，歴史記述によって余すところなく検討されてしまった，ということであり，またプラトンからハイデガーへと連綿と続く哲学が，その観点に立てば，一つの閉じた公理系のようなものとなっている，ということである．フーコーならではの天才は——そしておそらく彼の成功の鍵もまた——，直観的にそのような閉塞状況に風穴を開けたことにあり，またありうべき哲学的立場のうちの一つ（言ってみれば，ニーチェ－ハイデガー的立場）を取り込むことによって，そのような立場を，そのときまで哲学的言説の埒外にあった領域や主題のなかで応用しようとしたことにある．そのような哲学的立場を選んだことに対して反論がなされたにもかかわらず，またそのような立場の応用の仕方に対して疑問が表明されたにもかかわらず，そこには哲学活動のあるスタイルがあるのであり，そのスタイルが哲学に対して将来の新しい可能性を開いた，ということに疑いをさしはさむことはできないであろう．

3．M. Foucault, *Les Mots et les Choses,* Gallimard, 1966, p. 325.〔渡辺一民・佐々木明訳『言葉と物』新潮社，333-334頁〕「形而上学の終焉」としての「有限性の分析論」．

4．そのうえ，二つのテーマ体系は，互いに緊密に関連している．というのも，無意識の肯定は，いかなる支配の企ても錯覚であるとして告発することによる，人間の有限性を表現する仕方の一つであるからである．すなわち，もし人間が自己自身の主権者でないなら，どうして人間は自然の主権者でありえようか．

5．私は別なところで（*Dictionnaire des œuvres politiques,* P. U. F., 1985, pp. 319-327〔『政治的著作辞典』〕），マルティン・ハイデガーの『講演と論文』の分析にもとづいて，明らかにしようとしたことであるが，そのような近代性の論理は，ハイデガーにおいて，（もちろん，フランクフルト学派もまた，「啓

蒙の弁証法」を力説することによって，近代性の主要なテーマを一般に知らしめるのに一役買ったのだが)，主観性の形而上学と，技術の支配と，全体主義的現象の出現とのあいだの関連づけをとおして，とりわけ際立った表現を獲得した．そのうえ，フーコーが，『監視と処罰——監獄の誕生』において，ベンサムのパノプティコン〔一望監視施設〕を，透明な，まったく合理化された社会の象徴にしており，そのような象徴は収容所を先取りしている，ということを，改めて述べる必要があるであろう．

6．Cl. Lefort, *Essais sur le politique,* 1986.〔『政治についての試論』〕

7．D. Éribon, *Le Nouvel Observateur,* 18-24 octobre 1985.〔『ル・ヌーヴェル・オプセルヴァトゥール』，1985年10月18-24日号〕

8．今日の民主主義社会において，横暴なマスメディアや野蛮な広告によって一つの思想が破綻しおのずと権利が剝奪されていることが問題にされるとき，主体の観念が援用されているということは，同様に明らかである．すなわち，主体のイメージを全面的に規定している，自己同一性と自己支配〔自制〕という価値付与を後ろ楯にしていない「疎外」論を復活させることは，本当に可能なのか．

9．そのような表明があとになって，事態を沈静化するために生み出されたのではないということは，以下のいくつかの短い指摘が証明している．すなわち，「たとえ今日われわれが，ただ単に啓蒙哲学の諸価値に戻ることはできないとしても（それは自明の理だが，強調しておかなければならない．それほど批判が予想されるのである)，それらの諸価値を参照しないことも，68年の思想が試みたように，その伝統を白紙に戻すことも，われわれにとって同じく不可能である（*La Pensée 68,* Gallimard, 1985, p. 23)〔小野潮訳『68年の思想』法政大学出版局，12頁〕．「主体についての錯覚に関する体系的な批判」と同時に，「〔形而上学に対する〕批判のあとにおける主観性の残存を主題化する」(p. 59)〔邦訳，46頁〕ことが大事である．「人間は現実に（いま，ここで）自律的ではない（人間は他人に対して開かれている)，ということを確認したとしても，にもかかわず，自律性という観念ないしは理想から，要するにまさに自律性という〈理念〉から，あらゆる意味とあらゆる機能を剝奪しなければならない，とういうことはいささかも自明ではない」(p. 266)〔邦訳，262頁〕，等々．

10．*L'Événement du jeudi,* 12-18 décembre 1985〔『木曜日の出来事』1985年12月12-18日号〕．L. Séguin, *Magazine littéraire,* 1-15 janvier 1986〔『マガズィーヌ・リテレール』1986年1月1-15日号〕．同じ意味で，*Le Nouvel Observateur* (13-19 juin 1986)〔『ル・ヌーヴェル・オプセヴァトゥール』(1986年6月13-19日号)〕における「主体の哲学への回帰」に関する論文に言及しておこう．「主体の哲学への回帰」は，「意識のナルシシズム」や，「コギトの過度の利用」や，「充実した，ないしは少なくとも構造上分裂していない主体」へ

の幻想にふけっている「復活の企て」として描写されている（E. de Fontenay, F. Wahl）.

11. 例えば，L. Ferry et A. Renaut, *Le Sujet en procès,* in *Tod des Subjekts,* éd. par H. Nagel et H. Vetter, Wiener Reihe, Oldenbourg, 1987, p. 119〔『係争中の主体』，『主体の死』に所収〕を参照：「したがって，デカルトのコギトを復活させることが問題なのではないのと同様に，われわれの見解のすべて，われわれの選択のすべて，われわれの決定のすべてを，自律的で主権的な自由の産物，すなわち，歴史の外に立っている「本体的主体」の産物と見なすことが，われわれにとって問題なのではない．簡単に言えば，こうである．すなわち，誰でも実際は，無意識のさまざまな発見が，自律の理想をわけもわからず放棄してしまうことにはならないし，またそうしてはならない，ということに同意するに違いないがゆえに，このようなまったく新たな局面にふさわしい主体のイメージとは，いかなるものなのか．」

12. L. Ferry et A. Renaut : *68-86, Itinéraires de l'individu,* Gallimard, 1987〔小野潮訳『68年-86年　個人の道程』法政大学出版局〕を参照．

13. Heidegger, *Chemins qui ne mènent nulle part,* Gallimard, 1962, pp. 83-84.〔茅野良男・ブロッカルト訳『杣道』，ハイデッガー全集５，創文社，113頁〕．同じ意味で，*Lettre sur l'humanisme,* Aubier, p. 107〔佐々木一義訳『ヒューマニズムについて』，ハイデッガー選集23，理想社，62頁〕を参照：すなわち，個人主義は，集団主義，国家主義あるいは国際主義と同じ資格において，「人間学主義〔であり〕，そのようなものとして，主観主義」である．

14. それがまた，現代の反-人間主義についてのわれわれの分析の論点なのであるが，その論点がさまざまな誤解を引き起こした．60年代のフランス哲学は人間主義の諸価値と関係を断絶した，とわれわれは主張した．だが，フーコーは絶えず人間を押し潰すあらゆるシステムから人間を擁護した，と言われた．ある面では，68年の思想も，それと同じ論理に従っている，とわれわれも主張した．だが，最近の歴史のどの時期も，たぶん，自由，寛容あるいは博愛といった人間主義の諸価値をもはや賞揚してはいないであろう，という答えが返ってきた．人間主義と個人主義とは完全に相互に重なり合うことはない，ということ，そして，反-人間主義の個人主義的形態が存在する，ということを認めることに同意するならば，議論はきわめて明瞭になるであろう．ということは，結局，主観性と個人性との関係は正確に限定されている，ということが前提になっていることになる．ある意味では，それこそが本書の中心的課題である．

## 第１部

### 第Ｉ章

1．一例として挙げておく（*Nietzsche,* Gallimard, 1971, t. II, p. 23.〔細谷貞雄訳『ニーチェ』中，ハイデッガー選集25，理想社，238頁，薗田宗人訳

『ニーチェ』II，白水社，223頁〕)：「〈近代〉の概念および発展が，歴史学的にどのように再考されようと，また，近代性を説明しようとするときのもとになっている，政治的，詩的〔文学的〕，科学的，社会的現象がいかなるものであれ，それでもやはり，いかなる歴史的考察も近代性の歴史の本質的および補足的規定を無視することはできない，ということに変わりはない．すなわち，一方で，主体（subjectum）としての人間は，存在者全体の連係の中心に位置づけられ，確保される．他方で，存在者全体の存在性は，製作されかつ説明されるものすべての被表象性として，理解される」．すなわち，主体としての人間が到来したことと，現実性全体を，主体にとっての客体〔対象〕へと還元したことと〔が，近代性の二つの主要な契機である〕．

2．*Lettre sur l'humanisme*, Aubier, 1964, pp. 75-77〔佐々木一義訳『ヒューマニズムについて』，ハイデッガー選集23，理想社，42頁〕を参照：ハイデガーから見れば，人間主義は，「人間の人間性をあまり高く評価していない」から，人間の尊厳を，「人間が，存在者の〈主人公〔主体〕〉として，存在者の実体をなしているという点に」，また，「存在に対する独裁者という点に」，見ている（改訳）．

3．*Chemins qui ne mènent nulle part*, p. 69.〔茅野良男・ブロッカルト訳『杣道』，ハイデッガー全集5，創文社，98頁〕

4．*Ibid*., p. 210.〔同書，284頁〕

5．早くも1929年に，ダヴォスでの討論に際して（Heidegger, Cassirer, *Débat sur le Kantisme et la Philosophie*, Beauchesne, 1972, pp. 28-29〔『カント主義および哲学についての討論』〕)，ハイデガーが言及したことは，「精神科学および自然科学が認識可能な領域の全体を占有してきたので」，その結果，「もはや（哲学には）科学についての認識しか残っていない」と考えるようになるかもしれない状況がもつ不合理さについてである．

6．*Nietzsche*, II, p. 33.〔細谷貞雄訳『ニーチェ』中，理想社，250頁，薗田宗人訳『ニーチェ』II，白水社，233頁〕

7．*Ibid*., p. 207.〔薗田宗人訳『ニーチェ』III，白水社，10頁〕例えば，そのような意味で，人間と世界との技術的関係が，自然の「延長するもの」へのデカルト的還元に端を発して，飛躍的に発展したものとして，記述されうる，――その規定によれば，現実性は計算可能性と等価であり，したがって「自然の支配者にして所有者」にとっての機械化可能性と等価である（*Qu'appelle-t-on penser?*, P. U. F., 1959, p. 215.〔四日谷敬子・H．ブフナー訳『思惟とは何の謂いか』，ハイデッガー全集別巻3，創文社〕)．

8．*Questions II*, Gallimard, 1968, p. 15.〔『諸問題II』〕

9．*Nietzsche*, II, p. 119.〔細谷貞雄訳『ニーチェ』中，理想社，376頁，薗田宗人訳『ニーチェ』II，白水社，350頁〕形而上学は「あとに来るべきものにとっての根拠」である（*Grund für das Nachkommende*)．

10. *Questions II,* p. 160.〔『諸問題II』〕

11. *Nietzsche,* II, p. 105.〔細谷貞雄訳『ニーチェ』中，理想社，355頁，薗田宗人訳『ニーチェ』II，白水社，332頁〕

12. *Ibid*., p. 23.〔細谷貞雄訳『ニーチェ』中，理想社，238頁，薗田宗人訳『ニーチェ』II，白水社，223頁〕

13. *Le Principe de raison,* Gallimard, 1962, pp. 99-100.〔辻村公一・H．ブフナー訳『根拠律』創文社，69頁〕

14. *Ibid*.〔同書，69頁〕

15. *Nietzsche,* II, p. 354.〔薗田宗人訳『ニーチェ』III，白水社，208頁〕

16. ハイデガーは，マールブルクでの講義以来，ライプニッツにとりわけ関心を向けた．*Metaphysische Anfangsgründe der Logik im Ausgang von Leibniz* (1928), *G. A.,* II. 26.〔『論理学の形而上学的基礎――ライプニッツから出発して』〕

17. *Le Principe de raison,* p. 86.〔辻村公一・H．ブフナー訳『根拠律』創文社，53頁〕

18. *Ibid.* p. 82.〔同書，49頁〕

19. *Ibid.* p. 116.

20. *Nietzsche,* II, pp. 370-371.〔薗田宗人訳『ニーチェ』III，白水社，231頁〕

21. *Ibid.* p. 362.〔同書，220頁〕

22. *Ibid.* p. 357.〔同書，212頁〕

23. 私はここではとりわけ『シェリング』の一節を拠り所とする．それは驚くほど迫力にあふれているばかりか，大いに問題提起的であり，そこにおいて，ハイデガーは，3ページを使って，デカルトからドイツ観念論に至る近代哲学がたどってきた行程の論理を示そうと試みている（*Schelling, Le traité de 1809 sur l'essence de la liberté humaine,* Gallimard, 1977, pp. 160-162)〔木田元・迫田健一訳『シェリング講義』新書館，207-209頁〕．

24. 思考することの（したがって，「思惟するもの」としてのデカルト的「コギト」の）本質については，*Nietzsche,* II, p. 122 sqq.〔細谷貞雄訳『ニーチェ』中，理想社，380頁以下，薗田宗人訳『ニーチェ』II，白水社，354頁以下〕を参照．

25. 例えば，*Ibid.* p. 354〔薗田宗人訳『ニーチェ』III，白水社，208頁〕：「すべての基体〔主体〕subjectum は，その存在 esse を力 vis（表象－欲求 perceptio-appetitus）によって規定されている」，したがって，「表象の本質領域があらわになる．実を言えば，その結果，そのとき初めて，作用 actio としての表象自体の根本的特徴が現れる，そして，現実性 actualitas の本質がその原理において規定される」(p. 352〔同書，206頁〕)．同様に，ライプニッツにおいて，「表象 perceptio としての表象作用そのものにおいて，意志の根

本的な特徴」(p. 377〔同書，241頁〕)，が現れる.

26. そのようなハイデガーによるカント解釈について，例えば，*La Thèse de Kant sur l'Être, in Questions II,* p. 105〔「存在についてのカントのテーゼ」，『諸問題II』に所収〕を参照：カントは「〈存在〉を……人間的主観性の行為としての立場から出発して理解している」(*Qu'est-ce qu'une chose?* Gallimard, 1971, pp. 152-153〔高山守・K．オピリーク訳『物への問い』，ハイデッガー全集4，創文社〕も参照：「諸概念における表象として」，思考は「自己自身から出発し，自己の前に表象されるべきものをもたらさなければならない」，したがって，思考は「自発的なものであり，それは自発性である」)．*Schelling,* p. 161〔木田元・迫田健一訳『シェリング講義』新書館，208頁〕は別の観点から同じ読解の原則を補強している：「カントは，『純粋理性批判』から『実践理性批判』へと至り，〈自我〉の真の本質は，〈我思う〉ではなく，〈我行為す〉であり，私は自分自身に，私自身の本質的根拠から出発して，法則を与える，すなわち〈私は自由である〉，ということを認めている.」

27. とても古典的なフィヒテ解釈については，再び，*Schelling,* p. 162〔木田元・迫田健一訳『シェリング講義』新書館，290頁〕を見よ：「あらゆる存在者は，それが存在するかぎり，その存在を〈自我〉から受け取る．自我は，〈私が思考する〉かぎり，根源的定立作用，つまり行為であり，行為としてのかぎり，根源的活動〔事行〕(Tathandlung) であり，自由である.」

28. 擬人性について，例えば，*Nietzsche,* II，p. 104〔細谷貞雄訳『ニーチェ』中，理想社，354頁，薗田宗人訳『ニーチェ』II，白水社，330頁〕を参照：「あらゆる存在者を無条件に人間化することをとおして，それ（＝形而上学）は，真なるものと現実的なものを探し求めなければならない．形而上学は擬人化である――世界を人間に似せて形態化し，観想する，ということ」．同様に p. 352〔薗田宗人訳『ニーチェ』III，白水社，206頁〕も参照．すでに引用されている1928年の講義〔マールブルク講義〕において，ハイデガーはまだ擬人性の概念を扱っていなかった．p. 110も参照（「単に擬人化」ではないものとしての，存在者についてのモナドロジー的解釈）.

29. *Schelling,* p. 161.〔木田元・迫田健一訳『シェリング講義』新書館，208頁〕

30. *Nietzsche,* II，p. 253.

31. *Ibid.,* pp. 188-189. 同様に *Schelling*，p. 312は，ドイツ観念論への『モナドロジー』の影響について注意を喚起するために，ライプニッツのなかに，決定的態度，すなわち「基体から主観性への転換」という態度を認める.

32. *Nietzsche,* II，p. 354.〔薗田宗人訳『ニーチェ』III，白水社，208頁〕

33. *Ibid.,* p. 239. ヘーゲルやニーチェによる活用のほかに，モナドロジー的，擬人化的構造は，ハイデガーによって，他のライプニッツの後継者たちのなかにも発見される：「シェリングが明らかにしなければいけないこととは，

自然もまたそれ自体で自我的なものである，しかも，それは単に，自然が，自然を定立する絶対的〈自我〉に関係があるということだけによるのではない，ということである．すなわち，自然は〈自我〉である，ただしいまだそのものとしては展開されていない，説明されていない〈自我〉である．まさにその点において，シェリングは，あらゆる存在者は表象的なものである……，とするライプニッツの学説を引き継いでいる」(*Schelling,* p. 162〔木田元・迫田健一訳『シェリング講義』新書館，209頁〕)．「ライプニッツの形而上学は，直接的にも間接的にも（ヘルダーによって）ドイツの人間主義（ゲーテ）とドイツ観念論（シェリングとヘーゲル）を規定した．[……] ショーペンハウアーの主著である『意志と表象としての世界』は，存在者全体についての西欧的解釈のあらゆる基本的方向を，要約している……」(*Nietzsche,* II, p. 189〔細谷貞雄訳『ニーチェ』中，理想社，484頁，薗田宗人訳『ニーチェ』II，白水社，448頁〕)．

34．その問題は，いわばデカルトにおいては，現実的なものの演繹不可能性を，したがって存在論的差異を斟酌しているという契機に対応するであろうが，その問題については，とりわけ，J.-L. Marion, *Sur le prisme métaphysique de Descartes,* P. U. F., 1986〔『デカルトの形而上学的プリズムについて』〕による卓越した研究を参照されたい．

35．*Monadologie,* §40-41〔河野与一訳『単子論』岩波書店〕を参照．連続性の原理のおかげで，可能的なものと現実的なものとのあいだに絶対的区別が存在しえないがゆえに，可能的なものは存在しうるものを指し示す．それは，可能的なものが存在することが不可能ではない（可能的なものが存在しないことも不可能ではないことと同様に)，という意味においてばかりか，存在することへの力能ないしは傾向性をもったものという意味においてもまた，そうなのである．そのような傾向性のおかげで，すべての可能的なものが存在するのは，同様に存在する傾向をもつ他の可能的なものとの共可能性への要求が，その存在することへの共通の衝動を妨げないかぎりにおいてのことであろう．

36．*Nietzsche,* II, p. 356 sqq.〔薗田宗人訳『ニーチェ』III，白水社，211頁以下〕は，日付のない短い断章〔「二十四の命題」〕を分析している (éd. Gerh., IV, pp. 289-291)．その断章において，ライプニッツは「その神秘的な透明さの極致」に達するであろう．そのとき彼は，驚くべき言葉をこしらえて，「あらゆる可能的なものは存在しなければならない／存在しようとする，と言われうる」と述べている．存在は，したがって，本質そのもののなかに書き込まれた要求となり，その結果，可能的なものから現実的なものへの飛躍は，もはや存在しない．

37．その問題に関して言えば，カントからヘーゲルへと至り，しかもカントを乗り越えようとするなかで，哲学はついに体系を構築するに至ったことを説明しようと試みている *Schelling* のある部分 (trad. citée, pp. 49-91) は，相

変わらず，われわれが読むことのできる最も刺激的な部分の一つである．

38．体系の形をとった哲学的言説の到来は，その意味で，ライプニッツにおける，世界そのものを「予定調和説〔予定調和の体系〕」(*Théodicée,* §59,〔『弁神論』〕, *Monadologie,* §80-81,〔河野与一訳『単子論』岩波書店〕, etc）として見る見方に該当するであろう．私は最終的には，そのような「予定調和説〔予定調和の体系〕」というパースペクティヴを，モナドロジーの枠内で，必然的なものにしたように私には見えるものに，立ち戻ろうと思う．というのも，「予定調和」を，近代的主体が世界を自らの理性の要求に従わせるときの過程に関係づけるだけであるならば，そのパースペクティヴの意味が十分に捉えられることが確実であるとは，私には思えないからである．

39．*Nietzsche,* II, p. 370.〔薗田宗人訳『ニーチェ』III，白水社，231頁〕

40．*Nietzsche,* I, pp. 444-445, 460（『悦ばしき知識』，第374節を参照，「われわれの新しい無限なもの」〔信太正三訳『悦ばしき知識』，ニーチェ全集８，理想社，376頁〕）．

41．*Nietzsche,* II, p. 352.〔薗田宗人訳『ニーチェ』III，白水社，206頁〕

42．『悦ばしき知識』の第109節を思い出す：「世界は少しも一つの生きもの〔有機体〕ではなく，混沌である」〔信太正三訳『悦ばしき知識』，ニーチェ全集８，理想社，171-172頁〕．また，体系の「意気阻喪の様〔破産〕」については，『善悪の彼岸』の「序言」を参照．

43．*Nietzsche,* II, p. 152 sqq.〔細谷貞雄訳『ニーチェ』中，理想社，426頁以下，薗田宗人訳『ニーチェ』II，白水社，396頁以下〕

44．したがって，ハイデガーは，「形而上学の歴史の歴史性の本質根拠」(*ibid.,*p. 154〔細谷貞雄訳『ニーチェ』中，理想社，429頁，薗田宗人訳『ニーチェ』II，白水社，399頁〕）に固執することができるし，また，ニーチェがデカルトとの関係の真の本性を「誤認した」仕方を強調することができる(p. 152)．

45．*Nietzsche,* II, p. 160.〔細谷貞雄訳『ニーチェ』中，理想社，438頁，薗田宗人訳『ニーチェ』II，白水社，406頁〕

46．ピエール・クロソウスキーの翻訳は，1971年に出たが，ドイツ語版は，1961年に遡る．そして，60年代において，ジャン・ボーフレの教示は，ドイツ語版から正確にヒントを得ていた．

47．*Essais et conférences,* p. 283 sqq.〔『講演と論文』〕を参照．「バークリーのテーゼは［……］デカルトの基本的な形而上学的立場にもとづいており，またそれは［……］〈存在する〉は〈知覚されること〉に等しい（*esse*＝*percipi* : "être" égale "être-représenté"）と表現されている．存在は，知覚という意味での表象への従属の下に置かれる．［……］存在は表象に従っている．対象の客観性が，表象する意識において，すなわち，「私が何かを考える」ことにおいて……構成され，形成されるかぎり，存在は思考に等しい……」．ハ

イデガーは，バークリーの定式と，見かけ上はバークリーのそれにとても近いパルメニデスの「断片III」を，対比させる．偉大なギリシア時代と近代とを隔てる逆転を強調するために，「思考と存在はともに同じものである」と〔ハイデガーは言う〕．「パルメニデスは思考を存在に委ねている．バークリーは存在を思考に送り返している．ギリシア人の判断に応えるために，またギリシア人の判断とある程度一体化するために，近代のテーゼは，〈知覚されるとは存在すること〉（percipi＝esse）と解釈されねばならないであろう」．

48．Hume, *Traité de la nature humaine,* trad. par A. Leroy, Aubier, 1962, I, p. 68.〔大槻春彦訳『人性論』（一），岩波文庫，31頁〕

49．最近の大部分のヒューム研究は，アクセントの置き方は違うにせよ，デカルト的な主観の形態との隔たりに注目している．早くも，1953年のドゥルーズの興味深い研究が，そうであった．その *Empirisme et subjectivité, Essai sur la nature humaine selon Hume*（P. U. F.）〔木田元・財津理訳『ヒュームあるいは人間的自然　経験論と主体性』朝日出版社〕については，あとで再び問題にするが，そこでは，関心が，経験主義が明証性としての主観性から出発することを拒否し，主観性を構成するという問題が立てられていることに，集まっている（p. 3「どのようにして精神は主体となるか」）．M. Malherbe, *La Philosohie empiriste de D. Hume,* Vrin, 1976, p. 161〔『デイヴィド・ヒュームの経験論哲学』〕も参照：「したがって，自我は考えるものと同様に主体ではない．すべてのコギトを断念しなければならない」．Y. Michaud, *Hume et la fin de la philosophie,* P. U. F., 1983〔『ヒュームと哲学の終焉』〕，経験主義にかかれば，「もはや支配者としての主体は存在しない」（p. 32），また，それでも主観性を持ち出すとしても，「そのような主観性は主体を欠いたものである．すなわち，中心も，適切な観点も存在しないのであれば，たとえ相変わらず作用を主観性に帰することができるとしても，もはや主体は存在しえない」（pp. 220-221）．そうであるならば，今日，経験主義的契機の特性を的確に捉えることなしに，主観性の歴史を描き出すことは難しい，ということで意見の一致を見るであろう．

50．もちろん，その点に関して，ヒュームの問題提起がいかなる点において批判主義の手前にとどまっていたかを明らかにしなければならないであろう．

51．ハイデガーの新‐独断論の場合のように，〈存在〉の出現そのものにもとづいてでは，まったくない．「コペルニクス的転回」の意味については，L. Ferry, Préface à Kant, *Critique de la Raison pure,* GF-Flammarion, 1987, p. XIV sqq.〔カント『純粋理性批判』のための序論〕を参照．

52．*Qu'est-ce qu'une chose?* p. 67〔高山守・K. オピリーク訳『物への問い』，ハイデッガー全集41，創文社，63頁〕．同じ意味において，*Schelling,* p. 73〔木田元・迫田健一訳『シェリング講義』新書館，88頁〕を参照：「カントは［……］〈ギリシア人たち〉の哲学的な根源的概念の根本的な意味に立ち

返る」．そして，*Kantbuch* (§45)〔木場深定訳『カントと形而上学の問題』，ハイデッガー選集19，理想社，261-262頁〕の結論全体が，カント主義からドイツ観念論への移行を，逆戻りとして記述している，ということが知られている．すなわち，その移行は，「カントが闘い取ったことがますます忘れられていく」ありさまとして，すなわち，「理性および悟性の支配権」を揺さぶることができた「有限性の問題」の決定的掘り下げとして，示されている．

53. *Kant et le problème de la métaphysique,* §31〔木場深定訳『カントと形而上学の問題』，ハイデッガー選集19，理想社，176頁〕, et Cassirer, Heidegger, *Débat sur le Kantisme et la Philosophie*(Davos, mars 1929), trad. Beauchesne, 1972, pp. 77-78.〔『カント主義および哲学についての討論』(ダヴォス，1929年3月)〕

54. *Nietzsche,* II, p. 239.〔薗田宗人訳『ニーチェ』III，白水社，51頁〕

55. *Qu'est-ce qu'une chose?* p. 67〔高山守・K．オピリーク訳『物への問い』，ハイデッガー全集41，創文社，63頁〕．同様に，*ibid.*, p. 176〔同書，179-180頁〕も参照（「主観の主観性に属するかのもの」にもとづいて，それゆえ，「近代哲学にとって，〈自我〉の原理が第一の命題である」ことに従って，「物の本質」を規定するものとしての，カントのア・プリオリなものの観念）．

56. *Questions II,* p. 113.〔『諸問題II』〕

57. ハイデガーのフィヒテ解釈については，拙著 *Système du droit,* P. U. F., 1986〔『法の体系』〕の「序論」を参照．

58. ミシェル・フーコーとカントの関係の例は，その点に関して，とりわけ意味深い．1964年に〔カントの〕『人間学』を翻訳したフーコーは，1966年の『言葉と物』において，「有限性の分析論」〔『言葉と物』第9章，3〕としてのハイデガーによる『批判』解釈の大筋を，再び取り上げる（その点については，L. Ferry et A. Renaut, *La pensée 68,* p. 142 sqq.〔小野潮訳『68年の思想』法政大学出版局，130-136頁〕を参照）．そしてフーコーは，表象の時代についての最初の揺さぶりを，カントのなかに見る．1983年に，『啓蒙とは何か』についての講義で，再びカントに対して関心を示しているが，にもかかわらず，それは別な批判的思想を選択する必要性を強調するためである．その必要性は，『純粋理性批判』によって開かれた道に沿って，実際には批判的伝統が要約されている「真理の分析論」に，反するものである．もっとも，別な批判的思想とは，『啓蒙』についての小品〔「啓蒙とは何か？　この問いの答え」〕のようないくつかの断章におけるカントに近いものであり，「われわれの現実の姿に関する哲学的問いかけ」の思想である（*Magazine littéraire,* mai 1984, pp. 35-39〔『マガズィーヌ・リテレール』1984年5月号〕）．「有限性の分析論」から「真理の分析論」へと再び陥った，主著を書いた時代のカントは，したがって，自分が以前に行った約束を守らなかったと言えるであろう．すなわち，そのような診断に，そしてそのような診断が証明している関心と無関心の種類に，ハ

イデガーによるカント読解が〔フーコーに〕もたらしたものの内容のすべてが，集約されている．

59．*Disputatio metaphysica de principio individui,* 1663, in : J. E. Erdmann, *G. L. Leibnitii opera philosophica omnia,* 1840（以下，*E* と略記する），pp. 1-5〔『個体の原理に関する形而上学的論議』，エドゥアルト・エルトマン版『ライプニッツ哲学著作全集』に所収〕（本テクストについての手短な分析は，Y. Belaval, *Leibniz,* Vrin, 1970, p. 36 sqq.〔『ライプニッツ』〕において読むことができる）．ライプニッツは，「どの個体もその存在の全体（sua tota entitate）において個体化される」というテーゼを，立てている．第 9 節は，「プラトンの人間性」と「ソクラテスの人間性」は本質的に異なるか否かと問うことによって，「人間本性」の身分規定の問題を，明確な形で提起している．

60．Ed. Gerhardt, *Die philosophische Schriften von G. W. Leibniz,* 1875-1890（以下，*G* と略記する），Ⅶ, 393〔ゲルハルト版『ライプニッツ哲学著作集』第 7 巻〕．同様に，例えば，*G*, Ⅳ, 433〔ゲルハルト版，第 4 巻〕も参照：「二つの実体がまったく相似て，ただ数においてのみ異なるというのは本当ではない．」〔清水富雄・飯塚勝久訳『形而上学叙説』，世界の名著25，中央公論社，385頁〕

61．B, Russell, *La Philosophie de Leibniz* (1908), repr. G. & B., 1970, p. 60.〔『ライプニッツの哲学』〕

62．モナド的個体性の二つの規定は，切り離すことができない．というのも，もし実体が単一のものでなく，諸部分からできているのであれば，実体〔あるモナド〕が他のモナドと異なるのは，その諸部分の内的構成によってのことにすぎなくなるからであり，実体はその構成部分において，他のモナドと本質的に同一になるからである．したがって，「その存在の全体において」，各実体は個体化される，と主張することはできなくなり，構成部分の次元において，不可識別の二つの現実性が存在することになる．

63．あとで立ち戻ることになる，*Système nouveau de la nature et des communications des substances* (§1, *E.* p. 128)〔『実体の本性及び実体の交通並びに精神物体間に存する結合に就いての新説』，河野与一訳『単子論』岩波文庫，81頁〕のなかの一節は，とても明瞭にそのことを強調している，すなわち，「形而上学的に厳密な表現において，われわれは，他のあらゆる創造物からの影響に対して完全に独立している」，と．

64．そのような系譜を明らかにしなければならないであろうが，そのような系譜の証拠として，ヘーゲルが，ライプニッツの『弁神論』の利点，つまり，〈予定調和〉の理論の最も通俗的な活用の仕方の利点を称賛していることに，立ち戻ることができる．例えば，*La Raison dans l'histoire,* trad. par K. Papaioannou, 10/18, p. 67 sqq.〔武市健人訳『歴史哲学』上，ヘーゲル全集10，岩波書店，「序論，第 1 篇，2，世界史の理性観」〕を参照．

65. たとえ形而上学が，歴史の領域を理性の原理に従わせるかぎりにおいてのことにすぎないとしても．歴史の領域は，その当時まで，そこに真なる理性性をあらわにすることに最も従わないもの，と思われていた．その意味で，ハイデガーが，「形而上学の項点」（*Questions II,* p. 52〔『諸問題II』〕）としてのヘーゲル主義を，「歴史を体系のなかへと止揚」（*Lettre sur l'humanisme,* p. 89〔佐々木一義訳『ヒューマニズムについて』，ハイデッガー選集23，理想社，51頁，渡辺二郎訳『「ヒューマニズム」について』筑摩書房，69頁〕）する試みとして規定するとき，正しい．

66 リュック・フェリーは，*Le Système des philosophies de l'histoire* (*Philosophie politique,* II, P. U. F., 1984)〔『歴史哲学の体系』〕において以下のことを明らかにした．すなわち，現代のハイデガー主義のヴァリエーション，とりわけ，現代のハイデガー主義の政治哲学の領域への移し替え〔応用〕のヴァリエーションのすべてに特徴的な，それらの批判は，（1）歴史哲学の企てそのものと，その企てが，ライプニッツへの回帰をとおして（カントやフィヒテに抗して），ヘーゲルにおいて（「理性の狡智」の理論の形で）遂行された際の独特の仕方とを，同一視している，（2）そのような歴史哲学の諸結果（発展の意味の肯定，歴史学の要求，世界についてのあらゆる道徳的見方の歴史主義的解体，等々）を，自然を検査するように歴史を検査する主体の王国の負債〔受動的側面〕に組み入れている，と．

67. 例えば，フーコーの有名なテクスト，《Qu'est-ce qu'un auteur?》, *Bulletin de la Société française de philosophie,* séance du 22 février 1969.〔「作者とは何か」，清水徹・小西忠彦『エピステーメー』1975年10月号〕を参照．

68. M. Villey, *L'Humanisme et le droit,* in *Seize Essais de philosophie du droit,* Dalloz, 1969, p. 60 sqq.〔「人間主義と法」，『法の哲学についての十六の試論』に所収〕を参照．それによれば，「近代の法的人間主義」は，「人間を原理および全体の目的に位置づける傾向」を，法に適用するものと見なされる．その結果，「ほとんどすべての近代の法思想家たち」にとって，「人間は自らの法の作者である」(強調は筆者〔アラン・ルノー〕)．ミシェル・ヴィレは，法に関する「現代的見解」のさまざまな動向のあいだの合意点を，サルトルの言い回しによって要約している，すなわち，「人間は，自分自身以外の立法者をもたない」，と．

69. 人間主義と契約主義との関連性については，R. Derathé, *J.-J. Rousseau et la science politique de son temps,* Vrin, 2 e éd., 1970, p. 33 sqq.〔『ジャン＝ジャック・ルソーと当時の政治学』〕：「社会契約説ないしは，まったく人間的な主権の起源論.」を参照．契約の観念は，いかにして人間は自然状態の独立性から脱したのか，という問題を解決する．自然状態において，人間はいかなる政治的権力にも従う必要はなかった．市民的権力の誕生は，そのような〔自然状態の〕独立の状況から，もう一つの自由の形態への移行を表している．も

う一つの自由の形態は，自‐律として，人が自らに与えた「人間的制度」という権力への従属として理解される．

70．その証拠に，トクヴィルは，個人主義の危険を前にして，伝統的社会の構造を取り戻すことを目的としていない，非後退的解決策を検討したのであり，その解決策とは，市民的道徳の発展，共同体の制度の補強，あるいは新しい媒体の構築といったものである（そのような個人主義の安全装置については，J.-C. Lamberti, *L'Individualisme chez Tocqueville,* 1970, pp. 71-75〔『トクヴィルにおける個人主義』〕を参照）．

71．*De la liberté des Anciens comparée à celle des Modernes,* Discours prononcé à l'Athénée royal de Paris en 1819, in B. Constant, *De la liberté chez les Modernes, Écrits politiques,* textes choisis et présentés par M. Gauchet, Poche/Pluriel, 1980, pp. 491-515.〔「古代人の自由と近代人の自由の比較」，1819年，パリの王立講堂での講演，ベンジャマン・コンスタン『近代人における自由について，政治的著作』に所収〕

72．*Ibid.*, p. 495. このテクストおよび以下のテクストに関して，独立という観念を区別して援用していることを強調しているのは，筆者〔アラン・ルノー〕である．

73．*Ibid.,* p. 496.

74．*Ibid.,* p. 501.

75．*Ibid.,* pp. 501-502．このテーマは講演の真のライトモチーフである．すなわち，「古代人は，政治的権利のために独立を犠牲にするとき，捧げるものは少なくなり，得るものの方が多くなった．一方，われわれは，同じ犠牲を払うとき，与えるものが多く，得るものが少なくなる」(p. 502)．新たな「社会的権力への参加」のために，個人的権利を犠牲にすることによって，ルソーやマブリーのことを信じ込みすぎた革命家たちがよみがえらせようとした〈古代人〉の建造物は，「倒壊した」，というのも，「社会的権力はいずれにせよ，個人的独立への欲求を破壊することなしに，個人的独立を傷つけたからである」(p. 506)．「個人的独立は近代的欲求の最初のものである」(p. 506)．「近代的自由がもつ危険とは，われわれが，われわれの私的独立を享受することに，また，われわれの特殊な利害を追求することに没頭しているために，われわれは政治的権力を共有する権利を，いとも簡単に譲ってしまうのではないのか，ということである」(p. 513)．

76．*De la liberté chez les Modernes,* pp. 494-495．この一節全体において，例外的な仕方で，コンスタンは，自律と独立の二つの領域において，〈近代人〉の自由を描写している．すなわち，自律（「あるときは，すべてのないしは何人かの公務員を任命することによって，またあるときは，当局が多かれ少なかれ考慮に入れなければならない，意見書，陳情書，要求書によって，政府の行政に影響を与えることは，各人の権利である」）と，独立（「自らの所有権を自

由に行使し，それを悪用さえし，自らの動機や手続きを説明することなしに，……行ったり来たりする」各人の権利，「自らの好み，自らの気まぐれに合った」人生を生きる各人の権利）の二つの領域において．

77. その観点に立てば，〈古代人〉の自由についてコンスタンによって差し出された描写は，まったく不完全なものである．すなわち，アリストテレスにおいて明らかなように，主権に集団として関与する権利は，市民にとって，自律ないしは自己‐創設の原理の承認において根拠づけられるのではなく（その場合，その権利は，人間としてのかぎりでのあらゆる人間によって，共有されているにちがいない），目的をもった自然の機構において根拠づけられる．その機構の内部において，「ある人は命令するために作られ，別な人は従うために作られる」．すなわち，主権の究極的な根拠となるものは，その意味で，宇宙の内部における自然のヒエラルキーであって，人間の意志そのものではない．人間の意志は，自らの法則を自分自身に与え，また自らが承認する権力に従うものである．

78. E. Cassirer, *Individu et cosmos dans la philosophie de la Renaissance,* trad. par P. Quillet, Éd. de Minuit, 1983, p. 159.〔薗田坦訳『個と宇宙――ルネサンス精神史』名古屋大学出版会，153頁〕

79. *Ibid.,* p. 160.〔同書，154頁〕

80. *Ibid.,* p. 110.〔同書，103頁〕

81. *Ibid.,* p. 165.〔同書，160頁〕

82. *Ibid.,* p. 120.〔同書，114頁〕

83. *Ibid.,* p. 153.〔同書，148頁〕

84. *Ibid.,* p. 127.〔同書，120-121頁〕

85. *Ibid.,* p. 112.〔同書，105-106頁．カッシーラーが引用している，ピコ・デラ・ミランドラの文章については，大出哲・阿部包・伊藤博明訳『人間の尊厳について』国文社，16頁を参照．〕

86. カッシーラーは，その点に関してルネサンスの哲学によって迎えた転機を，首尾よく表現している（*op. cit.,* p. 111〔薗田坦訳『個と宇宙――ルネサンス精神史』名古屋大学出版会，104頁〕）．「行動は存在から生じる」と主張するスコラ哲学の古い格言に対抗して，ピコ・デラ・ミランドラは，「人間の存在はその行動から生じる」と主張する．

87. *Méditations cartésiennes,* trad. par G. Pfeifer et E. Lévinas, Vrin, 1953, p. 89.〔船橋弘訳『デカルト的省察』，世界の名著51，中央公論社〕

88. L. Ferry et A. Renaut, *Système et critique,* Ousia, 1984, pp. 198 sqq., 216 sqq.〔『体系と批判』〕; *Des droits de l'homme à l'idée républicaine,* P. U. F., 1985, p. 60 sqq.〔『人間の権利から共和国の観念へ』〕; *La Pensée 68,* Gallimard, 1985, p. 24 sqq.〔小野潮訳『68年の思想』法政大学出版局，13頁以下〕を参照．

89. その二律背反については，L. Ferry, *Le Système des philosophies de l'histoire*〔『歴史哲学の体系』〕; L. Ferry et A. Renaut, *Système et critique*〔『体系と批判』〕を参照.

90. 的を射た論文において（《R. Aron et le problème de l'objectivité historique》, *Commentaire,* n° 35, automne 1986〔「レイモン・アロンと歴史の客観性の問題」『コマンテール』35号，1986年秋季〕），S・ムジュールが，『判断力批判』が『純粋理性批判』よりも，歴史の客観性についての考察のための，より有効なモデルを提供してくれている，ということをほのめかしていることは，正しい．しかしながら，自らの目下の計画について言及する際，あまりにも謙虚なその著者は，『第三批判〔判断力批判〕』の精神〔内容〕に従えば確かに可能ではあるが，だがその字面〔形式〕においては記載されていない適用〔モデルの適用〕ということが問題となる，ということを十分に強調していない．適用は，そのようなものとして，批判哲学の反復に由来するのではなく，批判哲学の刷新に由来するであろう．

## 第2章

1．M. Weber, *L'Éthique protestante et l'esprit du capitalisme,* trad. Plon, p. 122.〔梶山力・大塚久雄訳『プロテスタンティズムの倫理と資本主義の精神』，世界の名著61，中央公論社，179頁，大塚久雄訳『プロテスタンティズムの倫理と資本主義の精神』，岩波書店，118頁〕

2．私は，以下の情報を，1987年5月15日に〈哲学コレージュ〉で行われたゴーシェの研究報告（「個人主義について」）から借用している．マルセル・ゴーシェは，1986年から1987年にかけて，〈サン＝シモン財団〉のセミナーで(ジル・リポヴェツキーと協力し合って)，もっと詳しい分析を行っている．

3．というのも，マルセル・ゴーシェが明らかにしているところによれば，その用語はまた，同じ時期に，まったく別のイデオロギー的文脈，すなわち反革命的思想の文脈においても現れているからである．例えば，当時はまだ未刊のままで，あとになって『全集』の一部として刊行されたジョゼフ・ド・メーストルのテクストにおいて，早くも1820年に，〔個人主義という用語が〕使用されていることを，ゴーシェは指摘している．そのテクストでは，〔個人主義という〕言葉によって，政治的単一性〔統一性〕が個人の意志に先立っており，それは，個人の意志に不可欠であることに近代が気づいていない，ということを問題にしている．

4．デュモンにおいて，イデオロギーという言葉は，「表象の社会的総体」，「一つの社会における共通な理念と価値の総体」という意味に理解される．その定義についても，同様に以下のいくつかの定義についても，*Essais sur l'individualisme, une perspective anthropologique sur l'idéologie moderne,* Éd. du Seuil, 1983, p. 273 sqq.〔渡辺公三・浅野房一訳『個人主義論考――近代イデオ

ロギーについての人類学的展望』言叢社，443頁〕の末尾にある「いくつかのキー・ワードの解説」に依拠している．

5．*Essais,* p. 28.〔『個人主義論考』，33頁〕

6．デュモンにとって，ナチズムはそのような種類の試みであった．*Essais,* p. 132 sqq.〔『個人主義論考』，215頁以下〕における，「全体主義の病．アドルフ・ヒトラーにおける個人主義と人種差別主義」を参照．そのような重要なテーゼは，二つの価値的体系が統合されることは可能であると同時に望ましいと思っている，いくつかのテクストからほのかに見えてくる希望に，大いに影を落とす．

7．*Essais,* p. 35.〔『個人主義論考』，41-42頁〕強調は筆者〔アラン・ルノー〕

8．*Ibid.,* p. 64.〔同書，91頁〕

9．*Homo hierarchicus. Le système des castes et ses implications,* Gallimard, 1967〔『ホモ・ヒエラルシクス〔位階的人間〕．カースト制度とその意味』〕を参照．rééd.〔再版〕《Tel》, 1979（重要な序文が付加された），補遺B《Le renoncement dans les religions de l'Inde》, p. 324 sqq.〔「インドの宗教における現世放棄」〕

10．*Homo hierarchicus,* pp. 332-333.

11．*Ibid.,* p. 336.

12．*Essais,* p. 35.〔『個人主義論考』，42頁〕*Ibid.*〔同書〕:「究極の真理を求める人は，自らの向上と宿命に身を捧げるために，社会生活およびそれの束縛を断ったのである」．そして，その意味で，「自己の発見は，彼にとって［……］この世における生活の足枷から自由になることと同じ意味をもつ」:「現世放棄者は自足している」．

13．*Ibid.,* p. 36.〔同書，42頁〕

14．*Homo hierarchicus,* p. 334．デュモンが認めるところによれば，以前の研究において（*Contributions to Indian Sociology,* N° I, 1957, pp. 23-41〔『インド社会学への寄与』第1号〕に所収），「どんな人でも苦行者になる権利がある」と書くことができる，と信じていたことは，「少し軽率」である．

15．*Essais,* pp. 36-37.〔『個人主義論考』，44頁〕

16．*Ibid.,* p. 40〔同書，49頁〕．ルイ・デュモンはまた，そのようなキリスト教的二元論のヘレニズム時代の前兆のいくつかを分析している．その際，とりわけ，叡智を世俗に対する無関心とするストア派の定義に言及している（*ibid.,* pp. 37-38, 44〔同書，44-45，54頁〕）．

17．*Essais,* p. 40〔『個人主義論考』，48-49頁〕:「キリスト教徒はキリストにおいて結びつく．彼らはキリストの四肢である」．したがって，デュモンは，トレルチの言い回し，すなわちその問題についての彼の「考え」を受け継ぎ，初期キリスト教を，「絶対的な個人主義と絶対的普遍主義」（*ibid.*〔同書，48

頁〕）として特徴づけている．

18．このいくつかの暗示的意味をもった言葉は，例えば，*Essais,* p. 42〔『個人主義論考』，51頁〕にも出てくる．

19．*Essais,* p. 59 sqq.〔『個人主義論考』，93頁以下〕．ここでもまた，デュモンは，トレルチおよび，1911年に出された彼の大著，*Les Doctrines sociales des Églises et groupes chrétiens*〔『キリスト教会と諸集団の社会的教説』〕に従っている．すなわち，カルヴァン派の救霊予定説は，個人と〈教会〉との関係を逆転させる．というのも，もし神に選ばれた者が，大昔から，神に選ばれた者であるならば，個人はもやはおのれの救済を〈教会〉に頼らないからである．〈教会〉は，反対に，神に選ばれた者の道具〔手段〕となり，その道具のおかげで，神に選ばれた者は，「神に見放された者を統治し，神の栄光のために，自分たちの職務を果たさなければならない」．したがって，〈教会〉はそれ自体，トレルチの言葉によれば，「個人の独立を生み出す原理――すなわち，神による選別を守り，それを効果的にする倫理的義務――」から，派生している．

20．ここでは，ギールケ（Otto von Gierke）の記念碑的著作（*Das deutsche Genossenschaftsrecht,* 1868-1881, trad. partielle par J. De Pange, Sirey, 1914 : *Les Théories politiques du Moyen Âge*）〔『ドイツ団体法論』，部分訳『中世の政治理論』〕に依拠することによって，デュモンが明らかにしているところによれば，共同体を，ウニヴェルシタス（universitas）として，人間がその部分にすぎないところの全体として構想することに取って代わって，徐々に，オッカム（Guillaume d'Occam, William of Ockham）の唯名論によってもたらされた揺さぶりにもとづいて，まったく反対に，共同体がソキエタス(societas)，すなわち個人の連合体であるとする構想が登場してきている．個人の連合体において，個人の意志は，それにもとづいて構築される政治的秩序の基礎であり，根拠である．〈古代人〉にとって，人間は社会的存在であり，自然は社会 - 政治的秩序によって模倣されるべき秩序であったのに，近代自然法の理論家たちは，人間を，もはや社会的存在ではなく，個人的存在にしている．個人的存在の個人性と自足性は，社会的，政治的生活に対して論理的に先立つ「自然状態」となっている．

21．*Essais,* p. 102〔『個人主義論考』，141頁〕．所有権の表明のなかに，デュモンは，同時に個人主義の含意を見る．というのも，所有とは，それなしには個人が自己充足的でありえなくなるもの，と見なされるからである．したがって，私的所有に向けられたどんな侵害も，それがまさに個人の個人性にとって脅威となるがゆえに，糾弾される．そこから，『ホモ・エクアリス〔平等的人間〕』の中心的なテーマが出てくる．すなわち，全体論的社会において，主要な問題設定は，ヒエラルキー，従属，したがって人間どうしの諸関係という問題設定であるのに対して，個人主義的社会は，個人を自己充足的原子と考える，

——そのことにより，もはや人間性を構成しているものとは見なされない他人との関係は，後方に退き，人間と物との関係が前面に出てくる．それ以後，最も重要なことは，個人の自己充足を保護し，保証することであるがゆえに，決定的問題は，物の我有化，物の生産，物の分配，の問題となる．その際に従う問題設定において，厳密に政治的なカテゴリーは，「経済的なもの」のカテゴリーの背後に消え去る（そのことを，膨大な準備期間の果ての1776年に，アダム・スミスの *Sur la nature et les causes de la richesse des nations*〔玉野井芳郎他訳『国富論』——『諸国民の富の本性と原因についての研究』——世界の名著37，中央公論社〕が，書き記すであろう）．

22．とりわけ，*Essais,* p. 132 sqq.〔『個人主義論考』，215頁以下〕を参照：「全体主義の病」．

23．*Essais,* p. 99.〔『個人主義論考』，136頁〕

24．*Ibid.,* p. 28.〔同書，33頁〕

25．例えば，*Essais,* pp. 35, 81〔『個人主義論考』，41頁，112頁〕; *Homo aequalis,* p. 17．私は，二つの決定要素がここでは混同されていることを強調する．

26．*Essais,* p. 35.〔『個人主義論考』，41頁〕

27．*Ibid.,* pp. 67, 69, 70, 84.〔同書，95頁，97頁，99頁，116頁〕

28．*Ibid.,* p. 35〔同書，42頁〕独立に関しては，pp. 65, 69〔92頁，97頁〕も参照．〈近代人〉の独立は，デュモンによって，ヒエラルキーの原理のうえに基礎づけられている全体論的社会の特徴をなしている相互依存性と，対立させられている（p. 68〔96頁〕）．

29．*Essais,* p. 81.〔『個人主義論考』，112頁〕

30．*Ibid.,* p. 69.〔同書，396頁——第2章，注2〕

31．*Ibid.,* p. 97〔同書，133頁〕：ルソーは，自然状態を，「この完全な独立と規制なしの自由」によって特徴づけられるものとして，描写している．そのうえ，個人主義の危険を予見したルソーは，独立と自由が実際に勢力をもっていたならば，それらがもつことになったであろう「われわれの最高の長所の向上に有害」なもののすべてを，強調している（*Contrat social,* I，2〔井上幸治訳『社会契約論』，世界の名著36，中央公論社〕）．

32．*Essais,* p. 254〔『個人主義論考』，375頁〕：デュモンは，「規制なしの自由」を示すために，自然意志（Naturwille）と選択意志（Kürwille）という概念を，テニエス（Ferdinand Tönnies）から借用している．

33．*Ibid.* p. 64.〔『個人主義論考』，90頁〕

34．*Ibid.,* p. 254 sq.〔同書，375頁以下〕．デカルトから出発して，またデカルト以降，「主体と客体とは絶対に区別され」，世界は，「人間のいない世界，人間が意図的に身を引いた世界，そうすることによって，人間の意志を押しつけることのできる世界」となる．ところで，「この変化が可能となったのは，

一般に（＝全体論的社会において），物との関係を統制していた人間のあいだの関係の価値を切り下げることによってのことにすぎない」．

35. G. Lipovetsky, *L'Empire de l'éphémère, La mode et son destin dans les sociétés modernes,* Gallimard, 1987.〔『束の間のものの帝国，現代社会における流行とその運命』〕

36. *Ibid.,* 例えば pp. 16, 87-88, 103-104, 326 sqq., etc. ジル・リポヴェツキーのテーゼを支えている多数の説得力のある議論や事実のなかで，次のものが〔抜きん出ている〕．すなわち，「伝統的過去の古くからの権力」に抗して，民主主義は，現在との関係において，また，新しいものへの開放性において構成されている社会である．ところで，流行以上に，いかなる現象が，現在をほめたたえること，また新しいものを崇拝することとして，定義されるのか（pp. 13, 29-30, 213-216, 320, etc.），といった議論である．

37. *Ibid.,* p. 337.

38. p. 17のすばらしい言い回しは，違う仕方でニュアンスをもたせられた立場を暗示している：「現在の悲観主義，未来の楽観主義」．

39. 例えば，pp. 330-331を参照．1986年から1987年にかけての冬のフランスの社会的動向は，数行先で，「個人の自律への要求」として，また「個人の独立への好みの爆発」として，特徴づけられている．

40. *Ibid.,* pp. 15, 332, 335, 337.

41. *Ibid.,* p. 308.

42. *Ibid.,* pp. 310-311.

43. 私は，本書の第二部で，ライプニッツのモナドロジーのモデルを分析することによって，独立への価値付与が，自律への価値付与を構成している自由への要求を，うわべだけ徹底したものにすぎない，ということ，また反対に，独立への価値付与が，自由が「回転串焼機の自由」でしかないというパースペクティヴに完全に統合される，ということを，明らかにしたい．

44. *Ibid.,* p. 18.「反近代的態度」については，p. 179も参照せよ．

45. A. Bloom, *L'Âme désarmée,* Julliard, 1987〔菅野盾樹訳『アメリカンマインドの終焉』みすず書房〕; A. Finkielkraut, *La Défaite de la pensée,* Gallimard, 1987〔西谷修訳『思考の敗北あるいは文化のパラドクス』河出書房新社〕; M. Henry, *La Barbarie,* Grasset, 1986〔山形頼洋・望月太郎訳『野蛮』法政大学出版局〕．

46. *Essais sur l'individualisme,* p. 261〔『個人主義論考』，385頁〕：「私はそれ（＝ヒエラルキー）をよりよいものと見る融和主義的な信念をもつことを告白しておきたいと思う」．同じ意味で，pp. 83, 86, 91, 95〔115，119，125，131頁〕を参照．それゆえ，「劇的な変化」（p. 59〔84頁〕）について語られ，また「価値のヒエラルキーの破壊」は，「平等主義的個人主義による人間的目的の破壊」（p. 158〔250頁〕）として記述されうる．

47. *Essais,* p. 28〔『個人主義論考』，33頁〕，*Homo aequalis,* p. 134を参照：個人主義が，伝統を根底から覆すことによって，統一を根拠づけるものとして一般に認められているものすべてを破壊したのに対して，社会を再統一しようとする熱狂的な意志としての全体主義.

48. *Essais,* p. 132 sqq.〔『個人主義論考』，215頁以下〕:「アドルフ・ヒトラーにおける個人主義と人種差別主義」. とりわけ，p. 153〔242頁〕を参照：「ヒトラーは，個人主義的傾向をユダヤ人に投影している. 彼はその傾向を，集合体に対する〈アーリア的〉献身を脅かすものとして自らのうちに感じていた」. p. 158〔250頁〕を参照：ヒトラーにおいて，「支配の観念それ自体のみによって基礎づけられた支配の観念，すなわち〈自然〉のあり方はそのようなものなのだという断言以外にはイデオロギー的基礎をもたない支配の観念そのものが，平等主義的個人主義による人間的目的の破壊，価値のヒエラルキーの破壊の結果にほかならないのである（強調は筆者〔アラン・ルノー〕)」. p. 161〔253頁〕を参照：「ここで，人種差別主義は，個人主義による全体論的表象の解体から生まれたのである」. 同じ思想的次元において，*Homo aequalis,* p. 21を参照：アメリカ社会において，「奴隷制度の廃止は，短期間で人種差別主義を出現させた」，したがって，人種差別主義は，「平等主義の意図せぬ結果の一つ」である.

49. 『エスプリ』誌（1978年2月）のなかの，ルイ・デュモンの著作に捧げられた興味深い記事において，P. ティボー（P. Thibaud）は次のように断言している（p. 5). すなわち，たとえデュモンの著作が「悲観主義的」であるとしても，「それを，平等や共有化〔コミュニケーション〕といった観念の否定として理解しなければならない」のではなく，必ずしもすべてのことがどんな条件においても実現可能であるとはかぎらない，ということ（＝社会の統一は個人主義的基盤のうえには見出されない，ということ）への注意の喚起として，理解しなければならない，と. 私は，そのような理解は，デュモンについての「楽観主義的な」読解となるおそれがあると思うし，また，ラディカルな根拠をもった支配が，平等の原理によるヒエラルキーの破壊の結果に「ほかならない」ものとして提示される場合，そのような考え方は平等の原理そのものを否定することと同じになるおそれがあると思う. したがって，ヒエラルキーから個人主義への移行に関して（*Homo aequalis,* p. 19)：「ヒエラルキーが排除された時代以降，従属関係は，個人間の相互関係の力学的結果として説明されなければならないし，また，権限は〈権力〉へ，〈権力〉は〈影響力〉へ，といった具合に堕落していく」，――そうした凋落の到達点として，「権力を権力自体にのみもとづけるための，ナチスの悲惨な試み」がある.

50. 例えば，*Homo aequalis,* p. 21：「何人かの人がそう思っていたように見えるのだが，私は，平等性よりヒエラルキーの方が優れている，と言ったことはない……」. 同様に，*Homo hierarchicus* の再版本の「序文」，叢書《Tel》，

p. XIV：「近代性に関するルイ・デュモンへの質問」，『エスプリ』，1979年，9-11月号，p. 67も参照．

51．*Essais,* p. 83．〔『個人主義論考』，114頁〕

52．*Ibid.,* p. 91〔『個人主義論考』，126頁〕

53．実際，個人主義的イデオロギーは，「独立した，自律的な，本質的に非社会的な存在」に価値付与するものとして定義されている，ということが思い出される．

54．Kant, *Fondements de la métaphysiques des mœurs,* trad. par A. Philonenko, Vrin, 1980, p. 137．〔深作守文訳『人倫の形而上学の基礎づけ』，カント全集 7，理想社，112頁〕

55．*Homo aequalis,* p. 76（ロックに関して）．

56．とりわけ，A. Philonenko, Préface à sa traduction de Kant, *Critique de la faculté de juger,* Vrin, 1965〔カント『判断力批判』の「序文」〕を参照．

57．流行に関するジル・リポヴェツキーの著書の結論は，その点に関して（p. 336 sq.）いくつかの恐ろしい現実を，思い出させる．

58．カントと同じぐらい，ここでは，フィヒテおよび彼による主観性の条件としての相互主観性の演繹に，言及しなければならないであろう．*Essais*（p. 115 sqq.〔『個人主義論考』，172頁以下〕）において，デュモンは何ページかをフィヒテにあてている．デュモンは，フィヒテを，近代性は不幸なことに，個人主義の基盤に立って全体性（この場合，国家という全体性）を理解し直そうとした，と考える人のひとりと見なしている．確かに，誰もが，フィヒテほど知られていない著者〔デュモン〕に関する最近の研究成果に通じていなければいけないというわけではないが（この観点に立てば，とりわけ，1794年の『全知識学の基礎』についての〔デュモンによる〕分析 p. 126〔186頁〕は，知られていない），個人主義と普遍主義との関係は，フィヒテにおいては，はるかに複雑であり，結局のところ，その関係は，1807年においては（『ドイツ国民に告ぐ』），1796年（『知識学の原理に従える自然法の基礎』）当時とは，かなり違っている，ということが，今日，知られている．『知識学の原理に従える自然法の基礎』においては，フィヒテは次のように書いていた．「個人は，それ自体としては存在しない，人間の概念とは，個人のそれではなく，類のそれである」，――要するに：「人間は，人間たちのあいだでのみ，人間となる」．これは，たぶん一貫して近代性を規定している，人間の脱社会化の例であろう．拙著『法の体系』を参照されたい．

59．*Essais,* p. 68．〔『個人主義論考』，96頁〕

60．*Ibid.,* p. 261．〔同書，384頁〕同時に p. 260〔同書，383頁〕も参照：「このような他人を（他なるものとして）承認することは，ヒエラルキー的な形以外ではありえない．*Homo aequalis,* p. 131をも参照：「われわれは，ロックとともに，服従の代わりに，私的所有を導入した者であり，また，生産し，所有

する個人であることを選んだ者であり，社会的全体性が服従を含んでいるがゆえに，社会的全体性に背を向け，少なくとも隣人がわれわれより優れているか劣っているかぎり，隣人に背を向けた者である.」

61．この点について，もう一度，ゴーシェとスワン（M. Gauchet et Gl. Swain）の内容豊かな分析を参照してもらうしかない. *La Pratique de l'esprit humain, L'institution asilaire et la révolution démocratique,* Gallimard, 1980.〔『人間精神の実践，養老院的制度と民主主義革命』〕

62．例えば，経済学的思考のカテゴリーの発展に直面して（そこでは，自由主義をとおして，「所有的個人主義」としての個人主義が，支配者として君臨している），ルイ・デュモンは，一瞬たりとも「後ろに戻ろう」とは思わなかった：「経済を後退させることは，たぶん，再び突然服従を出現させることになるであろう．そしてその転換によって，恐ろしく面倒なことがわれわれを待ち構えているであろう」，というのも，「通常の形での，価値としての服従は，詳しい調べがつくまでは，われわれのイデオロギーから除外されている」からであり，また，「したがって，服従は，恥ずべきで病的な形式，つまり一種の抑圧的な形式の下でのみ，再導入されうるであろう」から（*Homo aequalis,* p. 132）.

63．すでに引用されたインタヴュー（「近代性に関するルイ・デュモンへの質問」，『エスプリ』，1979年9-10月号）は，伝統的社会へ戻るいかなる試みにも反対しており，「トクヴィルのように」，「われわれは人間の尊厳へと，したがって平等性へと運命づけられている」ということに合意するように仕向けている．したがって，そのインタヴューが開く唯一の展望は，われわれの民主主義社会においてさえ，ヒエラルキーの痕跡のようなものが残っている，ということに注意すべきである，ということである：「根本的価値は，保たれているが，制限されている」．存在していようと，もはや存在していなかろうと，あるいは消滅しつつ存在しているのであろうと，ヒエラルキーの価値は，したがって，相変わらず唯一の意味の中心である.

64．*Essais,* pp. 118, n. 3, 193-199, 242-243.〔『個人主義論考』，410頁，299-307頁，360-361頁〕*Homo aequalis,* p. 53をも参照.

65．*Ibid.,* p. 196.〔同書，303頁〕

66．*Ibid.,* p. 193.〔同書，299頁〕

67．*Ibid.,* p. 196.〔同書，303頁〕

68．ヘルダーにとって，またヘーゲルにとってさえ明白である（『歴史における理性』による「弁神論」という観念の称賛のことを考えているかぎりにおいてのみ）ルイ・デュモンによって示された系譜は，マルクスになると，歴史を考えようとして，普遍的なものは個別的な意志の結果である，と見なすライプニッツの図式を継承することとなる.

69．*Essais,* p. 196.〔『個人主義論考』，303頁〕

70. *Ibid.*〔同書，304頁〕

71. *Ibid.*, p. 201.〔同書，310頁〕

72. *Ibid.*, pp. 197-198.〔同書，304-305頁〕したがって，そのような本質的な説明は，「ライプニッツのモデル」が統一的性格を有している可能性を，徹底的に相対化する．

73. *Homo aequalis*, p. 30を参照せよ．

74. *Essais*, p. 198.〔『個人主義論考』，306-307頁〕

75. *Ibid.*, p. 242, n° 37.〔同書，436-437頁〕

76. 現実的和解に相当する観点が否定されているので，分析的矛盾の二つの極のあいだにおいて，どんな第三の極も排除されるのではないだろうか．

77. *Essais*, p. 199.〔『個人主義論考』，307頁〕

78. ライプニッツが孤立しているということは，モナドロジーの体系とその他の近代性の諸契機とをデュモンが比較した際に，強調したことである．例えば，ライプニッツやケネー（ケネーもまた「純粋な全体論と近代個人主義との中間的立場」に立とうとしている）に関しては，*Homo aequalis*, p. 53を参照：「ライプニッツの形而上学は，距離はあるが驚くほど類似しているものと見られている」（強調は筆者――アラン・ルノー）．

79. *Monadologie*, §57.〔河野与一訳『単子論』岩波文庫〕そのようなテーマについては，本書の第二部の最初の部分で再び言及することにする．

80. *Réponse à Eberhard* (trad. par R. Kempf, Vrin, 2e éd., 1973, p. 107)〔『純粋理性批判無用論』（エーベルハルト論駁論文）〕の末尾のページは，その点に関して，戦略的巧妙さの典型である．すなわち，カントがそこにおいて，自然と自由との一致（〈理性〉によって要求される）についての自分自身のテーゼを，「ライプニッツの真の見解」として提示しているのは，明らかに，カントが予定調和の理論の真理を，その理論が反省の原理へと変化する点に見出している，という意味においてである．

81. 私は，差し当たり，現代的（ヘーゲル以後の）個人主義がいかなるものであるかについては，全面的に判断を留保する．

82. Le §109 du *Gai Savoir* (《Gardons-nous》)〔信太正三訳『悦ばしき知識』，ニーチェ全集8，理想社，171頁，第109節（「われわれは用心しよう」)〕は，ありうべき弁神論すべてについての一貫した批判となっている．すなわち，世界を生命体と考えても，機械と考えてもいけないし，世界は秩序も，法則も，美しさも，目的も，意味ももっていないが，「神格化から脱する」や否や，「永遠のカオス」として現れる．

83. その点に関して，M. Villey, *La Formation de la pensée juridique moderne*, Montchrétien, 4e éd., 1975, p. 199 sqq.〔『近代法思想の成立』〕の非常に優れた分析を読んでいただきたい．とりわけ，「個体だけが存在する」とする，反アリストテレス主義的な，何よりも，反トマス主義的なテーゼに関し

ては，p. 206 sqq. を参照．

84．この必要条件は，オッカムにおいて満たされているが，だからといって，デュモンが信じているように，オッカムに，「近代精神の先駆者」や「個人主義の劇的な侵入」の推進者を見てはならない（*Essais,* pp. 71-74〔『個人主義論考』，99-100頁〕）．

85．私はとりわけ，形相による個体化の理論に関して，ドゥンス・スコトゥスの貢献を思い浮かべる．G. Rodis-Lewis, *L'Individualité selon Descartes,* Vrin, 1950, p. 27 sqq.〔『デカルトによる個体性』〕を参照．

86．ジュヌヴィエーヴ・ロディス＝レヴィスの卓越した著作は，そのこと〔デカルト的契機の曖昧さ〕に関して完全な理解を授けてくれる．私としてはもう一つどうしても言っておきたいのだが，私の関心をその点に向かわせたのは，ここでは全面的に，Fr. de Buzon と，彼の優れた講演 *L'Individu et le sujet* (Cerisy, juillet 1986)〔『個体と主体』〕のおかげである（*Penser le sujet aujourd'hui,* Méridiens-Klincksieck, 1988〔『今日，主体を考える』〕を参照）．私は以下の数ページにおいて，彼の分析の最も重要な部分を取り上げるが，その際，私自身としては，そこから引き出されたと思われる結論についての責任しか負わないつもりである．

87．Fr. de Buzon, *loc. cit.*

88．Descartes, *Œuvres,* éd. par F. Alquié, Garnier, III, p. 693.

89．É. Gilson, *L'Esprit de la philosophie médiévale,* 2e éd., Vrin, 1944, p. 205 sqq.〔『中世哲学の精神』〕を参照．同様に，G. Rodis-Lewis, *op. cit.,* p. 14 sqq. も参照．ジュヌヴィエーヴ・ロディス＝レヴィスはさらに，その点に関して，アリストテレスのテクストがいかにより曖昧であったかを思い出させてくれる（pp. 12-14）．

90．G. Rodis-Lewis, *op. cit.,* p. 68.

91．*Œuvres,* éd. F. Alquié, III, p. 545 sqq.（1645 ou 1646?）（A. T., IV, p. 346）．

92．G. Rodis-Lewis, *op. cit.,* p. 67 sqq. を参照：「人間的個体」．

93．Descartes, A. T., pp. 374-375, 168-169.

94．Fr. de Buzon, *loc. cit.*

95．21 avril 1641, A. T., III, pp. 354-355（G. Rodis-Lewis, *op. cit.,* p. 83を参照）．

96．聖トマスにとって，「とりわけ同一的なものである魂は，まさに受肉によって個体化される」ということを思い起こさせることによって，ジュヌヴィエーヴ・ロディス＝レヴィスは，スコラ学派が困難な問題に身をさらしていた（p. 18 sqq.），ということ，また，そのような困難な問題のゆえに，17世紀初頭のスコラ学者のうちの誰ひとりとして，もはやトマスの質料による解決策のすべてを受け入れる者はいなかった（p. 34），ということを説明している．ス

アレスに関しては，p. 31 sqq. を参照．

97．Fr. de Buzon, *loc. cit.*

98．例えば，Schelling, *Contribution à l'histoire de la philosophie moderne,* trad. par. J.-F. Marquet, P. U. F., 1983, p. 24.〔『近世哲学史』〕を参照．

99．G. Rodis-Lewis, *op. cit.,* p. 98に引用されている．

100．M. de Biran, *Œuvres choisies,* éd. par H. Gouhier, Aubier, 1942, p. 143. ハイデガーは第二の解釈の論理に同意しているように見える．ハイデガーは，『講演と論文』（trad. Gallimard, 1958, p. 99）において，次のように書いている，すなわち，「デカルトが何よりもまず自分自身の〈自我〉ならびに，個人的人格（有限実体としてのレス・コギタンス〔考えるもの〕）の〈自我〉のことを考え，他方，カントは，実は，〈意識一般〉のことを考えている，ということは明らかである」，と．

## 第2部

### 第1章

1．*Theoria motus abstracti*〔「抽象的運動論」〕と *Theoria motus concreti*〔「具体的運動論」〕は，1670年に，*Hypothesis physica nova*〔『新物理学仮説』〕となる．

2．Heidegger, *Schelling,* trad. citée, pp. 160-161〔木田元・迫田健一訳『シェリング講義』新書館，207，208頁〕：「観念論とは，存在の本質を〈イデア〉と見なす解釈，つまり存在者が一般に表象されていることと見なす解釈のことである．［……］ライプニッツのもとでこんな考えが現れてくる，すなわち，……存在しているかぎりでの存在者はすべて，最も下等な生物の朦朧とした状態から，神的な〈自我〉そのものとその表象作用の絶対的に澄明な状態に至るまで，実にさまざまな段階と程度における表象作用である．したがって，表象作用，すなわちイデアこそが，今やあらゆる存在者そのものの本質的構成分になる，という考えである．」

3．Hegel, *Leçons sur l'histoire de la philosophie,* trad. par P. Garniron, t. VI : *La philosophie moderne,* Vrin, 1985, pp. 1606-1607.〔藤田健治訳『哲学史』（下巻の二）岩波書店，「近世哲学」〕

4．Ch. Renouvier, *Manuel de philosophie moderne,* éd. Paulin, 1842, p. 420.〔『近代哲学要覧』〕

5．Ch. Renouvier et L. Prat, *La Nouvelle Monadologie,* Colin, 1899, p. 5.〔『新モナドロジー』〕

6．Hegel, *loc. cit.,* p. 1384.

7．ジュヌヴィエーヴ・ロディス＝レヴィスの著作，*L'Individualité selon Descartes,* p. 74 sqq.〔『デカルトによる個体性』〕のなかに，デカルトによる精神と身体との関係論についての粗描が見出されるであろう．デカルトの理論は，

個体の統一性について手ごわい問題を提起している.

8.〈予定調和〉を援用することになったのは，言葉の厳密な意味で，身体自身ないしは精神自身との内的な関係を考察するためでもある，ということをもちろん明らかにしなければならない．そのことは，モナドロジー的観念を構成している第二のテーゼ，すなわち，実体の細分化に言及することによって，容易に理解されるであろう.

9．この点に関して，例えば，デカルトに抗して，〔ライプニッツの〕小冊子，*De la Réforme de la philosophie première et de la notion de substance* (1694), in *Opuscules philosophiques choisis,* trad. par P. Schrecker, Vrin, 1969, p. 81, sq.〔「第一哲学および実体概念の改革について」，『哲学小冊子選集』に所収〕を見よ：「力の観念は［……］真の実体の観念の理解に大いに助けとなる［……］そのような作用の力は，あらゆる実体に固有のものであり，常になにがしかの作用を生み出す，……したがって，身体としての実体もまた――そのうえ，精神的実体と同様に――，決して作用を及ぼすことをやめない.」

10．厳密な意味において，「精神」とは，ライプニッツにおいて，現実的なものが還元される先であるエネルギーの中心（ライプニッツがモナドと呼んでいるもの）のなかでも，反省が備わっているエネルギーの中心を指し示している，ということが理解されるであろう．こうして，『モナドロジー』の第19節において，ライプニッツは，現実的なものを構成している力を，三段階に区別している．まず，最も一般的なモナド（物理的力，植物）は内的状態の継起を経験するだけであり，またその状態を変える力をもっている．そのうえに精神の領域が現れる．動物の精神には記憶が備わっている．さらに反省によって(動物のように単なる観念連合によってではなく）考えることができる精神だけが，言葉の狭い（伝統的な）意味での「精神」の名に値する．それでもやはり，モナドはすべて，言葉の広い（新しい）意味での精神である，ということに変わりはない．というのも，物質がそれ自体では存在していないがゆえに，実在が非物質的力によって作られるからである．そのようなパースペクティヴに関して，『モナドロジー』の有名な断章（66-67節）を参照：「物質の最も小さな部分にも被造物，生物，動物，エンテレケイア，精神がたくさん含まれている．物質のどの部分も，草木の生い茂った庭や，魚のいっぱい泳いでいる池のようなものだと考えることができる……」．同じ意味において，『人間知性新論』(第3部，第6章，第12節）が，連続律のうえに，「物体と精神とのあいだの類比」の観念を基礎づけていることを見よ．そのような類比は，「私たちからはじめて，最も低い事物に至るまで，それはとても小さな程度によって，そして事物の連続的系列によって生じる降下なのである．そしてその系列は，各々の隔たりについては互いに本当に少ししか異なっていない」：「いたるところで種がつながり合っていて，ほとんど感知できない程度にしか異ならない.」

〔米山優訳『人間知性新論』みすず書房，295-296頁〕

11．このテクストについてのもっと正確な研究については，J．キエ（J. Quillet）によって解説と注釈が施された，有用な翻訳を見よ，《Études philosophiques》, janvier-mars 1979, pp. 79-105 : *Disputation métaphysique sur le principe d'individuation de G. W. Leibniz.*〔「ゴットフリート・ヴィルヘルム・フォン・ライプニッツの個体性の原理についての形而上学的研究」『哲学研究』1979年1-3月，79-105頁に所収〕

12．Cf. saint Thomas, *De ente et essentia,* trad. par C. Capelle, Vrin, 3e éd., 1965, p. 76.〔『存在者と本質』——高桑純夫訳『聖トマス形而上学叙説』岩波書店，59頁〕

13．*Ibid.,* p. 24〔同書，19頁〕：「個体化の原理であるものは，どんな意味においても理解される質料ではなく，特定された質料のみである．そして私は，限定された次元の下に考えられる質料を，特定的質料と呼ぶ」．「特定されざる質料」は，無差別的な第一質料であり，「特定的質料」は，「この質料」，いわば指でもって指し示されうる感覚的質料の一部である．

14．この問題は *De ente et essentia,* trad. citée, p. 50 sqq.〔同書，38頁〕において，扱われている．

15．Cf. É. Gilson, *La Philosophie au Moyen Âge,* Vrin, 1962, pp. 536-537〔『中世哲学』〕：すべての天使は，「個体というよりは種であり，それだけで，物体に通じている下りの梯子に還元されない一段階を形成しているものである」．

16．J. Quillet, *loc. cit.,* p. 83〔「ゴットフリート・ヴィルヘルム・フォン・ライプニッツの個体性の原理についての形而上学的研究」〕は，質料による個体化の原理に対する，トマス主義的例外についてのアリストテレスにおける先例（天体を動かす非質料的実体に関しての）を説明している．

17．そのテーマの粗描はまさに，J. Quillet, *loc. cit.,* pp. 84-85によって強調されている．

18．J. Quillet, *loc. cit.,* p. 80.

19．*Ibid.,* p. 84：「個体的実体についてのライプニッツの定義には，ほとんど変化はなかった」，たとえ，1663年にはまだ，モナドとしての個体性というもっぱら数学的な規定をそっくりそのまま構築することが問題であったとはいえ（J. キエが明らかにしているところによれば，当時，ライプニッツは，個体性を，自然学の仕方で，すなわち形而上学的問題としてではなく，現実的存在性として，理解していた）．

20．『モナドロジー』の体系において，もし差異が存在しなければならないとしたなら，それは質的なものでしかありえない，ということが苦もなく理解される．というのも，もし早くも第1節で明らかにされているように，モナドが単一なものであるならば，それは量として，諸部分が配置される仕方によっ

て，互いに他から区別されることはありえないからである．

21. P. F. Strawson, *Les Individus,* trad. par A. Shalom et P. Drong, Éd. du Seuil, 1973, p. 132 sqq.〔中村秀吉訳『個体と主語』みすず書房，142頁以下〕

22. モナドロジー的観念を構成している第一のテーゼ〔現実的なものの精神化〕のことを考えるなら，われわれは，事物は空間の同じ場所に存在していないという関係で，事物間に差異を再び導入するかぎり，エレア派の哲学から逃れることさえできないであろう．すなわち，われわれは，もはや空間を現実的なものと見なしてはいけないがゆえに，空間を差異化しても，同一性を解消することにはならない．

23. これは，再帰的ないしは「遂行的」なタイプの矛盾である．その意味は，発話（ここでは，変化は存在しないであろう，という発話）の主体は，その発話内容を自分自身に押し当てることはできない（というのも，思惟内容の継起なしに思惟作用は存在しないから），ということである．

24 『純粋理性批判』の〈注〉である，「反省概念の二義性に対する注」(trad. Tremesaygues-Pacaud, P. U. F., p. 237 sqq.〔篠田英雄訳『純粋理性批判』（上）岩波文庫，346頁以下〕）におけるカントをはじめとして．カントは，まったく演繹的で論理的なライプニッツの方法のなかに，独断論の典型を見る．この場合，独断論というのは，純粋な論理的原理にもとづいて，体系の全体を演繹しようとしている，という意味である．その際，演繹されたものが，「表現という混乱した仕方」としてあらかじめ価値を低く見積もられた経験に対応しているか否かについては，追求されていない．それゆえ，結局，思弁哲学のスタイルを，ライプニッツは発明したのであり，またそのスタイルを，ライプニッツはドイツ観念論に伝えることとなった．

25. 以下の指摘は，ジャック・リヴレーグ（J. Rivelaygue）が数年前に彼のある研究会のなかで示した，『モナドロジー』についての明快な注解から借りてこられている．以下の指摘が，テクスト〔『モナドロジー』〕の読解に関して，どの程度リヴレーグに負っているかは，言いようがない．私（私と共にリュック・フェリーも）は，『モナドロジー』についてのリヴレーグの注解を〔われわれの編集により〕刊行することによって，どの程度リヴレーグに負っているのかについて近く証言できる見込みである．〔それは本書が出版された翌年に刊行された．the first volume of our edition of his collected papers, *J. Rivelaygue : Leçon de la métaphysique allemande*（Paris : Grasset, 1990）〕．

26. J. Rivelaygue, *loc. cit.*

27. P. F. Strawson, *Les Individus,* p. 135.〔中村秀吉訳『個体と主語』みすず書房，147頁〕

28. それゆえ，ルネ・セーヴ（R. Sève）に抗して（*La Philosophie du droit de Leibniz,* Thèse inédite pour le Doctorat d'État en droit, et *Les Fins et les*

*règles, Leibniz et l'École moderne du droit naturel,* à paraître, P. U. F.〔法学の国家博士号のための未刊の論文「ライプニッツの法哲学」および，フランス大学出版局から近刊予定の『目的と規則，ライプニッツと自然法の近代学派』〕），私は，本物の法哲学に対するライプニッツの貢献を大いに相対化しなければならないのではないかと恐れる．

29．『実践理性批判』の言い回しが知られている．「一度ゼンマイが巻かれると自動的に運動する回転串焼器の自由」〔宇都宮芳明『訳注・カント『実践理性批判』』以文社，246頁，波多野精一・宮本和吉訳『実践理性批判』岩波文庫，140頁〕．

30．*Système nouveau de la nature et de la communication des substances* (1695), §16 (Leibniz, *Opera philosophica omnia,* Erdmann, p. 128)〔「実体の本性及び実体の交通並びに精神物体間に存する結合に就いての新説」，河野与一訳『単子論』岩波文庫，81-82頁に所収〕．個体主義の台頭をとりわけはっきりと示すいくつかの表現を強調したのは，もちろん筆者〔アラン・ルノー〕である．

31．マンデヴィルは，1705年に，*La Ruche murmurante, ou les fripons devenus honnêtes gens*〔『ブンブンうなる蜂の巣――悪者が正直者になる話』〕と題された400行の詩を発表しただけである．注記の形で，膨大な注釈をそれに付け加えることによって，*La Fable des abeilles, ou Vices privés, bénéfices publics*〔上田辰之助訳『蜂の寓話――私人の悪徳・公共の利得』新紀元社，泉谷治訳『蜂の寓話――私悪すなわち公益』法政大学出版局〕という題で全体を発表したのは，1714年のことである．1723年版と1729年版には，さらに論考が付け加えられている．

32．その点に関して，P. Carrive の印象深い著作，*La Philosophie des passions chez Bernard Mandeville,* Publications de l'Université de Lille-III, et *Bernard Mandeville――Passions, Vices, Vertus,* Vrin, 1980〔『ベルナール・マンデヴィルにおける情念の哲学』，『ベルナール・マンデヴィル――情念，悪徳，美徳』〕を参照されたい．

33．アダム・スミスはそれを1776年に，『国富論』において明確に表現した．

34．*La Fable des abeilles,* traduit de l'anglais sur la 6e édition, Londres, 1740, I, pp. 10-11.〔泉谷治訳『蜂の寓話――私悪すなわち公益』法政大学出版局，20-21頁〕

35．*Ibid.,* pp. 14-24.〔同書，22-33頁〕

36．*Homo aequalis,* p. 98.

37．*La Fable des abeilles,* éd. citée, p. 178.

38．*Ibid.,* p. 11.〔泉谷治訳『蜂の寓話――私悪すなわち公益』法政大学出版局，20頁〕

39．*Ibid.,* p. 242.

40. L. Dumont, *Homo aequalis,* p. 92：情念は，「その見かけ上の不一致」にもかかわらず，「公共の福祉のために互いに調和している」ということを表明するとき，マンデヴィルの「個人主義的哲学」は，「個人の解放への前進の第一歩を表現している」．

41. 私としては，ここでは，「見えざる手」の理論の形成によって提起され，その理論と『道徳感情論』との関係（首尾一貫したものであろうとなかろうと）によって提起された微妙な問題は，脇に置いておくこととする．『道徳感情論』は，1759年に，社会関係を利己的利益のうえに根拠づけた，というよりも，解釈者によってしばしば「善意」と混同される「共感」のうえに根拠づけたように見える．その問題については，以下の貴重な説明を参照．J.-P. Dupuy, *De l'émancipation de l'individu, Retour sur《Das Adam Smith Problem》,* in *L'Individu,* Colloque de Royaumont des 22-23-24 octobre 1985, et *L'Individu libéral, cet inconnu : d'Adam Smith à Friedrich Hayek,* C. R. E. A., École polytechnique.〔「個人の解放について，アダム・スミス問題の回顧」――1985年10月22，23，24日にロワイヨモンで，「個人」というテーマで開催された討論会で読み上げられた原稿，「自由主義的個人，未知の人――アダム・スミスからフリードリヒ・ハイエクへ」――パリの理工科学校の応用認識論研究センターの論文〕．ジャン＝ピエール・デュピュイは，ルイ・デュモンのテーゼを詳細に論じることによって，スミスのモデルが，「明らかに理性の狡智の構造をもっている」ということと，「ライプニッツ哲学の形態を描き出している」ということを，指摘している．

42. 私はこの表現を，次のものから借りてきている，M. Frank, *L'Ultime Raison du sujet,* trad. par V. Zanetti, Actes Sud, 1988, pp. 9-14.〔『主体の最後の理性』〕同様に，次のものも参照，*Was ist Neostrukturalismus?,* Francfort, 1983；〔『新構造主義とは何か』〕et *Subjekt, Person, Individuum,* in *Tod des Subjekts ?,* coll.（éd. par H. Nagl et H. Vetter), Wiener Reihe, Oldenbourg, 1987〔「主体，人格，個人」，『主体の死』に所収〕．

43. *L'Ultime Raison du sujet,* p. 81.

44. *Ibid.,* p. 24.

45. *Ibid.,* p. 89.

46. *Ibid.,* p. 81（スコラ哲学，聖トマス，ニコラウス・クザーヌス）．

47. *Ibid.,* p. 90.

## 第2章

1．Hume, *Abrégé du Traité de la nature humaine,* trad. par D. Deleule, Aubier, 1971, p. 41.〔『人性論摘要』〕

2．*Critique de la Raison pure,* trad. citée, pp. 569-571.〔篠田英雄訳『純粋理性批判』（下），岩波文庫，143頁〕

3．Fichte, *Nachgelassene Schriften,* II, p. 248.〔『遺稿集』〕この断章は，A. Philonenko, *La Liberté humaine dans la philosophie de Fichte,* Vrin, 1966, p. 29〔『フィヒテ哲学における人間の自由』〕に引用されている．

4．Fichte, *loc. cit.*

5．*Œuvres choisies de Berkeley,* trad. par A. Leroy, t. I, p. 68（*Cahier de notes,* n° 23）．〔『バークリー選集』〕

6．Cf. M. Guéroult, *Berkeley, Quatre études sur la perception et sur Dieu,* Aubier, 1956, p. 23 sqq.〔『バークリー，知覚と神についての四つの研究』〕

7．ハイデガーは，その観念論の意味を，*Schelling*（trad. citée, p. 160）〔木田元・迫田健一訳『シェリング講義』新書館，207頁〕において論じている：「デカルトにとって観念とはまさに表象と同じものを意味している［……］ところで，表象作用はすべて，『私は表象する』，『私は思う』ということであり，また，〈自我〉の様態，すなわち〈自我〉の状態はすべて，感覚能力の状態でさえも，広義の表象であり，思考である［……］『私は思う』としての思考作用，つまり思考作用＝観念が，存在を決定する法廷となる．したがって，思考作用にもとづいて，存在がその本質において規定される，とする教説はすべて，観念論である．」

8．マルシアル・ゲルーは（*op. cit.,* p. 25 sqq.），デカルト，ロック，マルブランシュに対する三つの準拠の役割を首尾よく書き留めている．私は三つの準拠をここではかなり違った関係づけによって提示する．その際，それらが，デカルトによって開始された伝統（存在の思想の枠組みのなかで，主体の優位が強調されている伝統）のなかで中心的な地位を占めている，という点が強調されなければならないように，私には思える．

9．ここでは，F. Alquié, *Le Cartésianisme de Malebranche,* Vrin, 1974, p. 194 sqq.〔『マルブランシュのデカルト主義』〕を参照．すなわち，「神において見るということと，生得説に対する批判」．とりわけ，p. 196を参照：「ところで，神が各人の精神のなかにかくも多くの観念を生み出した，ということは本当だろうか，とマルブランシュは自問する．確かに，それはありえないことではない．神は，われわれひとりひとりに無数の観念を生み出すことができるほどの力をもっている．だが，神ははるかにもっと簡単に同じ結果を出せた．そこから，神はそうしたのである，しかも手段の簡素化の原理の名の下に，という結論を下すことができる．すなわち，簡単にできることを複雑な仕方で行うなら，神は，一種の節約や美学の要求に背くことになる．それぞれの精神のうちに，無数の観念を生み出す代わりに，すべての精神に，神のうちにある観念を見出すだけで，神にとっては十分である．」

10．この点について，ジョゼフ・モロー（Joseph Moreau）は，ドゥルトゥース・ド・マリアン（J.-J. Dourtous de Marian）とマルブランシュとの往復書簡を出版した際に（Vrin, 1947, p. 98），大いに強調した．同様に，アルキエ，

前掲書（p. 410）も参照．

11．周知のように，マルブランシュは，理性にとって天地創造がもたらした物議を強調している．というのも，天地創造は，不完全な世界を創造することであるので，神の完全性とは相容れないように見えるからである．「〈世界〉は神にふさわしくない．……したがって，神は世界を産み出そうと目論むことができない」（*Œuvres,* V, 11）．もっと過激には，どうして「神はわれわれが存在することを欲することなどあろうか，神は少しもわれわれを必要としていないのに．どうして，何も欠けるところがない〈存在〉，十分に自己充足している〈存在〉が，何ものかを欲することなどあろうか」（*Œuvres,* XII, 200）．

12．不眠の経験については，レヴィナスの見事な一節を参照していただくしかない（*De l'existence à l'existant,* Fontaine, 1947, p. 109 sqq.〔西谷修訳『実存から実存者へ』講談社学術文庫，131頁以下〕）．その箇所において，「私たちの目を閉じさせない不眠の警戒には主体がない」ということが，とても適切に記述されている．「存在の宿命によって運び去られた」不眠の〈自我〉がこのようにして消散することを経験したことがない人は，主観性の解消が何を意味しているかを理解することができない．不眠についてのレヴィナスの分析の哲学的意味については，本書の第3部第1章のなかの節〔「〈エロス〉の現象学の断章」〕を参照されたい．

13．*Cahier de notes,* n° 427a, 808.

14．バークリーは，たぶん，対象自体を表象の原因として仮定する認識論が不合理であることに，最初に気づいた人であろう．というのも，もし対象自体を仮定しているのがわれわれであるならば，対象は決して自体的にあるのではなく，すでにわれわれにとっての対象となっているのであり，したがって，表象の領野に入ってしまっているのである以上，どうして，何ものかが「自体的なもの」として仮定されるべきか．自体的なものの次元を否定し，したがって，存在を表象に還元することによって，バークリーは近代哲学を大きく前進させた．そのような前進がなければ，とりわけ客観性の問題（主体を脱することなしに解決されなければならない問題としての）に対する批判的立場は，不可能であったであろう．それゆえ，カントは，「超越論的感性論に対する一般的注」の最後で，「卓越したバークリー」に敬意を表していることは当然であった，——だからといって，経験主義的観念論（物質の存在を否定する「独断論的観念論」）に対する，『純粋理性批判』のなかでの容赦のない議論を，損なうことはなかった．批判主義の成立過程において，バークリーが自体的なものを否定したことの重要性は，その一方で，カントがいずれにせよ，「物自体」と呼んでいるものになぜ優位を与えたのか，という問題を提起することになるであろう．ここでは，その問題を扱うつもりはない．それでも，『純粋理性批判』が一貫性のなさをもてあそんでいないかぎり，「物自体」という観念を，「卓越したバークリー」の疑う余地のない貢献と両立しうる意味において使用した，と

いう点で，『純粋理性批判』を信用しなければならない．

15. Cf. *Siris* (1744), trad. par P. Dubois, Vrin, 1971, notamment §251 sqq.

16. その問題に対する取り組み方については，ジュヌヴィエーヴ・ブリクマン（Geneviève Brykman）の好著，*Philosophie et apologétique chez Berkeley,* Vrin, 1986〔『バークリーの哲学と護教論』〕を参照されたい．

17. *Principes,* §27〔大槻春彦訳『人知原理論』岩波文庫，63頁〕:「精神は一つの単純で分割されない能動的な存在者である――精神が観念を知覚するとき，精神は知性と呼ばれ，観念を産み，あるいはそのほか観念に作用するとき，意志と呼ばれる」．§28〔64頁〕:「私は，自分の心のうちにいろいろな観念を勝手に喚起でき，私が適当と思うだけいくたびでも〔心の〕情景を模様替えできる．意志することだけあれば，あれこれの観念はたちまち想像のなかに起こる……」．

18. ドイツ観念論において，能動性の制限（減じられた能動性）としての能動性の規定が復活していることに関しては，Cassirer, *Les Systèmes post-kantiens,* trad. par le《Collège de Philosophie》, P. U. L.〔Lille〕, 1983, p. 67 sqq. (Maimon)〔カッシーラー『カント以後の体系』における，カッシーラーによるマイモンについての解説〕を参照．

19. *Principes,* §26〔大槻春彦訳『人知原理論』，岩波文庫，63頁〕．とりわけ *Principes,* §29〔64-65頁〕:「私がどれほど自分自身の思惟については力能をもっているにせよ，私は見出すが，感官によって現実に知覚される観念は，私の意志に同じように依存してはいない．真昼に目を開けば，見るか見ないかの選択や視界に現れる特定対象の決定は，私の力能のうちにない．聴覚その他の感官についても同様で，これらの感官に印銘される観念は私の意志の創造物でない．それゆえ，そのような観念を産むある他の意志ないし精神があるのである．」

20. フィヒテの解決法についての詳細な研究に関しては，拙著 *Système du droit,* P. U. F., 1986〔『法の体系』〕を参照．

21. 1794年（*Œuvres choisies de philosophie première,* trad. par A. Philonenko, Vrin, p. 36〔『第一哲学選集（知識学の概念について）』〕），フィヒテは批判主義を，内在の哲学として見事に規定し，したがってバークリーの異論の余地のない貢献を認めている:「批判主義の体系において，物は〈自我〉において想定されるものであり，独断論の体系において，〈自我〉自身は物において想定されるものである．したがって，批判主義は内在的である，というのも，批判主義はすべてを〈自我〉において想定するからである．独断論は，〈自我〉を乗り越えているがゆえに，超越的である．」

22. Fichte, *Nachgelassene Schriften,* II, p. 248.〔『遺稿集』〕

23. フィヒテの時代以来行われてきたバークリーとの比較に関しては，A. Philonenko, *La Liberté humaine dans la philosophie de Fichte,* p. 78, n. 7

〔『フィヒテ哲学における人間の自由』〕を参照.

24. アレクシス・フィロネンコは，ライプニッツのモナドロジーが，フィヒテによって実践哲学の領域に移し替えられたことに注目した，最初の人である．その移し替えは，しかしながら，それが「自由」がもつモナド的性格を破壊するものである，ということが強調されるときにしか，十分に理解されえない．

25. *Nachgelassene Schriften,* II, p. 247.

26. リュック・フェリーは，『政治哲学』第1巻・2巻において，その点に関してアレクシス・フィロネンコによって提出された読解を擁護するための論拠を系統立てて示している．

27. フィヒテによって法の哲学が驚くべき前進を遂げたことに関しては，フランス哲学会での私の研究報告を参照：《De la philosophie comme philosophie du droit》, *Bulletin de la Société française de philosophie,* juillet-septembre 1986.〔「法の哲学としての哲学」『フランス哲学会会報』に所収〕

28. Fichte, *Fondement du droit naturel,* trad. par A. Renaut, P. U. F., p. 54.〔『自然法の基礎』〕

29. *Ibid.,* p. 62. 同じ意味において，「1795年8月29日付けのラインホールト宛の手紙」を参照：「少なくともふたりの個人が存在しないかぎり，個人は存在しない」. *O. C. P. P.,* p. 83〔『第一哲学選集（知識学の概念について）』〕：「汝が存在しなければ私も存在せず，私が存在しなければ，汝も存在しない」. *Conférences sur la destination du savant,* trad., J.-L. Vieillard-Baron, Vrin, p. 48〔『学者の使命について』〕：「人間は社会において生きるように運命づけられている．人間は社会において生きる義務を負っている．人間は，全面的な，完成した人間ではない．したがって，人間がもし孤立して生きるならば，人間は自分自身に矛盾する」. *Conférences sur l'essence du savant*（*Über das Wesen des Gelehrten,* 1805, *S. W.,* VI, p. 362)〔『学者の本質について』〕：「人類だけが存在する」．明らかに，相互主観性の演繹全体（『自然法の基礎』第1巻）によって，相互に制限し合う自由どうしの法的関係に関する考察が，客観性の問題についての批判的解決法を提出する，ということが明らかになる (A. Renaut, *Système du droit,* pp. 162-189〔『法の体系』〕を参照).

30. *Principes de la connaissance humaine,* §30-33.〔大槻春彦訳，前掲書，65-66頁〕

31. とりわけ *Siris,* §254〔『サイリス』第254節〕を参照：「感官を打ち，精神によって理解される自然現象は，見事な光景を形作るばかりか，とても首尾一貫した，とても興味深い，とても示唆に富んだ〈言説〉を形作りもする」.「意味と意味されるものとのあいだに存在する自然的関係」は，とても「規則的で，一定しているので」，その関係に，一種の「理性的言説」，すなわち「叡智的原因の直接的結果」を見なければならない．

32. そのような言語学的パラダイムの詳細な検討については，すでに言及し

ている，G. Brykman〔ジュヌヴィエーヴ・ブリクマン〕の研究を参照されたい．

33．Hume, *Traité de la nature humaine,* trad. par A. Leroy, Aubier, Ⅰ, p. 59〔大槻春彦訳『人性論』(一)，岩波文庫，22頁〕:「重要な問題で，その解決法が人間の学のなかに包含されていないようなものは一つとしてなく，われわれがこの学に通暁する前にいささかなりとも確たる解決法を与えうる問題は何一つないのである．ゆえにわれわれは，人間本性の諸原理を解明しようとするとき，とどのつまりは，諸学問の完全な体系を目指しているのであり，それら諸学問は，まったく新しいと言ってよい基礎のうえに築かれ，しかもそのような基礎のうえにのみ諸学問が堅固なものとして確立されうる．」

34．*Traité,* p. 111.〔大槻春彦訳『人性論』(一)，岩波文庫，84頁〕

35．この言い回しは，M. Malherbe, *La Philosophie empiriste de David Hume,* Vrin, 1976, pp. 51-52〔『デイヴィド・ヒュームの経験主義哲学』〕のなかにある．

36．周知のように，この問題は，カントにおいて，1772年以降，「マルクス・ヘルツ宛の手紙」において現れることになる．そこにおいて，「われわれにおいて表象と呼ばれているものと対象との関係は，いかなる根拠のうえに立っているのか」(trad. par J. Rivelaygue, *Œuvres philosophiques de Kant,* Bibl. de la Pléiade, Ⅰ, p. 691) という問いが立てられる．

37．G. Deleuze, *Empirisme et subjectivité. Essai sur la nature humaine selon Hume,* P. U. F., 1953, chap. Ⅰ er.〔木田元・財津理訳『ヒュームあるいは人間的自然——経験論と主体性』朝日出版社，1980年，第Ⅰ章〕

38．*Ibid.,* p. 2.〔同書，11頁〕

39．M. Malherbe, *La Philosophie empiriste de David Hume,* p. 63.

40．Y. Michaud, *Hume et la fin de la philosophie,* pp. 257, 259.〔『ヒュームと哲学の終焉』〕

41．印象の「原子論」については，M. Malherbe, *op. cit.,* p. 91; G. Deleuze, *op. cit.,* p. 9〔木田元・財津理訳，前掲書，23頁〕(「精神はそれ自身では諸原子の集合体である」) を参照．

42．M. Malherbe, *op. cit.,* p. 91.

43．*Traité de la nature humaine,* trad. citée., pp. 66-68.〔大槻春彦訳『人性論』(一)，岩波文庫，28頁〕

44．*Ibid.,* p. 343.〔大槻春彦訳『人性論』(二)，岩波文庫，102頁〕

45．*Ibid.,* p. 70.〔大槻春彦訳『人性論』(一)，岩波文庫，33頁〕ヒュームが差異の原理を正当化するときの論拠は，文字通りライプニッツ的であり，また，明白に連続律を活用している:「これを否定すれば，色調を少しずつ連続的に変えることによって〔色調の〕色彩を気づかぬうちに最も隔たったものとすることができ，しかも，中間色調の相違を少しも許容しないとすれば，不合

理に陥らぬかぎりは両端の色調が同じであることを否定できないからである」. 要するに，ヒュームがすぐに明確にするように，同じ色彩の色調どうしにはいささかも「空白」は存在しえない.

46. *Ibid.,* p. 343.〔大槻春彦訳『人性論』(二)，岩波文庫，102頁〕

47. M. Malherbe, *op. cit.,* p. 93.

48. 経験主義によるモナドロジーの転用はまた，重要な変更を含む，ということはまったく明らかである．モナドが印象である以上，モナドは，例えばライプニッツの場合と同様に，「生も死もない」ということはありえない．モナドの直接性と単純性は，確かに，モナドを変質不可能なもの，また持続を欠いたものと見なすことを可能にするが，しかしながら，「思いも及ばない速さで次々に」継起し，「絶えざる流転と運動」(p. 344〔大槻春彦訳『人性論』(二)，岩波文庫，103頁〕) において理解されているモナドは，もちろん滅びうる.

49. M. Malherbe, *op. cit.,* p. 92. 体験された知覚のすべては，全体を把握しており，また，もはやいかなる経験にも該当しない単純な所与に，常に－すでにもとづいている連合から結果する．すでに言及しておいた，太陽のまばゆい光によって生み出された単純印象の例は，明らかに比喩的である，――体験された光の印象には，常に，多様な単純要素を結びつけている多様な含意（熱さ，苦しさ，あるいは反対に，喜び，等々）がともなわれている.

50. M. Malherbe, *op. cit.,* p. 96：「複雑なものの現実性はすべて単純要素のなかに含まれているがゆえに［……］，原子的差異は常に現実的であり，それは精神の現実的現前でさえある.」

51. *Traité de la nature humaine,* p. 343.〔大槻春彦訳『人性論』(二)，岩波文庫，102頁〕

52. *Traité de la nature humaine,* t. II, Appendice, p. 760.〔同書，149頁〕〈自我〉の発生に関しては，M. Malherbe, *op. cit.,* p. 103 sqq., p. 159 sqq. の卓越した分析を参照されたい．とりわけ，次のすばらしい言い回しを挙げておこう：「対自は偶有性である」(p. 105).

53. *Traité,* I, p. 344.〔大槻春彦訳『人性論』(二)，岩波文庫，103頁〕

54. *Enquête sur l'entendement humain,* trad. Leroy, p. 101. Deleuze, *Empirisme et subjectivité,* p. 6〔木田元・財津理訳『ヒュームあるいは人間的自然――経験論と主体性』朝日出版社，1980年，249頁〕に引用されている.

55. Deleuze, *op. cit.,* p. 8.〔同書，22頁〕印象に関する原子論については，pp. 9-10〔同書，23-24頁〕，98-99〔160-161頁〕をも参照.

56. *Ibid.,* p. 137.〔同書，220頁〕

57. *Ibid.,* p. 150.〔同書，245頁〕

58. *L'Anti-Œdipe,* Éd. de Minuit, 1972, chap. I er〔市倉宏祐訳『アンチ・オイディプス――資本主義と分裂症』河出書房新社，1986年，30，34，56頁〕

第3章

1．とりわけ，K. Löwith, *De Hegel à Nietzsche,* Gallimard, 1969〔柴田治三郎訳『ヘーゲルからニーチェへ』岩波書店〕を参照．ニーチェ研究の面では，例えば，J. Granier, *Le Problème de la vérité dans la philosophie de Nietzsche,* Ed. du Seuil, 1966, p. 43 sqq.〔『ニーチェ哲学における真理の問題』〕および，G. Morel, *Nietzsche, Introduction à une première lecture,* Aubier, 1985, p. 241 sqq.〔『ニーチェ，初めて読む人のための序章』〕を参照されたい．

2．Heidegger, *Essais et conférences,* p. 132.〔ハイデガー『講演と論文』〕

3．*Par-delà le Bien et le Mal,* Préface.〔信太正三訳『善悪の彼岸』，ニーチェ全集10，理想社〕

4．*Le Gai Savoir,* §357.〔信太正三訳『悦ばしき知識』，ニーチェ全集８，理想社，344頁〕

5．*Humain, trop humain,* I re partie,§2.〔池尾健一訳『人間的，あまりにも人間的Ｉ』，ニーチェ全集５，理想社，24頁〕

6．Nietzsche, *Œuvres posthumes,* trad. par H.-J. Bolle, Mercure de France, 1934, §138, p. 76.〔原佑・吉沢伝三郎訳『生成の無垢』(上)，ニーチェ全集，別巻３，ちくま学芸文庫，399頁〕

7．M. Horkheimer, *Les Débuts de la philosophie bourgeoise de l'histoire,* Payot, 1974, pp. 48, 113.〔『市民階級の歴史哲学の登場』〕

8．*Ibid.,* p. 113.

9．*Ibid.,* p. 114.

10．例えば，E. Cassirer, *La Philosophie des Lumières,* trad. par P. Quillet, Fayard, 1966, p. 217.〔中野好之訳『啓蒙主義の哲学』紀伊國屋書店，257頁〕を見よ：「『新しい学の原理〔諸国民の共通な性格に関する新しい学の原理〕』は［……］歴史哲学の最初の体系的な構想であった．」

11．*Op. cit.,* p. 115.

12．Y. Belaval, *Leibniz critique de Descartes,* Gallimard, 1960, pp. 88-129.〔『デカルトの批判者ライプニッツ』〕という著作のなかに，歴史およびライプニッツによる歴史の復活に対するデカルト哲学による予防策についての分析が見られるであろう．

13．Cassirer, *op. cit.,* p. 223 sqq.〔中野好之訳『啓蒙主義の哲学』紀伊國屋書店，281頁以下〕

14．私はここでもまた，ジャック・リヴレーグ (Jacques Rivelaygue) のおかげで，この問題について関心を抱くようになった．

15．Leibniz, *Opuscules philosophiques choisis,* Vrin, p. 92.〔清水富雄訳『小品集』，世界の名著30，中央公論社，503頁〕

16．この『事物の根本的起源』の断章は，M. Serres, *Le Système de Leibniz et ses modèles mathématiques,* t. Ｉ, P. U. F., 1968, p. 255〔竹内信夫・芳

川泰久・水林章訳『ライプニッツのシステム』朝日出版社――「序」の部分の約3分の2ほどの抄訳を含んでいる〕によって分析されている.『ライプニッツのシステム』の第1部第2章（「歴史的多様性. 進歩」）の全体（pp. 213-287）は，ライプニッツがいかにして歴史の問題に立ち向かったかについての分析に当てられている：「進歩に関して，世界とその秩序について事情はどうであろうか. 神は，神によって最高のものとして作られたのだから，神が自らの完全性を時間的帰結に沿って最高のものにする，ということは考えられるか. 最善のものは自らを改善するか.」

17. *Une autre philosophie de l'histoire,* Aubier, 1964〔『人間性形成のための歴史哲学異説』〕の仏訳において，マックス・ルーシェ（Max Rouché）が（p. 8 sqq.）念を押しているところによれば，ヘルダーは，ヴォルテールに反論して，人間性の長所は一貫しており，過去の各時代，各文化は，その「民族的特徴や，その精神や言語のなかに存する特殊なもの」（*Herders Werke,* éd. Suphan, I, p. 366〔『ヘルダー著作集』〕）が奪い去られないという条件で，それなりの仕方で人間性を表現している，と主張している，という. この啓蒙主義との論争は，*Idées pour la philosophie de l'histoire de l'humanité*〔『人類歴史の哲学考』〕によって――『人間性形成のための歴史哲学異説』と『人類歴史の哲学考』とのあいだには，いくつかの変化があるにもかかわらず――，さらに継続される.『人類歴史の哲学考』の第2部において，ヘルダーはカントに論争を挑んでいる. カントは，1784年に，*Idée d'une histoire universelle d'un point de vue cosmopolitique*〔『世界市民的見地における一般史の理念』〕において，どの時代をも共和政体へと至る無限の過程における段階と見なすよう促した.〔それに対する〕ヘルダーの反論はこうである. すなわち，各文化は自己充足的目的であり，また，各文化はそれ自体にもとづいて評定されねばならない，と.

18. 例えば，A. Finkielkraut, *La Défaite de la pensée,* p. 14 sqq.〔西谷修訳『思考の敗北あるいは文化のパラドクス』河出書房新社，11頁以下〕を参照：ヘルダーにかかると，いかなる普遍的原理も，もはや「集合的魂の多元性」を乗り越えることはできないし，また，「すべての国民を超える価値」は「その至高の地位を剝奪される」.

19. I. Berlin, *Vico and Herder,* Londres, The Hogarth Press, 1976, p. 142 sqq.〔小池銈訳『ヴィーコとヘルダー』みすず書房，279頁以下〕：「ヘルダーと啓蒙主義.」

20. *Op. cit.,* p. 157.〔同書，302頁〕

21. その点に関しては，A. Philonenko, *La Théorie kantienne de l'histoire,* Vrin, 1986, p. 128〔『カントの歴史論』〕の的確な指摘を見よ. フィロネンコが言及している *Lettres sur l'éducation de l'humanité*〔『人間性促進のための書簡』〕とは別に，ヘルダーが，ライプニッツの体系についての重要な分析論を

起草したことが想起されなければならない：*Wahrheiten aus Leibniz* et *Über Leibnizens Grundsätze von der Natur und Gnade, Herders Werke,* t. II, pp. 211-227〔『ライプニッツの真理』および『自然と恩寵についてのライプニッツの原理』〕を参照．周知のように，ヘルダーは，『人間知性新論』，『弁神論』，『モナドロジー』を読み，それらに注釈を加えた．〔ヘルダーによる〕ライプニッツ読解の重要性については，M. Rouché, *La Philosophie de l'histoire de Herder,* Les Belles Lettres, 1940.〔『ヘルダーの歴史哲学』〕

22. ヘルダーはまた，ライプニッツから連続律の役割を学ぶ．連続律は，ヘルダーが自分のものにしている存在論的一元論を意味するばかりか（その点に関しては，M. Rouché, Introduction à sa traduction des *Idées,* p. 21 sq.〔マックス・ルーシェによる『人類歴史哲学考』の仏訳の「序論」〕を参照)，連続律は，少なくとも同じ文明のなかで，歴史を，しばしば『人間性形成のための歴史哲学異説』において川の流れや樹木の成長に譬えられる民族と時代とのあいだの連続的進歩として，理解するように導く，——それらのイメージはすべて，生成の神的次元の展開（予定調和）を強調していると同時に，あらゆる瞬間の等しい必然性や，そのような瞬間を結びつけている完全な連続性を強調している．多様な文明どうしの関係についての規定に関しては，M. Rouché, Introduction à sa traduction d'*Une autre philosophie de l'histoire,* p. 62 sq.〔『人間性形成のための歴史哲学異説』の仏訳の「序論」〕を参照．

23. Herder, *Traité sur l'origine de la langue,* trad. par P. Penisson, Aubier, 1977, p. 49.〔木村直司訳『言語起源論』大修館書店，4頁〕

24. その点に関しては，L. Dumont, *Essais sur l'individualisme,* p. 118, n. 3〔『個体主義論考』〕を参照．その論考において，ルイ・デュモンは部分的にヘルダーに言及しているが（*Le Peuple et la nation chez Herder et Fichte*〔第4章「ヘルダーにおける民衆とフィヒテにおける国家」〕)，デュモンが見るところでは，「ヘルダーは個体主義を［……］当時はまだ正しく評価されていず，下位に置かれていた集団的単位の次元に移している」が，そのような移動を，あまりにもかたよった仕方で，反普遍主義的意味と反理性主義的意味をもったものとして解釈している．

25. *Herders Werke,* II, p. 225.

26. *Herders Werke,* II, p. 215.

27. ヘルダーによるライプニッツの継承の役割については，フィリップ・レイノー（Ph. Raynaud）によって，*Dictionnaire des œuvres politiques,* P. U. F.〔『政治著作辞典』〕の第二版所収の『人間性形成のための歴史哲学異説』についての論文のなかで，見事に分析されている．

28. Hegel, *La Raison dans l'histoire,* trad. par K. Papaioannou, Plon, p. 52.〔ヘーゲル『歴史における理性』〕

29. *Ibid.,* pp. 113-114.

30. *Ibid.*, p. 116.
31. *Ibid.*, p. 117.
32. *Ibid.*, p. 132.
33. *Ibid.*, p. 55.
34. *Ibid.*, p. 47.「理性なしには何ものも存在しない」とするライプニッツから，哲学的反省を，「偶然を除去すること以外の目的」をもたないものとして規定するヘーゲルまで，直接つながっている．
35. *Ibid.*, p. 56.
36. *Ibid.*, p. 59.
37. *Ibid.*, p. 58.
38. *Ibid.*, p. 67.
39. *Ibid.*, p. 68.
40. この点に関しては，アレクシス・フィロネンコの仏訳，Kant, *Qu'est-ce que s'orienter dans la pensée?*, Vrin, 1978〔門脇卓爾訳「思考の方向を定める問題」，カント全集12，理想社〕を見よ．
41. ヤコービの虐待の的になっているメンデルスゾーンは，ライプニッツ哲学を，理性主義の最も完成した表現とすることによって，理性の諸権利を擁護した（cf. A. Philonenko, *loc. cit.*, p. 17）．
42. *David Hume ou la croyance, idéalisme et réalisme,* trad. par L. Guillermit, in *Le Réalisme de Jacobi,* Publications de l'Université de Provence, 1982, pp. 332-343〔「デヴィド・ヒュームあるいは信仰，観念論，実在論」『ヤコービの実在論』に所収〕を参照：「我らがライプニッツほど明らかに用心深い思想家を，私はほとんど見たことがない」と，ヤコービは書いている．また，ヤコービは，「私は心の底からモナド論に愛着を抱いている」と，はっきり言っている．
43. *Ibid.*, p. 342.「生命」としての「物質」という考え方については，『モナドロジー』第63節以下を参照．
44. *David Hume, loc. cit.*, p. 335. ヤコービは『モナドロジー』の第62節に依拠している．
45. L. Guillermit, *op. cit.*, p. 92に引用されている．
46. 理性概念の反理性主義的拡張（ヤコービは，*Vernunft*—raison—を，*vernehmen*—percevoir—に近づけることによって，理解している）については，E. Cassirer, *Les Systèmes post-kantiens,* P. U. F., 1983, p. 34〔『カント以後の体系』〕を参照．
47. 逆説的であるが，まったく不可能ではない．その意味で，「ライプニッツは」，非理性主義の方向へとドイツ観念論を活用する流れをも含めて，「ドイツ観念論の流れ全体のはじまりである」と書くことは，正当である——私は，フィリップ・レイノー（Philippe Raynaud）の非常に慎重な判断にまったく賛

成する（ヘルダーの *Une autre philosophie de l'histoire, loc. cit.*〔『人間性形成のための歴史哲学異説』〕についての論文）.

48．ヤコービのこの二つの批判は，R. Legros, *Le Jeune Hegel et la naissance de la pensée romantique,* Ousia, 1980, p. 97〔『若きヘーゲルとロマン主義思想の誕生』〕によって，分析されている．

49．ヤコービは，*Lettres à Mendelssohn sur la doctrine de Spinoza*〔「スピノザの学説をめぐるメンデルスゾーンへの手紙」〕において，因果的思考は，理性原理をおのれの最高の法則とすることによって，常に，所与を，すでに知られている条件に関係づけており，因果的思考はそのような条件を自らの原因として思い描いている，ということを明らかにしようと努めている．その意味で，因果的思考は，生成を同一性の展開に還元し，そのような展開において，どんな新奇な次元をも破棄する．

50．*La Raison dans l'histoire,* p. 47.

51．〈生命〉としての〈精神〉については，例えば，*La Raison dans l'histoire,* p. 78 sqq.〔「歴史における理性」〕を参照．

52．*Préface de la Phénoménologie,* trad. par J. Hyppolite, Aubier, 1966, p. 47.〔金子武蔵訳『精神現象学』上巻，ヘーゲル全集４，岩波書店，16頁〕

53．*Ibid.,* p. 49.〔同書，17頁〕ヘーゲルは以下のことを明らかにしている：「実のところ主体である存在」が実体であるのは，「実体が自己自身を定立する運動，換言すれば，おのれの他となりながら，そうなることをおのれ自身と媒介する運動であるかぎりにおいてのこと」である．

54．「理性の狡智」論の特徴は，L. Ferry, *Le Système des philosophies de l'histoire,* P. U. F., 1984, p. 55 sqq.〔『歴史哲学の体系』〕によって分析されている．

55．*La Raison dans l'histoire,* p. 101.

56．*Ibid.,* p. 67.

57．*La Volonté de puissance,* trad. par G. Bianquis, Gallimard, II$^{e}$ partie, §58.〔原佑訳『権力への意志』（下），ニーチェ全集12，理想社，第715節，204頁〕

58．「純粋な異化したものや純粋な継起的なもの」としての現実的なものについては，*La Volonté de puissance,* éd. citée, II, §55を参照．

59．*Ibid.,* II, §51.〔原佑訳『権力への意志』（下），ニーチェ全集12，理想社，第1067節，464頁〕

60．*Le Gai Savoir,* §374.〔信太正三訳『悦ばしき知識』，ニーチェ全集８，第374節，376頁〕

61．*La Volonté de puissance,* II, §133.〔原佑訳『権力への意志』（下），ニーチェ全集12，理想社，第481節，23頁〕

62．*Ibid.,* IV, §493.

63. *Ibid.*, III, §581. 同じく，§493：「多くの目で，さまざまな人をとおして」見ること，……「多様な目で，まったく個人的な目で見ること.」

64. 形而上学が二律背反を体験し，二元論を確立した場合に，「転変」を理解しなければならない，とするニーチェの考え方をとおして，ライプニッツの連続律が徹底化される，といった事態にも言及することができよう．すなわち，「対比」の代わりに，「段階」を理解すべきである（*La Volonté de puissance,* II, §421）.

65. *Le Gai Savoir,* §109.〔信太正三訳『悦ばしき知識』，ニーチェ全集８，理想社，第109節，172頁〕

66. 独立性の重視については，例えば *Par-delà le Bien et le Mal,* §41〔信太正三訳『善悪の彼岸』，ニーチェ全集10，理想社，第41節，73頁〕を参照.

67. *La Volonté de puissance,* trad. citée, II, §72.〔原佑訳『権力への意志』（下），ニーチェ全集12，理想社，第681節，176頁〕

68. *Par-delà le Bien et le Mal,* §268.〔信太正三訳『善悪の彼岸』，ニーチェ全集10，理想社，第268節，286頁〕

69. *Le Gai Savoir,* §354.〔信太正三訳『悦ばしき知識』，ニーチェ全集８，理想社，第354節，334-338頁〕：「種属の守護霊について.」

70. *Ibid.*：「われわれに意識されうる世界は，［……］一般化され，卑俗化された世界にすぎない.」〔同書，第354節，337頁〕

71. *La Volonté de puissance,* trad. par H. Albert, Mercure de France, 15e éd., 1923, II, p. 138.〔原佑訳『権力への意志』（下），ニーチェ全集12，理想社，第786節，257頁〕

72. *Ibid.,* p. 30.〔同書，第521節，48頁〕

73. *Ibid.,* p. 36.〔同書，第552節，76頁〕

74. *La Crépuscule des idoles,*《Flâneries inactuelles》, §33.〔西尾幹二訳『偶像の黄昏』，ニーチェ全集４（第II期），白水社，「ある反時代的人間の逍遙」，第33節，117頁〕

75. *La Volonté de puissance,* éd., Bianquis, I, §268, §286.〔原佑訳『権力への意志』（下），ニーチェ全集12，理想社，第785節，255頁，原佑訳『権力への意志』（上），ニーチェ全集11，理想社，第379節，313頁〕

76. *La Volonté de puissance,* éd., Albert, II, pp. 138-139.〔原佑訳『権力への意志』（下），ニーチェ全集12，理想社，第786節，257頁〕

77. *Ibid.,* II, p. 80.〔原佑訳『権力への意志』（下），ニーチェ全集12，理想社，第715節，204-205頁〕

78. *Ibid.,* II, p. 78.〔原佑訳『権力への意志』（下），ニーチェ全集12，理想社，第636節，142頁〕

79. *La Volonté de puissance,* éd., Bianquis, II, §416.〔原佑訳『権力への意志』（下），ニーチェ全集12，理想社，第784節，254頁〕

80. *Ibid.*, II, §727.〔原佑訳『権力への意志』(上), ニーチェ全集11, 理想社, 第287節, 245頁〕

81. *La Volonté de puissance,* éd., Albert, I, pp. 274-275.〔原佑訳『権力への意志』(下), ニーチェ全集12, 理想社, 第765節, 236頁〕

82. *La Volonté de puissance,* éd., Bianquis, II, §228.〔原佑訳『権力への意志』(下), ニーチェ全集12, 理想社, 第783節, 251頁〕

83. *Ibid.*, §229.

84. *La Volonté de puissance,* éd., Bianquis, II, §416.〔原佑訳『権力への意志』(下), ニーチェ全集12, 理想社, 第784節, 253頁〕

85. 同様に, トクヴィルの言葉にかなり近い言葉を使って, ニーチェは民主主義的個人主義と社会主義的個人主義とを結びつけ, 〈福祉国家〉を近代個人主義の限界として示している. 近代個人主義は, 福祉国家を生み出し, また福祉国家を, できるだけ大きな幸福に平等に近づくことを可能にする手段として利用したのである.

86. ニーチェはときとして, ルネサンスの偉大な人物たち〔ダンテ, ミケランジェロ〕にも言及している (*La Volonté de puissance,* éd. Bianquis, II, p. 346 sqq.)〔原佑訳『権力への意志』(下), ニーチェ全集12, 理想社, 第1018節, 429頁, 原佑訳『権力への意志』(上), ニーチェ全集11, 理想社, 第93節, 90-91頁〕.

87. *Ibid.*, II, §49.

88. *Ibid.*, II, pp. 348-349 (IV, §469).

89. 『68年の思想』が分析したのはそのようなクライマックスである. 実のところ, 本書は, 『68年の思想』の考古学を試みようとしたのである.

## 第3部

### 前置き

1. この対話の別な面については, L. Ferry et A. Renaut, *Heidegger et les Modernes,* Grasset, 1988, chap. IV〔『ハイデガーと近代人』〕において分析されている.

### 第1章

1. E. Lévinas, *Humanisme de l'autre homme,* Fata Morgana, 1972 ; éd. 《Livre de Poche》, 1987, pp. 73, 80.〔小林康夫訳『他者のユマニスム』書肆風の薔薇, 107-118頁〕

2. そのような表現は, 1982年の試論, *De Dieu qui vient à l'idée,* Vrin〔内田樹訳『観念に由来する神について』国文社〕の第1部のタイトルになっている. 同様に, *ibid.*, p. 198〔同書, 243頁〕も参照.

3. *Humanisme de l'autre homme,* p. 100.〔小林康夫訳『他者のユマニス

ム』書肆風の薔薇，146頁〕

4．*Ibid.,* pp. 96-98.〔同書，141-143頁〕

5．*Ibid.,* pp. 73-74.〔同書，108頁〕

6．*Transcendance et intelligibilité,* Labor et Fides, 1984, p. 12 sqq.〔中山元訳『超越と知解可能性——哲学と宗教の対話』渓流社，13頁〕

7．*De Dieu qui vient à l'idée,* p. 31.〔内田樹訳『観念に由来する神について』国文社，35頁〕

8．*Ibid.,* pp. 212-214.〔同書，258-260頁〕

9．*Humanisme de l'autre homme,* p. 103.〔小林康夫訳『他者のユマニスム』書肆風の薔薇，151頁〕

10．超越の観念については，以下のものを参照．*Transcendance et intelligibilité,* pp. 17, 21, 53〔中山元訳『超越と知解可能性——哲学と宗教の対話』渓流社，20，25，71頁〕; *De Dieu qui vient à l'idée,* p. 127〔内田樹訳『観念に由来する神について』国文社，150-151頁〕; *Totalité et infini,* M. Nijhoff, 1965, p. 5 sqq., etc.〔合田正人訳『全体性と無限』国文社，34頁以下〕．

11．*De Dieu qui vient à l'idée,* p. 130.〔内田樹訳『観念に由来する神について』国文社，158頁〕

12．*Humanisme de l'autre homme,* p. 118, n. 4.〔小林康夫訳『他者のユマニスム』書肆風の薔薇，169頁，注４〕

13．*Ibid.,* p. 112.〔同書，164-165頁〕

14．*De Dieu qui vient à l'idée,* p. 47.〔内田樹訳『観念に由来する神について』国文社，53頁〕

15．*Ibid.,* pp. 48-50.〔同書，54-56頁〕

16．*Ibid.,* pp. 54-55.〔同書，60-61頁〕

17．*Ibid.,* p. 50.〔同書，56頁〕

18．例えば，*Transcendance et intelligibilité,* p. 40〔中山元訳『超越と知解可能性——哲学と宗教の対話』渓流社，50頁〕を見よ．

19．*De Dieu qui vient à l'idée,* p. 33.〔内田樹訳『観念に由来する神について』国文社，37頁〕

20．*Humanisme de l'autre homme,* p. 48.〔小林康夫訳『他者のユマニスム』書肆風の薔薇，72頁〕

21．Husserl, *Méditations cartésiennes,* §44.〔船橋弘訳『デカルト的省察』世界の名著51，中央公論社，278頁〕

22．*Ibid.,* §49.〔同書，295頁〕

23．フィヒテは，モナドロジーを実践的モナドロジーとして捉え直すことによって，そのような方向転換に貢献している．

24．Husserl, *La Crise des sciences européennes,* trad. par G. Granel, Gallimard, 1976, p. 460〔細谷恒夫・木田元訳『ヨーロッパ諸学の危機と超越論

的現象学』中央公論社〕．私がこのフッサールの断章に関心をもったのは，すでに言及した，フレデリック・ド・ビュゾン（Frédéric de Buzon）の見事な講演のおかげである．

25. *Humanisme de l'autre homme,* p. 50.〔小林康夫訳『他者のユマニスム』書肆風の薔薇，76頁〕

26. *Ibid.,* pp. 48-49.〔同書，73頁〕

27. *Totalité et infini,* p. 233 sqq.〔合田正人訳『全体性と無限』国文社，394頁以下〕

28. *De Dieu qui vient à l'idée,* p. 192.〔内田樹訳『観念に由来する神について』国文社，236頁〕

29. *Totalité et infini,* p. 4.〔合田正人訳『全体性と無限』国文社，32頁〕

30. *Ibid.,* Préface, p. XV.〔同書，23頁〕

31. Lévinas, *En découvrant l'existence avec Husserl et Heidegger,* Vrin, 1949, pp. 7-52.〔佐藤真理人・小川昌宏・三谷嗣・河合孝昭訳『実存の発見――フッサールとハイデッガーと共に』法政大学出版局，53-116頁〕

32. *Totalité et infini,* p. 235 sq.〔合田正人訳『全体性と無限』国文社，396頁以下〕

33. Sartre, *L'Être et le Néant,* IIIe partie, chap. III, §1：「他者に対する第一の態度――愛，言語，マゾヒズム」〔松浪信三郎訳『存在と無』人文書院，第二分冊〕．

34. *Totalité et infini,* p. 235.〔合田正人訳『全体性と無限』国文社，396頁〕

35. *Le Banquet,* 210e-211b.〔久保勉訳『饗宴』岩波文庫，125頁〕

36. *Totalité et infini,* p. 89.〔合田正人訳『全体性と無限』国文社，170頁〕レヴィナスは以下のように述べている（p. 87 sq.〔同書，165頁以下〕）．すなわち，欲求の相関者は享受であり，享受は，「幸福の自存性」において頂点に達する．「幸福は糧という〈他なるもの〉との関係のうちで自足する」．その意味で，欲求はモナドの自己への内在を破綻させない．欲求は「〈同なるもの〉の運動」，「〈同なるもの〉の動揺」にすぎない，と．

37. 以上は，Derrida, *Violence et métaphysique, essai sur la pensée d'E. Lévinas,* in *L'Écriture et la différence,*《Points》, p. 228〔「暴力と形而上学―― E. レヴィナスの思考に関する試論」，若桑毅／野村英夫／阪上脩／川久保輝興訳『エクリチュールと差異（上）』法政大学出版局，356頁〕によって素描された解釈である．そのテクストによれば，「われわれには，この顧慮に関する記述が女性の手によって仕上げられたとはとうてい考えられない，そのように考えることは本質的に不可能だと思われてくる．この顧慮の哲学的主体は男（vir）なのである」，――「形而上学への欲望は，本質的に男性的なものなのであろう」という意味において，すなわち，自己中心的能動としてのロゴスは，本質的に男根的なものであるかぎりにおいて．同様のパースペクティヴにおい

て，B. Forthomme, *Une philosophie de la transcendance, la métaphysique d' E. Lévinas,* Vrin, 1979, p. 332〔『超越の哲学，エマニュエル・レヴィナスの形而上学』〕を参照．レヴィナスによる主観性の分析は，「相互に交換可能な仕方で，男性的なものと女性的なものを」扱っているわけではない，——主体は「人間（homo）としてではなく，男（vir）として，はっきりと人間」になる．

38．Sartre, *L'Être et le Néant,* Tel/Gallimard, 1979, p. 413 sqq.〔松浪信三郎訳『存在と無』人文書院，第二分冊，316頁以下〕

39．*Ibid.,* pp. 440-442.〔同書，374頁〕

40．レヴィナスは同様に，愛撫が，彼が「表出としての身体」，つまり私と相対している他者の顔としての身体と呼んでいるものを，対象としている，ということを否定する．そのような否定は，同時に，サルトル的アプローチの拒否でもある．『存在と無』によれば（p. 413 sq.〔同書，316頁以下〕），自由としての他者－を前にしての－存在の第一の形態は，まなざしとしての，顔の表出としての他者の暴露である．顔は私に自由の現前を暴露し，自由が顕現するのを助ける．

41．*Totalité et infini,* p. 236.〔合田正人訳『全体性と無限』国文社，398頁〕

42．*Le Temps et l'Autre,* P. U. F., coll.《Quadrige》, 1983, p. 78 sq.〔原田佳彦訳『時間と他者』法政大学出版局，86頁〕

43．*Ibid.,* p. 79 sq.〔同書，89頁以下〕

44．*Ibid.,* p. 80.〔同書，89頁〕同様に，p. 14：「差異の性質そのもの」としての女性的なもの．

45．*Totalité et infini,* p. 236.〔合田正人訳『全体性と無限』国文社，398-399頁〕

46．とりわけ，*De l'existence à l'existant,* Fontaine, 1947, p. 109 sqq.〔西谷修訳『実存から実存者へ』講談社学術文庫，131頁以下〕を見よ：「不眠．」

47．*Ibid.,* p. 109.〔同書，131頁〕

48．*Ibid.,* p. 111.〔同書，133頁〕

49．*Totalité et infini,* p. 236.〔合田正人訳『全体性と無限』国文社，399頁〕

50．例えば，*De l'existence à l'existant,* p. 98〔西谷修訳『実存から実存者へ』講談社学術文庫，119頁〕を見よ：「警戒は非人称的である」（同時に，p. 100〔同書，120頁〕も参照：それは「脱人格化」である）．

51．*Ibid.,* p. 98.〔同書，118頁〕

52．*Le Temps et l'Autre,* p. 82.〔原田佳彦訳『時間と他者』法政大学出版局，90頁〕

53．志向性としてばかりか，自己性としても，というのも原理上，性的関係において，われわれは無差別に他なるものによって要求されているのではなく，われわれ自身として要求されているのであるから．

54．*Le Temps et l'Autre,* p. 89.〔原田佳彦訳『時間と他者』法政大学出版

局，98頁〕

55. *Transcendance et intelligibilité,* p. 21.〔中山元訳『超越と知解可能性——哲学と宗教の対話』渓流社，26頁〕

56. 「エロティックなものにおける一切の融合の不在」に関しては，*Le Temps et l'Autre,* p. 82〔原田佳彦訳『時間と他者』法政大学出版局，90頁〕を参照.

57. *Ibid.,* p. 89.〔同書，98頁〕

58. *De Dieu qui vient à l'idée,* p. 33.〔内田樹訳『観念に由来する神について』国文社，37頁〕

59. *Totalité et infini,* p. 236〔合田正人訳『全体性と無限』国文社，399頁〕. エロティックなものから倫理的なものへの移行については，*Humanisme de l'autre homme,* p. 104〔小林康夫訳『他者のユマニスム』書肆風の薔薇，152頁〕を参照：「開かれていることは，傷害や暴行にさらされた皮膚をむき出しにすることである．開かれていることは，暴行や傷害においてさらされた皮膚の傷つきやすさである［……］感受性において，形式と美として造形芸術に霊感を与える皮膚の裸体以上に，むき出しの裸体が，〈むき出し〉になり，さらされる．そのような裸体は，接触にさらされた，愛撫にさらされた皮膚の裸体である．愛撫は，常に，そして，性的快楽においてさえ両義的に，他人の苦痛のための苦痛である.」

60. *Humanisme de l'autre homme,* p. 13.〔小林康夫訳『他者のユマニスム』書肆風の薔薇，21頁〕

61. *Ibid.,* p. 82.〔同書，123頁〕

62. *Ibid.,* p. 102.〔同書，150頁〕

63. *Ibid.,* p. 109.〔同書，160-161頁〕

64. *Ibid.,*〔同書，161頁〕同時に，p. 111〔同書，163頁〕も参照：「人間を，人質——まさに，私と同じ種に属してはいない他人全体の人質——という条件あるいは非条件にもとづいて，捉えなければならない．というのも，私は他人に責任があるからであるが，その際，私は，他人が私に取って代わることを可能にする私に対する他人の有責性を，あてにはしない．なぜなら，他人の有責性についてさえ，私は，結局，最初から，責任があるからである.」

65. その点に関しては，拙著 *Système du droit*〔『法の体系』〕における，フィヒテによる相互主観性の導出についての考察を参照していただくしかない.

66. *Humanisme de l'autre homme,* pp. 8-9〔小林康夫訳『他者のユマニスム』書肆風の薔薇，14頁〕. 同じ意味で，*De Dieu qui vient à l'idée,* pp. 36-37, 101〔内田樹訳『観念に由来する神について』国文社，42-43頁〕を参照. 超越論的主体に関する誤りについては，L. Ferry et A. Renaut, *Système et critique,* Ousia, 1985〔『体系と批判』〕を参照.

67. *Transcendance et intelligibilité,* p. 20.〔中山元訳『超越と知解可能性

──哲学と宗教の対話』渓流社，23頁〕

68. *De Dieu qui vient à l'idée,* p. 37.〔内田樹訳『観念に由来する神について』国文社，43頁〕

69. *Ibid.*〔同書，42-43頁〕

70. *Humanisme de l'autre homme,* p. 9〔小林康夫訳『他者のユマニスム』書肆風の薔薇，15頁〕:「古典的人間主義の言う人間が自らの尊厳を」「自由な主体」のなかに定めていた．

71. そのように「主観的なもの」を「受動的なもの」として理解する仕方にかかわる，フッサールの貢献の取り柄と限界については，*ibid.*〔同書〕を参照．

72. *Ibid.,* pp. 84-85.〔同書，126頁〕

73. *Ibid.,* p. 86.〔同書，127頁〕

74. *Ibid.,* p. 81.〔同書，119頁〕

75. *De Dieu qui vient à l'idée,* p. 48〔内田樹訳『観念に由来する神について』国文社，54頁〕．同様に，*Totalité et infini,* p. 60〔合田正人訳『全体性と無限』国文社，123頁〕:「他者の現前──格別の他律．」

76. *Totalité et infini,* p. 87 sqq.〔合田正人訳『全体性と無限』国文社，160頁以下〕

77. 両者の対立点を強調するのとは少し異なる意見の提示の仕方に関しては，L. Ferry et A. Renaut, *Heidegger et les Modernes,* Grasset, 1988, chap. IV〔『ハイデガーと近代人』〕を参照．

78. この契機には，定言命法の形式の下での，法則の体験についてのカントの「現象学以前的な」記述が対応する．

## 第２章

1．*Critique de la Raison pure,* 2$^{e}$ éd., §17, trad. par Tremesaygues et Pacaud, P. U. F., p. 116 ; §25, pp. 135-136〔篠田英雄訳『純粋理性批判』(上)，岩波文庫，181頁，198頁〕を見よ．とりわけ，第二版の誤謬推理に関する章の，p. 310〔篠田英雄訳『純粋理性批判』(中)，岩波文庫，79頁〕の注を参照．

2．Heidegger, *Kant et le problème de la métaphysique,* trad. par A. de Waelhens et W. Biemel, Gallimard, 1953, p. 104 sqq.〔木場深定訳『カントと形而上学の問題』理想社，58頁以下〕

3．M. Gauchet, *Le Désenchantement du monde,* Gallimard, 1984〔『世界の幻滅』〕を見よ．

4．G. Lebrun, *Kant et la fin de la métaphysique,* Colin, 1970〔『カントと形而上学の終焉』〕を参照．

5．L. Ferry et A. Renaut, 《D'un retour à Kant》, in *Système et critique*〔「カントへの回帰」，『体系と批判』に所収〕を見よ．

6．私はここでは，カントがそうすることでデカルトに対して公正を欠いているか否か，という問題を，全面的に脇に置いておく．

7．図式主義の主体については，L. Ferry et A. Renaut, *La Pensée 68,* Gallimard, 1985〔小野潮訳『68年の思想』法政大学出版局〕の最終章を参照．

8．Kant, *Logique,* Vrin, p. 99.〔田辺重三訳『論理学』，カント著作集10，岩波書店，159頁〕

9．*Critique de la Raison pure,* prêface de la 2e êditon.〔篠田英雄訳『純粋理性批判』(上)，岩波文庫，31頁〕

10．E. Cassirer, M. Heidegger, *Dêbat sur le Kantisme et la Philosophie (Davos, mars 1929), et autres textes de 1929-1931,* Beauchesne, Paris, 1973.〔「カント主義および哲学についての討論（ダヴォス，1929年3月），ならびに1929-1931年のその他のテクスト」〕その討論において，理論的主体がどのように扱われたかについては，すでに『68年の思想』の最終章において分析しておいた．私はここでは，何よりもまず，当時脇に置かれていた，実践的理性に関する議論のみを問題にする．

11．*Critique de la Raison pure,* trad. citêe, p. 63〔篠田英雄訳『純粋理性批判』(上)，岩波文庫，86頁〕:「直観は，対象がわれわれに与えられるかぎりにおいてのみ，生じるものである．そのことは，対象がある仕方でわれわれの精神を触発するという条件でのみ，可能である．」

12．*Kant et le problême de la mêtaphysique,* p. 214〔木場深定訳『カントと形而上学の問題』，ハイデッガー選集19，理想社，171頁〕:「有限な理性が自発性として受容的である．」

13．*Ibid.,* p. 213〔同書，171頁〕:「有限な理性が自発性として受容的であり，それゆえに超越論的構想力から発現するとすれば，実践理性も必然的に超越論的構想力にもとづく」，――そのことは尊敬の感情をとおしてなされる．

14．*Ibid.,* p. 215.〔同書，173-174頁〕

15．*Critique de la Raison pratique,* I re partie, livre I, chap. III.〔波多野精一・宮本和吉訳『実践理性批判』岩波文庫，113頁〕

16．非常に重要な記録は，『カント研究〔カント・シュトゥーディエン〕』所収の，1931年に出た『カント書〔カントと形而上学の問題〕』の〔カッシーラーによる〕以下の書評である．*Remarques sur l'interprêtation de Kant proposêe par M. Heidegger dans《Kant et le problême de la mêtaphysique》,* trad. in *Dêbat sur le Kantisme,* p. 53 sqq.〔「『カントと形而上学の問題』において，マルティン・ハイデガーによって提出されたカント解釈をめぐって」，『カント主義についての討論』に所収〕

17．ハイデガーの読解を生き生きしたものにする，カッシーラーによる原理の提示がその証拠である．「感性から悟性へ，悟性から理性へとのぼっていくときに生じるように見える，認識の高まりは，われわれが少しも有限性から逃

れられることを意味しているのではなく，われわれが決定的に有限性と手を切ることができることを意味しているのでもない．直観との根源的絆は決して断ち切られることはなく，そのような絆によりもたらされる依存は，決して打ち砕かれえない」(*op. cit.,* p. 61).

18. *Ibid.*

19. *Ibid.,* p. 62 sq.

20. *Ibid.,* p. 65 sq.

21. *Critique de la Raison pure,* p. 138〔篠田英雄訳『純粋理性批判』(上)，岩波文庫，201頁〕．同時に，*Réponse à Eberhard,* Vrin, p. 63〔門脇卓爾訳『純粋理性批判の無用論』，カント全集12，理想社に所収〕を見よ．

22. 二つの空間を混同してはならないことの証拠は，直観としての空間は「無限の所与の大きさ」であるのに対して，数学的空間は常に限界づけられており，限界の抽象によってのみ，無限なものとして捉えられる，という点にある．

23. *Débat sur le Kantisme,* p. 69.〔「カント主義についての討論」〕

24. *Critique de la Raison pure,* p. 323.〔篠田英雄訳『純粋理性批判』(中)，岩波文庫，85-86頁〕

25. *Ibid.,* p. 453 (虚焦点の理論)〔同書，307頁〕．

26. 諸概念の意味の条件については，*Qu'est-ce que s'orienter dans la pensée?,* Vrin, 1978, p. 75〔門脇卓爾訳『思考の方向を定める問題』，カント全集12，理想社に所収〕を参照．

27. *Débat sur le Kantisme,* p. 70 sq.〔「カント主義についての討論」〕

28. *Critique de la Raison pure,* p. 53.〔篠田英雄訳『純粋理性批判』(上)，岩波文庫，86頁〕

29. *Fondements de la métaphysique des mœurs,* trad. par A. Philonenko, Vrin, p. 77.〔宇都宮芳明訳『道徳形而上学の基礎づけ』以文社，67頁〕

30. *Débat sur le Kantisme,* p. 72.〔「カント主義についての討論」〕

31. J.-Fr. Lyotard,《La police de la pensée》, *L'Autre Journal,* décembre 1985, pp. 27-35.〔「思想の統制」，『もうひとつの機関誌』1985年12月号に所収〕

32. そのうえ，その証拠に，命法の最後の言い回しにおいて，人間の観念がはっきりと出てきている．

33. *Critique de la Raison pure,* p. 401.〔篠田英雄訳『純粋理性批判』(中)，岩波文庫，218頁〕

34. *Doctrine du droit,* §35, trad. par A. Philonenko, Vrin, p. 175〔吉澤伝三郎・尾田幸雄訳『人倫の形而上学〈第1部　法論の形而上学的基礎論〉』，カント全集11，理想社，150頁〕．同じ意味において，*Doctrine de la vertu,* trad. par A. Philonenko, Vrin, pp. 97, 104, 109, 113〔吉澤伝三郎・尾田幸雄訳『人倫の形而上学〈第2部　徳論の形而上学的基礎論〉』，カント全集11，理想社，

323, 330, 340, 348頁〕を参照.

35. *Débat sur le Kantisme,* p. 225.〔「カント主義についての討論」〕

36 *Ibid.,* p. 226.

37 A. Philonenko, *L'Œuvre de Kant,* Vrin, I, p. 176, et *Études kantiennes,* p. 12 sqq.〔『カントの著作』および『カント研究』〕

38. まったく反対に，図式主義の理論は，一般概念の表現性についてのバークリーの反論に対する答弁であるがゆえに，一般概念の表現性を守ると同時に，一般概念の適用可能性をも守る．その意味で，図式主義は理論理性の役割を保証する．したがって，理性を危地に陥れることもあるようなものから理性をよりよく守るために，図式主義に関する章を修正する必要はなかった．

39. 私はそのような言い回しを，カッシーラーから借りている，*loc. cit.,* p. 80.

40. *Débat sur le Kantisme,* p. 78 sq.〔「カント主義についての討論」〕

41 *Critique de la Raison pure,* p. 9〔篠田英雄訳『純粋理性批判』(上)，岩波文庫，20頁〕．というのも，客観的演繹に，認識の制限という問題の解決がかかっているからである．すなわち，もしカテゴリーが経験のカテゴリーであるならば，カテゴリーの超越的使用は不当である．

42. 上掲の『批判』の仏訳において，第一版の主観的演繹は，107頁から129頁にかけて登場している〔篠田英雄訳『純粋理性批判』(上)，岩波文庫，173-191頁〕．客観的演繹は，129頁から144頁にかけて登場している〔篠田英雄訳『純粋理性批判』(上)，岩波文庫，192-200頁〕．第二版においては，第15節から第23節にかけてが客観的演繹にあたり，第24節から第25節にかけてが主観的演繹にあたる．

43. *Débat sur le Kantisme,* p. 72.〔「カント主義についての討論」〕

44. この点に関しては，われわれの研究《La question de l'éthique après Heidegger》, in *Système et critique*〔「ハイデガー以後の倫理学の問題」，『体系と批判』に所収〕を見よ．

45. 「主体」という言葉が，それの批判的使用は別として，30年代以後の〔ハイデガーの〕語彙から消えた，ということがその証拠となっている．

46. ハイデガーのナチとのかかわり，さらには彼のそのあとの離脱の可能性についての解釈については，L. Ferry et A. Renaut, *Heidegger et les Modernes,* Grasset, 1988〔『ハイデガーと近代人』〕を参照．

47. 「超越論的哲学の転換」の企図については，K. O. Apel, *Transformation der Philosophie,* Suhrkamp, 1973, 2 vol.〔磯江景孜他抄訳『哲学の変換』二玄社〕を参照．第2巻の結論は，R. Lellouche と I. Mittmann によって，*L'Éthique à l'âge de la science,* P. U. F., 1987〔『科学時代の倫理学』〕という題名で翻訳されている．アーペルの企てについては，J.-M. Ferry, *Habermas, L'éthique de la communication,* P. U. F., 1987, p. 475 sqq.〔『ハーバマース，コミュ

ニケーション倫理』〕によってあざやかに分析されている.

48. 周知のように，アーペルはとりわけ，解釈学的，言語論的転回の成果を考慮に入れる必要性を，強調している.

49. *Fondement du droit naturel,* I re partie, section I 〔『自然法の基礎』〕を見よ. 解決法の構造の意味に関して言えば，そのような構造のフィヒテにおける出現と，その構造がマイモンの哲学のような思弁哲学において有している役割との違いについては，拙著 *Système du droit,* p. 177, n. 36〔『法の体系』〕を参照.

50. L. Ferry, *Philosophie politique,* II, P. U. F., 1984, p. 227 sqq.〔『政治哲学』〕

51. 真実と友情のために言っておくが，われわれが一緒に何年も前から指導している「コレージュ・ド・フィロゾフィー」の研究会で，リュック・フェリーが，何度もこの仮説を表明していた.

52. その点に関しては，Cassirer, *Dêbat sur le Kantisme,* p. 69〔「カント主義についての討論」〕を参照.

53. 私はここで，リュック・フェリーの協力によって書かれた論文の結論を明確な形で繰り返しておく，《La dimension êthique chez Heidegger》, in *Nachdenken über Heidegger,* recueil dirigê par U. Guzzoni, Gerstenberg Verlag, 1980〔「ハイデガーにおける倫理学の次元」，『ハイデガーをめぐる考察』に所収〕.

《叢書・ウニベルシタス　738》
個人の時代　主観性の歴史
2002年 6 月20日　初版第 1 刷発行

アラン・ルノー
水野浩二 訳
発行所　財団法人　法政大学出版局
〒102-0073 東京都千代田区九段北3-2-7
電話03(5214)5540／振替00160-6-95814
製版，印刷　三和印刷／鈴木製本所

Printed in Japan

ISBN4-588-00738-6

著者

アラン・ルノー (Alain Renaut)

1948年生まれの現代フランスの哲学者．パリ第四大学＝ソルボンヌ大学教授．リュック・フェリー（1951年生まれ）と哲学研究・哲学教育の面で協力関係にあり，本書のほか『サルトル，最後の哲学者』(93)，フェリーとの共著『68年の思想』(85)，『68年－86年　個人の道程』(87)，『反ニーチェ』(91)（以上の邦訳書は法政大学出版局刊)，『18歳の哲学』(99)，などの著書がある．ルノーはまた，『政治哲学史』（全5巻，カルマン＝レヴィ社）の総監修者でもある．

訳者

水野浩二（みずの　こうじ）

1952年北海道に生まれる．北海道大学大学院文学研究科博士課程修了．現在，札幌国際大学教授．哲学専攻．訳書：M．アンリ『マルクス』(共訳)，F．ダゴニェ『イメージの哲学』，A．ルノー『サルトル，最後の哲学者』(上記は法政大学出版局刊)．

## 叢書・ウニベルシタス

| No. | 書名 | 著者／訳者 | | (頁) |
|---|---|---|---|---|
| 1 | 芸術はなぜ必要か | E.フィッシャー／河野徹訳 | 品切 | 302 |
| 2 | 空と夢〈運動の想像力にかんする試論〉 | G.バシュラール／宇佐見英治訳 | | 442 |
| 3 | グロテスクなもの | W.カイザー／竹内豊治訳 | | 312 |
| 4 | 塹壕の思想 | T.E.ヒューム／長谷川鉱平訳 | | 316 |
| 5 | 言葉の秘密 | E.ユンガー／菅谷規矩雄訳 | | 176 |
| 6 | 論理哲学論考 | L.ヴィトゲンシュタイン／藤本,坂井訳 | | 350 |
| 7 | アナキズムの哲学 | H.リード／大沢正道訳 | | 318 |
| 8 | ソクラテスの死 | R.グアルディーニ／山村直資訳 | | 366 |
| 9 | 詩学の根本概念 | E.シュタイガー／高橋英夫訳 | | 334 |
| 10 | 科学の科学〈科学技術時代の社会〉 | M.ゴールドスミス,A.マカイ編／是永純弘訳 | | 346 |
| 11 | 科学の射程 | C.F.ヴァイツゼカー／野田,金子訳 | | 274 |
| 12 | ガリレオをめぐって | オルテガ・イ・ガセット／マタイス,佐々木訳 | | 290 |
| 13 | 幻影と現実〈詩の源泉の研究〉 | C.コードウェル／長谷川鉱平訳 | | 410 |
| 14 | 聖と俗〈宗教的なるものの本質について〉 | M.エリアーデ／風間敏夫訳 | | 286 |
| 15 | 美と弁証法 | G.ルカッチ／良知,池田,小箕訳 | | 372 |
| 16 | モラルと犯罪 | K.クラウス／小松太郎訳 | | 218 |
| 17 | ハーバート・リード自伝 | 北條文緒訳 | | 468 |
| 18 | マルクスとヘーゲル | J.イッポリット／宇津木,田口訳 | 品切 | 258 |
| 19 | プリズム〈文化批判と社会〉 | Th.W.アドルノ／竹内,山村,板倉訳 | | 246 |
| 20 | メランコリア | R.カスナー／塚越敏訳 | | 388 |
| 21 | キリスト教の苦悶 | M.de ウナムーノ／神吉,佐々木訳 | | 202 |
| 22 | アインシュタイン ゾンマーフェルト 往復書簡 | A.ヘルマン編／小林,坂口訳 | 品切 | 194 |
| 23<br>24 | 群衆と権力(上・下) | E.カネッティ／岩田行一訳 | | 440<br>356 |
| 25 | 問いと反問〈芸術論集〉 | W.ヴォリンガー／土肥美夫訳 | | 272 |
| 26 | 感覚の分析 | E.マッハ／須藤,廣松訳 | | 386 |
| 27<br>28 | 批判的モデル集(I・II) | Th.W.アドルノ／大久保健治訳 | 〈品切<br>品切〉 | I 232<br>II 272 |
| 29 | 欲望の現象学 | R.ジラール／古田幸男訳 | | 370 |
| 30 | 芸術の内面への旅 | E.ヘラー／河原,杉浦,渡辺訳 | 品切 | 284 |
| 31 | 言語起源論 | ヘルダー／大阪大学ドイツ近代文学研究会訳 | | 270 |
| 32 | 宗教の自然史 | D.ヒューム／福鎌,斎藤訳 | | 144 |
| 33 | プロメテウス〈ギリシア人の解した人間存在〉 | K.ケレーニイ／辻村誠三訳 | 品切 | 268 |
| 34 | 人格とアナーキー | E.ムーニエ／山崎,佐藤訳 | | 292 |
| 35 | 哲学の根本問題 | E.ブロッホ／竹内豊治訳 | | 194 |
| 36 | 自然と美学〈形体・美・芸術〉 | R.カイヨワ／山口三夫訳 | | 112 |
| 37<br>38 | 歴史論(I・II) | G.マン／加藤,宮野訳 | I・品切<br>II・品切 | 274<br>202 |
| 39 | マルクスの自然概念 | A.シュミット／元浜清海訳 | | 316 |
| 40 | 書物の本〈西欧の書物と文化の歴史.書物の美学〉 | H.プレッサー／轡田収訳 | | 448 |
| 41<br>42 | 現代への序説(上・下) | H.ルフェーヴル／宗,古田監訳 | | 220<br>296 |
| 43 | 約束の地を見つめて | E.フォール／古田幸男訳 | | 320 |
| 44 | スペクタクルと社会 | J.デュビニョー／渡辺淳訳 | 品切 | 188 |
| 45 | 芸術と神話 | E.グラッシ／榎本久彦訳 | | 266 |
| 46 | 古きものと新しきもの | M.ロベール／城山,島,円子訳 | | 318 |
| 47 | 国家の起源 | R.H.ローウィ／古賀英三郎訳 | | 204 |
| 48 | 人間と死 | E.モラン／古田幸男訳 | | 448 |
| 49 | プルーストとシーニュ(増補版) | G.ドゥルーズ／宇波彰訳 | | 252 |
| 50 | 文明の滴定〈科学技術と中国の社会〉 | J.ニーダム／橋本敬造訳 | 品切 | 452 |
| 51 | プスタの民 | I.ジュラ／加藤二郎訳 | | 382 |

## 叢書・ウニベルシタス

| No. | 書名 | 著者／訳者 | | (頁) |
|---|---|---|---|---|
| 52 53 | 社会学的思考の流れ（I・II） | R.アロン／北川，平野，他訳 | | I・350 II・392 |
| 54 | ベルクソンの哲学 | G.ドゥルーズ／宇波彰訳 | | 142 |
| 55 | 第三帝国の言語LTI〈ある言語学者のノート〉 | V.クレムペラー／羽田，藤平，赤井，中村訳 | | 442 |
| 56 | 古代の芸術と祭祀 | J.E.ハリスン／星野徹訳 | | 222 |
| 57 | ブルジョワ精神の起源 | B.グレトゥイゼン／野沢協訳 | | 394 |
| 58 | カントと物自体 | E.アディッケス／赤松常弘訳 | | 300 |
| 59 | 哲学的素描 | S.K.ランガー／塚本，星野訳 | | 250 |
| 60 | レーモン・ルーセル | M.フーコー／豊崎光一訳 | | 268 |
| 61 | 宗教とエロス | W.シューバルト／石川，平田，山本訳 | 品切 | 398 |
| 62 | ドイツ悲劇の根源 | W.ベンヤミン／川村，三城訳 | | 316 |
| 63 | 鍛えられた心〈強制収容所における心理と行動〉 | B.ベテルハイム／丸山修吉訳 | | 340 |
| 64 | 失われた範列〈人間の自然性〉 | E.モラン／古田幸男訳 | | 308 |
| 65 | キリスト教の起源 | K.カウツキー／栗原佑訳 | | 534 |
| 66 | ブーバーとの対話 | W.クラフト／板倉敏之訳 | | 206 |
| 67 | プロデメの変貌〈フランスのコミューン〉 | E.モラン／宇波彰訳 | | 450 |
| 68 | モンテスキューとルソー | E.デュルケーム／小関，川喜多訳 | 品切 | 312 |
| 69 | 芸術と文明 | K.クラーク／河野徹訳 | | 680 |
| 70 | 自然宗教に関する対話 | D.ヒューム／福鎌，斎藤訳 | | 196 |
| 上・71 下・72 | キリスト教の中の無神論（上・下） | E.ブロッホ／竹内，高尾訳 | | 上・234 下・304 |
| 73 | ルカーチとハイデガー | L.ゴルドマン／川俣晃自訳 | | 308 |
| 74 | 断　想　1942—1948 | E.カネッティ／岩田行一訳 | | 286 |
| 75 76 | 文明化の過程（上・下） | N.エリアス／吉田，中村，波田，他訳 | | 上・466 下・504 |
| 77 | ロマンスとリアリズム | C.コードウェル／玉井，深井，山本訳 | | 238 |
| 78 | 歴史と構造 | A.シュミット／花崎皋平訳 | | 192 |
| 79 80 | エクリチュールと差異（上・下） | J.デリダ／若桑，野村，阪上，三好，他訳 | | 上・378 下・296 |
| 81 | 時間と空間 | E.マッハ／野家啓一編訳 | | 258 |
| 82 | マルクス主義と人格の理論 | L.セーヴ／大津真作訳 | | 708 |
| 83 | ジャン=ジャック・ルソー | B.グレトゥイゼン／小池健男訳 | | 394 |
| 84 | ヨーロッパ精神の危機 | P.アザール／野沢協訳 | | 772 |
| 85 | カフカ〈マイナー文学のために〉 | G.ドゥルーズ，F.ガタリ／宇波，岩田訳 | | 210 |
| 86 | 群衆の心理 | H.ブロッホ／入野田，小崎，小岸訳 | 品切 | 580 |
| 87 | ミニマ・モラリア | Th.W.アドルノ／三光長治訳 | | 430 |
| 88 89 | 夢と人間社会（上・下） | R.カイヨワ，他／三好郁郎，他訳 | | 上・374 下・340 |
| 90 | 自由の構造 | C.ベイ／横越英一訳 | | 744 |
| 91 | 1848年〈二月革命の精神史〉 | J.カスー／野沢協，他訳 | | 326 |
| 92 | 自然の統一 | C.F.ヴァイツゼカー／斎藤，河井訳 | 品切 | 560 |
| 93 | 現代戯曲の理論 | P.ションディ／市村，丸山訳 | 品切 | 250 |
| 94 | 百科全書の起源 | F.ヴェントゥーリ／大津真作訳 | 品切 | 324 |
| 95 | 推測と反駁〈科学的知識の発展〉 | K.R.ポパー／藤本，石垣，森訳 | | 816 |
| 96 | 中世の共産主義 | K.カウツキー／栗原佑訳 | | 400 |
| 97 | 批評の解剖 | N.フライ／海老根，中村，出淵，山内訳 | | 580 |
| 98 | あるユダヤ人の肖像 | A.メンミ／菊地，白井訳 | | 396 |
| 99 | 分類の未開形態 | E.デュルケーム／小関藤一郎訳 | 品切 | 232 |
| 100 | 永遠に女性的なるもの | H.ド・リュバック／山崎庸一郎訳 | | 360 |
| 101 | ギリシア神話の本質 | G.S.カーク／吉田，辻村，松田訳 | 品切 | 390 |
| 102 | 精神分析における象徴界 | G.ロゾラート／佐々木孝次訳 | | 508 |
| 103 | 物の体系〈記号の消費〉 | J.ボードリヤール／宇波彰訳 | | 280 |

| | | | | (頁) |
|---|---|---|---|---|
| 104 | 言語芸術作品〔第2版〕 | W.カイザー／柴田斎訳 | 品切 | 688 |
| 105 | 同時代人の肖像 | F.ブライ／池内紀訳 | | 212 |
| 106 | レオナルド・ダ・ヴィンチ〔第2版〕 | K.クラーク／丸山, 大河内訳 | | 344 |
| 107 | 宮廷社会 | N.エリアス／波田, 中埜, 吉田訳 | | 480 |
| 108 | 生産の鏡 | J.ボードリヤール／宇波, 今村訳 | | 184 |
| 109 | 祭祀からロマンスへ | J.L.ウェストン／丸小哲雄訳 | | 290 |
| 110 | マルクスの欲求理論 | A.ヘラー／良知, 小箕訳 | | 198 |
| 111 | 大革命前夜のフランス | A.ソブール／山崎耕一訳 | 品切 | 422 |
| 112 | 知覚の現象学 | メルロ=ポンティ／中島盛夫訳 | | 904 |
| 113 | 旅路の果てに〈アルペイオスの流れ〉 | R.カイヨワ／金井裕訳 | | 222 |
| 114 | 孤独の迷宮〈メキシコの文化と歴史〉 | O.パス／高山, 熊谷訳 | | 320 |
| 115 | 暴力と聖なるもの | R.ジラール／古田幸男訳 | | 618 |
| 116 | 歴史をどう書くか | P.ヴェーヌ／大津真作訳 | | 604 |
| 117 | 記号の経済学批判 | J.ボードリヤール／今村, 宇波, 桜井訳 | 品切 | 304 |
| 118 | フランス紀行〈1787, 1788&1789〉 | A.ヤング／宮崎洋訳 | | 432 |
| 119 | 供　犠 | M.モース, H.ユベール／小関藤一郎訳 | | 296 |
| 120 | 差異の目録〈歴史を変えるフーコー〉 | P.ヴェーヌ／大津真作訳 | 品切 | 198 |
| 121 | 宗教とは何か | G.メンシング／田中, 下宮訳 | | 442 |
| 122 | ドストエフスキー | R.ジラール／鈴木晶訳 | | 200 |
| 123 | さまざまな場所〈死の影の都市をめぐる〉 | J.アメリー／池内紀訳 | | 210 |
| 124 | 生　成〈概念をこえる試み〉 | M.セール／及川馥訳 | | 272 |
| 125 | アルバン・ベルク | Th.W.アドルノ／平野嘉彦訳 | | 320 |
| 126 | 映画　あるいは想像上の人間 | E.モラン／渡辺淳訳 | | 320 |
| 127 | 人間論〈時間・責任・価値〉 | R.インガルデン／武井, 赤松訳 | | 294 |
| 128 | カント〈その生涯と思想〉 | A.グリガ／西牟田, 浜田訳 | | 464 |
| 129 | 同一性の寓話〈詩的神話学の研究〉 | N.フライ／駒沢大学フライ研究会訳 | | 496 |
| 130 | 空間の心理学 | A.モル, E.ロメル／渡辺淳訳 | | 326 |
| 131 | 飼いならされた人間と野性的人間 | S.モスコヴィッシ／古田幸男訳 | | 336 |
| 132 | 方　法　1．自然の自然 | E.モラン／大津真作訳 | 品切 | 658 |
| 133 | 石器時代の経済学 | M.サーリンズ／山内昶訳 | | 464 |
| 134 | 世の初めから隠されていること | R.ジラール／小池健男訳 | | 760 |
| 135 | 群衆の時代 | S.モスコヴィッシ／古田幸男訳 | 品切 | 664 |
| 136 | シミュラークルとシミュレーション | J.ボードリヤール／竹原あき子訳 | | 234 |
| 137 | 恐怖の権力〈アブジェクシオン〉試論 | J.クリステヴァ／枝川昌雄訳 | | 420 |
| 138 | ボードレールとフロイト | L.ベルサーニ／山縣直子訳 | | 240 |
| 139 | 悪しき造物主 | E.M.シオラン／金井裕訳 | | 228 |
| 140 | 終末論と弁証法〈マルクスの社会・政治思想〉 | S.アヴィネリ／中村恒矩訳 | 品切 | 392 |
| 141 | 経済人類学の現在 | F.プイヨン編／山内昶訳 | | 236 |
| 142 | 視覚の瞬間 | K.クラーク／北條文緒訳 | | 304 |
| 143 | 罪と罰の彼岸 | J.アメリー／池内紀訳 | | 210 |
| 144 | 時間・空間・物質 | B.K.ライドレー／中島龍三訳 | 品切 | 226 |
| 145 | 離脱の試み〈日常生活への抵抗〉 | S.コーエン, N.テイラー／石黒毅訳 | | 321 |
| 146 | 人間怪物論〈人間脱走の哲学の素描〉 | U.ホルストマン／加藤二郎訳 | | 206 |
| 147 | カントの批判哲学 | G.ドゥルーズ／中島盛夫訳 | | 160 |
| 148 | 自然と社会のエコロジー | S.モスコヴィッシ／久米, 原訳 | | 440 |
| 149 | 壮大への渇仰 | L.クローネンバーガー／岸, 倉田訳 | | 368 |
| 150 | 奇蹟論・迷信論・自殺論 | D.ヒューム／福鎌, 斎藤訳 | | 200 |
| 151 | クルティウス－ジッド往復書簡 | ディークマン編／円子千代訳 | | 376 |
| 152 | 離脱の寓話 | M.セール／及川馥訳 | | 178 |

| | | | | （頁） |
|---|---|---|---|---|
| 153 | エクスタシーの人類学 | I.M.ルイス／平沼孝之訳 | | 352 |
| 154 | ヘンリー・ムア | J.ラッセル／福田真一訳 | | 340 |
| 155 | 誘惑の戦略 | J.ボードリヤール／宇波彰訳 | | 260 |
| 156 | ユダヤ神秘主義 | G.ショーレム／山下, 石丸, 他訳 | | 644 |
| 157 | 蜂の寓話〈私悪すなわち公益〉 | B.マンデヴィル／泉谷治訳 | | 412 |
| 158 | アーリア神話 | L.ポリアコフ／アーリア主義研究会訳 | | 544 |
| 159 | ロベスピエールの影 | P.ガスカール／佐藤和生訳 | | 440 |
| 160 | 元型の空間 | E.ゾラ／丸小哲雄訳 | | 336 |
| 161 | 神秘主義の探究〈方法論的考察〉 | E.スタール／宮元啓一, 他訳 | | 362 |
| 162 | 放浪のユダヤ人〈ロート・エッセイ集〉 | J.ロート／平田, 吉田訳 | | 344 |
| 163 | ルフー, あるいは取壊し | J.アメリー／神崎巌訳 | | 250 |
| 164 | 大世界劇場〈宮廷祝宴の時代〉 | R.アレヴィン, K.ゼルツレ／円子修平訳 | 品切 | 200 |
| 165 | 情念の政治経済学 | A.ハーシュマン／佐々木, 旦訳 | | 192 |
| 166 | メモワール〈1940-44〉 | レミ／築島謙三訳 | | 520 |
| 167 | ギリシア人は神話を信じたか | P.ヴェーヌ／大津真作訳 | 品切 | 340 |
| 168 | ミメーシスの文学と人類学 | R.ジラール／浅野敏夫訳 | | 410 |
| 169 | カバラとその象徴的表現 | G.ショーレム／岡部, 小岸訳 | | 340 |
| 170 | 身代りの山羊 | R.ジラール／織田, 富永訳 | 品切 | 384 |
| 171 | 人間〈その本性および世界における位置〉 | A.ゲーレン／平野具男訳 | | 608 |
| 172 | コミュニケーション〈ヘルメスⅠ〉 | M.セール／豊田, 青木訳 | | 358 |
| 173 | 道　化〈つまずきの現象学〉 | G.v.バルレーヴェン／片岡啓治訳 | 品切 | 260 |
| 174 | いま, ここで〈アウシュヴィッツとヒロシマ以後の哲学的考察〉 | G.ピヒト／斎藤, 浅野, 大野, 河井訳 | | 600 |
| 175<br>176<br>177 | 真理と方法〔全三冊〕 | H.-G.ガダマー／轡田, 麻生, 三島, 他訳 | | Ⅰ・350<br>Ⅱ・<br>Ⅲ・ |
| 178 | 時間と他者 | E.レヴィナス／原田佳彦訳 | | 140 |
| 179 | 構成の詩学 | B.ウスペンスキイ／川崎, 大石訳 | 品切 | 282 |
| 180 | サン=シモン主義の歴史 | S.シャルレティ／沢崎, 小杉訳 | | 528 |
| 181 | 歴史と文芸批評 | G.デルフォ, A.ロッシュ／川中子弘訳 | | 472 |
| 182 | ミケランジェロ | H.ヒバード／中山, 小野訳 | 品切 | 578 |
| 183 | 観念と物質〈思考・経済・社会〉 | M.ゴドリエ／山内昶訳 | | 340 |
| 184 | 四つ裂きの刑 | E.M.シオラン／金井裕訳 | | 234 |
| 185 | キッチュの心理学 | A.モル／万沢正美訳 | | 344 |
| 186 | 領野の漂流 | J.ヴィヤール／山下俊一訳 | | 226 |
| 187 | イデオロギーと想像力 | G.C.カバト／小箕俊介訳 | | 300 |
| 188 | 国家の起源と伝承〈古代インド社会史論〉 | R.=ターパル／山崎, 成澤訳 | | 322 |
| 189 | ベルナール師匠の秘密 | P.ガスカール／佐藤和生訳 | | 374 |
| 190 | 神の存在論的証明 | D.ヘンリッヒ／本間, 須田, 座小田, 他訳 | | 456 |
| 191 | アンチ・エコノミクス | J.アタリ, M.ギヨーム／斎藤, 安孫子訳 | | 322 |
| 192 | クローチェ政治哲学論集 | B.クローチェ／上村忠男編訳 | | 188 |
| 193 | フィヒテの根源的洞察 | D.ヘンリッヒ／座小田, 小松訳 | | 184 |
| 194 | 哲学の起源 | オルテガ・イ・ガセット／佐々木孝訳 | 品切 | 224 |
| 195 | ニュートン力学の形成 | ベー・エム・ゲッセン／秋間実, 他訳 | | 312 |
| 196 | 遊びの遊び | J.デュビニョー／渡辺淳訳 | 品切 | 160 |
| 197 | 技術時代の魂の危機 | A.ゲーレン／平野具男訳 | 品切 | 222 |
| 198 | 儀礼としての相互行為 | E.ゴッフマン／広瀬, 安江訳 | 品切 | 376 |
| 199 | 他者の記号学〈アメリカ大陸の征服〉 | T.トドロフ／及川, 大谷, 菊地訳 | | 370 |
| 200 | カント政治哲学の講義 | H.アーレント著, R.ベイナー編／浜田監訳 | | 302 |
| 201 | 人類学と文化記号論 | M.サーリンズ／山内昶訳 | | 354 |
| 202 | ロンドン散策 | F.トリスタン／小杉, 浜本訳 | | 484 |

| | | | | （頁） |
|---|---|---|---|---|
| 203 | 秩序と無秩序 | J.-P.デュピュイ／古田幸男訳 | | 324 |
| 204 | 象徴の理論 | T.トドロフ／及川馥，他訳 | | 536 |
| 205 | 資本とその分身 | M.ギヨーム／斉藤日出治訳 | | 240 |
| 206 | 干　渉〈ヘルメスII〉 | M.セール／豊田彰訳 | | 276 |
| 207 | 自らに手をくだし〈自死について〉 | J.アメリー／大河内了義訳 | | 222 |
| 208 | フランス人とイギリス人 | R.フェイバー／北條，大島訳 | 品切 | 304 |
| 209 | カーニバル〈その歴史的・文化的考察〉 | J.カロ・バロッハ／佐々木孝訳 | 品切 | 622 |
| 210 | フッサール現象学 | A.F.アグィーレ／川島，工藤，林訳 | | 232 |
| 211 | 文明の試練 | J.M.カディヒィ／塚本，秋山，寺西，島訳 | | 538 |
| 212 | 内なる光景 | J.ポミエ／角山，池部訳 | | 526 |
| 213 | 人間の原型と現代の文化 | A.ゲーレン／池井望訳 | | 422 |
| 214 | ギリシアの光と神々 | K.ケレーニイ／円子修平訳 | | 178 |
| 215 | 初めに愛があった〈精神分析と信仰〉 | J.クリステヴァ／枝川昌雄訳 | | 146 |
| 216 | バロックとロココ | W.v.ニーベルシュッツ／竹内章訳 | | 164 |
| 217 | 誰がモーセを殺したか | S.A.ハンデルマン／山形和美訳 | | 514 |
| 218 | メランコリーと社会 | W.レペニース／岩田，小竹訳 | | 380 |
| 219 | 意味の論理学 | G.ドゥルーズ／岡田，宇波訳 | | 460 |
| 220 | 新しい文化のために | P.ニザン／木内孝訳 | | 352 |
| 221 | 現代心理論集 | P.ブールジェ／平岡，伊藤訳 | | 362 |
| 222 | パラジット〈寄食者の論理〉 | M.セール／及川，米山訳 | | 466 |
| 223 | 虐殺された鳩〈暴力と国家〉 | H.ラボリ／川中子弘訳 | | 240 |
| 224 | 具象空間の認識論〈反・解釈学〉 | F.ダゴニェ／金森修訳 | | 300 |
| 225 | 正常と病理 | G.カンギレム／滝沢武久訳 | | 320 |
| 226 | フランス革命論 | J.G.フィヒテ／桝田啓三郎訳 | | 396 |
| 227 | クロード・レヴィ=ストロース | O.パス／鼓，木村訳 | | 160 |
| 228 | バロックの生活 | P.ラーンシュタイン／波田節夫訳 | | 520 |
| 229 | うわさ〈もっとも古いメディア〉増補版 | J.-N.カプフェレ／古田幸男訳 | | 394 |
| 230 | 後期資本制社会システム | C.オッフェ／寿福真美編訳 | | 358 |
| 231 | ガリレオ研究 | A.コイレ／菅谷暁訳 | | 482 |
| 232 | アメリカ | J.ボードリヤール／田中正人訳 | | 220 |
| 233 | 意識ある科学 | E.モラン／村上光彦訳 | | 400 |
| 234 | 分子革命〈欲望社会のミクロ分析〉 | F.ガタリ／杉村昌昭訳 | | 340 |
| 235 | 火，そして霧の中の信号—ゾラ | M.セール／寺田光徳訳 | | 568 |
| 236 | 煉獄の誕生 | J.ル・ゴッフ／渡辺，内田訳 | | 698 |
| 237 | サハラの夏 | E.フロマンタン／川端康夫訳 | | 336 |
| 238 | パリの悪魔 | P.ガスカール／佐藤和夫訳 | | 256 |
| 239<br>240 | 自然の人間的歴史（上・下） | S.モスコヴィッシ／大津真作訳 | | 上・494<br>下・390 |
| 241 | ドン・キホーテ頌 | P.アザール／円子千代訳 | 品切 | 348 |
| 242 | ユートピアへの勇気 | G.ピヒト／河井徳治訳 | | 202 |
| 243 | 現代社会とストレス〔原書改訂版〕 | H.セリエ／杉，田多井，藤井，竹宮訳 | | 482 |
| 244 | 知識人の終焉 | J.-F.リオタール／原田佳彦，他訳 | | 140 |
| 245 | オマージュの試み | E.M.シオラン／金井裕訳 | | 154 |
| 246 | 科学の時代における理性 | H.-G.ガダマー／本間，座小田訳 | | 158 |
| 247 | イタリア人の太古の知恵 | G.ヴィーコ／上村忠男訳 | | 190 |
| 248 | ヨーロッパを考える | E.モラン／林　勝一訳 | | 238 |
| 249 | 労働の現象学 | J.-L.プチ／今村，松島訳 | | 388 |
| 250 | ポール・ニザン | Y.イシャグプール／川俣晃自訳 | | 356 |
| 251 | 政治的判断力 | R.ベイナー／浜田義文監訳 | | 310 |
| 252 | 知覚の本性〈初期論文集〉 | メルロ=ポンティ／加賀野井秀一訳 | | 158 |

| | | | | (頁) |
|---|---|---|---|---|
| 253 | 言語の牢獄 | F.ジェームソン／川口喬一訳 | | 292 |
| 254 | 失望と参画の現象学 | A.O.ハーシュマン／佐々木,杉田訳 | | 204 |
| 255 | はかない幸福―ルソー | T.トドロフ／及川馥訳 | | 162 |
| 256 | 大学制度の社会史 | H.W.プラール／山本尤訳 | | 408 |
| 257<br>258 | ドイツ文学の社会史（上・下） | J.ベルク,他／山本,三島,保坂,鈴木訳 | | 上・766<br>下・648 |
| 259 | アランとルソー〈教育哲学試論〉 | A.カルネック／安斎,並木訳 | | 304 |
| 260 | 都市・階級・権力 | M.カステル／石川淳志監訳 | | 296 |
| 261 | 古代ギリシア人 | M.I.フィンレー／山形和美訳 | 品切 | 296 |
| 262 | 象徴表現と解釈 | T.トドロフ／小林,及川訳 | | 244 |
| 263 | 声の回復〈回想の試み〉 | L.マラン／梶野吉郎訳 | | 246 |
| 264 | 反射概念の形成 | G.カンギレム／金森修訳 | | 304 |
| 265 | 芸術の手相 | G.ピコン／末永照和訳 | | 294 |
| 266 | エチュード〈初期認識論集〉 | G.バシュラール／及川馥訳 | | 166 |
| 267 | 邪な人々の昔の道 | R.ジラール／小池健男訳 | | 270 |
| 268 | 〈誠実〉と〈ほんもの〉 | L.トリリング／野島秀勝訳 | | 264 |
| 269 | 文の抗争 | J.-F.リオタール／陸井四郎,他訳 | | 410 |
| 270 | フランス革命と芸術 | J.スタロバンスキー／井上尭裕訳 | | 286 |
| 271 | 野生人とコンピューター | J.-M.ドムナック／古田幸男訳 | | 228 |
| 272 | 人間と自然界 | K.トマス／山内昶,他訳 | | 618 |
| 273 | 資本論をどう読むか | J.ビデ／今村仁司,他訳 | | 450 |
| 274 | 中世の旅 | N.オーラー／藤代幸一訳 | | 488 |
| 275 | 変化の言語〈治療コミュニケーションの原理〉 | P.ワツラウィック／築島謙三訳 | | 212 |
| 276 | 精神の売春としての政治 | T.クンナス／木戸,佐々木訳 | | 258 |
| 277 | スウィフト政治・宗教論集 | J.スウィフト／中野,海保訳 | | 490 |
| 278 | 現実とその分身 | C.ロセ／金井裕訳 | | 168 |
| 279 | 中世の高利貸 | J.ル・ゴッフ／渡辺香根夫訳 | | 170 |
| 280 | カルデロンの芸術 | M.コメレル／岡部仁訳 | | 270 |
| 281 | 他者の言語〈デリダの日本講演〉 | J.デリダ／高橋允昭編訳 | | 406 |
| 282 | ショーペンハウアー | R.ザフランスキー／山本尤訳 | | 646 |
| 283 | フロイトと人間の魂 | B.ベテルハイム／藤瀬恭子訳 | | 174 |
| 284 | 熱　狂〈カントの歴史批判〉 | J.-F.リオタール／中島盛夫訳 | | 210 |
| 285 | カール・カウツキー 1854-1938 | G.P.スティーンソン／時永,河野訳 | | 496 |
| 286 | 形而上学と神の思想 | W.パネンベルク／座小田,諸岡訳 | | 186 |
| 287 | ドイツ零年 | E.モラン／古田幸男訳 | | 364 |
| 288 | 物の地獄〈ルネ・ジラールと経済の論理〉 | デュムシェル，デュピュイ／織田,富永訳 | | 320 |
| 289 | ヴィーコ自叙伝 | G.ヴィーコ／福鎌忠恕訳 | 品切 | 448 |
| 290 | 写真論〈その社会的効用〉 | P.ブルデュー／山縣熙,山縣直子訳 | | 438 |
| 291 | 戦争と平和 | S.ボク／大沢正道訳 | | 224 |
| 292 | 意味と意味の発展 | R.A.ウォルドロン／築島謙三訳 | | 294 |
| 293 | 生態平和とアナーキー | U.リンゼ／内田,杉村訳 | | 270 |
| 294 | 小説の精神 | M.クンデラ／金井,浅野訳 | | 208 |
| 295 | フィヒテ-シェリング往復書簡 | W.シュルツ解説／座小田,後藤訳 | | 220 |
| 296 | 出来事と危機の社会学 | E.モラン／浜名,福井訳 | | 622 |
| 297 | 宮廷風恋愛の技術 | A.カペルラヌス／野島秀勝訳 | | 334 |
| 298 | 野蛮〈科学主義の独裁と文化の危機〉 | M.アンリ／山形,望月訳 | | 292 |
| 299 | 宿命の戦略 | J.ボードリヤール／竹原あき子訳 | | 260 |
| 300 | ヨーロッパの日記 | G.R.ホッケ／石丸,柴田,信岡訳 | | 1330 |
| 301 | 記号と夢想〈演劇と祝祭についての考察〉 | A.シモン／岩瀬孝監修．佐藤,伊藤,他訳 | | 388 |
| 302 | 手と精神 | J.ブラン／中村文郎訳 | | 284 |

| | | | | (頁) |
|---|---|---|---|---|
| 303 | 平等原理と社会主義 | L.シュタイン／石川, 石塚, 柴田訳 | | 676 |
| 304 | 死にゆく者の孤独 | N.エリアス／中居実訳 | | 150 |
| 305 | 知識人の黄昏 | W.シヴェルブシュ／初見基訳 | | 240 |
| 306 | トマス・ペイン〈社会思想家の生涯〉 | A.J.エイヤー／大熊昭信訳 | | 378 |
| 307 | われらのヨーロッパ | F.ヘール／杉浦健之訳 | | 614 |
| 308 | 機械状無意識〈スキゾ-分析〉 | F.ガタリ／高岡幸一訳 | | 426 |
| 309 | 聖なる真理の破壊 | H.ブルーム／山形和美訳 | | 400 |
| 310 | 諸科学の機能と人間の意義 | E.パーチ／上村忠男監訳 | | 552 |
| 311 | 翻　訳〈ヘルメスIII〉 | M.セール／豊田, 輪田訳 | | 404 |
| 312 | 分　布〈ヘルメスIV〉 | M.セール／豊田彰訳 | | 440 |
| 313 | 外国人 | J.クリステヴァ／池田和子訳 | | 284 |
| 314 | マルクス | M.アンリ／杉山, 水野訳 | 品切 | 612 |
| 315 | 過去からの警告 | E.シャルガフ／山本, 内藤訳 | | 308 |
| 316 | 面・表面・界面〈一般表層論〉 | F.ダゴニェ／金森, 今野訳 | | 338 |
| 317 | アメリカのサムライ | F.G.ノートヘルファー／飛鳥井雅道訳 | | 512 |
| 318 | 社会主義か野蛮か | C.カストリアディス／江口幹訳 | | 490 |
| 319 | 遍　歴〈法, 形式, 出来事〉 | J.-F.リオタール／小野康男訳 | | 200 |
| 320 | 世界としての夢 | D.ウスラー／谷　徹訳 | | 566 |
| 321 | スピノザと表現の問題 | G.ドゥルーズ／工藤, 小柴, 小谷訳 | | 460 |
| 322 | 裸体とはじらいの文化史 | H.P.デュル／藤代, 三谷訳 | | 572 |
| 323 | 五　感〈混合体の哲学〉 | M.セール／米山親能訳 | | 582 |
| 324 | 惑星軌道論 | G.W.F.ヘーゲル／村上恭一訳 | | 250 |
| 325 | ナチズムと私の生活〈仙台からの告発〉 | K.レーヴィット／秋間実訳 | | 334 |
| 326 | ベンヤミン-ショーレム往復書簡 | G.ショーレム編／山本尤訳 | | 440 |
| 327 | イマヌエル・カント | O.ヘッフェ／薮木栄夫訳 | | 374 |
| 328 | 北西航路〈ヘルメスV〉 | M.セール／青木研二訳 | | 260 |
| 329 | 聖杯と剣 | R.アイスラー／野島秀勝訳 | | 486 |
| 330 | ユダヤ人国家 | Th.ヘルツル／佐藤康彦訳 | | 206 |
| 331 | 十七世紀イギリスの宗教と政治 | C.ヒル／小野功生訳 | | 586 |
| 332 | 方　法　2. 生命の生命 | E.モラン／大津真作訳 | | 838 |
| 333 | ヴォルテール | A.J.エイヤー／中川, 吉岡訳 | | 268 |
| 334 | 哲学の自食症候群 | J.ブーヴレス／大平具彦訳 | | 266 |
| 335 | 人間学批判 | レペニース, ノルテ／小竹澄栄訳 | | 214 |
| 336 | 自伝のかたち | W.C.スペンジマン／船倉正憲訳 | | 384 |
| 337 | ポストモダニズムの政治学 | L.ハッチオン／川口喬一訳 | | 332 |
| 338 | アインシュタインと科学革命 | L.S.フォイヤー／村上, 成定, 大谷訳 | | 474 |
| 339 | ニーチェ | G.ピヒト／青木隆嘉訳 | | 562 |
| 340 | 科学史・科学哲学研究 | G.カンギレム／金森修監訳 | | 674 |
| 341 | 貨幣の暴力 | アグリエッタ, オルレアン／井上, 斉藤訳 | | 506 |
| 342 | 象徴としての円 | M.ルルカー／竹内章訳 | | 186 |
| 343 | ベルリンからエルサレムへ | G.ショーレム／岡部仁訳 | | 226 |
| 344 | 批評の批評 | T.トドロフ／及川, 小林訳 | | 298 |
| 345 | ソシュール講義録注解 | F.de　ソシュール／前田英樹・訳注 | | 204 |
| 346 | 歴史とデカダンス | P.ショーニュー／大谷尚文訳 | | 552 |
| 347 | 続・いま, ここで | G.ピヒト／斎藤, 大野, 福島, 浅野訳 | | 580 |
| 348 | バフチン以後 | D.ロッジ／伊藤誓訳 | | 410 |
| 349 | 再生の女神セドナ | H.P.デュル／原研二訳 | | 622 |
| 350 | 宗教と魔術の衰退 | K.トマス／荒木正純訳 | | 1412 |
| 351 | 神の思想と人間の自由 | W.パネンベルク／座小田, 諸岡訳 | | 186 |

| | | | | (頁) |
|---|---|---|---|---|
| 352 | 倫理・政治的ディスクール | O.ヘッフェ／青木隆嘉訳 | | 312 |
| 353 | モーツァルト | N.エリアス／青木隆嘉訳 | | 198 |
| 354 | 参加と距離化 | N.エリアス／波田, 道籏訳 | | 276 |
| 355 | 二十世紀からの脱出 | E.モラン／秋枝茂夫訳 | | 384 |
| 356 | 無限の二重化 | W.メニングハウス／伊藤秀一訳 | | 350 |
| 357 | フッサール現象学の直観理論 | E.レヴィナス／佐藤, 桑野訳 | | 506 |
| 358 | 始まりの現象 | E.W.サイード／山形, 小林訳 | | 684 |
| 359 | サテュリコン | H.P.デュル／原研二訳 | | 258 |
| 360 | 芸術と疎外 | H.リード／増渕正史訳 | 品切 | 262 |
| 361 | 科学的理性批判 | K.ヒュプナー／神野, 中才, 熊谷訳 | | 476 |
| 362 | 科学と懐疑論 | J.ワトキンス／中才敏郎訳 | | 354 |
| 363 | 生きものの迷路 | A.モール, E.ロメル／古田幸男訳 | | 240 |
| 364 | 意味と力 | G.バランディエ／小関藤一郎訳 | | 406 |
| 365 | 十八世紀の文人科学者たち | W.レペニース／小川さくえ訳 | | 182 |
| 366 | 結晶と煙のあいだ | H.アトラン／阪上脩訳 | | 376 |
| 367 | 生への闘争〈闘争本能・性・意識〉 | W.J.オング／高柳, 橋爪訳 | | 326 |
| 368 | レンブラントとイタリア・ルネサンス | K.クラーク／尾崎, 芳野訳 | | 334 |
| 369 | 権力の批判 | A.ホネット／河上倫逸監訳 | | 476 |
| 370 | 失われた美学〈マルクスとアヴァンギャルド〉 | M.A.ローズ／長田, 池田, 長野, 長田訳 | | 332 |
| 371 | ディオニュソス | M.ドゥティエンヌ／及川, 吉岡訳 | | 164 |
| 372 | メディアの理論 | F.イングリス／伊藤, 磯山訳 | | 380 |
| 373 | 生き残ること | B.ベテルハイム／高尾利数訳 | | 646 |
| 374 | バイオエシックス | F.ダゴニェ／金森, 松浦訳 | | 316 |
| 375<br>376 | エディプスの謎（上・下） | N.ビショッフ／藤代, 井本, 他訳 | | 上・450<br>下・464 |
| 377 | 重大な疑問〈懐疑的省察録〉 | E.シャルガフ／山形, 小野, 他訳 | | 404 |
| 378 | 中世の食生活〈断食と宴〉 | B.A.ヘニッシュ／藤原保明訳 | 品切 | 538 |
| 379 | ポストモダン・シーン | A.クローカー, D.クック／大熊昭信訳 | | 534 |
| 380 | 夢の時〈野生と文明の境界〉 | H.P.デュル／岡部, 原, 須永, 荻野訳 | | 674 |
| 381 | 理性よ，さらば | P.ファイヤアーベント／植木哲也訳 | | 454 |
| 382 | 極限に面して | T.トドロフ／宇京頼三訳 | | 376 |
| 383 | 自然の社会化 | K.エーダー／寿福真美監訳 | | 474 |
| 384 | ある反時代的考察 | K.レーヴィット／中村啓, 永沼更始郎訳 | | 526 |
| 385 | 図書館炎上 | W.シヴェルブシュ／福本義憲訳 | | 274 |
| 386 | 騎士の時代 | F.v.ラウマー／柳井尚子訳 | | 506 |
| 387 | モンテスキュー〈その生涯と思想〉 | J.スタロバンスキー／古賀英三郎, 高橋誠訳 | | 312 |
| 388 | 理解の鋳型〈東西の思想経験〉 | J.ニーダム／井上英明訳 | | 510 |
| 389 | 風景画家レンブラント | E.ラルセン／大谷, 尾崎訳 | | 208 |
| 390 | 精神分析の系譜 | M.アンリ／山形頼洋, 他訳 | | 546 |
| 391 | 金《かね》と魔術 | H.C.ビンスヴァンガー／清水健次訳 | | 218 |
| 392 | 自然誌の終焉 | W.レペニース／山村直資訳 | | 346 |
| 393 | 批判的解釈学 | J.B.トンプソン／山本, 小川訳 | | 376 |
| 394 | 人間にはいくつの真理が必要か | R.ザフランスキー／山本, 藤井訳 | | 232 |
| 395 | 現代芸術の出発 | Y.イシャグプール／川俣晃自訳 | | 170 |
| 396 | 青春　ジュール・ヴェルヌ論 | M.セール／豊田彰訳 | | 398 |
| 397 | 偉大な世紀のモラル | P.ベニシュー／朝倉, 羽賀訳 | | 428 |
| 398 | 諸国民の時に | E.レヴィナス／合田正人訳 | | 348 |
| 399<br>400 | バベルの後に（上・下） | G.スタイナー／亀山健吉訳 | | 上・482<br>下・ |
| 401 | チュービンゲン哲学入門 | E.ブロッホ／花田監修・菅谷, 今井, 三国訳 | | 422 |

| | | | | (頁) |
|---|---|---|---|---|
| 402 | 歴史のモラル | T.トドロフ／大谷尚文訳 | | 386 |
| 403 | 不可解な秘密 | E.シャルガフ／山本, 内藤訳 | | 260 |
| 404 | ルソーの世界〈あるいは近代の誕生〉 | J.-L.ルセルクル／小林浩訳 | 品切 | 378 |
| 405 | 死者の贈り物 | D.サルナーヴ／菊地, 白井訳 | | 186 |
| 406 | 神もなく韻律もなく | H.P.デュル／青木隆嘉訳 | | 292 |
| 407 | 外部の消失 | A.コドレスク／利沢行夫訳 | | 276 |
| 408 | 狂気の社会史〈狂人たちの物語〉 | R.ポーター／目羅公和訳 | | 428 |
| 409 | 続・蜂の寓話 | B.マンデヴィル／泉谷治訳 | | 436 |
| 410 | 悪口を習う〈近代初期の文化論集〉 | S.グリーンブラット／磯山甚一訳 | | 354 |
| 411 | 危険を冒して書く〈異色作家たちのパリ・インタヴュー〉 | J.ワイス／浅野敏夫訳 | | 300 |
| 412 | 理論を讃えて | H.-G.ガダマー／本間, 須田訳 | | 194 |
| 413 | 歴史の島々 | M.サーリンズ／山本真鳥訳 | | 306 |
| 414 | ディルタイ〈精神科学の哲学者〉 | R.A.マックリール／大野, 田中, 他訳 | | 578 |
| 415 | われわれのあいだで | E.レヴィナス／合田, 谷口訳 | | 368 |
| 416 | ヨーロッパ人とアメリカ人 | S.ミラー／池田栄一訳 | | 358 |
| 417 | シンボルとしての樹木 | M.ルルカー／林 捷 訳 | | 276 |
| 418 | 秘めごとの文化史 | H.P.デュル／藤代, 津山訳 | | 662 |
| 419 | 眼の中の死〈古代ギリシアにおける他者の像〉 | J.-P.ヴェルナン／及川, 吉岡訳 | | 144 |
| 420 | 旅の思想史 | E.リード／伊藤誓訳 | | 490 |
| 421 | 病のうちなる治療薬 | J.スタロバンスキー／小池, 川那部訳 | | 356 |
| 422 | 祖国地球 | E.モラン／菊地昌実訳 | | 234 |
| 423 | 寓意と表象・再現 | S.J.グリーンブラット編／船倉正憲訳 | | 384 |
| 424 | イギリスの大学 | V.H.H.グリーン／安原, 成定訳 | | 516 |
| 425 | 未来批判　あるいは世界史に対する嫌悪 | E.シャルガフ／山本, 伊藤訳 | | 276 |
| 426 | 見えるものと見えざるもの | メルロ=ポンティ／中島盛夫監訳 | | 618 |
| 427 | 女性と戦争 | J.B.エルシュテイン／小林, 廣川訳 | | 486 |
| 428 | カント入門講義 | H.バウムガルトナー／有福孝岳監訳 | | 204 |
| 429 | ソクラテス裁判 | I.F.ストーン／永田康昭訳 | | 470 |
| 430 | 忘我の告白 | M.ブーバー／田口義弘訳 | | 348 |
| 431<br>432 | 時代おくれの人間（上・下） | G.アンダース／青木隆嘉訳 | | 上・432<br>下・546 |
| 433 | 現象学と形而上学 | J.-L.マリオン他編／三上, 重永, 檜垣訳 | | 388 |
| 434 | 祝福から暴力へ | M.ブロック／田辺, 秋津訳 | | 426 |
| 435 | 精神分析と横断性 | F.ガタリ／杉村, 毬藻訳 | | 462 |
| 436 | 競争社会をこえて | A.コーン／山本, 真水訳 | | 530 |
| 437 | ダイアローグの思想 | M.ホルクウィスト／伊藤誓訳 | | 370 |
| 438 | 社会学とは何か | N.エリアス／徳安彰訳 | | 250 |
| 439 | E.T.A.ホフマン | R.ザフランスキー／識名章喜訳 | | 636 |
| 440 | 所有の歴史 | J.アタリ／山内昶訳 | | 580 |
| 441 | 男性同盟と母権制神話 | N.ゾンバルト／田村和彦訳 | | 516 |
| 442 | ヘーゲル以後の歴史哲学 | H.シュネーデルバッハ／古東哲明訳 | | 282 |
| 443 | 同時代人ベンヤミン | H.マイヤー／岡部仁訳 | | 140 |
| 444 | アステカ帝国滅亡記 | G.ボド, T.トドロフ編／大谷, 菊地訳 | | 662 |
| 445 | 迷宮の岐路 | C.カストリアディス／宇京賴三訳 | | 404 |
| 446 | 意識と自然 | K.K.チョウ／志水, 山本監訳 | | 422 |
| 447 | 政治的正義 | O.ヘッフェ／北尾, 平石, 望月訳 | | 598 |
| 448 | 象徴と社会 | K.バーク著, ガスフィールド編／森常治訳 | | 580 |
| 449 | 神・死・時間 | E.レヴィナス／合田正人訳 | | 360 |
| 450 | ローマの祭 | G.デュメジル／大橋寿美子訳 | | 446 |

| | | | (頁) |
|---|---|---|---|
| 501 | 音楽のはじめ | C.シュトゥンプ／結城錦一訳 | 208 |
| 502 | 反ニーチェ | L.フェリー他／遠藤文彦訳 | 348 |
| 503 | マルクスの哲学 | E.バリバール／杉山吉弘訳 | 222 |
| 504 | サルトル，最後の哲学者 | A.ルノー／水野浩二訳 | 296 |
| 505 | 新不平等起源論 | A.テスタール／山内昶訳 | 298 |
| 506 | 敗者の祈禱書 | シオラン／金井裕訳 | 184 |
| 507 | エリアス・カネッティ | Y.イシャグプール／川俣晃自訳 | 318 |
| 508 | 第三帝国下の科学 | J.オルフ＝ナータン／宇京頼三訳 | 424 |
| 509 | 正も否も縦横に | H.アトラン／寺田光徳訳 | 644 |
| 510 | ユダヤ人とドイツ | E.トラヴェルソ／宇京頼三訳 | 322 |
| 511 | 政治的風景 | M.ヴァルンケ／福本義憲訳 | 202 |
| 512 | 聖句の彼方 | E.レヴィナス／合田正人訳 | 350 |
| 513 | 古代憧憬と機械信仰 | H.ブレーデカンプ／藤代，津山訳 | 230 |
| 514 | 旅のはじめに | D.トリリング／野島秀勝訳 | 602 |
| 515 | ドゥルーズの哲学 | M.ハート／田代，井上，浅野，暮沢訳 | 294 |
| 516 | 民族主義・植民地主義と文学 | T.イーグルトン他／増渕，安藤，大友訳 | 198 |
| 517 | 個人について | P.ヴェーヌ他／大谷尚文訳 | 194 |
| 518 | 大衆の装飾 | S.クラカウアー／船戸，野村訳 | 350 |
| 519<br>520 | シベリアと流刑制度（I・II） | G.ケナン／左近毅訳 | I・632<br>II・642 |
| 521 | 中国とキリスト教 | J.ジェルネ／鎌田博夫訳 | 396 |
| 522 | 実存の発見 | E.レヴィナス／佐藤真理人，他訳 | 480 |
| 523 | 哲学的認識のために | G.-G.グランジェ／植木哲也訳 | 342 |
| 524 | ゲーテ時代の生活と日常 | P.ラーンシュタイン／上西川原章訳 | 832 |
| 525 | ノッツ nOts | M.C.テイラー／浅野敏夫訳 | 480 |
| 526 | 法の現象学 | A.コジェーヴ／今村，堅田訳 | 768 |
| 527 | 始まりの喪失 | B.シュトラウス／青木隆嘉訳 | 196 |
| 528 | 重　合 | ベーネ，ドゥルーズ／江口修訳 | 170 |
| 529 | イングランド18世紀の社会 | R.ポーター／目羅公和訳 | 630 |
| 530 | 他者のような自己自身 | P.リクール／久米博訳 | 558 |
| 531 | 鷲と蛇〈シンボルとしての動物〉 | M.ルルカー／林捷訳 | 270 |
| 532 | マルクス主義と人類学 | M.ブロック／山内昶，山内彰訳 | 256 |
| 533 | 両性具有 | M.セール／及川馥訳 | 218 |
| 534 | ハイデガー〈ドイツの生んだ巨匠とその時代〉 | R.ザフランスキー／山本尤訳 | 696 |
| 535 | 啓蒙思想の背任 | J.-C.ギユボー／菊地，白井訳 | 218 |
| 536 | 解明　M.セールの世界 | M.セール／梶野，竹中訳 | 334 |
| 537 | 語りは罠 | L.マラン／鎌田博夫訳 | 176 |
| 538 | 歴史のエクリチュール | M.セルトー／佐藤和生訳 | 542 |
| 539 | 大学とは何か | J.ペリカン／田口孝夫訳 | 374 |
| 540 | ローマ　定礎の書 | M.セール／高尾謙史訳 | 472 |
| 541 | 啓示とは何か〈あらゆる啓示批判の試み〉 | J.G.フィヒテ／北岡武司訳 | 252 |
| 542 | 力の場〈思想史と文化批判のあいだ〉 | M.ジェイ／今井道夫，他訳 | 382 |
| 543 | イメージの哲学 | F.ダゴニェ／水野浩二訳 | 410 |
| 544 | 精神と記号 | F.ガタリ／杉村昌昭訳 | 180 |
| 545 | 時間について | N.エリアス／井本，青木訳 | 238 |
| 546 | ルクレティウスのテキストにおける物理学の誕生 | M.セール／豊田彰訳 | 320 |
| 547 | 異端カタリ派の哲学 | R.ネッリ／柴田和雄訳 | 290 |
| 548 | ドイツ人論 | N.エリアス／青木隆嘉訳 | 576 |
| 549 | 俳　優 | J.デュヴィニョー／渡辺淳訳 | 346 |

| | | | (頁) |
|---|---|---|---|
| 550 | ハイデガーと実践哲学 | O.ペゲラー他,編／竹市,下村監訳 | 584 |
| 551 | 彫　像 | M.セール／米山親能訳 | 366 |
| 552 | 人間的なるものの庭 | C.F.v.ヴァイツゼカー／山辺建訳 | 852 |
| 553 | 思考の図像学 | A.フレッチャー／伊藤誓訳 | 472 |
| 554 | 反動のレトリック | A.O.ハーシュマン／岩崎稔訳 | 250 |
| 555 | 暴力と差異 | A.J.マッケナ／夏目博明訳 | 354 |
| 556 | ルイス・キャロル | J.ガッテニョ／鈴木晶訳 | 462 |
| 557 | タオスのロレンゾー〈D.H.ロレンス回想〉 | M.D.ルーハン／野島秀勝訳 | 490 |
| 558 | エル・シッド〈中世スペインの英雄〉 | R.フレッチャー／林邦夫訳 | 414 |
| 559 | ロゴスとことば | S.プリケット／小野功生訳 | 486 |
| 560<br>561 | 盗まれた稲妻〈呪術の社会学〉(上・下) | D.L.オキーフ／谷林眞理子,他訳 | 上・490<br>下・656 |
| 562 | リビドー経済 | J.-F.リオタール／杉山,吉谷訳 | 458 |
| 563 | ポスト・モダニティの社会学 | S.ラッシュ／田中義久監訳 | 462 |
| 564 | 狂暴なる霊長類 | J.A.リヴィングストン／大平章訳 | 310 |
| 565 | 世紀末社会主義 | M.ジェイ／今村,大谷訳 | 334 |
| 566 | 両性平等論 | F.P.de ラ・バール／佐藤和夫,他訳 | 330 |
| 567 | 暴虐と忘却 | R.ボイヤーズ／田部井孝次・世志子訳 | 524 |
| 568 | 異端の思想 | G.アンダース／青木隆嘉訳 | 518 |
| 569 | 秘密と公開 | S.ボク／大沢正道訳 | 470 |
| 570<br>571 | 大航海時代の東南アジア(I・II) | A.リード／平野, 田中訳 | I・430<br>II・598 |
| 572 | 批判理論の系譜学 | N.ボルツ／山本,大貫訳 | 332 |
| 573 | メルヘンへの誘い | M.リューティ／高木昌史訳 | 200 |
| 574 | 性と暴力の文化史 | H.P.デュル／藤代,津山訳 | 768 |
| 575 | 歴史の不測 | E.レヴィナス／合田,谷口訳 | 316 |
| 576 | 理論の意味作用 | T.イーグルトン／山形和美訳 | 196 |
| 577 | 小集団の時代〈大衆社会における個人主義の衰退〉 | M.マフェゾリ／古田幸男訳 | 334 |
| 578<br>579 | 愛の文化史(上・下) | S.カーン／青木,斎藤訳 | 上・334<br>下・384 |
| 580 | 文化の擁護〈1935年パリ国際作家大会〉 | ジッド他／相磯,五十嵐,石黒,高橋編訳 | 752 |
| 581 | 生きられる哲学〈生活世界の現象学と批判理論の思考形式〉 | F.フェルマン／堀栄造訳 | 282 |
| 582 | 十七世紀イギリスの急進主義と文学 | C.ヒル／小野, 圓月訳 | 444 |
| 583 | このようなことが起こり始めたら… | R.ジラール／小池,住谷訳 | 226 |
| 584 | 記号学の基礎理論 | J.ディーリー／大熊昭信訳 | 286 |
| 585 | 真理と美 | S.チャンドラセカール／豊田彰訳 | 328 |
| 586 | シオラン対談集 | E.M.シオラン／金井裕訳 | 336 |
| 587 | 時間と社会理論 | B.アダム／伊藤,磯山訳 | 338 |
| 588 | 懐疑的省察 ABC〈続・重大な疑問〉 | E.シャルガフ／山本,伊藤訳 | 244 |
| 589 | 第三の知恵 | M.セール／及川馥訳 | 250 |
| 590<br>591 | 絵画における真理(上・下) | J.デリダ／高橋,阿部訳 | 上・322<br>下・390 |
| 592 | ウィトゲンシュタインと宗教 | N.マルカム／黒崎宏訳 | 256 |
| 593 | シオラン〈あるいは最後の人間〉 | S.ジョドー／金井裕訳 | 212 |
| 594 | フランスの悲劇 | T.トドロフ／大谷尚文訳 | 304 |
| 595 | 人間の生の遺産 | E.シャルガフ／清水健次,他訳 | 392 |
| 596 | 聖なる快楽〈性, 神話, 身体の政治〉 | R.アイスラー／浅野敏夫訳 | 876 |
| 597 | 原子と爆弾とエスキモーキス | C.G.セグレー／野島秀勝訳 | 408 |
| 598 | 海からの花嫁〈ギリシア神話研究の手引き〉 | J.シャーウッドスミス／吉田,佐藤訳 | 234 |
| 599 | 神に代わる人間 | L.フェリー／菊地,白井訳 | 220 |
| 600 | パンと競技場〈ギリシア・ローマ時代の政治と都市の社会学的歴史〉 | P.ヴェーヌ／鎌田博夫訳 | 1032 |

| | | | (頁) |
|---|---|---|---|
| 601 | ギリシア文学概説 | J.ド・ロミイ／細井, 秋山訳 | 486 |
| 602 | パロールの奪取 | M.セルトー／佐藤和生訳 | 200 |
| 603 | 68年の思想 | L.フェリー他／小野潮訳 | 348 |
| 604 | ロマン主義のレトリック | P.ド・マン／山形, 岩坪訳 | 470 |
| 605 | 探偵小説あるいはモデルニテ | J.デュボア／鈴木智之訳 | 380 |
| 606<br>607<br>608 | 近代の正統性〔全三冊〕 | H.ブルーメンベルク／斎藤, 忽那 佐藤, 村井訳 | I・328<br>II・390<br>III・318 |
| 609 | 危険社会〈新しい近代への道〉 | U.ベック／東, 伊藤訳 | 502 |
| 610 | エコロジーの道 | E.ゴールドスミス／大熊昭信訳 | 654 |
| 611 | 人間の領域〈迷宮の岐路II〉 | C.カストリアディス／米山親能訳 | 626 |
| 612 | 戸外で朝食を | H.P.デュル／藤代幸一訳 | 190 |
| 613 | 世界なき人間 | G.アンダース／青木隆嘉訳 | 366 |
| 614 | 唯物論シェイクスピア | F.ジェイムソン／川口喬一訳 | 402 |
| 615 | 核時代のヘーゲル哲学 | H.クロンバッハ／植木哲也訳 | 380 |
| 616 | 詩におけるルネ・シャール | P.ヴェーヌ／西永良成訳 | 832 |
| 617 | 近世の形而上学 | H.ハイムゼート／北岡武司訳 | 506 |
| 618 | フロベールのエジプト | G.フロベール／斎藤昌三訳 | 344 |
| 619 | シンボル・技術・言語 | E.カッシーラー／篠木, 高野訳 | 352 |
| 620 | 十七世紀イギリスの民衆と思想 | C.ヒル／小野, 圓月, 箭川訳 | 520 |
| 621 | ドイツ政治哲学史 | H.リュッベ／今井道夫訳 | 312 |
| 622 | 最終解決〈民族移動とヨーロッパのユダヤ人殺害〉 | G.アリー／山本, 三島訳 | 470 |
| 623 | 中世の人間 | J.ル・ゴフ他／鎌田博夫訳 | 478 |
| 624 | 食べられる言葉 | L.マラン／梶野吉郎訳 | 284 |
| 625 | ヘーゲル伝〈哲学の英雄時代〉 | H.アルトハウス／山本尤訳 | 690 |
| 626 | E.モラン自伝 | E.モラン／菊地, 高砂訳 | 368 |
| 627 | 見えないものを見る | M.アンリ／青木研二訳 | 248 |
| 628 | マーラー〈音楽観相学〉 | Th.W.アドルノ／龍村あや子訳 | 286 |
| 629 | 共同生活 | T.トドロフ／大谷尚文訳 | 236 |
| 630 | エロイーズとアベラール | M.F.B.ブロッチェリ／白崎容子訳 | |
| 631 | 意味を見失った時代〈迷宮の岐路IV〉 | C.カストリアディス／江口幹訳 | 338 |
| 632 | 火と文明化 | J.ハウツブロム／大平章訳 | 356 |
| 633 | ダーウィン, マルクス, ヴァーグナー | J.バーザン／野島秀勝訳 | 526 |
| 634 | 地位と羞恥 | S.ネッケル／岡原正幸訳 | 434 |
| 635 | 無垢の誘惑 | P.ブリュックネール／小倉, 下澤訳 | 350 |
| 636 | ラカンの思想 | M.ボルク=ヤコブセン／池田清訳 | 500 |
| 637 | 羨望の炎〈シェイクスピアと欲望の劇場〉 | R.ジラール／小林, 田口訳 | 698 |
| 638 | 暁のフクロウ〈続・精神の現象学〉 | A.カトロッフェロ／寿福真美訳 | 354 |
| 639 | アーレント=マッカーシー往復書簡 | C.ブライトマン編／佐藤佐智子訳 | 710 |
| 640 | 崇高とは何か | M.ドゥギー他／梅木達郎訳 | 416 |
| 641 | 世界という実験〈問い, 取り出しの諸カテゴリー, 実践〉 | E.ブロッホ／小田智敏訳 | 400 |
| 642 | 悪　あるいは自由のドラマ | R.ザフランスキー／山本尤訳 | 322 |
| 643 | 世俗の聖典〈ロマンスの構造〉 | N.フライ／中村, 真野訳 | 252 |
| 644 | 歴史と記憶 | J.ル・ゴフ／立川孝一訳 | 400 |
| 645 | 自我の記号論 | N.ワイリー／船倉正憲訳 | 468 |
| 646 | ニュー・ミメーシス〈シェイクスピアと現実描写〉 | A.D.ナトール／山形, 山下訳 | 430 |
| 647 | 歴史家の歩み〈アリエス　1943-1983〉 | Ph.アリエス／成瀬, 伊藤訳 | 428 |
| 648 | 啓蒙の民主制理論〈カントとのつながりで〉 | I.マウス／浜田, 牧野監訳 | 400 |
| 649 | 仮象小史〈古代からコンピューター時代まで〉 | N.ボルツ／山本尤訳 | 200 |

| | | | （頁） |
|---|---|---|---|
| 650 | 知の全体史 | C.V.ドーレン／石塚浩司訳 | 766 |
| 651 | 法の力 | J.デリダ／堅田研一訳 | 220 |
| 652<br>653 | 男たちの妄想（I・II） | K.テーヴェライト／田村和彦訳 | I・816<br>II |
| 654 | 十七世紀イギリスの文書と革命 | C.ヒル／小野，圓月，箭川訳 | 592 |
| 655 | パウル・ツェラーンの場所 | H.ベッティガー／鈴木美紀訳 | 176 |
| 656 | 絵画を破壊する | L.マラン／尾形，梶野訳 | 272 |
| 657 | グーテンベルク銀河系の終焉 | N.ボルツ／識名，足立訳 | 330 |
| 658 | 批評の地勢図 | J.ヒリス・ミラー／森田孟訳 | 550 |
| 659 | 政治的なものの変貌 | M.マフェゾリ／古田幸男訳 | 290 |
| 660 | 神話の真理 | K.ヒュプナー／神野，中才，他訳 | 736 |
| 661 | 廃墟のなかの大学 | B.リーディングズ／青木，斎藤訳 | 354 |
| 662 | 後期ギリシア科学 | G.E.R.ロイド／山野，山口，金山訳 | 320 |
| 663 | ベンヤミンの現在 | N.ボルツ，W.レイイェン／岡部仁訳 | 180 |
| 664 | 異教入門〈中心なき周辺を求めて〉 | J.-F.リオタール／山縣，小野，他訳 | 242 |
| 665 | ル・ゴフ自伝〈歴史家の生活〉 | J.ル・ゴフ／鎌田博夫訳 | 290 |
| 666 | 方　法　3. 認識の認識 | E.モラン／大津真作訳 | 398 |
| 667 | 遊びとしての読書 | M.ピカール／及川，内藤訳 | 478 |
| 668 | 身体の哲学と現象学 | M.アンリ／中敬夫訳 | 404 |
| 669 | ホモ・エステティクス | L.フェリー／小野康男，他訳 | 496 |
| 670 | イスラームにおける女性とジェンダー | L.アハメド／林正雄，他訳 | 422 |
| 671 | ロマン派の手紙 | K.H.ボーラー／髙木葉子訳 | 382 |
| 672 | 精霊と芸術 | M.マール／津山拓也訳 | 474 |
| 673 | 言葉への情熱 | G.スタイナー／伊藤誓訳 | 612 |
| 674 | 贈与の謎 | M.ゴドリエ／山内昶訳 | 362 |
| 675 | 諸個人の社会 | N.エリアス／宇京早苗訳 | 308 |
| 676 | 労働社会の終焉 | D.メーダ／若森章孝，他訳 | 394 |
| 677 | 概念・時間・言説 | A.コジェーヴ／三宅，根田，安川訳 | 448 |
| 678 | 史的唯物論の再構成 | U.ハーバーマス／清水多吉訳 | 438 |
| 679 | カオスとシミュレーション | N.ボルツ／山本尤訳 | 218 |
| 680 | 実質的現象学 | M.アンリ／中，野村，吉永訳 | 268 |
| 681 | 生殖と世代継承 | R.フォックス／平野秀秋訳 | 408 |
| 682 | 反抗する文学 | M.エドマンドソン／浅野敏夫訳 | 406 |
| 683 | 哲学を讃えて | M.セール／米山親能，他訳 | 312 |
| 684 | 人間・文化・社会 | H.シャピロ編／塚本利明，他訳 | |
| 685 | 遍歴時代〈精神の自伝〉 | J.アメリー／富重純子訳 | 206 |
| 686 | ノーを言う難しさ〈宗教哲学的エッセイ〉 | K.ハインリッヒ／小林敏明訳 | 200 |
| 687 | シンボルのメッセージ | M.ルルカー／林捷，林田鶴子訳 | 590 |
| 688 | 神は狂信的か | J.ダニエル／菊地昌実訳 | 218 |
| 689 | セルバンテス | J.カナヴァジオ／円子千代訳 | 502 |
| 690 | マイスター・エックハルト | B.ヴェルテ／大津留直訳 | 320 |
| 691 | マックス・プランクの生涯 | J.L.ハイルブロン／村岡晋一訳 | 300 |
| 692 | 68年－86年　個人の道程 | L.フェリー，A.ルノー／小野潮訳 | 168 |
| 693 | イダルゴとサムライ | J.ヒル／平山篤子訳 | 704 |
| 694 | 〈教育〉の社会学理論 | B.バーンスティン／久冨善之，他訳 | 420 |
| 695 | ベルリンの文化戦争 | W.シヴェルブシュ／福本義憲訳 | 380 |
| 696 | 知識と権力〈クーン，ハイデガー，フーコー〉 | J.ラウズ／成定，網谷，阿曽沼訳 | 410 |
| 697 | 読むことの倫理 | J.ヒリス・ミラー／伊藤，大島訳 | 230 |
| 698 | ロンドン・スパイ | N.ウォード／渡辺孔二監訳 | 506 |
| 699 | イタリア史〈1700－1860〉 | S.ウールフ／鈴木邦夫訳 | 1000 |

| | | | (頁) |
|---|---|---|---|
| 700 | マリア〈処女・母親・女主人〉 | K.シュライナー／内藤道雄訳 | 678 |
| 701 | マルセル・デュシャン〈絵画唯名論〉 | T.ド・デューヴ／鎌田博夫訳 | 350 |
| 702 | サハラ〈ジル・ドゥルーズの美学〉 | M.ビュイダン／阿部宏慈訳 | 260 |
| 703 | ギュスターヴ・フロベール | A.チボーデ／戸田吉信訳 | 470 |
| 704 | 報酬主義をこえて | A.コーン／田中英史訳 | 604 |
| 705 | ファシズム時代のシオニズム | L.ブレンナー／芝健介訳 | 480 |
| 706 | 方　法　4．観念 | E.モラン／大津真作訳 | 446 |
| 707 | われわれと他者 | T.トドロフ／小野，江口訳 | 658 |
| 708 | モラルと超モラル | A.ゲーレン／秋澤雅男訳 | |
| 709 | 肉食タブーの世界史 | F.J.シムーンズ／山内昶監訳 | 682 |
| 710 | 三つの文化〈仏・英・独の比較文化学〉 | W.レペニース／松家，吉村，森訳 | 548 |
| 711 | 他性と超越 | E.レヴィナス／合田，松丸訳 | 200 |
| 712 | 詩と対話 | H.-G.ガダマー／巻田悦郎訳 | 302 |
| 713 | 共産主義から資本主義へ | M.アンリ／野村直正訳 | 242 |
| 714 | ミハイル・バフチン　対話の原理 | T.トドロフ／大谷尚文訳 | 408 |
| 715 | 肖像と回想 | P.ガスカール／佐藤和生訳 | 232 |
| 716 | 恥〈社会関係の精神分析〉 | S.ティスロン／大谷，津島訳 | 286 |
| 717 | 庭園の牧神 | P.バルロスキー／尾崎彰宏訳 | 270 |
| 718 | パンドラの匣 | D.&E.パノフスキー／尾崎彰宏，他訳 | 294 |
| 719 | 言説の諸ジャンル | T.トドロフ／小林文生訳 | 466 |
| 720 | 文学との離別 | R.バウムガルト／清水健次・威能子訳 | 406 |
| 721 | フレーゲの哲学 | A.ケニー／野本和幸，他訳 | 308 |
| 722 | ビバ リベルタ！〈オペラの中の政治〉 | A.アーブラスター／田中，西崎訳 | 478 |
| 723 | ユリシーズ グラモフォン | J.デリダ／合田，中 訳 | 210 |
| 724 | ニーチェ〈その思考の伝記〉 | R.ザフランスキー／山本尤訳 | 440 |
| 725 | 古代悪魔学〈サタンと闘争神話〉 | N.フォーサイス／野呂有子監訳 | 844 |
| 726 | 力に満ちた言葉 | N.フライ／山形和美訳 | 466 |
| 727 | 産業資本主義の法と政治 | I.マウス／河上倫逸監訳 | 496 |
| 728 | ヴァーグナーとインドの精神世界 | C.スネソン／吉水千鶴子訳 | 270 |
| 729 | 民間伝承と創作文学 | M.リューティ／高木昌史訳 | 430 |
| 730 | マキアヴェッリ〈転換期の危機分析〉 | R.ケーニヒ／小川，片岡訳 | 382 |
| 731 | 近代とは何か〈その隠されたアジェンダ〉 | S.トゥールミン／藤村，新井訳 | 398 |
| 732 | 深い謎〈ヘーゲル，ニーチェとユダヤ人〉 | Y.ヨベル／青木隆嘉訳 | 360 |
| 733 | 挑発する肉体 | H.P.デュル／藤代，津山訳 | 702 |
| 734 | フーコーと狂気 | F.グロ／菊地昌実訳 | 164 |
| 735 | 生命の認識 | G.カンギレム／杉山吉弘訳 | 330 |
| 736 | 転倒させる快楽〈バフチン，文化批評，映画〉 | R.スタム／浅野敏夫訳 | 494 |
| 737 | カール・シュミットとユダヤ人 | R.グロス／山本尤訳 | 486 |
| 738 | 個人の時代 | A.ルノー／水野浩二訳 | 438 |
| 739 | 導入としての現象学 | H.F.フルダ／久保，高山訳 | 470 |
| 740 | 認識の分析 | E.マッハ／廣松渉編訳 | 182 |
| 741 | 脱構築とプラグマティズム | C.ムフ編／青木隆嘉訳 | |
| 742 | 人類学への挑戦 | R.フォックス／南塚隆夫訳 | |
| 743 | 宗教の社会学 | B.ウィルソン／中野，栗原訳 | |
| 744 | 非人間的なもの | J.-F.リオタール／篠原，上村，平芳訳 | |